U0720079

清朝大歷史

常建华 著

中 华 书 局

图书在版编目(CIP)数据

清朝大历史/常建华著. —北京:中华书局,2020.1
(2021.4重印)
ISBN 978-7-101-14235-8

Ⅰ.清… Ⅱ.常… Ⅲ.中国历史-清代-通俗读物
Ⅳ.K249.09

中国版本图书馆 CIP 数据核字(2019)第 257445 号

书　　名　清朝大历史
著　　者　常建华
责任编辑　吴艳红
书名题签　刘　涛
封面设计　刘　丽
出版发行　中华书局
(北京市丰台区太平桥西里 38 号　100073)
http://www.zhbc.com.cn
E-mail:zhbc@zhbc.com.cn
印　　刷　北京市白帆印务有限公司
版　　次　2020 年 1 月北京第 1 版
2021 年 4 月北京第 2 次印刷
规　　格　开本/920×1250 毫米　1/32
印张 16¼　插页 2　字数 350 千字
印　　数　6001-10000 册
国际书号　ISBN 978-7-101-14235-8
定　　价　68.00 元

常建华　1957年出生于河北张家口，1978年考入南开大学历史系，研究生毕业后留校任教。现为南开大学历史学院教授，博士生导师。现任教育部人文社科重点研究基地南开大学中国社会史研究中心主任，兼任中国社会史学会会长。主要研究明清史、社会史。清史方面，著有《清代的国家与社会研究》《乾隆事典》《清史十二讲》，合著《清人社会生活》，辑录《〈乾隆帝起居注〉巡幸盘山史料》，主编《清嘉庆朝刑科题本社会史料分省辑刊》。

前　言

清朝统治中国的特色，长期以来颇受关注。近二十几年来美国学者罗斯基与何炳棣的论战以及“新清史”的形成，更使这一课题受人重视。究竟如何看待清朝，需要为清朝的历史重新定位。窃意不可囿于汉族本位或满族中心，对于清朝而言，民族利益兼顾国家利益，建立并维护国家的统治秩序才是目的。或许从国家认同的角度看问题，有助于认识更加客观。

研究清代国家，应当回归国家存在的政治原理，即国家为了将统治长期维持下去，采取各种办法取得政治合法性，得到人民的认同，并将人民的被动认同转化为主动认同。国家认同的实质是政治认同，国家认同依靠文化认同来实现，并由民族认同做保障。国家认同、政治认同、文化认同、民族认同四者之间有一致性、兼容性，均与历史认同关系密切，同时也有差异性与独立性，需要不断进行调整。

学习清史，我想有以下四个方面值得重视：

清廷在政治上接续治统与政治认同不仅仅是口号。所谓治统，即国家统治的正统性、政治的合法性。清朝的治统定位于接续明朝、延续历代皇帝的统治。清帝通过巡幸获得接续治统的象征意义，清朝的“圣训”接续唐、明治统，形成了融合汉满政治文化的“敬天法祖、勤政爱民”的政纲。

清廷崇儒重道与文化认同绝非表面文章。清朝统治者将儒家思想作为官方意识形态，通过对儒家的文化认同，赢得汉人的好感，换取汉人服从清朝统治，实现国家认同。清廷标榜崇儒重道，具体措施包括尊崇孔子、朱熹，经筵日讲，设南书房，修书编史，宣讲圣谕，完善了元明以来的旌表节孝制度，旌表数量超越前代。

清朝还以移风易俗表达对于儒家文化的认同。如雍正帝为了整饬地方风俗，特意针对士绅习气，先后向浙江、福建、湖南、广东四省派遣观风整俗使，移风易俗；再如整饬科场，改变士习文风；还包括限制西方传教。

清廷边疆民族的多元一体与民族认同内涵丰富。汉民族作为主体民族的古代中国统一朝代，传承以儒家思想为基调的中华文化，民族、文化、国家的认同一致，政治认同容易实现。清朝的正统观，特别是历代帝王庙确立的正统观念，其实包含或者说孕育着新的多民族国家观念，也隐含着重新解释大一统的国家观念。清朝国家的特殊性，涉及使用多种语言文字的问题。雍正皇帝的《大义觉迷录》提出了新的民族国家观念。处置土司，特别是改土归流，也反映了清朝的民族观念。清朝重视用儒家政治文化教化、管理边疆民族。

清廷重视民生的社会政策值得深入研究。清廷面对人口的迅速增长，不断寻求对策：扩大玉米、番薯种植，解决民食不足；平抑粮价、建设仓储，保证民食；蠲免钱粮，减轻人民负担；移民政策逐渐开放，有利于百姓生活；乡约、保甲以及宗族政策有利于社会建设。对于宗教信仰、教门会党的治理，也应认真总结。

随着时间的推移，汉满民族早已平等相处、共同发展，汉满民族间的历史仇恨成为过去。当代中国继承了清朝的众多历史遗产，如何看待清朝在中国历史上的地位，事关当代中国的国家建设、社会治理与文化定位，对于清朝的评价自然会发生变化。一切历史都是当代史，然而从清朝统治的原理认识清朝政治，应当是学术研究的基本出发点。深入了解清人的日常生活，扩大视野，则可进入基层社会，发现清朝历史的新的面相。

如上所述，国家认同需要建构，正是本着这样的认识，我探讨了清朝统治的建构问题，并且尽可能从政治、经济、社会、生活、文化、民族、对外关系诸方面呈现立体或者说总体的清朝。主要叙述清前期的历史，特别是康雍乾时期，也为读者交代了清后期特别是清朝覆亡的结局。

通过本书，我们将看到清廷礼仪、科举等制度的实施，看到社仓、开矿政策的探索，这些制度、政策与社会联系起来，使得历史具有整体感。特别是为了深入了解下层普通百姓，我选取了山西、江西中国南北的两个省份，介绍民众的日常生活，相信读者会有兴趣。

概述清史的著作已有不少，本书在参考清史著作的基础上，点面结合，既注意清朝特色，又结合自己的研究成果与授课内容，形成了现在的论述结构与风格。可以说这是讲稿与论文压缩相结合的一种著述，希望读者可以接受这种形式的写作。

目　录

第一章
清朝统治的建立与国家认同

明朝晚期，严重威胁其统治中国的政治、军事力量是李自成等人领导的西北地区农民军与崛起于东北地区的满洲政权。明朝是与满洲、农民军两种力量斗争的失败者，国家政权被大顺农民军夺得，短短的42天后，又易手于满洲人，清朝遂建立起对于中国的统治。

一、满族的兴起与清朝的统一

满族的前身是女真族，散处在东北松花江、黑龙江地区，明初归努尔干都司管辖。明中叶以后，一些女真部落几经向南迁徙，活动于抚顺以东以浑河流域为中心直至鸭绿江、长白山一带的是建州女真；开原边外辉发河流域，北至松花江中游的是海西女真；建州、海西以东和以北，大体在松花江中下游和黑龙江流域，东达海岸的是东海女真，也叫野人女真。明后期，建州女真由努尔哈赤领导。

努尔哈赤（1559—1626），姓爱新觉罗，是明初建州左卫指挥使猛哥帖木儿（即孟特穆）的后裔。父、祖世袭该职，在一次建州人尼堪外兰勾引明朝镇压异己的战斗中，被明军误杀。事后，努尔哈赤继承了建州左卫指挥使的职务，他把父、祖之死归罪于尼堪外兰，遂以祖上遗甲 13 副于万历十一年起兵征讨。此后经过近 40 年的奋斗，基本上统一了女真各部。

统一过程中，努尔哈赤建立了八旗制度。八旗制度是：每三百人组成一个牛录，五个牛录组成一个甲喇，五个甲喇组成一个固山，一个固山就是一个旗；每旗用一种颜色的旗帜作标志，共有八旗。人民都要编进牛录，受牛录额真管辖，平时耕猎为民，战时披甲当兵，兵民不分。八旗组织具有行政、军事和生产三方面的职能。在八旗制度的基础上，万历四十四年努尔哈赤在赫图阿拉（今辽宁新宾）称汗建国，国号大金，建元天命，史称后金。统一后的女真人又吸收汉人、蒙古人，逐渐形成一个新的民族共同体——满族。

新兴的后金政权很快与明朝发生了战争。万历四十六年努尔哈赤以父、祖被杀等“七大恨”为由，告天征明，攻占了抚顺等地。明朝感到后金严重威胁其在东北的统治，调兵 10 万，以杨镐为经略，于万历四十七年分四路进攻后金，结果在萨尔浒山附近被后金打败。从此，明朝在军事上处于战略防御地位，而后金则转入战略进攻，辽东形势发生了巨大变化。天启元年努尔哈赤攻破沈阳、辽阳，占有辽东大小 70 余城，以后又迁都沈阳，称为盛京。天启六年努尔哈赤死，第八子皇太极即位。崇祯九年皇太极称皇帝，改国号为清，改族称为满洲。皇太极时，清兵曾五次越过长城，深入明朝内地，抢掠骚扰，以弱明势。崇祯十五年清军取得松山之战的胜利，明兵 10 余万大败，明蓟辽总督洪承畴被俘投降。崇祯十六年皇太极死，子福临即位，改元顺治，由叔父多尔衮辅政。此时明朝山海关外要地尽失，仅存宁远等孤城，清朝注视着关内的形势。

崇祯十七年农历三月初，李自成军抵达北京近郊时，明室告急，令吴三桂弃宁远，率兵入卫京师。吴三桂徙宁远军民50万人，十六日到达山海关，同日，清朝得知宁远撤退的消息，当即下令修整军器，储粮秣马，准备四月初大举进讨。四月四日，清军出发之际，大学士范文程上书多尔衮，提出利用明朝形势入主中原的全面计划和策略，认为清朝虽然与明朝争天下，实际是与农民军相争。恰在此时，李自成进入北京，明朝被推翻的消息传到沈阳，清廷于是倾全部兵力，投入入关之役。范文程再次提出，此次进兵，主要敌人是李自成，要入主中原，非使老百姓安定不可。清军必须严守纪律，以减少入关的阻力。四月九日，清军出发。

入卫京师的吴三桂于三月二十日到达京东的丰润(一说玉田)，听说农民军进入北京，停止进军。李自成进京后，派人招降吴三桂，吴三桂应允。但吴三桂在进京途中，接到家中密信，得知家庭遭到变故，父亲吴襄在北京被拷索追赃，爱妾陈圆圆被农民军掠去。盛怒之下，吴三桂愤然回师，打败李自成的守将唐通，占领山海关，决定联合清朝。清代著名诗人吴梅村《圆圆曲》有“冲冠一怒为红颜”之句，说的就是这一史实。

清军本打算绕过山海关，从蓟县、密云近京师处毁长城突入。四月十五日行至广宁附近的翁后，出人意料地遇到吴三桂向清军借兵的使者，多尔衮立即改变行军路线，从大路直奔山海关。四月二十日吴三桂又遣使告急，清军兼程急进，于二十一日黄昏抵达山海关，招降了吴三桂。

李自成从唐通的报告得知吴三桂拒降并占领山海关的消息，于四月十三日率军讨伐吴三桂。二十一日大顺军到达山海关，在关内与吴三桂发生激战。清军坐观时变，并验证吴三桂的诚意，以防上当。二十二日晨吴三桂感到情况危险，请求清军立即来援，多尔衮便率军入关，突袭正与吴三桂交战的大顺军，大顺军猝不及防、阵脚大乱，一败涂地。清军追杀 40 余里。大顺军死伤惨重，连夜撤退，途中杀了吴襄，二十六日回到北京，二十九日李自成草草在武英殿即皇帝位，表示自己曾改朝换代，三十日黎明，放火焚烧了明宫室，离开北京西撤，农民军在北京共 42 天。清军尾追李自成，向北京进军，途中提出为明朝复君父仇的口号，收买人心，于五月二日进入北京，开始了清朝对全国的统治。

清朝统一中国建立全国政权的过程中，人民的抗清斗争也同时展开，最终以清朝的胜利而告结束。

清兵进入北京后，采纳范文程的建议，对汉族官僚、地主采取笼络政策，按帝礼为崇祯帝发丧，任用明朝官吏。为安抚百姓，废除明末三饷。经过一系列的措施，清廷初步稳定了北京附近的形势。十月初，清世祖福临从沈阳迁都北京。

大顺军在李自成的统率下，历经艰险，回到西安。投降大顺军的明朝官吏和地方上的士绅纷纷叛变，大顺地方政权迅速瓦解。清朝集中重兵向李自成大举进攻，顺治二年正月李自成被迫放弃西安，撤至湖北。清王阿济格和吴三桂在后紧追。同年夏，李自成被地主武装所害，死于湖北通山县九宫山，年仅 39 岁。

清兵进占北京时，明朝福王朱由崧于同年五月称帝于南京。福王政权卖官鬻爵，贿赂成风，腐败不堪，内部矛盾重重。多铎率清军南下，顺治二年四月清军进攻扬州，史可法率军民殊死抵抗，誓死不降，最后城破，清军屠城，被杀军民 80 万。五月，清军顺利渡过长江，进入南京，福王政权灭亡。

清军占领南京后，严令剃发易衣冠，就是让汉人穿满装，留满式发型，改用满人习俗。汉人的发型是将头发束在头顶，清廷强迫汉人在头中间编成发辫，垂于脑后，周围剃去。汉族人民坚决抵抗剃发，展开了英勇的斗争，其中以嘉定、江阴最为突出，最后均遭清军屠城。

福王政权崩溃后，鲁王朱以海监国于浙江绍兴，唐王朱聿键称帝于福州。这两个政权不但没有联合抗清，反而互相摩擦，严重对立，顺治三年相继被清朝灭亡。

后又有明桂王朱由榔称帝于广东肇庆，在农民军的帮助下，这个政权幸存了 15 年。李自成死后，余部尚有四五十万人，分两支入湖南同桂王政权联合，一度几乎收复湖南全境，后被清军所败。顺治三年清军进攻张献忠的农民军，张献忠中箭身亡。余部由孙可望、李定国率领，南下联明抗清。曾收复西南七八个省，后因孙、李不和，发生内战，孙可望降清，李定国于顺治十六年战败，康熙元年桂王被杀，李定国病死。同年，湖南抗清失败后转移川、鄂山区的李自成余部，遭到清军大举进攻，康熙三年抗清失败。至此，农民军与南明政权的抗清结束，抵抗清朝的只剩下在台湾的郑成功。

郑成功最初率领水师以金门、厦门为海上抗清基地，多次重创清军，曾于顺治十六年进军南京城下，收复不少地区，后被清军击败，退守厦门。顺治十八年率军进驻台湾，驱逐荷兰殖民者，光复了领土，翌年病死。其子孙继续占据台湾，康熙二十二年清军水师在施琅统率下攻占澎湖，台湾郑氏政权投降。清朝在台湾设一府三县，隶于福建省。

清朝从入关到康熙二十二年，用了近 40 年的时间才统一全国。其中康熙十二年至康熙二十年还发生了吴三桂等三个降清藩王的反清叛乱，吴三桂等藩王曾占领七省之地，威胁清朝的统治。但是，清朝终于平定叛乱，并建立起对全国的有效统治，实现了全国的统一。

二、明太祖与清朝的正统观

清朝统治的确立，不可回避地需要处理同明朝的关系，而如何看待明朝开国君主太祖朱元璋，也就成了清朝政治的一环。清朝打着为明朝复仇的旗号，从政治合法性上承接明朝的治统，尊崇明太祖。因此，明太祖也就自然而然地进入了清朝政治，或者说明太祖对清朝政治产生了影响。[①]

早在清太祖努尔哈赤时期，女真贵族就扯起反明的旗帜，建立了后金政权，显示出与明朝争天下的决心。清太祖的年号是天命，表示天命所归，替天行道。努尔哈赤多次谈到对天命的看法，认为天眷有德，即使微贱之人也会因得到天命而拥有天下，明太祖等就是这样的事例，从而激励满洲贵族不以国小、微贱自弃，要有备历艰难的准备和得成大业的信念，为后金与明朝争天下的事业而奋斗。[②] 明太祖作为以微贱出身得天命而改朝换代的事例，成为努尔哈赤仿效的楷模。努尔哈赤对于明太祖的看法，对满洲贵族与子孙产生了一定的影响。

---

① 常建华：《明太祖对清前期政治的影响》，朱鸿林编：《明太祖的治国理念及其实践》，香港中文大学出版社 2010 年。

② 《清太祖高皇帝实录》卷 10，天命十一年正月己酉，中华书局 1986 年影印本。以下所引清代历朝实录版本相同。

清太宗皇太极也以朱元璋建立明朝是天命所佑的观点，论证满洲同样可以得天下的道理。为了说服朝鲜叛明归顺满洲，清太宗授意满洲贵族遣使致书朝鲜国王李倧，信中进一步说明有德者得天下的道理。清太宗指出，朱元璋出身贫贱，最终成为皇帝，满洲虽然只是东北的一个小部族，也可以得到天下。[①] 明太祖成为证明满洲崛起一个有说服力的事例。

清军是打着为明复君父仇的旗号取得入主中原政治合法性的。清朝重要谋臣范文程为入关清军起草的檄文说："义师为尔复君父仇，非杀尔百姓，今所诛者惟闯贼。吏来归，复其位；民来归，复其业。师行以律，必不汝害。"[②]这样清朝以复仇为借口，转化了长期以来与明朝的敌对关系，先把自己变成明朝的友方，接着继承明朝的治统而成为一方。

顺治元年五月初二清军击败李自成军后进入北京，标志着清朝取得中国政权。同年六月辛未（十五日）清廷诏告天下："予闻不共戴天者，君父之仇；救灾恤患者，邻邦之义。惟尔大明太祖高皇帝，斥逐胡元，剪我仇国，永世宥民，代为哲王。"将清军打扮成为明朝复"君父之仇"、"救灾恤患"的"邻邦"，并且从汉族的民族大义肯定明太祖恢复中华的历史功绩。诏文还历数清廷击败李自成军后为明所做的事情："予用息马燕京，抚兹黎庶，为尔大行皇帝缟素三日，丧祭尽哀，钦谥曰：怀宗端皇帝，陵曰思陵，梓宫聿新，寝园增固。凡诸后妃，各以礼葬。诸陵松柏勿樵，惟尔率土臣民所欲致情于大行皇帝者，我大清无不曲体斯诚，有崇靡阙。宗藩之失职流离者，为尔存恤。士绅之忠节死难者，为尔

① 《清太宗实录》卷 28，天聪十年四月己丑。

② 赵尔巽等：《清史稿》卷 230《范文程传》，中华书局 1977 年点校本，第 31 册，第 9352 页。

表扬。轻刑薄赋，用贤使能，苛济生民，惟力是视。”接着清廷重申为明复“君父之仇”之意：“深痛尔明朝嫡胤无遗，势孤难立，用移我大清宅此北土，厉兵秣马，必歼丑类，以清万邦。非有天下之心，实为救中国之计。”将夺取中原说成是“救中国”，然后表明以优厚的待遇向江南臣民招降纳叛，并威胁说，否则“俟予克定三秦，即移师南讨”。

明朝统治的象征物如何处理，显然是清朝首先遇到的重大政治问题。国家倾覆，宗庙不存，明朝的太庙必须废除，这是中国历史上改朝换代通行的做法。明朝太庙存在的重要标志是明太祖的牌位，清朝将之移置于历代帝王庙，做法巧妙。

历代帝王庙，明太祖洪武六年建于南京钦天山，又在嘉靖九年建于北京城西。历代帝王庙仿太庙同堂异室之制，供奉三皇、五帝、夏禹、商汤、周文王、周武王、汉高祖、汉光武、唐高祖、唐太宗、宋太祖、元世祖等帝王。

顺治元年六月癸未（二十七日），摄政王多尔衮以祭祀故明太祖及诸帝的名义而废掉明朝太庙，将明朝宗庙之主迁置历代帝王庙。这表明明朝国祚已终，天命转移，对于效忠明朝的人无疑是一个沉重打击。但是，清朝将明太祖牌位迁于别所，对明朝遗民来说又算是一个安慰。明太祖被多尔衮评价为“乘一代之运以有天下”的“一代天下主”，这一评价是很高的。

历代帝王庙创建于明朝，清朝增加北方少数民族政权君王入祀，通过新的正统观念以确立清朝统治的政治合法性。这是在顺治二年三月进行的，当时清朝遇到第一次正式祭祀包括明太祖在内的历代帝王问题。清朝遣户部尚书英俄尔岱祭历代帝王：太昊伏羲氏、炎帝神农氏、少昊金天氏、帝颛顼氏、帝高阳氏、帝高辛氏、帝陶唐氏、帝有虞氏、夏禹王、商汤王、周武王、汉高祖、汉光武、唐太宗、宋太祖、元世祖及增入辽太祖、金太祖、金世宗、元太祖、明太祖，共二十一帝。祀以太牢、祭筵各一，祭品俱二十四。同时还遣礼部尚书觉罗朗球、工部尚书星讷、梅勒章京吴拜、兵部侍郎朱玛喇分祭配享功臣。计有徐达、刘基等四十一位，祀以少牢，二位祭筵共一，祭品俱十。新增入历代帝王庙的明太祖并功臣徐达、刘基，同辽太祖、金太祖、金世宗、元太祖并功臣俱入庙享祀，淡化了增加金太祖、金世宗、辽太祖、元太祖等少数民族君主的色彩，看上去这些少数民族君主与汉族君主明太祖入祀的权利是平等的。

不过是否将辽太祖、金太祖、金世宗、元太祖增入历代帝王庙，有过反复。顺治十七年六月山东道监察御史顾如华上疏建议，在历代帝王庙增入守成贤君商中宗、高宗，周成王、康王，汉文帝，宋仁宗，明孝宗，并以宋臣潘美、张浚未可与韩世忠、岳飞同日并论请罢从祀，而以辽太祖、金太祖、元太祖原未混一天下，且其行事亦不及诸帝王，不宜与祭。于是礼部议覆从其请，皆罢祀。顾如华与礼部诸臣以是否统一中国为标准，从礼制出发请求停止祭祀辽太祖、金太祖、元太祖，竟然获得通过。这或许是对于摄政王多尔衮时期行政的某种纠正，但是顾如华与礼部诸臣对于多尔衮做法的政治深意恐怕是理解不够。于是政治上精明、具有雄才大略的康熙皇帝嗣服后立即加以纠正，他以开创之功肯定辽太祖、金太祖、元太祖，实际上意在表明这样的态度：清朝作为承天命的少数民族政权改朝换代，其前身的后金朝同样具有继承治统的合法性，是应当尊重和值得纪念的。

深得康熙帝之心的乾隆皇帝，完善了历代帝王庙中少数民族政权的正统地位。在乾隆皇帝看来："我朝为明复仇讨贼，定鼎中原，合一海宇，为自古得天下最正。”[①]为了巩固这种说法，乾隆四十九年命廷臣更议历代帝王庙祀典。乾隆皇帝认为杨维桢所著《正统辨》谓正统在宋不在辽金之说为是，今帝王庙崇祀辽金，而不入东西晋、前后五代，“是皆议礼诸臣有怀偏见，明使后世臆说之徒，谓本朝于历代帝王未免区分南北，意存轩轾”，[②]于是增祀两晋、元魏、前后五代各帝王。乾隆皇帝不区分南北少数民族政权帝王，使其皆入祀历代帝王庙，今天看来是深思熟虑且利于多民族国家政治的。不过其深意则在于，肯定作为少数民族建立政权的清朝，具有同样的正统地位。

明清易代，明太祖的宗庙之牌位迁到历代帝王庙，并引发了历代帝王庙增加少数民族君主入祀的变化。明太祖作为易代之君、开创之主受到清朝尊崇，影响了清朝的正统观念。

三、清朝皇帝的南巡尊明活动

明清之际的江南是中国经济与文化最发达的地区，清朝初年因反对剃发易衣冠，江南爆发了声势浩大的反清斗争，士大夫普遍存在着故国之思，对清朝统治心存不满。康熙皇帝为了治理黄河与了解江南的吏治民情，维护清朝的统治，分别于康熙二十三年、二十八年、三十八年、四十二年、四十四年、四十六年六次南巡。值得注意的是，南巡中重要的活动之一是到南京的明

① 《清高宗实录》卷 1142，乾隆四十六年十月甲申。
② 《清高宗实录》卷 1210，乾隆四十九年七月乙卯。

孝陵祭祀明太祖。对明太祖的尊崇，在于承认明朝统治的合法性，以争取汉族士大夫人心，使其认同清朝的统治。

早在顺治二年七月，清军消灭南京福王政权后，摄政王多尔衮致书清军统帅多铎，要求保护明太祖陵，以安抚江南人民。规定：洪武陵设守陵太监四名，人丁四十名，仍给地二百垧，以供祭祀。

康熙二十二年收复台湾，标志着中国的进一步统一。翌年康熙皇帝即南巡，可见他对于江南的重视。此举在政治上的象征意义，在于表明清朝完全有效地统治着中国，彻底征服江南士大夫的人心。康熙皇帝安排首次南巡返回途中祭祀明太祖陵，这也是南巡中的一场重头戏。康熙二十三年十一月壬戌(初六)康熙皇帝至江宁(今南京)，第二天遣内阁学士席尔达祭明太祖陵。虽然已遣官致祭明太祖陵，但是康熙皇帝认为既抵江宁，距陵非远，应亲为拜奠，于是同日又亲谒明太祖陵。首次南巡留下了致祭明太祖陵的典礼事例，即遣官致祭后，皇上亲诣奠酒。康熙皇帝过明故宫，慨然久之，写下御制《过金陵论》。从明太祖因天时而得天下，到宫阙化为废墟，康熙皇帝悟出天时与江宁虎踞龙蟠的地利并不足恃，要维持国家的长久治安，帝王当勤政不怠。甲子日(初八)康熙皇帝要求地方政府维护明孝陵。他与江南江西总督、江苏巡抚谈话中，充分肯定明太祖统一中国的历史功绩，要求地方官保护陵区，认真祭祀，表达对于明太祖这位“古帝王”的尊崇。上述活动，意在博得江南的士大夫对于康熙皇帝代表的清政权的好感。

康熙皇帝在以后的五次南巡中继续致祭明太祖陵。康熙二十八年第二次南巡时，于二月二十六日诣明太祖陵，至大门前，下辇步行。进前殿，行三跪九叩头礼。至陵前跪，奠酒三爵，行三叩头礼毕，赐守陵人一百两而还。[①] 时隔十年，康熙三十八年第三次南巡，康熙皇帝对大学士等人说："明代洪武乃创业之君，朕两次南巡俱举祀典，亲往奠醊，今朕临幸当再亲祭。"大学士等奏："皇上两次南巡业蒙亲往奠醊，今应遣大臣致奠。"康熙帝说："洪武乃英武伟烈之主，非寻常帝王可比。"于是着派兵部尚书席尔达致祭行礼，他亲自往奠。[②] 四月壬子日（十三日）康熙帝至明太祖陵奠爵，阅视陵寝。他看到明太祖陵损坏严重，要求寻找明宗室后裔看管陵墓，专司职守。甲寅日（十五日）康熙帝命修明太祖陵，并悬挂御书"治隆唐宋"匾额。[③]

康熙四十二年第四次南巡，二月壬寅日（二十七日）康熙帝遣大学士马齐祭明太祖陵。康熙四十四年第五次南巡，四月丙戌日（二十三日）遣户部尚书徐潮祭明太祖陵，并对领侍卫内大臣等人说，回銮时诣明太祖陵行礼。大学士马齐认为已经遣官致祭明太祖陵，祈停亲诣行礼。康熙皇帝回答："洪武素称贤主，前者巡幸未获躬赴陵前，今当亲诣行礼。"[④]庚寅日（二十七日）康熙帝自江宁府启行至明太祖陵，导引官引向中门。康熙帝命自东角门入，并说："此非尔等导引有失，特朕之敬心耳。"既入，率诸皇子及大臣侍卫等行礼。[⑤]

康熙四十六年最后一次南巡，三月庚申日（初七）遣大学士

---

① 中国第一历史档案馆整理：《康熙起居注》第三册，康熙二十八年二月二十六日甲子，中华书局 1984 年，第 1841 页。

② 《清圣祖实录》卷 193，康熙三十八年四月庚戌。

③ 《清圣祖实录》卷 193，康熙三十八年四月甲寅。关于康熙皇帝表示如此赞赏与尊敬明太祖，美国学者史景迁认为："很可能康熙只是打算向明朝的阴影和它残存的少量支持者做出一个他自认为是安抚的姿态，而不是对一个与自己如此不同的人有特殊认同。"见史景迁：《曹寅与康熙》，上海远东出版社 2005 年，第 179 页。

④ 《清圣祖实录》卷 220，康熙四十四年四月己丑。

⑤ 《清圣祖实录》卷 220，康熙四十四年四月庚寅。

马齐祭明太祖陵。辛酉日（初八日）对大学士等说，明日亲谒明太祖陵。大学士等以此前巡幸江南，“明太祖陵或遣官致祭，或遣皇子致祭，亦有皇上亲行灌奠之时。又重新庙貌，专人看守，自古加厚前朝未见如此者。今皇上又欲往谒，臣等以为太过。况此行已遣大臣致祭，天气骤热，不必亲劳圣躬往谒。”康熙皇帝回答：“天气骤热，何足计耶，朕必亲往。”[①]态度坚定。次日康熙帝“诣明太祖陵，乘步辇由东石桥至大门下辇，由东门升殿，行礼毕回行宫”。[②] 康熙帝不从正门而由东门升殿，表示对明太祖的尊重。

康熙皇帝格外尊重明太祖，是与清朝继承明朝正统的观念密不可分的。康熙五十六年康熙帝心神忧瘁，头晕频发，感到身体糟糕，于是在乾清宫东暖阁召诸皇子及满汉大学士、学士、九卿、詹事、科道等人，宣布长篇谕旨，讲述“从来帝王之治天下，未尝不以敬天法祖为首务”的道理，要求臣下遵守，实为提前写就的遗诏。其中清朝与汉高祖、明太祖一样，应天顺人，为天下真主，成为中国的正统，则显示出肯定明太祖以证明清朝“得天下之正”的想法。康熙帝的这篇谕旨后来果然成为遗诏。因此，康熙皇帝尊崇明太祖的举措，也就成为后世子孙一直遵守的家法。

前面提到，康熙二十八年第二次南巡时，康熙帝看到明太祖陵损坏严重，下令寻找明宗室后裔看管陵墓，专司职守。晚年康熙皇帝又寻找明太祖的直系子孙，世袭官职，以示尊崇，这一遗旨由雍正皇帝完成。寻找到的所谓明太祖第十三子代简王之后代王与侄文元后人，不过是八旗中的汉军而已，也属于广义的满

① 《清圣祖实录》卷229，康熙四十六年三月辛酉。
② 《清圣祖实录》卷229，康熙四十六年三月壬戌。

族。清朝在顺康年间严厉查拿明宗室之后，搞此表面文章，实是一场政治游戏，此举只具有尊崇明太祖的象征意义。

雍正皇帝没有南巡，不过他也像其父一样，表示尊崇明太祖。由于发生曾静策动岳飞后裔岳钟琪造反一案，清朝发现曾静的反清思想是受到浙江人吕留良解释《春秋》大义在于"华夷之辨大于君臣之伦"的影响。直到雍正年间，一些人对于明朝还有故国之思，民间动辄以朱三太子为名造反，并不认同清朝统治中国是得天下之正的说法。所以清朝统治者厚待明太祖，实在是为了换取汉族的好感，使其认同清朝统治。当时雍正皇帝将其谕旨"通行颁布天下各府州县远乡僻壤，俾读书士子及乡曲小民共知之"①，向天下之人辩解。

在所著《大义觉迷录》中，雍正帝论述清朝得天下的政治合法性："夫我朝既仰承天命，为中外臣民之主，则所以蒙抚绥爱育者，何得以华夷而有殊视？而中外臣民，既共奉我朝以为君，则所以归诚效顺，尽臣民之道者，尤不得以华夷而有异心。此揆之天道，验之人理，海隅日出之乡，普天率土之众，莫不知大一统之在我朝。"又说满洲如同籍贯，不能将之自外于中国："在逆贼等之意，徒谓本朝以满洲之君，入为中国之主，妄生此疆彼界之私，遂故为讪谤诋讥之说耳。不知本朝之为满洲，犹中国之有籍贯。舜为东夷之人，文王为西夷之人，曾何损于圣德乎？"还批评华夷之辨是以往南北朝时的偏见，当今华夷一家，已经不分中外："盖从来华夷之说，乃在晋宋六朝偏安之时，彼此地丑德齐，莫能相尚，是以北人诋南为岛夷，南人指北为索虏，在当日之人，不务修德行仁，而徒事口舌相讥，已为至卑至陋之见。今逆贼等于天下

---

① 《清世宗实录》卷86，雍正七年九月癸未。

一统、华夷一家之时，而妄判中外，谬生忿戾，岂非逆天悖理，无父无君，蜂蚁不若之异类乎？”雍正帝的中心思想是君臣之伦大于华夷之辨。

乾隆皇帝效法祖父，也南巡江浙六次，同样拜谒明太祖陵。乾隆十六年首次南巡，礼部事先请旨：跸路所经禹陵、明太祖陵，应否亲诣或遣官行礼。乾隆皇帝明确表示：“朕亲诣行礼。”[①]礼部又请旨：“亲祭禹陵、明太祖陵，请照十三年东巡亲祭少昊金天氏陵，行二跪六叩礼。”乾隆皇帝提出：“行三跪九叩礼。”[②]乾隆十六年三月壬戌日（二十五日）乾隆帝果然祭明太祖陵，行三跪九叩礼，并御书匾曰“开基定制”。在对待明太祖陵的问题上，乾隆帝比起康熙帝可谓有过之而无不及。从《清高宗实录》还可以获知以后历次南巡致祭明太祖陵的情形。如乾隆二十二年第二次南巡，三月戊申日（十七日）遣官祭明太祖陵，庚戌日（十九日）乾隆帝诣明太祖陵奠酒。乾隆二十七年第三次南巡，三月庚戌（十七日）遣官祭明太祖陵。乾隆三十年第四次南巡，闰二月辛未日（二十六日）遣官祭明太祖陵，壬午（二十七日）亲诣明太祖陵奠酒。乾隆四十五年第五次南巡，三月甲辰日（二十五日）遣官祭明太祖，丙午日（二十七日）乾隆帝至明太祖陵奠酒。乾隆四十九年第六次南巡，闰三月壬戌日（初七日）遣官祭明太祖陵，并颁布谕旨与礼部讨论诣明太祖陵仪注，进一步尊崇明太祖：“谕曰：礼部奏诣明太祖陵仪注，三奠酒，每奠行一叩礼等语。前代陵寝于经过时亲诣拈香，自应较本朝陵寝仪节有别。然朕加隆前代，礼数从优。”[③]甲子日（初九日）乾隆帝诣明太祖

① 《清高宗实录》卷274，乾隆十五年十月辛巳。
② 《清高宗实录》卷377，乾隆十五年十一月己巳。
③ 《清高宗实录》卷1202，乾隆四十九年闰三月壬戌。

陵行礼。乾隆五十年乾隆帝解释自己致祭明太祖陵时说："明太祖为一代开创之主，是以朕南巡时躬诣孝陵致祭，用彰隆礼胜朝之意。"①

四、清承明制的真实内涵

明太祖确实为一代开创之主，清初诸帝对他的尊崇也不仅仅停留在祭祀神牌、陵墓的象征性仪式上，还包括总结明太祖政治经验教训的内容。

清朝仿照《洪武宝训》，编纂了圣训。洪武六年八月朱元璋任命儒臣詹同、宋濂编纂《大明日历》，至翌年九月书成，稍后完成了仿照唐代吴兢《贞观政要》之体的《皇明宝训》。洪武以后各朝有宝训与实录同时编纂的修史制度。万历三十年陈治本、吕本、朱锦等将明太祖至明穆宗十个皇帝的宝训汇成《皇明宝训》四十卷。《明太祖宝训》原本十五卷，万历合编本被合并为六卷。《明太祖宝训》，亦称《洪武宝训》，给予清朝深刻影响。清朝也有《十朝圣训》，包括太祖、太宗、世祖、圣祖、世宗、高宗、仁宗、宣宗、文宗、穆宗，光绪间由内务府刊印。圣训是新皇帝为老皇帝编辑，分类辑录皇帝品行与事功，以教化臣民。《太祖圣训》、《太宗圣训》始编于顺治十二年，康熙二十二年又下令编《世祖圣训》，以上三种圣训均在康熙二十五、二十六年辑成。《圣祖圣训》修成于雍正九年，《世宗圣训》修成于乾隆六年。清朝的《十朝圣训》实际上是模仿《洪武宝训》与《皇明宝训》。

① 《清高宗实录》卷1225，乾隆五十年二月壬寅。

《洪武宝训》反映了朱元璋治国的大政方针，也是明代皇权政治的象征。清一入关，《洪武宝训》即受到格外重视，是翻译成满文的第一部汉籍，成书于顺治三年。当时顺治皇帝年仅九岁，“御制序文”当是摄政王多尔衮任命汉官代笔的。从因翻译明《洪武宝训》赏赐大学士范文程、刚林、祁充格、冯铨、宁完我等来看，清廷重视《洪武宝训》，可能是受这些汉官的影响。清朝还颁赐诸王以下，甲喇章京、理事官以上满文金、辽、元三史并明《洪武宝训》，借鉴少数民族政权以及前朝统治中国的经验。

顺治皇帝同样非常推崇明太祖。顺治十年他问大学士范文程、额色黑、宁完我、陈名夏等人：“上古帝王，圣如尧舜固难与比伦，其自汉高以下、明代以前何帝为优？”大家回答：“汉高、文帝、光武、唐太宗、宋太祖、明洪武俱属贤君。”他又问：“此数君者又孰优？”陈名夏回答说：“唐太宗似过之。”顺治皇帝则认为：“岂独唐太宗，朕以为历代贤君莫如洪武，何也？数君德政有善者，有未尽善者。至洪武所定条例章程，规画周详，朕所以谓历代之君不及洪武也。”[①]对于明太祖评价如此之高，主要是看重明太祖制定的“条例章程”，即一代制度。大学士宁完我还进献明洪武《大诰》三册，顺治帝命内院诸臣翻译进览。

顺治时期仿照《洪武宝训》，编纂了清太祖、清太宗的圣训。《太祖圣训》、《太宗圣训》是在太祖、太宗的实录修成后仿照《贞观政要》、《洪武宝训》修成的。修书者主要是投靠清朝的故明士大夫，自然《太祖圣训》、《太宗圣训》会按照传统政治文化特别是明太祖的治国理念编纂清帝的行事。

事实上，我怀疑《太祖圣训》、《太宗圣训》当初的书名未必是

---

① 《清世祖实录》卷71，顺治十年正月丙申。

“圣训”，今名有可能是后来改的。理由是康熙二十五年二月二十日所作《太祖高皇帝圣训序》，有“总为‘宝训’四卷”之语，说明最初编辑《太祖高皇帝圣训》是仿照明朝的“宝训”，书名拟为“宝训”，而不是后来统一的书名“圣训”。

雍正帝的一段话也可以证明清初数帝的圣训体裁模仿了明太祖的《洪武宝训》。雍正帝除了谈到清朝圣训与《洪武宝训》的关系外，对于明太祖执政特点也有总结。雍正帝认为明太祖“识见尚局于卑隘，其规模未臻于广大”，原因是“文过其实，言行多不能相符，而议论自相矛盾者有之”。[①] 而雍正帝自身则奉行持中之道，表达了他以及清朝诸帝超越明太祖的看法。

雍正帝始终重视明太祖的政治，雍正六年仲春命儒臣采录经史子集所载自古帝王训诫、名臣奏章、先儒语类深切治道者，次第进呈，亲为删定，成《钦定执中成宪》一书，卷 4 收录《洪武宝训》，便是进一步的证明。事实上，雍正七年在汉族大臣的劝说下，下诏仿照唐太宗《贞观政要》，明太祖《洪武圣政记》、《洪武宝训》、《御制大诰》编辑反映雍正朝政的书。此书乾隆六年告成。原本未题书名，因雍正谕旨由内阁宣示者居多，于是题名《上谕内阁》。另外，雍正九年编辑的《上谕八旗》，也具有类似的性质。可以说，在一定程度上，《上谕内阁》是雍正帝借鉴朱元璋政治的产物。本章所引有关雍正皇帝论述涉及明太祖的谕旨，多数收入《上谕内阁》，也说明编辑该书具有宣传的意图。

清朝汲取明太祖政治经验，逐渐形成了“敬天法祖、勤政爱民”的政纲。明太祖编辑《洪武宝训》是为了让子孙遵守祖宗家法，保证明朝江山传之久远。清朝编辑圣训，性质相同。在中国

---

① 《清世宗实录》卷 63，雍正五年十一月壬戌。

传统政治文化中，属于家天下的“法祖”，正如前引顺治帝所说的“帝王之道，法祖为先”。从明清两朝的宝训、圣训来看，清朝的法祖与明朝一脉相承。

雍正帝阅读《明史·太祖本纪》，对于敬天的政治思想有了新的感悟。“敬天”，加上上面谈到的强调“法祖”，构成清朝格外重视的“敬天法祖”政治。另外如上引大臣请求将康熙皇帝政事编书“以昭法守”，而康熙皇帝自称即位以来“勤政爱民”，所以法守（也是法祖）的内容是“勤政爱民”。这样我们从清帝学习明太祖《洪武宝训》、《明太祖本纪》中，看到清朝政纲“敬天法祖、勤政爱民”与明太祖政治的关系。

乾隆帝命大臣编的《御览经史讲义》卷13记载，在讲说《书经》“夙夜罔或不勤，不矜细行，终累大德”的经文时，侍读鄂容安列举历代君主勤政的事例，说明其与治理好国家的关系：“近代如明太祖，亦能勤于政治。”

清帝汲取明太祖的治国经验，还有不少例证。明太祖治国以严刑峻法著称，顺治帝并不以为然。他对臣下说：“朕自亲政以来以宽为治，恒谓洪武诛戮大臣为太过。由今以观，太宽亦不可也。”[①]大臣魏裔介告诉皇帝自古宽严相济的道理。顺治、康熙之际制定礼仪，也以洪武礼制为本。清朝用洪武礼制纠正明中后期出现的礼制变动，继承了明太祖时的一些礼制。康熙皇帝高度评价明太祖，认为：“洪武系开基之主，功德隆盛。”[②]康熙帝并不讳言清朝借鉴了洪武政治，除了政治宣传上的考虑外，也算是实情。清朝纂修《明史》始于顺治二年五月，至乾隆四年七

---

① 《清世祖实录》卷98，顺治十三年二月丙子。

② 《清圣祖实录》卷154，康熙三十一年正月丁丑。

月告成,实际上史稿粗成于康熙时期。清朝皇帝特别是康熙帝利用修史也总结了明朝历史的经验教训,为清朝政治服务。

清朝满洲贵族确实想从明太祖那里学习治国经验。除了前面提到的顺治年间曾发给满族官员《洪武宝训》,还有一个故事证明满洲贵族对明太祖的重视。康熙初年,有四大臣辅政,鳌拜专权,打击其他辅政大臣。苏克萨哈被诬陷二十四条罪状,其中一条是:"(苏克萨哈)将内院收贮故明《洪武实录》擅专取回私家观看,伊欲效洪武所行何事。"①我们且不去具体考察苏克萨哈的政治意图,但是可以肯定的是,他想从《明太祖实录》中汲取政治经验。

清帝总结明太祖的政治,也有批评,并标榜改正。如苏松重赋问题,清入关之初以废掉明朝后期"三饷"争取民心,不仅声称不加赋,而且还蠲免钱粮,进行减赋。康、雍二帝将苏松二府额征浮粮豁免的做法,进一步突出了清朝政治的高明之处。乾隆帝的论述,更加证明此点实为明清两朝政治的重大区分点。洪武时期的严刑峻法与苏松重赋,成了清朝攻击的重点,于是清朝在政治宣传上反其道而行之。

乾隆帝在立储问题上,也总结明太祖的经验教训,坚持清代的秘密立储制度。虽然历史上立储问题的经验教训并不限于明太祖,但无疑乾隆帝是认真考虑过明太祖立储教训的。

更重要的是,清朝从明太祖借鉴了乾纲独断的专制集权思想与政治体制。乾隆四十五年乾隆帝命纂《历代职官表》,就清代官制与以往历代官制比较论述,其中首先谈到最重要的丞相制度。乾隆帝反对将大学士变为丞相,认为不符合清朝实际。

① 《清圣祖实录》卷23,康熙六年七月己未。

洪武政治体制的核心是废丞相，加强了皇帝的专制集权。清朝压制继废丞相后出现的内阁大学士，并创立军机处，保证皇帝专制集权，与洪武政治体制一脉相承。清朝皇帝确实善于驾驭大学士，多有能力控制国家，结果如乾隆帝所说"无名臣亦无奸臣"而"人主太阿不移"。借鉴明太祖的政治，康雍乾三帝形成了"以敬天爱民勤政为念"的法祖政治。

清朝还继承了明太祖的政治教化体制。朱元璋为维持乡村社会秩序，赋予乡里老人教化乡里的职责。《明太祖实录》记载：

> 上命户部下令天下民，每乡里各置木铎一，内选年老或瞽者，每月六次持铎徇于道路，曰："孝顺父母，尊敬长上，和睦乡里，教训子孙，各安生理，毋作非为。"①

文中所要宣传的六句话，就是后来流行天下的所谓"圣谕六言"或者说"圣谕六条"。朱元璋又将基层社会教化的各种措施归纳为《教民榜文》或曰《教民要款》四十一条，于洪武三十一年颁行全国，宣讲"圣谕六言"被列入第十二条。"圣谕六言"的宣讲制度给予明代社会深刻的影响。清朝统治者为了恢复和强化传统的社会秩序，建立自己的稳固统治，大兴教化政治。顺治帝于顺治九年将明太祖的"圣谕六言"颁行八旗及各省。康熙帝继续加强教化，康熙九年向全国颁布"上谕十六条"。

"上谕十六条"模仿"圣谕六言"的做法，发展了"圣谕六言"的思想，内容详细而全面，标志着清朝统治者将教化作为治国重点。雍正帝更为重视"上谕十六条"，对其逐条解释，成洋洋万言的《圣谕广训》，于雍正二年颁行天下，并在全国大力推行宣讲活

---

①《明太祖实录》卷255，洪武三十年八月辛亥。

动，形成了很有特色的教化政治。

总之，清朝皇帝作为满族统治者，重视通过文化认同消解满汉之间的民族矛盾，通过历代帝王庙、明孝陵的祭祀活动表达对明太祖的敬意，以换取汉族对于清朝统治的认同。清帝认为历代贤君莫如明太祖，向明太祖汲取统治经验，学习《洪武宝训》、《明太祖本纪》等，总结其开国谋略，并编修清朝皇帝的圣训，既是向人民宣传承袭中国传统政治文化的德政，也是为子孙总结治国经验。清朝的"敬天法祖、勤政爱民"的政治纲领，受到明太祖政治的极大影响。人们每谓"清承明制"，是指清朝各项制度基本承袭明朝。这种政治继承性主要表现在借鉴了乾纲独断的专制集权思想与政治体制，集中体现在"君权"与"相权"关系以及宣讲教化方面。可以说，在一定程度上，清前期延续了明太祖的政治。

第二章
康雍乾的兴盛

康熙、雍正、乾隆时期，清朝达到全盛。人们往往称这一时期为“康雍乾盛世”，或者简称“康乾盛世”。

不过，清史学者对于康乾盛世的起讫时间与历史定位观点有所不同。许曾重先生认为康乾盛世的开端应在康熙二十三年，而不是康熙帝即位或亲政之时。乾隆中叶平准、平回部两次战役的胜利，使清朝统一中国的事业最后完成，是康乾盛世开始进入鼎盛阶段的重要标志。[①] 高王凌认为：康熙二十年代平定三藩、收复台湾，结束了朝代鼎革之际的大规模军事行动，康熙二十年左右是清初历史的一个重要分水岭。三藩平定后，即开始沿运河南巡。当时政府政策的重心，在于鼓励垦荒、修河治水、蠲租减赋。这些可以称为“恢复政策”或“垦荒政策”。康乾盛世大约从康熙四十年代算起，指中国18世纪的一段历史。在圣祖南巡的过程中，于康熙四十年代发现了人口问题，并提出要“预筹安养之策”。至此，跨越康熙末、雍正朝、乾隆初的大约50年，成为清代政府政策上一个极具连续性的、空前活跃的和充满生气的时期。清代的几乎所有“德政”，如“滋生人丁永不加赋”、

① 许曾重：《论康乾盛世的几个问题》（上），《清史研究通讯》1985年第1期。

"地丁合一"、"火耗归公"、"轻赋"和"永不加赋"的原则，都是在这一时期提出或确立的。[①]

李尚英指出：清朝由乱入治，始成盛世时期（康熙二十三年至康熙四十七年）；盛世由停滞走向发展时期（康熙四十七年至乾隆十六年）；盛世达到顶峰时期（乾隆十六年至乾隆六十年）；盛世由盛转衰时期（乾隆六十年至嘉庆十八年）。康熙南巡是清朝由乱入治、始成盛世的重要标志。康熙四十六年第六次南巡，自康熙四十七年始的废立太子事件，清廷政局动荡，出现了一系列的社会问题，盛世一度陷入停滞状态。乾隆十六年南巡，嘉庆十八年九月京畿和直鲁豫三省交界地区爆发了天理教起义，都是重要事件。[②] 徐凯认为康乾盛世起于康熙二十三年第一次南巡。[③]

下面主要讲述从康熙二十三年至乾隆中期的历史。康熙、雍正、乾隆三朝统治风格不同：康熙朝由于皇帝强调仁政，施政特点是宽；雍正朝强调奋发有为，施政特点是猛；乾隆朝总结父祖行政经验教训，出现了宽猛相济的统治策略。康雍乾三朝的统治也有共性：三位君主都勤于政事，重视御门听政，亲自快速处理大量章奏。

一、康 熙 初 盛

康熙二十二年清朝统一台湾，康熙帝治国有方，清朝统治此

① 高王凌：《关于康乾盛世的几个问题》，《清史研究通讯》1990 年第 4 期。

② 李尚英：《关于"康乾盛世"的历史分期问题》，《中国社会科学院研究生院学报》1999 年第 4 期。

③ 徐凯：《"康乾盛世"论纲》，《明清史论丛》，辽宁大学出版社 2004 年。

后进入“康熙之治”，国家经济恢复，日益强盛。从康熙二十三年至康熙六十一年，共计38年。这期间的历史主要表现在以下几方面：

一是巡视七省，重点加强对于江浙等地区的统治。康熙二十三年皇帝在统一台湾后首先做的事情是南巡，可见其重要性。南巡主要走水路运河，御舟自京而下，途经直隶（今河北）、山东、江浙，最远到达苏杭，六次南巡巩固了清朝对南方的统治。南巡的主要目的公开是为了解决“黄淮冲决为患”的问题，亲历河道，寻求治河方案，考察治河工程；同时周知吏治，观览民情，实际上隐含着对于文化中心江南地区的控制。巡行中召见地方绅士，以消除满汉隔离。大量蠲免江南积欠，缓和了中央与地方的关系。此外，康熙皇帝还东巡山东，西巡陕西，北巡塞外。《圣祖仁皇帝圣训》设有“省方”类目，记载康熙皇帝有关巡幸的一些谕旨。康熙皇帝的大规模巡幸，既是勤政的表现，也是一种统治方法。

康熙二十三年皇帝巡视江南，这一象征清朝由乱入治的事件意义非同凡响。然而，以往学者多将首次巡视江南的意义混同于此后的南巡，从康熙帝关注治河工程来看他的治国，没有意识到所谓首次南巡其实是东巡，起因于巡狩泰山。事实上，康熙二十三年清基本完成国家统一，适逢甲子年，仿照《尚书·舜典》圣王泰山巡狩之举。康熙帝东巡之后，临时决定南下视察河工，这才南巡。所谓首次南巡也只有与东巡联系起来考察，才能彰显出其历史意义。研究康熙南巡，应该将首次与其他几次区别开来。康熙帝首次巡视山东以及江浙是康熙二十三年的重要历史事件，该年也是清代历史上重要的一年，标志着“世际升平”历史新纪元的开始。除了巡幸，康熙二十三年还有一些清代历史上具有指标性意义的事情，即对内整饬，对外开海。此外，这一年五月十二日，正式开馆纂修《清会典》，命大学士勒德洪、明珠、李霨、王熙、吴正治为总裁官，谕内阁强调“一代之兴，必有一代之治法”，以昭示臣民，垂宪万世，标志着清朝一代统治的真正开始。[①]

北巡塞外。康熙十六年，平定三藩之乱期间，康熙开始北巡，秋狝与避暑两不误。二十年四月康熙第二次出巡口外，在内蒙古昭乌达盟、卓索图盟、锡林郭勒盟和察哈尔盟东四旗接壤地建立木兰围场。此后，直到康熙帝逝世，只有两年未到木兰围场。一是二十一年出巡东北，二是三十五年出征到喀尔喀蒙古的克鲁伦河，追歼噶尔丹。其余 44 年，通常每年一次率八旗出塞，去木兰围场秋狝。而三十八年两次出塞。秋狝可以保持满族骁勇善战的传统，接见蒙古上层人物。从康熙十六年到六十一年，46 年间，巡幸塞外 48 次。

关于热河行宫（避暑山庄）的兴建，从康熙四十一年起，康熙帝在北京至木兰围场途中陆续建立行宫，除北京至古北口的 7 处行宫不计，古北口外共有行宫 17 处（乾隆时期又建 3 处）。修建行宫主要是为了出塞木兰秋狝的起居饮食有固定住所。行宫的规模巨大，两间房行宫建房 417 间，桦榆沟行宫 445 间，喀喇和屯行宫 414 间，上营行宫 410 间，蓝村行宫 423 间，一百家子行宫 410 间，每处行宫用银五六万两。行宫的建筑一般包括瓦房、草房、阁楼、游廊、堤坝等，行宫承建人即出资者，往往是在官任上赚有盈余银的官员，朝廷派监工大臣督办工程。上营行宫

① 常建华：《新纪元：康熙帝首次南巡起因泰山巡狩说》，《文史哲》2010 年第 2 期。

由于优越的地理位置和自然环境，逐渐发展为避暑山庄。康熙四十年前，康熙帝一般是每年两个月（七、八月）到木兰围场秋狝，在行军营房居住。四十一年以后，有行宫可以避暑，每年四月出口，九月返京。从四十一年到六十一年的21年中，出塞30次，比先头的21年多5次。康熙帝有时到遵化的东陵祭奠孝陵（顺治）后出塞。①

南巡江南。首次南巡于康熙二十三年九月二十八日启程，十一月二十九日返京，历时60天。巡视山东、江南，阅视河工，咨访地方利弊，于江宁谒明陵，至曲阜祭孔。原来只说东巡山东，到山东后诏行南巡。第二次南巡于二十八年正月八日出发，三月十九日回京，历时71天。巡视山东、江南、浙江，到达杭州，谒禹陵致祭，经理河工，周知吏治。第三次南巡于三十八年二月三日启程，五月十七日回京，历时103天。巡视山东、江南、浙江，奉皇太后同行，阅视河工，考察民情。第四次南巡于四十二年正月十六日起行，阅视河工，考察官吏，三月十五日返京，历时59天（此前于四十一年九月二十五日至十月二十六日，南巡至德州闻太子病而返）。第五次南巡于四十四年二月九日启程，闰四月二十八日返京，历时109天。巡视山东、江南、浙江，以黄河、运河河工告成，举行巡阅。第六次南巡于四十六年正月二十二日启程，阅视溜淮套河工，五月二十二日返京，历时118天。巡视山东、江南、浙江。南巡目的：巡视河工，笼络江南士大夫，考察吏治民情。江南地区是士大夫聚居的地区，属于清代文化的中心。江南绅士代表中国传统文化，清初曾有强烈的反清运

---

① 常建华：《康熙帝北巡塞外与热河行宫的兴建》，赵志强主编：《满学论丛》第7辑，辽宁民族出版社2017年。

动。康熙皇帝结束军事上的对抗统一中国以后，特别关注江南士大夫的归顺问题。除了前述的南巡之外，清朝还通过江南织造、苏州织造、杭州织造搜集江浙情报，联络并监视江浙绅士，注意地方动态。中央与江南区的互动关系，是值得关注的问题。

东巡。广义的东巡，包括山东、盛京、吉林，如第一次南巡最初称东巡，但是后来称为南巡，因此郭松义先生认为东巡是 3 次[①]；狭义的东巡专指视察东北。康熙十年九月至十一月，奉太皇太后东巡盛京，谒福陵（太祖及皇后叶赫那拉氏，俗称东陵）、昭陵（太宗及孝端文皇后博尔济吉特氏，俗称北陵），遣王、贝子、内大臣诣永陵（皇室祖先努尔哈赤远祖孟特穆、曾祖福满、祖父觉昌安、父亲塔克世及其伯父礼敦、叔父塔察篇古等）致祭。康熙二十一年，在平定"三藩之乱"后，康熙帝前往关外祖陵告祭，东巡盛京、吉林。祭毕北上，于三月二十五日抵达吉林。在吉林和大乌喇虞村（今乌拉街）盘桓 12 日，体察风土人情，检阅水师营的操练。第三次东巡是在康熙三十七年七月二十九日，奉皇太后巡视吉林乌喇，并至盛京谒陵，十一月十三日回京。其间除视察城防、了解民情外，对于反击沙俄侵略和治理地方军政事务有功的黑龙江将军、宁古塔将军等予以嘉奖，还对吉林地方应兴应革之事做出明确训示。[②]

西巡。共计三次西巡，两次顺便，一次专程，到达陕西两次。或认为西巡一次，专指后者。康熙二十五年九月十九日至十二月二十日，出塞追击噶尔丹。康熙三十六年二月六日至五月十七日，出塞至山西、陕西及宁夏而返。亲征噶尔丹，乘便行围、检

---

① 郭松义：《清朝全史》3 卷，辽宁人民出版社 1995 年，第 40 页。

② 常建华：《祭告：康熙帝东巡辽吉新探》，赵志强主编：《满学论丛》第 8 辑，辽宁民族出版社 2019 年。

阅宁夏驻军。康熙四十二年十月十一日西巡至西安，十二月十九日回京。康熙帝巡幸西安，以往被看作是经营和抚定蒙藏边疆之举。从西巡的主要内容来看，一方面是考察吏治民风，属于对内行政，也是儒家治国理念中强调的，借以表达对儒家治国政治文化的认同；另一方面是练兵阅军，强调军队的战斗力，表明重视骑射的清朝国策。康熙帝通过密切君主与臣民关系，祭奠山川与名人，树立了认同儒家文化与中国历史的勤政爱民的圣君形象。无论是西巡的内容还是表达的意义，都在展示以儒家政治文化治国的象征性，阐释着统治的正统性与合法性。①

巡视畿辅。《清圣祖实录》共记载出巡畿辅 27 次，标明"巡幸畿甸"的有 19 次。正式记载"巡幸畿甸"始于康熙二十三年，其标志是皇子随驾。该年是清朝的首个甲子年，正值"一统天下"不久，标志着新时代的开始。首次记载"巡幸畿甸"，也就具有政治象征性。皇子随驾便于皇帝教育皇子，使皇子了解社会，观摩皇父处理政事。不同时期的皇子随驾，也有着不同的意义。最初是太子随驾，突出未来的皇位继承者。接着增加了年长的皇子，再后又增加了较为年幼的皇子。巡幸畿甸还有着充实的内容，即治理海河水系洪水泛滥问题，筑造了众多堤坝，有效减轻了水患。围猎与娱乐结合的水上行围，也是巡幸畿甸的重要内容。巡幸畿甸意在表达清朝勤政爱民、重视农业、关心民生的政治特色，塑造了康熙帝忧国忧民的光辉形象。②

---

① 常建华：《长安之旅：康熙帝西巡探讨》，《社会科学》2011 年第 9 期。

② 常建华：《京师周围：康熙帝巡幸畿甸初探》，《社会科学》2014 年第 12 期。

巡视五台山。康熙帝总计五次巡游五台山。第一次为康熙二十二年二月十二日至三月初六日，计25天。拜佛进香，为秋季太皇太后巡视五台山做准备。本次出巡命皇太子胤礽随驾启行。第二次为二十二年九月十一日至十月初九日，计28天。奉太皇太后进香，拜佛还愿。太皇太后，即康熙帝祖母孝庄文皇后博尔济吉特氏，出生于科尔沁蒙古，在清朝皇位继承、辅助幼帝等方面功劳卓著，时年71岁。第三次为三十七年正月二十七日至二月二十三日，计26天。进香，归途巡视浑河河堤。本次出巡命皇长子胤禔、皇三子胤祉随驾。第四次为四十一年正月二十八日至三月初一日，计33天。进香，阅永定河、子牙河。本次出巡，命皇太子胤礽、皇四子多罗贝勒胤禛、皇十三子胤祥随驾。第五次为四十九年二月初二日至三月初五日，计34天。进香，巡视民情。本次巡游命皇太子胤礽、皇三子和硕诚亲王胤祉、皇八子多罗贝勒胤禩、皇十子多罗敦郡王胤䄉、皇十三子胤祥、皇十四子固山贝子胤禵随驾。

在这五次巡游五台山之中，最能表现出巡游意义的是康熙二十二年的巡游。由于首次巡游五台山是为第二次太皇太后出巡做准备，所以这两次离得很近，均在康熙二十二年，可以放在一起分析。如果联系到前一年康熙帝东巡盛京、吉林谒陵祭祖，部署边务，慰抚蒙古；再联系到后一年巡狩泰山，南巡江南，于江宁谒明太祖陵，至曲阜祭祀孔子，同年还出巡了畿甸，就会感到二十二年巡游五台山不同寻常，应当是这前后一系列活动中的一环。它发生在二十年平定三藩、二十二年台湾即将归顺之时，是具有政治意义的事件。早在康熙十二年十二月，惊恐于“三藩之乱”的康熙帝就派侍卫到五台山拈香礼佛，还修建“祝国佑民道场”。十七年又书写“五台圣境”匾额，派钦差送往菩萨顶。既然“三藩之乱”爆发后祈佛“祝国佑民”，平定三藩后再次供佛还愿也在情理之中。不过二十二年二月在五台山“特命修建上祝太皇太后延寿无疆道场三日”，则是重点。三十六年二月，康熙帝第三次亲征厄鲁特蒙古准噶尔部噶尔丹，噶尔丹穷途末路，病死草原。三十七年正月巡游五台山，命皇长子往祭金太祖、金世宗陵。十月东巡，谒永陵及盛京二陵。与东巡相近的第三次巡游五台山，应是因战胜噶尔丹进行的。此次礼佛，康熙帝命“建护国佑民道场三永日”。四十年有两件大事完成，一是五月永定河工程告竣，二是十二月黄河河工大致完成。康熙帝曾以三藩、河工、漕运为三大国政，可见对于河工的重视。四十一年正月第四次巡游五台山，或许与河工的完成有关。第五次巡游五台山发生在二月，可能是为皇太后庆寿。四十九年正月，皇太后七旬大庆，康熙帝非常兴奋，在皇太后宫进宴，敬酒，还跳了民族舞蹈蟒式舞。[①]

二是北方的边疆与民族问题。康熙二十八年与俄罗斯订立《尼布楚条约》，划定中俄东段边界。东北地区稳定后，注意力放在西北与北部。康熙皇帝于三十五年、三十六年三征准噶尔部噶尔丹，并加强对喀尔喀和内蒙古的控制。四十二年确立的秋狝制度，也有联络蒙古等少数民族的用意。五十四年对准噶尔部策妄阿拉布坦用兵，平定西藏。解决准噶尔部问题，是康熙后期重要的事情。事实上，只有解决了蒙古问题，清朝才能确立对全国的有效统治。冯尔康先生指出，“处理准噶尔问题具有划分清史发展阶段界标的意义”，并认为清朝历史“入关以前是开国时期，顺、康、雍以及乾隆前二十三年为前期，乾隆二十四年至道

① 常建华：《祈福：康熙帝巡游五台山新探》，《历史研究》2016 年第 2 期。

光二十年鸦片战争为中期，下余的时间为后期”。[①]

三是经济恢复，赋税政策上有所作为。引人注目的是大规模蠲免钱粮，除了因自然灾害蠲免钱粮外，还在康熙三十年轮免漕粮、五十年普免全国钱粮各一次，减轻了农民的经济负担。五十一年还实行“滋生人丁永不加赋”，固定人口税，调动农民的生产积极性，促进人口的增殖。人口的增加，在康雍时代作为生产力促进了经济的发展，也为乾隆后期播下了人口数量增加过快的种子。

这里就康熙朝的蠲免钱粮多作一些介绍。蠲免钱粮可分为普蠲钱漕、减除旧额、巡幸蠲免、差役蠲缓、偏隅蠲缓、蠲除积逋六类。偏隅蠲缓主要指灾蠲，灾蠲的规定成倍突破了前朝重灾蠲免的额度。灾蠲银数难以统计，仅从江南地区看数额很大。差役蠲缓，因战争扰及地方或因河工等派及民间而进行的免征或缓征。巡幸蠲免，皇帝外出而进行的蠲免。康熙帝不断出巡，五朝五台山、四谒盛京祖陵、五巡天津、五次东巡、六次南巡，此外，巡幸中州及近畿，谒两陵、秋狝的次数更多。“每次巡幸经过沿途州县，俱免应征本年地丁钱粮十分之三”，还有“加恩之举，如谒祖陵于盛京，则免奉天今岁田租及庄头粮石、旗地刍粮之半，幸五台、幸木兰、幸盘山皆赐复如例。若东巡阙里，禋祀岱宗，则免曲阜、历城、泰安额赋，每回跸淀津，复加恩泽。幸嵩洛，则免祥符、登封田租”；而南巡六次，“共免除经过州县逋赋钱粮达二千余万两”。减除旧额，主要有免坍荒地赋，调整税则，改重为轻，对摊丁入亩中重摊的减除，蠲免丁去税存、多报垦荒数造

① 冯尔康：《雍正传》，人民出版社1985年，第574页、573页。后来冯先生又强调了这一观点，见刁培俊、张德安《历史学的传承与启新——冯尔康先生访谈录》，《史学月刊》2005年第1期，第112页。

成的重赋等。此类规模较小。蠲免的最大类是普蠲钱漕。逋赋是多年积欠，或因灾害，或由赋重，或自差役，三者往往交织在一起。蠲除积逋是在缓征、带征等措施仍不能解决问题的情况下，一笔勾销。总之，康熙帝极为重视蠲免钱粮，从登基到退位，贯彻始终。蠲免总数没有确切的统计数字，约达到一亿五千万两之多，占田赋收入和总收入的比重相当可观。

清初土地荒芜，人口锐减，社会经济凋敝，康熙中叶后逐渐恢复发展，人口也迅速增长。康熙中后期的蠲免钱粮，特别是普免钱漕，正是适应这一形势的产物。财政收入的增加与稳定，是蠲免钱粮的重要前提条件。岁入总额，从康熙二十四年到雍正三年增加 462 万两，国家财政收入稳定上升，蠲免钱粮有一定的经济基础。库帑充盈，国家蠲免钱粮也无财匮之虞。康熙朝库存银最高额是五十八年的 4 900 余万两，通常存银为三四千万两，表明国帑充足。

蠲免钱粮是调整社会关系的手段。清政府为了统治全局和长远利益，不断调整国家、地主、农民三者以及各阶级中不同阶层的关系。调整的重要手段之一，就是赋税政策。当时的社会经济关系，主要表现为土地关系和土地占有状况，赋税政策是上述表现的一定产物，蠲免钱粮反映着一定的阶级关系与土地关系。康熙九年已决定以后的蠲免中令地主免租，二十九年将山东减租的做法向全国推广，“业户蠲免七分，佃户蠲免三分”，四十九年又将此“永着为例”。蠲免中对于主佃关系中地租减免的规定，不仅调整了主佃二者的关系，而且进一步理顺了国家、业户及佃农的关系，对于建立稳定的社会秩序相当重要。

四是由打天下转向守成，开创清朝家法。康熙帝完成军事上的统一全国后，及时提出长治久安的问题，主要在保持满族的国语骑射，遵奉中国传统政治敬天法祖、勤政爱民上做文章，初步形成了一套统治家法。如压抑宦官、皇子教育、奏折与御门听政、行围制度、不加赋并免赋等政策与制度的实行，为后来的皇帝继承，树立鲜明的统治特色。

康熙帝经常使用“敬天勤民”一词，也使用过“勤政爱民”、“敬天勤政”等词汇。康熙二十四年康熙帝总结自己登极以来的行政是“孜孜图治，勤政爱民，日理万机”①。康熙二十七年京师遇旱，康熙帝儆惧修省，大学士王熙称颂皇上忧劳过甚，古来所无，“皇上勤政爱民，无日不忧勤惕厉”②。“勤政爱民”成为康熙君臣对于皇帝治理国家的评价尺度。康熙三十年康熙帝对礼部说：自古以来，帝王为了敬天而需要勤政。康熙四十七年他又说，人君“惟敬天勤民、鞠躬尽瘁而已”③。同时还说：“君道在于爱民，此帝王之常经，祖宗之家法。”④将“爱民”归结为清朝祖宗家法，便具有政治原则的政纲性质。康熙五十一年十一月诸王、贝勒、贝子、公、文武大臣官员等奏请上尊号，赞扬皇帝御极以来敬天法祖、勤政爱民、励精图治五十余年，这一总结符合康熙帝的行政特点。

康熙帝明确以“敬天法祖”总结其政治并要求子孙继承是在他的晚年。康熙五十一年因吏部题请筹备翌年的六十大寿庆典，康熙帝不赞成，说：“朕御极以来，惟欲万国乂安，上则敬天法

① 《清圣祖实录》卷119，康熙二十四年正月戊子。

② 中国第一历史档案馆：《康熙起居注》第三册第1874页，康熙二十七年五月十五日庚戌。

③ 《清圣祖实录》卷234，康熙四十七年九月庚寅。

④ 《清圣祖实录》卷260，康熙四十七年九月癸巳。

祖，下则垂令名于后世。”[1]康熙帝将自己的行政法则概括为“敬天法祖”。康熙帝对“敬天法祖”更充分的认识，则体现在五十六年对诸皇子及满汉大学士、学士、九卿、詹事、科道等人的面谕。该谕开头指出：“从来帝王之治天下，未尝不以敬天法祖为首务，敬天法祖之实，在柔远能迩，休养苍生，公四海之利为利，一天下之心为心，体群臣，子庶民，保邦于未危，致治于未乱，夙夜孜孜，寤寐不遑，宽严相济，经权互用，以图国家久远之计而已。”[2]应当说康熙帝对于“敬天法祖”的理解是深入的，同时也表达了皇帝应当勤政（夙夜孜孜，寤寐不遑）、爱民（子庶民）的看法。前述康熙三十一年他已经提出“勤政”，四十一年谈到“爱民”，可见康熙帝的政纲中已经有了“敬天法祖、勤政爱民”的轮廓，当然他最强调的是“敬天法祖”。面谕结尾处说，该谕已准备十年，若有遗诏，无非此言。即四十七年就已酝酿，是深思熟虑准备传授子孙公布天下的。后来康熙帝遗诏的基本内容就是这个面谕，其中包括上引帝王治天下以敬天法祖为首务那段话。乾隆帝上台后申明治国要采取“宽严相济”的统治术，并提出“敬天法祖、勤政爱民”的政纲，两项治国主张都出自康熙帝的面谕与遗诏，实在是继承祖父遗志。

五是文化方面尊崇儒学。康熙帝任用理学名臣熊赐履、李光地等人，到山东拜谒孔庙，提倡儒学。陈梦雷主持编纂中国最大的类书《古今图书集成》，分列门类纲目，从各种典籍中按类采择摘录，汇编成书。《古今图书集成》分六编，三十二典，全书一万卷，历康熙、雍正两朝编印完竣。通过编书，也笼络了汉族知

① 《清圣祖实录》卷251，康熙五十一年十月庚午。

② 《清圣祖实录》卷275，康熙五十六年十一月辛未。

识分子。康熙四十七年清朝开始全国地图的大规模测绘工作，在外国传教士的帮助下，采用当时世界上最先进的经纬度测绘方法，历时十年，于康熙五十七年完成《皇舆全览图》的测绘，这项工作不仅是中国，也是世界测绘史的空前创举。

康熙朝最遗憾的是没有解决好皇位继承问题，导致储位之争。皇位继承是君主专制中央集权时代的头等大事，满族因为带有氏族社会军事民主与贵族政治的特点，君主之位常择贤而立。康熙皇子众多，觊觎皇位者大有人在。康熙最初立有皇太子，不理想又废黜，引发诸皇子对于储君之位的争夺。这是康熙后期朝政的大事，也影响到雍正朝的政治。

二、雍 正 改 革

雍正朝的13年，以改革为其行政特色。雍正朝是清朝承上启下的重要时期，历史丰富多彩。雍正改革以及其他重要历史主要有以下几方面：

其一，整顿吏治，加强官僚制度建设。雍正初设立会考府，清理财政。实行耗羡归公与养廉银制度，惩治贪官。清制，京官五品以下，外官四品以下，凡初授官、京察升调、保举、学习期满留用等，文官由吏部，武官由兵部引见皇帝，并以职名送鸿胪寺，定期传示带领谢恩。雍正帝认真执行引见制度，掌握官员的具体情况，保证了用人准确。

实行耗羡归公与养廉银制度。地丁征银，碎银铸成整块，有一定的折耗。征收漕粮，以鼠吃、雀啄为由，有雀鼠耗。地方官以补偿耗损为理由多征，有的地方甚至耗羡的征收超过了正额，加重了人民的负担。耗羡是从明代沿袭下来的额外征收制度。雍正朝实行“耗羡归公”的改革，即规定每亩地丁银火耗不过二钱，作为正赋岁收，解往户部入库。而从这种上交的附加税中抽出一部分发给官吏，叫作“养廉银”，就是用这些钱使官员廉洁奉公不再贪污。这一改革限制了地方官任意加征，中饱私囊，减轻了农民的负担，同时也正式承认部分加征的合法。

其二，调整赋役制度与等级身份制度。实行绅民一体当差原则，并要求绅衿地主不得欺压佃农，还在法律上做出规定。推行摊丁入亩制度，改革了人口税制度，减轻了人民负担，使得赋役制度更加合理。这一制度也刺激了人口增长。豁除贱籍，将山陕乐户、江浙丐户、广东疍民、安徽世仆的贱民身份解除。

关于摊丁入亩问题，“永不加赋”只是在总额上不再增加丁银，并没有废除丁银。农民的逃亡和政府赋税收入不稳定的问题仍然存在。于是出现了“地丁合一”的制度，办法是把以人口为对象征收的丁税全部摊入地税中征收，所以又叫“摊丁入亩”。它开始于康熙，普遍推行于雍正，基本完成于乾隆。“地丁合一”制度的推行，使田少者丁税负担减轻，无田者无税，赋税征收符合财产占有情况，顺应了社会经济的发展趋势，这是进步的改革。地丁合一的推行，使延续了数千年的人头税从此不再单独征收，农民对国家的依附关系有所减轻。

豁除贱籍问题在此多作一些介绍。乐户是官府所辖的优伶和娼妓。在地方上著籍的乐户，供地方政府与官员使役，如官员宴饮之佐酒、演出，立春迎神的扮演。同时有义务至京师承差，供奉皇宫乐舞。京师乐户则归教坊司管辖。雍正元年豁除山西、陕西教坊乐籍，改业为民。同时命令各省检查，若有类似贱民一律准赎为良。江苏、浙江一带有著籍丐户的贱民，江苏集中在苏州府的常熟、昭文，浙江则宁、绍、温、处、台、金、衢、严八府，俱有丐户，尤以绍兴府为最。丐户一名堕民，俗呼大贫。丐户来源于不同时期，据说最早是宋朝罪俘之遗，摈之曰堕民。绍兴的丐户自称是宋将焦光赞部落，以叛宋投金被斥。还有明初将不治生理、游手游食之人著于版籍。丐户从事服务性的贱业，平时男业捕蛙、卖饧、拗竹灯檠、编机扣、塑土牛、塑木偶、舁轿、修足，还要在腊月饰鬼容、执器仗、缘门相逐疫，如古之驱傩。丐户不齿于庶民，戴狗头帽，裙子做成横幅的，不准穿长衫，住房为低小的"三尺窦"，门上还注明丐户。雍正元年九月和八年五月免除丐籍，使他们取得了法律上的平民地位。

世仆，又称伴当、佃仆、庄仆、伙余等，主要分布在安徽、浙江、河南、江西、广东等省的一些地区，尤以安徽徽州、宁国、池州三府为最。世仆的历史渊源可追溯到东晋、南朝、隋唐时期的部曲、佃客和宋元时期的佃仆、官府执役等。明清时期的世仆，则主要是丧失了生产资料和生活资料的人，他们或佃种田地、或借山埋葬、或寄主庄屋，或系入赘佃仆妻女，同主人构成主仆关系，除为主人从事农业、工商业劳动，还要为主人应役，包括各种冠婚丧祭、岁时节日、家务杂役以及建屋、搭桥、修路等。世仆往往是隶属于某姓宗族或宗族的某支，同主人既有租佃关系，又有主仆名分，依附于主人，属于贱民，没有人身自由，可随属地买卖而变换主人。雍正五年将世仆解除贱籍，由于把主仆名分限制在当前是否服役，那些现不服役的豢养者便在法律上摆脱了贱民地位，然而由于习俗传承，开豁为良的世仆的实际社会地位仍是很低的。

分布在两广及福建沿海的疍户，在宋元称乌疍户，明代又称龙户，清代又称獭家。疍户署籍自称一类，舟居而渔，隶属于征收渔业税和管理疍户的河泊所。疍户除捕鱼为生外，从事的职业还有珍珠采集，将珍珠向政府纳贡或到集上“趁墟”交易。疍户还有从事娼妓及海盗者，良民视疍户为卑贱者，不容登岸居住，不与之联姻，疍民自相婚配。雍正七年，清帝认为疍户输纳鱼课，类似良民，不能强为区别，抑为贱民，向广东督抚发出谕旨：“凡无力之疍户听其在船自便，不必强令登岸，如有力能建造房屋及搭棚栖身者，准其在近水村庄居住，与齐民一同编列甲户，以便稽察。势豪土棍，不得借端欺凌驱逐，并令有司劝谕疍户开垦荒地，播种力田，共为务本之人，以副朕一视同仁之至意。”①从此开辟了疍户的自新之路。与疍户类似的还有九姓渔户，他们生活在浙江、江西一些地区，以船为家，属于贱民，在清代也被解除贱籍。②

乐户、丐户等由于战争和政治因素造成，当时过境迁政治发生变化后，已失去打击政敌的意义，所以解放其身份是可能的，不会动摇整个等级结构的模式。乐户、丐户贱籍的豁除始于雍正元年，带有新帝改元伊始万象更新的含义。为了表明皇恩浩荡，一视同仁，与乐户、丐户情形相当的世仆与疍户也被推恩解放。清代的除豁贱籍带有特定时期个性化政治的色彩，仅靠政府的行政命令，缺乏深厚的社会变迁基础，因而受到社会传统势力的阻力较大。如清朝规定：“凡开豁为良之乐籍、堕民及已经改业之疍户、九姓渔户等，耕读工商，听其自便，仍以报官改业为始，下逮四世，必其本族亲支均系清白自守者，方准报捐。”③前揭资料表明世仆也在嘉庆十四年获准“捐考”。但是，开豁为良者的婚姻和职业并未随着身份的解放而改变，难以“清白自守”，

① 《清世宗实录》卷81，雍正七年五月壬申。

② 《清高宗实录》卷886，乾隆三十六年六月庚辰；同治《户部则例》卷3《户口・豁除贱籍》。

③ 同治《户部则例》卷3《户口・豁除贱籍》。

实际社会地位变化不大，丐户、世仆直到清末开办专门学校才解决了上学问题。清末社会的重大变化，使开豁为良者的社会地位得到了显著改善。即便如此，豁除贱籍毕竟使一些贱民的法律地位提高，也促进了其实际社会地位的改善。

其三，加强中央集权。由于西北用兵需要，于雍正七年设立军机处，加强了皇帝的行政控制力，降低了内阁的作用，避免了内阁制度对皇权的牵制作用。实行奏折制，这一制度使官员互相监督，进一步忠于朝廷，加强了皇权对大臣的控制。改革八旗事务，进一步削弱王公势力，强化了皇权。

这里重点围绕奏折制度、军机处，就以皇权为中心的行政运作略作介绍。清初官员给皇帝的章奏文书分两类：一是题本，谈公事；一是奏本，言私事。题奏本章先由内阁票拟，再送到皇帝手中。手续繁杂，易误时机，经办人多，不易保密，特别是内阁大臣要拆封、票拟，对皇帝集权不利。从康熙中叶以后，逐渐推广奏折制度，到雍正时普遍使用。地方和朝廷的高级官员先后获得了奏折权，这些官员由皇帝发给折匣，匣上加锁，皇帝与官员本人各掌握一把钥匙。官员写的奏折，派专人用折匣送给皇帝，皇帝批示后，又交专差将折匣送回，皇帝和官员都严守奏折的秘密。具折人与皇帝直接秘密联系，不经过内阁处理，皇帝处理政务时处于主动和支配的地位。密折造成官员之间互相猜忌，从而使之有所顾虑而收敛自己的言行，这样皇帝对官员的控制加强了。

中央政府仍以内阁为中枢机构，不过内阁的实权远不如明代。清初，内阁之外还有议政王大臣会议，是由满族宗室王公、八旗军政要员组成的一种议政形式。在议政处议事，凡国家重大机密事务均不经过内阁票拟，由议政王大臣会议策划，最后由皇帝裁决。康熙后期，因议政者多半是贵胄世爵，养尊处优，不谙事务，能力降低，逐渐失去作用。康熙十六年设立南书房，选翰林文学之士在此当值，凡一切特颁诏旨，皆由南书房翰林撰拟，再次分割了内阁之权。最重要的变动是雍正时设立了军机处。军机处总揽国家军政大事，办理一切机密大政，是最高行政部门，而内阁成了处理例行事务的机构。军机大臣的任命，完全由皇帝决定，职责也是皇帝临时交办的。军机处完全控制在皇帝手中，是皇帝私人的秘书处。军机处的设立，标志着清代君主集权发展到顶点。

根据郭成康教授的研究[①]，与奏折制度、军机处关系密切的还有密谕与廷寄。康熙时奏折制度还处于草创阶段，康熙偶尔密谕臣工，不允许地方大吏借奏折而绕过阁部。奏折的创行及与此相应的密谕的出现，并不会打破皇帝与阁部、部院与督抚在固有本章制度下所维系的权力平衡，国家大政还是公开的。雍正明确认定国家政治应有秘密的一面，即位以来，密奏密谕事件较之康熙年间急剧增加。军事与重大机密事务，雍正亦习惯在臣工奏折上批示机宜。雍正朱批间或以“特谕”作结，实与密谕难以区别，然另纸亲书朱谕则一望可知为密谕。雍正亲书密谕一般随发还朱批奏折，令赍折武弁家人带回，但亦有由兵部封发“马上飞递”者。由大学士代书密谕的出现，已开始了国家权力中枢转移的缓慢过程，廷寄谕旨的出现乃至日渐成为密谕的主要形式，最终完成了这一进程。自雍正三年始，以内阁大学士封发的寄信谕旨日渐增多，引人瞩目。廷寄较之朱批、朱谕具有优

① 郭成康：《雍正密谕浅析——兼及军机处设立的时间》，《清史研究》1998 年第 1 期。

越性，皇帝要做的事只限于召见亲重大臣口述旨意及将旨稿改订，而密旨的准确性和权威性也绝对可以保证。廷寄地位日渐显著且已制度化，以雍正七年冬皇帝病情日益严重与八年末准噶尔大举进犯西路军营为契机，终于使蓄势已久、具有强大政治生命力的廷寄谕旨取朱批、朱谕而代之，成为雍正密谕的主要形式。

廷寄滥觞于康熙季年，雍正初由代书密谕演化而来，其雏形见于雍正三、四年间，至五、六年已由大学士张廷玉规范化。而当时廷寄尚与亲书密谕、代书密谕沓然并行，至雍正八、九年事机杂出，军务繁剧，廷寄才以其独具的特点和优点成为密发谕旨的主要形式，而皇帝也离不开承旨书谕、办理机务的亲重大臣了。廷寄内容大要为机务与军事两方面：前者系交地方文武大吏等密办的紧要事件，后者在西北两路战争爆发前为密办军需，而后则为指授方略。雍正中期前后，怡亲王允祥，大学士张廷玉、蒋廷锡、马尔赛既主军事，亦管最机密的紧要事务。大约对准噶尔战争爆发前，廷寄事件以机务为主，至八年末准噶尔突袭西路军营，一时间指示军事机宜的廷寄急剧增多，才大大超过了有关机务的廷寄。机务与军事交特简亲臣重臣密办的规制，雍正中期业已出现，军机处虽未有其名而实已肇建。从此清帝彻底摆脱了阁臣执奏、六科封驳从制度上对皇权的牵制，天子意志通过秘密政治渠道得到顺畅无阻的贯彻。军机处的设立无疑与雍正年间西北两路用兵密切相关，但其更深层次的原因则在于君主专制不断强化的需要。

其四，为减少内部政争，确定秘密立储制度。目睹并参与了储位之争的雍正皇帝，在总结中国历代皇帝继承制度的基础上，创立秘密立储制度。先将预定继承人名字保密，放在乾清宫正大光明匾后，待老皇帝死后打开，避免了皇位久虚引发争夺，也保证了择贤确立新皇帝。

其五，控制意识形态，加强对基层社会的控制。康熙皇帝根据儒家学说，制定和颁布了“圣谕十六条”。雍正皇帝又对此加以解释，成为洋洋万言的《圣谕广训》，于雍正二年颁布，七年借助乡约制大力推行，做到家喻户晓。它的中心是以孝治天下，一方面要求做人讲孝悌忠信、礼义廉耻、守法安分，另一方面宣扬如何具体做人，充当顺民，这是移孝作忠思想的反映。《圣谕广训》的内容涉及经济基础、上层建筑和社会结构，典型地表现出中国传统社会儒家伦理政治文化的特征。清朝规定每月初一和十五，必须学习《圣谕广训》，通过乡约、地方官宣讲，学校与科举考试贯彻以及宗族宣传多种途径，向人民灌输、教化。康熙四十七年曾推行保甲制，但是普及程度与有效性不足。雍正四年全面推行保甲制，建立起治安体系，并在聚族而居地区实行族正制，赋予族长处死族人的权力，强化宗族制度。这样乡约、保甲、宗族互相借助，加强了清朝的基层社会统治。

用新正统论控制思想，确立多民族统治观念。利用曾静案，宣扬满族是儒家正统文化的继承者，君臣之伦大于华夷之辨，打击汉族不满异族统治的情绪。将反对满族的异民族统治的言论，转移为反对君臣服从关系，这是“文字狱”的实质，所以问题并不在于所谓罗织罪名，而是打击汉族的反抗情绪。

此外，在民族问题与对外关系处理上，采用鄂尔泰的建议，在西南地区推行改土归流政策，加强了这一地区的管辖。平定青海罗卜藏丹津叛乱、西藏阿尔布巴叛乱，对西北准噶尔部用兵迭遭失败。还禁止天主教传教，驱逐西洋传教士于澳门。与俄罗斯签订《布连斯奇条约》和《恰克图条约》，划定中俄中段边界，中俄贸易得以顺利进行。

雍正帝重视移风易俗，改革社会风气。在闽粤地区推广官话，在浙江设置观风整俗使，提倡拾金不昧，表彰乐善好施，强化旌表制度。继康熙朝在京师设置育婴堂之后，雍正时期进一步推广，并要求各地设置养济院与栖流所，社会救济事业得到发展。

雍正皇帝推行改革，需要地方官员的配合，河南巡抚田文镜是贯彻皇帝指示的模范官吏，是了解清朝政令地方实行情况的典型个案。雍正朝也注意江南地区，压抑打击江浙绅士是新的动向。

三、乾隆盛世

从乾隆帝亲政到乾隆中期，是清朝走向全盛的过程。无论内政、外交，还是经济社会、文化事业，乾隆皇帝都有所作为。

其一，整顿内政，加强统治。首先是强化君主专制的政治制度。清朝政治制度中最有特点的是军机处的设立和奏折的实行，这两项制度在乾隆时期都得到了完善。奏折制出现于顺康之际，推广于雍正时期，完善则在乾隆朝。乾隆皇帝一即位，就明确密奏事件由本人交奏，奏折仍如前实行。接着就扩大了具折人的范围。乾隆四年规定，于大臣、九卿、科道之外，并准部属参领及翰林等奏折言事。他还提高了奏折在所有上行文书中的地位，加强奏折的保密程度。雍正皇帝设立军机处主要是为了快速处理西北用兵事务，乾隆帝在二年十一月丧满撤销总理事务处时，又恢复了军机处。他扩大了军机处的编制，军机大臣由雍正时期的三人增为六人，军机章京由原来的十人增为十六人；

重视军机大臣的遴选，规定首席军机大臣必须是满人，不准宗室担任，不问资历；完善军机处的用印、听差、稽查等规章制度；扩大军机处处理事务的范围，特别是可以对任命各级官员提出草案，权力超出内阁。但是军机处人员始终是兼职，没有衙署，实为皇帝的秘书，极大加强了皇权。

另外，巡幸全国也是乾隆帝加强统治的手段。他从六年起几乎每年都巡幸避暑山庄并秋狝木兰，既为了保持骑射的传统，也为了加强国家统一和团结少数民族，特别是加强同蒙藏民族的联系。还告诫子孙这是家法，必须恪守。他还四次东巡谒陵，表示对祖先与本族发祥地的重视，团结东北地区的满洲贵族。最有影响的是他仿照祖父康熙皇帝，六次巡幸江南，视察河工海塘，加强同江浙士大夫联系，访查风土民情，以调整统治政策。当然，游观逸乐也是出巡的主要目的，不过作为皇帝要把这一目的掩盖在关心国计民生之下。

其二，进行政治斗争，加强君权。乾隆初年宗室中地位最高的是庄亲王允禄，他先为总理事务王大臣之首，军机处成立后仍担任议政大臣、理藩院尚书、内务府总管等重要职务。果亲王允礼于乾隆三年二月死后，允禄成为唯一的宗室重臣，一群宗室贵族成员团结在他的周围。四年十月乾隆帝以结党营私、往来诡秘将允禄革职并惩治其党羽，采取了一系列压制宗室贵族地位的措施，以突出皇权。朝廷重臣鄂尔泰、张廷玉是乾隆帝的下一个打击对象。此二人为雍正帝所欣赏，特许他们死后如同开国功臣配享太庙，还将此写入遗诏，要求乾隆帝执行。乾隆帝即位时，他们作为总理事务大臣发挥重要作用，后来又担任军机大臣，兼管兵部和吏、户二部事务。不过鄂、张二人不和，各自形成派系。鉴于他们势力不断发展，乾隆帝在五年四月警告二人不能存党援庇护之念，大臣不得依附二人。在他的示意下，六年十二月御史刘统勋上书，以张廷玉家族势力太盛，要求三年之内停其升转。乾隆帝立即采纳，并不断指责和处罚张廷玉，至十四年令张廷玉休致，革去伯爵，还打击张的党羽汪由敦等，彻底清除了张的势力与影响。鄂尔泰也难逃打击，七年十二月因鄂与其门生仲永檀私自商议具奏内容而被交部议处，次年又削去加级记录，幸亏鄂本人于十年去世，否则很难保全。

乾隆帝还利用事由维护其威严，十三年孝贤皇后去世就是如此。满洲旧俗，守丧百日内不许剃头，此俗到了乾隆时代渐趋衰落。孝贤皇后死后朝廷并未就此行文全国实行，因此各地有沿旧俗者，有并不遵守者。当时江南总河周学健、湖广总督塞楞额、湖北巡抚彭树葵、湖南巡抚杨锡绂都在百日内剃头，其下属类似者也不少。乾隆帝怀疑大臣们对他的忠诚，以违制重惩，周学健、塞楞额被赐死，彭树葵、杨锡绂革职留任，出资罚修城工，其他受惩罚的官员还有不少。

乾隆帝打击张廷玉及其党羽，惩罚违制剃头的官员，引起广大官员的不满。加上他到处巡幸，对金川战事的处理不当，渐渐丧失民心。乾隆十五年夏天起，一份托名工部尚书孙嘉淦的奏稿在社会上流传，罗列乾隆帝的“五不解”和“十大过”，尖锐抨击其行政。乾隆帝命全国破案，经过一年多的清查，株连甚广，最后以江西长淮千总卢鲁生为炮制者结案。

不过乾隆帝心里清楚，卢鲁生只是一只遮天下人耳目的替罪羊罢了，真正的伪稿炮制者并没有缉获。他分析炮制者多半是受过其打击的失意官僚，从稿中为张广泗鸣冤来看，很有可能是提拔张广泗的鄂尔泰一派。伪稿流传于云贵、湖广，在这些地方相继担任总督的正是鄂尔泰、张广泗。于是他怀疑在这一地区的鄂党成员是伪稿的炮制者，并把目标定在江西巡抚鄂昌和连任广西、湖南学政的胡中藻身上，借口胡中藻《坚磨生诗抄》多有大逆不道之处，鄂昌身为满洲世仆见胡中藻悖逆诗词却不知愤恨，还与之往来唱和，将胡斩首，令鄂自尽。此事株连不少官员，大学士史贻直被革职家居，鄂尔泰被撤出贤良祠，鄂尔泰一党经此打击基本瓦解。

其三，整肃科举考试与吏治。乾隆帝重视考核官员，认真执行京察、大计；亲自决定知府以上官员的除授。完善了回避制度，不许官员之间换帖结交。乾隆初政的宽大，也使一些官员壮起胆子，不断出现贪污案件。乾隆帝在十年以后严惩贪官，处理了一批因贪污发生的亏空案。限制和打击书吏、幕友的措施也不少，如要求役满回籍，实行回避制度等。乾隆帝重视整顿科举考试中存在的各种舞弊行为，特别是利用九年顺天乡试，突击检查考场，一、二两场搜出夹带文字者四十多人。此后完善了各种科举考试纪律，并防止和打击士子买嘱考官私通关节。

其四，解决八旗生计。随着八旗人口的不断增加以及官员旗缺、八旗兵额、旗人不能经商务农规定的限制，乾隆时期的旗人生计问题日益突出。为此，乾隆帝扩大了满官入仕途径，允许中央的满洲郎中保举道府官员，六年还规定满洲进士可以选用知县，十五年准旗员补用绿营守备以上官员。旗人入仕途径大大拓宽，则意味着汉族入仕途径缩小，加强了满族对各级政权和军队的控制，以致六科给事中杨二酉、御史杭世骏实在看不下去而冒险上疏批评。乾隆帝还多次扩编八旗军队，并通过借给旗人俸饷与赈济银、回赎旗地、添设养育兵解决旗人生计。更具有特点的措施是于七年、八年，十九年、二十年，二十一年到二十三年三次出旗为民，九年和二十一年两次将京旗移垦东北拉林、阿拉楚喀。

其五，发展生产，注重民生。长时期和平稳定的社会环境，特别是康熙五十一年滋生人丁永不加赋，以及雍正时期摊丁入亩取消人口税赋税制度的重大变革，刺激了清代人口的快速增长，而进入乾隆时期增长尤快。康熙末年的人口数大约在一亿人以下，而乾隆六年人口数增加到一亿四千万，二十七年突破二亿，五十五年达到三亿。人口数量的膨胀，给人民的生活带来了沉重的压力，也威胁到社会秩序的稳定。乾隆帝对此有清醒的认识，他把发展生产、增加粮食、维护民生放在治国的重要位置。扩大生产的有效办法是增加耕地，大力劝垦土地。乾隆五年要求开垦各地闲旷土地，到乾隆中叶内地山头地角、零星土地基本上得到了开垦。还鼓励人口多的地方向人口少的偏远地方或田多人少省份移民，如山东、河南、直隶贫民流向东北，陕西、山西、直隶流向内蒙古或甘肃，两湖、赣粤人民流向四川，闽粤人民流向台湾等。特别是平定准噶尔后，乾隆帝为了解决新疆驻军的粮食和安排内地贫民，大力进行屯田。他还下令编辑农书《授时通考》，实验区田法，在湖南推广双季稻。特别是推广种植高产作物玉米、番薯，缓解了民食问题，还鼓励种植棉、麻，种桑养蚕以解决农民穿衣和增加收入。他开始限制僧道、反对酿酒种烟、禁止开矿、限制倡优，达到保护农业生产、增加粮食产量、整肃风气的目的。后来注意到仅仅维护农业是不够的，还应当通过其他渠道活跃市场，刺激消费，安排就业，以减少游民从而维护社会秩序的稳定。乾隆帝也非常重视水利问题，一直过问江南水利工程的建设、浙江海塘的修护、直隶水道的疏浚等水利事业。还组织治理黄河，继续疏浚下游、增固堤堰、开挖引河。兴修水利在于增产减灾，更直接关心民生的措施是赈恤灾民与蠲免钱粮。

乾隆时期国家的财政状况良好。康雍时期岁入一般三千多万两，国库存银也近似岁入；而乾隆时期岁入则在四千多万两，至中期库存银达到六七千万两，几乎相当于当时全国一年半的收入。乾隆时期不断进行大规模战争是以此作为经济基础的。乾隆帝还大量蠲舒赈贷，以增加人民收入，藏富于民。当然乾隆帝也有其政治目的，就是缓和民族矛盾、社会矛盾，宣扬爱民德政，表现皇恩浩荡，加强社会控制。乾隆时期的蠲免一般是灾捐，由于降低到受灾五分就蠲免，无疑灾蠲的范围和频度增加了不少。他还蠲免积欠、减除旧额，数量颇为可观。巡幸所至与差役扰民，一般蠲免当年钱粮的十分之三。最值得注意的是，标志盛世的六次普免全国地丁钱粮和两次普免全国漕粮，在中国古代独一无二。他还积极鼓励储粮备荒，各地方官争相采买，加上乾隆六年到八年南方遭灾，导致米价上涨。同时抗租、抗粮、闹赈斗争不断发生。十三年他在广泛征求督抚等官员的意见后，决定降低仓储标准，停止采买。这些实践，也积累了他对国家政策与市场调节关系的认识。鼓励仓储的办法之一是纳粟捐监，但是这一做法败坏了官场风气。

其六，平定西北，征剿西南。乾隆皇帝在巩固了皇位以及加强对汉族地区的控制之后，把视野移向统治薄弱的西部边疆和少数民族地区。通过武力征服，开疆拓土，巩固统一，奠定了今天中国的疆域，促进了清朝全盛时期的到来。乾隆帝进行的首次较大规模战争是征剿四川西部藏族居住区的上、下瞻对。该地是内地通往西藏的要道，乾隆初年当地土司不交贡赋，还劫掠行旅。九年驻藏官兵在换防返回四川途中，所携行李被下瞻对土司班滚手下的人抢劫一空，甚至驻藏大臣傅清赴藏上任也需要增兵护送。乾隆帝决定征剿，十年七月先派四川提督李质粹统兵三路进攻，后增派内大臣班第加强领导，历时十个月取胜。接着，乾隆帝于十二年又对四川西北部的大、小金川藏族土司进行征剿。金川一带分布着杂谷、绰斯甲布、革布什咱、梭磨、沃日、巴底等土司，其中大金川土司势力最强，经常攻略附近的其他土司。十一年底，大金川土司莎罗奔诱夺小金川土司泽旺的印信，企图加以吞并；十二年三月又攻打霍耳、章谷土司。清朝地方官员派兵镇压，莎罗奔竟敢向官兵开火并攻打附近的沃日土司。乾隆帝决定增兵征剿，以攻打瞻对的汉、土官兵为基础，增调川、黔、陕军队，选派名将张广泗为川陕总督，大举进攻大金川。但是由于张广泗采取分路进兵方针，对于大金川利用战碉据守险要的战略进行强攻，既难以攻克又分散兵力，损失惨重，进展甚微。

乾隆十三年正月以后，派遣兵部尚书班第赴金川协助粮饷，起用废将岳钟琪、傅尔丹助战。五月又以首席军机大臣讷亲为经略大臣，前往金川总理一切军务。但是讷亲在沿袭张广泗原来方略基础上又采用了筑碉对攻的错误战术，使清军损失更大。九月，乾隆帝降旨令讷亲、张广泗回京述职，在他们离开军营后，即革职拿问，先后处死。同时改派军机大臣、内弟傅恒为经略大臣，前往金川主持军务，又增兵、增饷。傅恒采取分南北两路进攻金川中心的新战略，战争有了起色。这时大金川消耗太大，因此陆续派人到清营乞降。乾隆帝基于一时难以攻克金川而军费开支已近两千万，军民俱困，指示傅恒见好就收。十四年二月傅恒纳降，历时两年、用兵八万的战争草草结束。

真是西南多事，战事不断。十五年十月又发生了清朝驻藏大臣傅清、拉布敦诱杀西藏郡王珠尔墨特那木扎勒，又被珠尔墨特那木扎勒手下所杀，进而屠杀驻藏满汉兵民的叛乱。十一月初，西藏叛乱的消息传到四川，总督策楞、提督岳钟琪当即挥师入藏，配合已平叛而组成临时政府的达赖喇嘛稳定形势。

比起以上用兵来说，乾隆帝平定准噶尔、回疆的战争更为重要，使得西北地区直接控制在清朝手中。由于前面已有详细叙述，此处从略。

其七，稽古右文，编修群书。乾隆帝自幼熟读经史，精通诗词书画，通晓汉、满与蒙古语文。即位后仍以书生自许，经常与臣下讲诗论文。出于重视文化，他于即位之初就下诏求书，六年正月、十五年二月两次命各省督抚、学政采访元、明以来的儒学著作，增加国家藏书。大规模征求遗书是在三十七年，要求督抚征集现存全部文献。截止到三十九年八月，各省进献图书超过一万种，大大增加了国家的藏书量。征求遗书的同时，乾隆帝组织学者编修书籍。他一生主持编修的书籍有一百一十种之多，门类遍及经史子集，而且质量较高。编书修史离不开政治，如在国史的修纂过程中，他将清初降清的明朝官员列入《贰臣传》和《逆臣传》，鼓吹忠君，以适应现实政治的需要。特别是他主持编修自古以来最大的丛书《四库全书》，系统整理并保存了中国古典文献，并推动了乾隆中期以后出现的整理古籍热潮。

但是，乾隆帝借编书来了一次文化大检查，查禁和销毁了大量具有民族、民主思想的书籍，销毁的图书几与《四库全书》收书量相当，也可以说是一场文化浩劫。尤其是在查缴禁书的过程中，乾隆帝不断以文字罪人，制造了 110 多起文字狱。十六年的孙嘉淦伪奏稿案使他对士大夫产生了深深的怀疑，在二十年和二十二年制造了胡中藻《坚磨生诗抄》和彭家屏私藏禁书案两起大型文字狱。随后文字狱案件大量出现，大致上以三十八年纂修《四库全书》为界，前后各有50多起文字狱。文字狱摧残了文化，禁锢了思想。清代的学术以乾嘉学派为代表，特点是考证，这固然同乾隆皇帝冷淡理学，鼓励整理、考据古典文献有关，但也实在是文化人在政治高压下不得已的做法。

其八，禁教闭关，拒俄征缅。对于来华的西方传教士，乾隆帝延续雍正帝的做法，宫中任用有专门技术的传教士，而禁止传教士在民间传教。如自康熙时期即已来华的宫廷画家郎世宁受到乾隆帝的器重。在民间，十一年福建省福安县信奉天主教者有2 600多人，乾隆帝于是在全国开展了一场大规模的禁教活动。十七年湖北发生了秘密宗教的马朝柱起事，马朝柱始终未获，而其根据地有一个“西洋寨”，因此第二次大规模禁教。此后四十九年、五十年又针对罗马教廷的传教进行全国性的禁教。禁教是为了防止西方文化的渗透而动摇传统文化。不仅如此，还在经济上对西方加以限制。康熙时期下令开放广州、漳州、宁波、云台山四口通商，但西方国家习惯上集中于广州进行贸易。二十年、二十一年先后有两艘西方船只进入宁波贸易，为了控制外商，翌年宣布外商只能在广州一口通商，并强化公行制度，防范外商。为了不引起中外争端，禁止夷欠，还限制沿海人民出洋贸易。

17世纪以后沙皇俄国对外扩张，同清朝接触，发生不少争执。乾隆帝对沙俄一直保持高度警惕，阿睦尔撒纳逃亡沙俄，土尔扈特从沙俄回归清朝，都是敏感事件，乾隆帝很好地处理了中俄关系。当时俄国希望扩大同清朝的贸易，乾隆帝利用此点多次以停止贸易作为谈判筹码，二十九年、四十四年、五十四年就停止过互市。不过在沙俄的请求下，还是于五十七年订立了《恰克图市约》，开展正常贸易。

缅甸于乾隆十六年向清朝入贡，开始两国的友好关系。可是第二年缅甸发生内乱，东吁王朝灭亡。新王朝的统治者则不断向外扩张，二十七年侵入云南普洱府属的车里土司等，三十年再次侵入车里。为了保护边境安宁，乾隆帝令云贵地方官对缅用兵。三十一年总督杨应琚大举征剿缅甸，遭到失败。翌年二月改派明瑞再征缅甸，九月分兵两路长驱直入，结果陷入缅军的围追之中，几乎全军覆没，明瑞被围自杀。三十四年又派傅恒征缅，虽然获得不少胜利，但是士兵伤亡不少，加上水土不服，兵士厌战，在缅甸遣使求和的情况下，傅恒撤兵回国。四年征缅，劳师七八万，糜饷一千三百余万两，战死几万人，毫无所获。这场不应该进行的战争完全受乾隆帝由盛而骄的心理支配。三十二年扩大战争之际，他说："我大清国全盛之势，何事不可为？""我国家正当全盛之时，准夷、回部悉皆底定，何此区区缅甸而不加翦灭乎？"结果正验证了骄兵必败的古语。这种"全盛"心态还将影响乾隆帝以后的统治。

第三章 人口膨胀与社会经济

清代是中国历史上人口最多的朝代，峰值达到四亿多，而清以前官方统计的人口数量一般最多只有六千多万。研究历史人口的学者，有人认为宋代已经达到一亿多，还有人认为明代后期人口达到了一两亿。由于明清之际人口锐减，清初人口数量大概不会超过一亿人，到了清中后期，人口激增至四亿多。清代也是历史上人口增长最快的时期。庞大数量的人口给予当时社会经济深刻的影响，因此人口问题在清代有着特殊重要性。

一、清代人口数量的增长

关于清代人口数字，以《大清历朝实录》记载最具权威性。顺治八年清朝首次公布汇总的人口数字，是年统计人丁户口数字为 1 062 万多，计量单位是“丁”。从顺治八年至雍正十二年，《清实录》中的人口统计数据一直是以“丁”为单位，雍正十二年的丁数为 2 641 万多。其间，康熙五十一年起由于宣布以康熙五十年册报数字 24 621 324 为准，自后“滋生人丁，永不加赋”，故自康熙五十二年起人口数字又可分为两柱，“人丁户口”和“盛世滋生人丁”。

清代男子年16岁以上成丁，60岁准予豁免应征差徭，但实际上这里的“丁”数并不是当时中国人口中16—60岁男性人口的统计数字，而完全是一种抽象的纳税单位的统计数字，这是著名历史学家何炳棣提出的重要见解，已经被以后的研究进一步证明。就“丁”的统计而言，有等则统计法、户丁统计法、朋丁统计法、田丁统计法和粮丁统计法等多种方法。等则统计法是指根据该地清查出的人丁所实有的土田财产的多寡，将人丁分成三等九则，各种丁口均折成下下丁数，汇总后作为本地区的丁口数上报；户丁统计法是指以纳粮户为统计对象，一户一丁；朋丁统计法是把实际的数丁折合成一“丁”；田丁统计法是指以田地为编审对象，按田计丁，以一定数量的税田折算“丁”；粮丁统计法即把一定数量的税粮（田赋）折算成一“丁”。所以“人丁户口”的统计方法并不是对实际丁男人口的统计。

根据何炳棣先生的估计，明万历二十八年的人口在一亿三千万至一亿五千万左右，到康熙二十二年收复台湾以后，中国才进入真正的和平、繁荣时期。他推测康熙三十九年或稍后，中国人口为一亿五千万左右。①

自雍正十三年起清政府暂时停止了人丁编审制度，因此雍正十三年至乾隆五年《清实录》中没有全国人口统计数字。

从乾隆六年开始，官方的人口统计对象改为“民数”（大小男妇），单位为“口”，这个统计对象较以前更接近了全部人口的概念。它是根据保甲门牌上的登记数字逐级上报汇总得到的，据

① 何炳棣著，葛剑雄译：《明初以降人口及其相关问题（1368—1953）》，生活·读书·新知三联书店2000年，第312、316页。

此乾隆六年统计的口数为一亿四千三百四十一万多口。此后保甲制度不断确立，不过从乾隆六年到四十年，当时地方政府未能驾驭保甲机构执行人口登记工作，保甲系统的人口登记似乎依然缺乏成效。至乾隆四十年清朝历史上第一次将户口登记列为保甲系统的一项重要职能，保甲户口登记采用了行之有效的循环册，人口统计数字质量具有保证，该年人口增至二亿六千四百五十六万多口。白莲教战争爆发前的乾隆五十九年增至三亿一千三百二十八万多口，这是清朝 18 世纪人口统计数字的最高峰。太平天国起义爆发之年的咸丰元年为四亿三千二百三十二万多口，这是有清一代全国人口记录的最高峰。乾隆四十年至咸丰元年，前后共 76 年时间，人口增长了 63%，年增长率 6.5‰。①

在随之而来的咸丰、同治二朝，经历了太平天国、捻军、回民起义诸战争，持续时间达 20 多年。因此，《东华录》中官方人口统计数字自咸丰二年起就比上一年下降约一亿，降为三亿三千四百多万。此后十余年间的数字基本上徘徊在 2.4 亿至 3 亿之间。

光绪朝始终缺少江苏、安徽、陕西、甘肃、台湾、广西、云南、贵州等省的人口数字，有数字的省份总人口徘徊在 3 亿至 3.5 亿之间。清朝在 1908—1911 年间进行了人口普查，1912 年的汇总结果为三亿四千七百九十多万口。

二、人口增加引起耕地不足

清朝初年，为了恢复经济，采取了兴修水利、蠲免田赋、奖励

① 骆毅：《清朝人口数字的再估算》，《经济科学》1999 年第 2 期。

垦荒、更名田、永禁圈地以及改革赋役制度等各项措施，促进了农业生产的恢复与发展。到康熙中期之后，耕地面积不断增加。清朝的耕地面积超过以往任何朝代，留下了较详细的统计数字。

《清实录》记载的全国耕地面积：顺治末(1661)为五亿二千万亩，康熙中(1685)为五亿九千万亩，雍正初(1724)为八亿九千万亩。(乾隆以后《清实录》没有记载全国的耕地数字。)康熙后期，全国的耕地面积急剧上升，康熙四十七年(1708)超过六亿亩，康熙五十五年(1716)超过七亿亩，康熙六十一年(1722)更突破了八亿亩大关。这一数字大致与明代持平。明代的耕地面积，明初的洪武二十六年(1393)的数字是八亿五千万亩，晚明的万历八年(1580)是七亿亩。

不过，清代耕地数目的增长远远赶不上人口的增长。从乾隆六年(1741)至道光二十年(1840)鸦片战争爆发时，全国人口从一亿四千万增至四亿一千万。百年间人口增至三倍，平均每年增加270万人，年增长率为18.8‰。但耕地面积的增加却很缓慢，从顺治末至乾隆末，大约140年间，耕地面积从五亿亩增至九亿亩。这九亿亩数字，可能计算偏低，会有一些隐匿未报的土地，也会有一些边远地区新垦的土地未统计在内，但大致上可以断定：耕地的增长大大落后于人口的增长。清中叶人口的急剧膨胀，导致人均耕地数量的急剧减少。根据赵冈和陈钟毅的研究，清中叶的人均占有耕地面积，乾隆四十一年(1776)为3.30亩，嘉庆五年(1800)为3.19亩，道光二十八年(1848)为2.70亩。[①] 根据18世纪末19世纪初人洪亮吉《卷施阁文甲集》卷1《意言·生计》记载："今日之亩，约凶荒计之，岁不过出一石。今

① 赵冈、陈钟毅：《中国土地制度史》，台北联经出版公司1985年，第153—154页。

时之民，约老弱计之，日不过食一升。率计一岁一人之食，约得四亩，十口之家，即须四十亩，其宽广即古之百亩也。”清代人口的增长超过了土地资源的承受力，粮食供应严重不足。

乾嘉时期，一些地区土地开发饱和。如四川省，在清初地广人稀，而到乾隆十八年(1753)，全省人口还只有137万人，这年全省的耕地面积达4 590万亩，每人平均耕地达34亩之多，生计自属优裕，秩序也很稳定。此后，湖南、湖北、广东、广西、江西、陕西的大量移民入川，人口猛增，嘉庆十七年(1812)全川人口达2 100万人，而耕地只有4 655万亩，几乎没有增加，平均每人耕地下降到2.2亩多。[①]

在清代，每亩土地的产量有多少？据李华先生研究的结果，每年每亩平均产二石，大概是江南一带土地的平均产量。至于其他地区，亩产量当低于此数。以全国情况估计，每亩收获一二石，就算很不错的了。每人每年需要多少粮食才能温饱？前引洪亮吉资料还说：“一人之身，岁得布五丈即可无寒；岁得米四石即可无饥。”“日不过食一升”，每年365升，共计三石六斗五升，亦接近四石。由此看来，每人每年四石粮是维持生活的最低标准，这正印证了前引洪亮吉“今日之亩，约凶荒计之，岁不过出一石。今时之民，约老弱计之，日不过食一升”的话。如果每人有土地四亩、得粮米四石，可以维持生活的话，那么乾隆五十五年(1790)全国人均耕地只有三亩，粮食只有三石，已经不足。道光二十年(1840)全国人均耕地只有二亩二分五厘，粮食只有二石有余。这时，全国至少有三分之一的人口处于饥饿和半饥饿

① 高王凌：《清代中叶四川农村的场市和它的经济地位》，《未定稿》1982年第11期。

状态。[①]

人口增长过快，而耕地相对短缺，因此地价不断上涨。乾嘉时人钱泳《履园丛话・田价》谈苏南地区的情形："本朝顺治初，良田不过二三两。康熙年间，长至四五两不等。雍正间，仍复顺治初价值。至乾隆初年，田价渐长。然余五六岁时（乾隆三十年左右），亦不过七八两，上者十余两。今阅五十年（约嘉庆二十年），竟长至五十余两矣。"从康熙年间的每亩四五两，到乾隆中期的每亩七八两至十余两，再到嘉庆二十年每亩五十余两，地价增加近十倍，其原因是多方面的，但人多地少的矛盾，乃是主要原因之一。

从康熙后期开始，清朝皇帝察觉到当时人口与土地之间存在着的矛盾。请看康熙皇帝的议论，《清圣祖实录》卷 231 记载，四十六年十一月康熙帝说："地亩见有定数，而户口渐增，偶遇岁歉，艰食可虞。"四十九年十月南巡时说："民生所以未尽殷阜者，良由承平既久，户口日蕃，地不加增，产不加益，食用不给，理有必然。"《清朝文献通考》卷 2《田赋》记载，五十二年又说："今岁不特田禾大收，即芝麻棉花皆得收获。如此丰年，而米粟尚贵，皆由人多田少故耳。"可见在康熙四五十年代，皇帝感受到人多地少民用不足的现实。

雍正帝即位不久，就论述过地少人多的矛盾。《清世宗实录》卷 16 记载，雍正二年雍正帝说："我国家休养生息，数十年来，户口日繁，而土田止有此数。非率天下之民，竭力耕耘，兼收倍获，欲家室盈宁，必不可得。"他希望各地能精耕细作，提高单位面积产量，以解决耕地不足的问题。他还命令

① 戴逸主编：《简明清史》第二册，人民出版社 1984 年，第 348 页。

地方官悉心劝农，因地制宜，种植各种树木，还提倡发展畜牧渔业。

又据《清高宗实录》卷1441记载，乾隆帝五十八年十一月在阅读康熙朝《清实录》时，见康熙四十九年(1710)全国人丁户口才二千三百三十一万多，而乾隆五十七年(1792)全国大小男妇达三亿七百四十六万多，十分感慨："我国家承天眷佑，百余年太平天下，化泽涵濡，休养生息。承平日久，版籍益增，天下户口之数，视昔多至十余倍。""以一人耕种而供十数人之食，盖藏已不能如前充裕。且民户既日益繁多，则庐舍所占田土不啻倍蓰。生之者寡，食之者众，于闾阎生计，诚有关系。"最后他说："日食不继，益形拮据，朕甚忧之。"可见乾隆末年人口问题的严重性。

前面提到的著名学者洪亮吉，也觉察出了人口问题的严重性。他在《意言·生计》中说：治平至百余年，户口视三十年以前增加五倍；视六十年以前，增十倍；视百年、百数十年以前，不啻增二十倍。他又认为，人口的增长快于耕地的增长，必定会造成社会动荡。他说："高曾之时，隙地未尽辟，闲廛未尽居也。然亦不过增一倍而止矣，或增三倍五倍而止矣，而户口则增至十倍二十倍。是田与屋之数常处其不足，而户与口之数常处其有余也。"他为此算了一笔账："试以一家计之，高曾之时，有屋十间，有田一顷，身一人，娶妇后不过二人。以二人居屋十间，食田一顷，宽然有余矣。以一人生三计之，至子之世而父子四人，各娶妇即有八人；八人即不能无佣作之助，是不下十人矣。以十人而居屋十间，食田一顷，吾知其居仅仅足，食亦仅仅足也。子又生孙，孙又娶妇，其间衰老者或有代谢，然已不下二十余人。以二十余人而居屋十间，食田一顷，即量腹而食，度足而居，吾以知其必不敷矣。又自此而曾焉，自此而玄焉，视高曾时口已不下五六十倍，是高曾时为一户者，至曾玄时不分至十户不止。”由于人口过剩，超过了社会能够供养的能力，因而米价昂贵，田价上涨，劳动人民势必无田耕种，少衣缺食。由于洪亮吉对于人口问题看法敏锐，人们将其与西方写作《人口原理》的马尔萨斯相媲美。

三、人口增加与粮价上涨

清朝从定鼎中原到乾隆初这百年间，社会经济经历了由破坏到恢复、发展，社会秩序从动乱到稳定的过程。与此相随，粮价却呈现出明显的增长趋势，其中尤以南方的米价上涨突出。在前引钱泳资料里，还论述了米价上涨的情况：江南苏、松、常、镇四府米价受水旱虫灾的影响涨落幅度很大，康熙年间米每升只有七文，乾隆五十年后，米每升二十七八文至三十四五文为“常价”。八十多年间，米价上涨四至五倍，这是由于人口迅速增加，粮食供不应求，货币逐渐贬值造成的。洪亮吉与钱泳同时代，他在前引资料中也说：“闻五十年以前（约当雍正时）吾祖若父之时，米之以升计者，钱不过六七（文）。布之以丈计者，钱不过三四十（文）。”到乾隆末，米价上涨，“昔之以升计者，钱又须三四十矣；昔之以丈计者，钱又须一二百矣”。照洪亮吉的说法，五十年内米价上涨六七倍，布价上涨四五倍。洪亮吉认为，物价上涨的原因是人口增加太多。

值得一提的是，由于粮价上涨严重，乾隆帝反复思考，不能深悉其故，于是传谕各总督、巡抚发表看法。我们首先了解从清朝恢复经济到乾隆十几年米价上涨的具体情形。[①]

早在康熙中后期，康熙皇帝已闻湖广、江西、江南、浙江、广东、广西、福建、陕西、山西米价腾贵。至乾隆初年，粮价上涨几乎普遍存在于各省。官员朱伦瀚曾就米价上涨问题上书乾隆帝："至广产之地米谷之价，臣少年随任江西，往来外省各处，及补授浙江粮道十余年督率粮艘，前赴江淮，又署任湖广驿盐道，合此数省观之，其米谷之价，俱加倍于从前矣。"朱氏所说的"从前"没有确指，从其所言经历是"少年"以后来看，当指康熙后期以降。朱氏目睹了乾隆初年上述江西、江苏、浙江、湖南、湖北等省粮价较"从前""加倍"的情形。那么从康熙中后期到乾隆初年，米价究竟涨幅多大呢？

我们试就南方数省加以考察。江西省，该省清江县人杨锡绂于乾隆十三年说，他"生长乡村，世勤耕作，见康熙年间，稻谷登场时，每石不过二三钱；雍正年间，则需四五钱；今则必需五六钱"。杨氏生于康熙四十年，他所说的康熙年间，当指康熙末期，可见从康熙末期到乾隆初年，江西粮价大约上涨了二倍。湖南省，康熙三十年长沙府宁乡县每石米约银二钱七分，康熙后期岳州府每石米约三钱三分多；雍正朝，湖南省平均每石米已约为八钱八分；乾隆十六年至十八年间，每石米达一两二钱，米价约增长了近四倍。江苏省，以苏州府为例，康熙三十年前后，米价每石约银七八钱，三十二年至五十八年每石米约九钱二分；雍正三年米价每石约一两二钱；乾隆九年署两江总督尹继善说，苏州、松江等府数年以来，收成未为歉薄，而米价常在一两五钱内外，

① 以下论述参见常建华：《乾隆早期廷议粮价腾贵问题探略》，《清代的国家与社会研究》，人民出版社 2006 年，第 172—196 页。

约增长了二倍。安徽省,康熙五十六年桐城米价银一两可得三石。乾隆十二年,两淮盐场,猝被潮灾,米价昂贵,自一两七八钱至二两,平粜后米价也在一两四五钱以上,比起康熙末年增长了四倍多。未受灾时,该省的粮价也比康熙末高约二三倍。四川省,雍正八、九年间,每石尚止四五钱,乾隆十三年动至一两外,最贱亦八九钱。而该地康熙五十六年米价,同当时安徽桐城一样,也是每银一两可得三石,上涨了约三倍。贵州省,雍正四年彼时京斗米一石,不过四钱五分及五钱有零,乾隆十三年丰收,亦须七八九钱一石,岁歉即至一两一二钱至二两不等,总不过八九钱、一两上下,上涨了二倍。从康熙中后期到乾隆初年大约五十年间,江西、湖南、江苏、安徽、四川、贵州六省米价大约上涨了二三倍,最高可到四倍,上涨幅度是非常大的。

其他各省亦然。湖北省康熙年间,“谷每有余”,“是以价贱”,乾隆十三年则已“谷寡价昂”。而广东早在康熙五十二年即已米价腾贵,每石卖至一两八九钱至二两不等,直至乾隆初年仍持高不下。雍正三年十二月,每石六七八钱至一两一二三四钱不等。翌年米价陡长,广州府属每石一两三四钱至六七钱不等,惠州府海丰县碣石卫每石二两五六钱,潮州府属及南澳地方每石二两八九钱及三两不等。“高平、雷州、廉州三府系产米之乡,乾隆二年由向来每一仓石价银七钱上下者,今则增至一两一钱以外。广州府,乾隆六年五月中,每米一石,价银一两三四钱。六月中即每石价银一两五六钱。琼州府,乾隆七年正月上米每石价银一两一钱至一两九钱,中米每石价银一两至一两八钱六分,下米每石价银八钱四分至一两八钱二分。乾隆八年,福建通省米价二两上下;乾隆十二年,又涨至平粜仍不敷采买。陕西乾隆四年定议,所有增贮预备兵米每石给价银七钱一分四厘,乾隆十年咸、长二县，米每石定价银一两，近省州县，米每石连运费给银一两一钱。乾隆元年，皇帝闻山西地方粮价昂贵，如平阳、汾州、蒲州等府属米麦价值每石卖至二两之外，太原、潞安、泽州等府属亦一两五钱至一两九钱不等，小民无力者籴食维艰。一遇歉收，仓石小米，更每石至五两、六两不等。乾隆七年，太原、汾州、平阳、蒲州等府，解、绛、隰、吉等州，尚属丰年，米价俱自一两七八钱，以至二两余不等。"乾隆十二年五月，山东兖州、济南、泰安一带，得雨均未沾足，各该处米麦杂粮价日渐增长。以粟米而论，每仓石市价自一两四五钱至一两七八钱不等，其余麦豆价值可以类推。虽各处减价平粜，价仍昂贵。湖北、广东、福建、陕西、山西、山东米价上涨幅度也不小。

米价的上涨，必然影响人民的生活，特别是遇到歉岁，若政府平粜不及时，或商贾囤积居奇，百姓普遍缺粮，便会激化社会矛盾，导致很多阻粮外运、强借、抢粮等社会问题的发生。

从乾隆十二年十二月皇帝提出米贵问题，到乾隆十四年三月大学士议覆各省督抚所奏意见为止的一年零三个月里，《清高宗实录》收录了地方主官所上的 16 份奏折。具折人分别是安徽巡抚舒辂、江西巡抚开泰、湖北巡抚彭树葵、湖南巡抚杨锡绂、两广总督策楞、云贵总督张允随、贵州按察使介锡周、浙江巡抚顾琮、甘肃巡抚黄桂、安徽巡抚伯纳、广西巡抚鄂昌、陕西巡抚陈宏谋、福建巡抚潘思榘、云南巡抚图尔炳阿、两江总督尹继善、山东巡抚阿里衮，分别对米贵之由提出看法，加上乾隆十四年江苏巡抚雅尔哈善在大学士讨论后的一份奏折，总计 17 份。这些奏折对米贵之由的分析，可以归纳为以下几种情况。

以上奏折中，认为米贵之由实因采买过多者占 13 份，其中 3 份把捐监也作为米贵原因之一。督抚中共有 10 人认为人口激增也是造成米价上涨的重要原因。以生齿日繁为米价上涨唯一原因的只有陕西巡抚陈宏谋一人,但有 8 人把人口问题作为首要和终极原因提出。事实上,人口增长造成米价上涨的看法早已提出。康熙四十八年,京城米价甚贵,小米一石须银一两二钱,麦子一石须银一两八钱;江浙前二年无收,今年大熟米价仍未平。康熙君臣对此加以探讨,大学士李光地认为:"今人口甚多,即如臣故乡福建一省户口繁息,较往年数倍,米价之贵,盖因人民繁庶之故。"这种看法亦为康熙帝接受,康熙五十六年指出:"近观生齿日繁,田土仍旧,并不加多。因人民滋息愈盛之故,虽遇丰年,米价亦不甚减。"雍正帝也指出:"休养生息,户口日增,生齿益繁,而直省之内,地不加广。近年以来,各处皆有收成,其被水歉收者不过州县数处耳,而米价遂觉渐贵。闽广之间,颇有不敷之虑,望济于邻省。良田地土之所产如旧,而民间之食指愈多,所入不足以供所出,是以米少而价昂,此亦理势之必然者也。"而乾隆时代人口膨胀问题更为严重,乾隆十三年三月云贵总督张允随以四川为例说:"查贵州旧案,自乾隆八年至今,广东、湖南二省人民,由黔赴川就食者,共二十四万三千余口,其自陕西、湖北往者,更不知凡几。国家定蜀百余年,户口之增,不下数十百万,而本地生聚,尚不在此数,一省如此,天下可知。"清代人口数字,康熙末年大约一亿人左右,到了乾隆十二年则有一亿七千一百八十九万人,所增七千万人不过用了三四十年,人口的压力越来越大。

乾隆初年米价上涨的讨论,实际上是康熙后期以来讨论的继续。地方主官对人口激增引起米价上涨的看法,具体包括两层含义:

一是人口数量与土地资源的矛盾。湖南巡抚杨锡绂指出:

“盖户口多则需谷亦多，虽数十年荒土未尝不加垦辟，然至今日，而无可垦之荒者多矣。”曾任浙江粮道的朱伦瀚也说：“盛世滋生，人口日众，岁时丰歉，各处难一。以有限有则之田土，供日增日广之民食，此所以不能更有多余；以无多余之所出，而欲供各处尽力之搬运，此所以米谷日见其不足，价值日见其增长。”人口大增而耕地所增甚少，所出粮食不敷所用，因此米价必然上涨。

乾隆早期粮食的供求关系可以作一计量估算。以乾隆十八年为例，田地数字总计是735 214 536亩，种植粮食作物的田地约占85%，即624 932 356亩。其中，旱地占72.5%，为453 075 958亩，旱地种植麦、粟、高粱、豆类杂粮，平均亩产1.37石，则杂粮总量为620 714 061石。水田占27.5%，为171 856 398亩，水田种植水稻及稻麦复种，平均亩产共约3石，则水田总产量为515 569 194石。[①] 水田、旱地产量合计，全国粮食总产量约1 136 283 255石。但这是原粮，能出多少成品粮呢？雍正时河南巡抚田文镜说新粮“每谷一石，得米六斗五六升”。加工率以65%计算，则全国成品粮总数为738 584 116石。

那么当时全国人口粮食消费量有多大呢？当时小农家庭人均年粮食消费量，前面论及每年人均四石，又据包世臣《安吴四种》计算，为“每人每岁食米三石”。乾隆十二年全国人口数是171 896 773口，则全国人口粮食总消费量为515 690 319石。1936年江西农村口粮消费占粮食总消费的72%；其他用于种籽、饲料、酿酒等的粮食占28%。[②] 若以72%作为乾隆年间口粮消费比例，则其时口粮总消费量为716 236 554石。用成品粮

① 此处计算的数据参考史志宏：《清代前期耕地面积及粮食产量估计》，《中国经济史研究》1989年第2期。

② 程厚恩：《二十世纪初叶江西米谷的生产及销售》，《农业考古》1990年第1期。

总量减去口粮总消费量，则每年全国尚有余粮 22 347 562 石。再考虑到仓储所需，以乾隆十二年仓储粮食 32 738 410 石为准，其中至少有三分之一需要更换，即需要入仓粮 10 912 803 石，则最后仅余 11 434 759 石，加以灾年减产、商人和富户的囤贮等因素，可供市场流通的商品粮大概就不会有什么了。人口再急剧增长，粮价势必上涨。

二是人口增加导致地价上涨。杨锡绂指出："人余于地，则地价贵，向日每亩七八两者，今二十余两。"湖北巡抚彭树葵进一步指出地价上涨与粮价上涨的关系："民生既繁，争相置产，田价渐贵，农家按本计利，但愿价增无减。"地价上涨的后果是严重的。江西巡抚开泰认为："各省田亩，初值银数两者，今值十数两，即使山角溪旁，偏垦种植，所补殊微。"投入土地的资金与劳动力增加，产出粮食成本提高，米价自然上涨。

杨锡绂还把地价上涨后土地占有与人口结构向贫富两极分化作为粮价上涨的原因之一。"贫而后卖，既卖无力复买，富而后买，已买而不复卖。近日田归富户者，大约十之五六，旧时有田之人，今俱为佃户，岁入难敷一年口食，必须买米接济；而富户非善价不肯轻售，实操低昂之权。"实际上人口激增的本身就包含买食者多的因素，因为它加剧了"旧时有田之人，今俱为佃户"的过程，另一方面又制造出大批买食游民。土地集中的原因是人口激增作用于生产关系，抑或是纯粹生产关系内在矛盾运动的结果，应属可议。杨氏奏折被收入《清经世文编》后，得以广泛传播。今人每每把他关于土地集中的论述作为清中叶土地高度集中的典型材料论证，并把清中叶社会矛盾的尖锐化简单地看作是生产关系运动造成的，忽视了清代人口激增的因素。事实上，杨氏也说"米谷之贵，由于买食者多，买食者之多，由于民贫”，是把“户口繁滋”和“田归富户”并提的。

乾隆早期的粮价上涨，主要是高额仓储思想指导下的大规模采买造成的。及时调整仓储政策，粮价便得到控制。仓储政策的调整集中体现在“留纳官之米流通民间”。官方主控民食的手段开始由“广积粮”向“少积粮”转化。这一实践使清朝积累了处理仓储与粮食市场流通之间关系的丰富经验。乾隆中后期及以后各朝有关各仓平粜、仓储章程的规定，多源自乾隆早期的实践。乾隆中后期在控制米价的同时，仓储也有平稳的增加，超过了 3 379 万石的定额。

乾隆君臣虽然都注意到人口增长对米价上涨的重大影响，注意到人口激增与耕地资源不足的矛盾及减少浪费的必要性，乾隆中后期又普及番薯、玉米种植，大量进口洋米，对解决民食问题起到了很大作用，然而在人口继续增长、生产力没有革命性变化的情况下，这些措施不能解决根本问题，米价增长的趋势不会改变。乾隆三十七年，清帝说：“自乾隆三年至今，亦已三十余年，当时之所谓贵价，即系迩来之所谓贱价。”人口的增长对粮价的上涨起着长期的作用。

考察乾隆早期控制粮价的历史，我们看到清代国家通过粮价奏报、仓储平粜等手段，对于市场变化反应迅速，干预市场的能力很强。清朝不仅在积贮和控制市场方面富有经验，而且这也是一种有效稳定社会秩序、实现社会控制的手段。

然而，清朝实行“盛世滋生人丁永不加赋”和“摊丁入亩”政策以后，更加快了人口再生产的速度。乾隆初年以降，清政府的人口压力更为沉重，人口急剧膨胀也影响着清政府对生产关系、经济政策调整措施的有力实行。这不仅是乾隆时期，而且也是中国历史上前所未遇的一种挑战。清代不可能提出限制、减少人口增长的方法来解决正在面临的这一问题，不断产生的过剩人口，便壮大着流民、游民无业者队伍，成为破坏社会稳定的因素。

四、四川啯噜：游民社会问题

清代由于人口迅速增加，很多人没有土地，成为没有固定职业的人，靠临时性工作维生，这就是游民。游民在许多地方都很突出，如江南地区，但是由于商品经济发达，可以提供多种工作，以养活游民群体，游民尚不危害当地社会秩序，而在四川地区则不然，大量移民造成游民问题，产生了特殊社会群体啯噜，成为困扰当地的严重社会问题。这里，我们以啯噜为例，来探讨清代人口与社会问题的关系。[①]

啯噜系四川土语，正确发音为 gūlū，而不是 guōlū。关于啯噜的含义，据乾隆帝说："川省呼匪徒为啯噜子，语涉詈骂。"清政府也常把"啯噜"称为"啯匪"。乾隆四十六年湖广总督舒常、湖北巡抚郑大进上奏说："伏查啯噜匪一类，川省人呼之为啯噜子，即各处所谓光棍、泥腿之类，或肆强抢，或行狗偷。"所谓"光棍"，在清朝官方法律词语中，特指"无赖之徒"、"地痞流氓"而言。乾隆君臣的上述解释，可作为参考。

《清实录》中出现啯噜的记载最早是乾隆四年，另外《金川纪略》在记载乾隆九年事情时指出"十数年"，即约在雍正中后期

① 以下论述参考常建华：《清代啯噜新研》，原刊《清史论丛》，辽宁古籍出版社1993年；收入常建华：《清代的国家与社会研究》，人民出版社2006年，第197—230页。

就出现啯噜了。乾隆八年十月四川巡抚纪山上奏:“川省数年来,有湖广、江西、陕西、广东等省外来无业之人,学习拳棒,并能符水架刑,勾引本省不肖奸棍,三五成群,身佩凶刀,肆行乡镇,号曰‘啯噜子’。”这种被称为啯噜子的能符水架刑的外来无业之人,早在雍正十二年四川巡抚鄂昌的上奏中已经出现。鄂昌说:四川“惟是五方杂处之众,顽良不一,如滇黔陕粤等省人民,安分守法者居多,独楚民性本狡黠,习更刁健,捏词兴诈,作奸犯科,无所不为,是以比年以来,命盗案件十倍于昔。更有一种无赖,自称巫仙,专事念咒书符,妖言惑众,尤可恶者,素习符水,惯于避刑。诱人犯法,则顶名到官;助人为恶,则顶名受拷。任凭打夹,毫不为意,以致奸淫邪盗之事,接踵而生,殊堪痛恨”。可见纪山所说的啯噜一类人在雍正十二年已出现,只是鄂昌折内没有“啯噜”这样的名称罢了。看来啯噜出现于雍正年间大致是可靠的。

可喜的是,我从雍正十三年六月二十四日湖广总督迈柱的奏折发现了有关啯噜起源的新资料,可知“鹘掳子”是“黔省”即贵州的“无赖土棍”,他们“多人”出现,“扮作乞丐”,或在大村市镇强讨物件,“如遇僻地乡村人少,便行强抢”。特别是于黑夜在村庄放火呐喊“苗子来了,大家逃命”,一旦居民惊窜,他们即入村烧抢,甚至掳去妇女。他们混名叫“鹘掳子”。“鹘掳子”之鹘,发音似应是gǔ,“鹘掳子”应是“啯噜子”。至少“鹘掳子”(啯噜子)起源于贵州汉族称外来抢掳的苗人的称谓,结合《金川纪略》的记载,则应起源于川黔汉族称外来抢掳的少数民族的称谓。“鹘掳子”的活动特点是“多人”出现抢掠,具有群体性与流动性,喜欢“扮作乞丐”,抢夺是其谋生手段。[1] 乾隆以后啯噜的活动

[1] 常建华:《清代“啯噜”的初兴与语义新考》,《四川大学学报》2019年第3期。

特点与此基本相同。

不过，啯噜在四川普遍化并成为社会问题，当是乾隆初年的事情，这是因为目前还未发现雍正朝直接记载啯噜的资料。上引乾隆八年十月纪山所说啯噜是“数年来”的情形。乾隆九年十一月御史柴潮生奏：“近年以来，四方流民多入川觅食，始则力田就佃，无异土居，后则累百盈千，浸成游手。其中有等桀黠强悍者，俨然为流民渠帅，土语号为啯噜。”这些资料反映的也是“近年以来”的情形，可见乾隆初年啯噜日渐兴盛。

从上引四川巡抚纪山说啯噜是“湖广、江西、陕西、广东等省外来无业之人”，“勾引本省不肖奸棍”产生，御史柴潮生说啯噜由“四方流民多入川觅食”形成游民所致，以及从乾隆十年署四川提督李质粹奏“川省五方杂处，奸良莫辨，外来流匪及本地无业流民，凌虐良善，名曰啯噜”来看，啯噜在四川兴盛并普遍化，则主要是外来汉族流民、游民造成的。

四川在明末清初由于战乱人口锐减，康雍时期官方和民间不断向四川移民，使四川成为移民社会。大量的移民客居他乡，在生活尚无着落的情况下，最易犯罪，产生社会问题。前引雍正十二年四川巡抚鄂昌曾说四川的外来移民，导致“命盗案件十倍于昔”，其中湖北的楚民社会犯罪最多。实际上这种情况在康熙二十年已经出现，当时“宝庆、武冈、沔阳等处人民，或以罪逃，或以欠粮惧比，托名开荒携家入蜀者，不下数十万。其间果以开垦为业固不乏人，而奸徒匪类扰害地方，则有占人已熟田地者，掘人祖宗坟墓者，纠伙为窃为盗肆虐行劫者，结党凶殴，倚强健讼；又有私立会馆，凡一家有事，率楚中群凶横行无忌，此告彼诬，挟制官府者”。可见移民是大量的，仅楚省就有不下“数十万”。在雍正时代，四川移民仍不断增加，仅雍正五年川陕总督岳钟琪奏称，湖广、江西、广东、广西等省之民，逃荒入川，不下数万户。乾隆元年二月，据四川布政使窦启瑛说："向之川土荒芜者今皆已垦辟，向之川民凋瘵者今皆已生聚。"待垦荒地所剩无几，而流民入川一直未断，所以在乾隆初年形成严重的啯噜社会问题。

上面是乾隆十年前啯噜的状况，事实上乾隆十年以后啯噜活动频繁，势力不断壮大。日形严重的啯噜问题，终于酿成乾隆四十六年一桩大案。当时胡范年、严石保先于三月内在垫江、大竹二县地方各自纠伙，潜行抢夺，闻拿逃往合州，约有三十余人，被合州兵役拿获五人。合州界连太平等处，中有雪泡山，有啯噜百余人陆续由雪泡山闻拿逃出，复于梁山、垫江抢夺伤人。首伙胡范年、严石保等先后被拿获，共计五十一名，同伙刘胡子、廖猪贩子、朱大汉等纠伙潜逃。此外，同年三月间张老大、金小二、罗和尚等多人在太平县伙抢过客银钱，转抵云阳、万县伙抢集场，闰五月间，张老大欲往贵州。同年三月半赵子明等在梁山抢劫，五月半到太平县会遇赵子陇等二十多人继续抢劫。以上三伙同其他啯噜团伙百余人，在四川清军的追击下，欲经湖北进入贵州。因四川太平县移拿啯噜，湖北施南副将陈大恩会同湖北利川县前往查拿。至利川县与四川石柱厅交界处的鱼筌口场，正值啯噜蔡友应一百零四人，另有附和之刘胡子等八人由川至此，于是湖北清军活捉蔡友应，打伤多人，余众逃散，复回四川。据蔡友应供，他不认识刘胡子、金小二、罗和尚，可见这伙啯噜是几股平日无联系的啯噜的集合，因四川清军抓拿，混合在一起。在搜拿这支啯噜的过程中，清朝还破获了几起其他啯噜团队。此案引起很大的震动。

道光朝啯噜愈演愈烈。道光九年张鹏翂说："其结党数十或数百人……小则拒捕抗官，大则揭竿谋逆，甚或棋布要害，公然为掎角之势。”道光以降，清代各种社会矛盾激化，游民大量增加，吏治败坏，啯噜成为严重的社会问题。咸丰元年据给事中焦友麟奏，近来四川之啯匪、河南之捻匪、湖南之斋匪、湖北之痞匪，以及山东兖、沂、曹，安徽庐、凤、颍地方，匪徒结党成群，几于所在皆有。清朝已无法对其实行有效的控制。啯噜作为一种社会势力，每当遇到大的社会事变，必然响应甚至参加其中。如咸丰十年李永和、兰朝鼎起义，在四川由嘉、眉、邛、雅掠蒲江，四乡啯匪应之。又如光绪二十八年四川义和团运动的红灯教起事，川省总督岑春煊说：此次匪徒虽以邪拳为名，其实即系向来会匪、啯匪、土匪之类假名煽惑，川省会匪、啯匪所在皆有。终清之世，啯噜的活动一直未断。

如何判断啯噜的性质呢？

先看啯噜的社会成分。我们知道，啯噜兴起的原因在于游民所致，所谓游民，即指没有职业或无固定职业的人。在清代农业社会，一般来说，游民是脱离土地，以季节性、临时性手段谋生的人。啯噜出现之后，游民一直是其基本社会成分。以乾隆三十八年金川木果木战役后啯噜盛行为例，主要参加者是失业夫役、逃卒和地方无赖。再如乾隆四十六年啯噜大案，清代档案保留了被获啯噜的供词，由此分析参加啯噜者的成分，主要有以下几类人：

一是船上划桨的推桡工。湖北监利籍贯的彭家柱，向在四川奉节卖酒，后折本改业，在川江上推桡；湖北松滋籍人李维高，推桡至巴县；四川广安人黄世见原开糕饼铺，因折本到重庆推桡，他们都被邀入啯噜。二是破产的小商贩。彭家柱、黄世见原来分别是卖酒和开糕饼铺的，后皆因折本改为临时性的推桡，推桡无保证，于是他们情愿当啯噜。三是盐贩。贵州婺川人李添才，到四川彭水县背盐贩卖，先被啯噜拿住，旋即逃回，后因懒去种田，复投啯噜。四川梁山人叶士朋挑盐外出，遇啯噜被逼勒入伙。四是雇工。四川涪州人李宏春，外出赶工时当了啯噜。湖南澧州人周老么，原在四川蜡烛店帮工，后至彭水县盐井做工，路遇啯噜，遂加入其中。五是乞丐。湖北东湖人傅开太，向在四川梁山讨吃，被啯噜邀入伙内。六是废僧。张和尚原是四川巴县人，幼时在重庆为僧，因酗酒被逐，后加入啯噜。七是无业者。四川巴东人朱玉到开县寻找生意，遇啯噜被拉入其中。以上七种人中，特别是"推挠寄食或沿途乞丐"最易为啯噜。

乾隆四十六年啯噜大案中还有吏役充当啯噜，可算为第八类人。四川人周煌当时向皇帝报告："甚至州县吏役，身充啯噜，如大竹县役之子，有号一只虎者。"这个一只虎就是啯噜首领胡范年。吏役充当啯噜值得注意，清人邱仰文说："啯噜一种，半系革捕，此县犯案，投充彼县，类与各捕声息相通，因缘为奸。"吏役充当啯噜的原因是，这一职业的社会地位不高，属于贱民，清白之人不愿充当，游民以此为谋生手段，他们与啯噜有一种天然联系。啯噜为了行动自由和保护自己，往往结纳吏役，吏役为了获利，遂与啯噜沆瀣一气。因此，啯噜中有一些吏役参加，这样就给清政府破获啯噜案件带来困难。

考察啯噜的社会成分，"拉把手"和"闲挞浪"是四川游民的主体。拉把手，即纤夫。长江上水大船一只，纤夫必雇七八十人，而下水船则每只多止三四十人，至重庆若每日上下船十只为率，"以十日总计，河岸之逗留不能行者，常三四千人，月计万余矣"。逗留期间，开始花费上水时所挣钱，"渐次食完，则卖所穿衣服履物"，成为赤身的"精膊溜"，弱则为乞丐，强则入啯匪伙党。官员张集馨也曾向道光帝报告说："四川游民之多，在于不雇纤夫流落异乡，于是群居为匪，是以每办一啯匪大案，胁从者半属游民。”闲挞浪，是指川楚陕边界“山内各色痞徒闲游城市者，统谓之闲挞浪。此辈值有军兴，则充乡勇营夫，所得银钱，随手花销，遇啯匪则相从劫掠。……闲挞浪既久，便成啯匪”。总之，啯噜的成员如同四川总督文绶所说：“多系无籍恶徒及外省游民。”

啯噜的活动特点是成群结队、集体行动。乾隆初年啯噜的规模较小，乾隆八年四川巡抚纪山说啯噜是“三五成群”。就乾隆中期而言，大致上啯噜“平日三五成群，乘间抢窃，每起不过数人，多或十余人”。乾隆后期啯噜的规模变大，当时啯噜规模的全面情况，在《历史档案》1991 年第 2 期所刊《乾隆四十六年清政府镇压啯噜史料选编(下)》中有记录。我制成《乾隆四十六年啯噜规模与活动情况表》，由表可知，啯噜团队中，最少 8 人，最多 56 人，20 人以下三个，20—39 人四个，40—56 人四个。正如乾隆四十六年湖南巡抚刘墉所奏：“川省重庆、夔州二府，与湖广等省毗连，结党为匪者，每起或二三十人，或四五十人不等，每起必有头人，名为掌年儿的，带有凶器，沿途抢夺拒捕。”刘墉的奏报是真实的，反映了当时啯噜的一般规模。

值得注意的是，乾隆四十六年啯噜案发之初，地方大员多说啯噜向来三五成群。经过办理此案，乾隆帝才明白这不符合乾隆后期的情况，他说：“至所称三五成群，零星结伙，系属员相沿陋习，欺饰之词，不可信用。”嘉道以降啯噜规模更加壮大。嘉庆四年御史梁上国在《论川楚教匪事宜疏》中说：“川省向有啯噜一种，十百为群，以焚抢为事。”韩晋鼎在嘉庆十六年也说：“近来啯匪潜滋，以川北、川东为甚，自五六十人至一二百人不等，或聚或散。”道光九年张鹏翂指出，啯噜“其结党数十人或数百人”。道光十六年有人奏："川南一带盗贼公行，啯匪百十为群。"数十人或数百人是这时啯噜的规模。

游民组成的啯噜，活动也是"游走无定"。啯噜活动的地区多是行政区划的交界之处，或省内州县交界处，或省与省之间，如川东的川楚陕交界南山、巴山老林地区就是啯噜的重要活动场所。这些地区多是群山叠嶂、树木繁茂地区，聚集大量游民，远离行政中心，政府控制较弱，如遇政府捉拿，易于逃避。

啯噜多携带刀棒等，作为抢劫和拒捕的武器。啯噜活动的主要形式是勒索、赌博、偷窃、抢劫、奸淫，甚至杀人放火。特别是抢劫，啯噜最热衷于此。赌博也是一项主要活动。

啯噜活动方式的类型还有红钱、黑钱或曰红线、黑线之分。红钱的特点是团伙规模较大，明火执仗，敲诈勒索；黑钱的特点是"多以术愚人"，坑蒙拐骗，掏摸偷盗。红钱活动于"白日市廛地方"，黑钱"行踪诡秘"。所以，有时啯噜便以白日和黑夜活动作为他们的分类。

啯噜团伙由结盟拜会组成，各伙啯噜有自己的标志，尤以割辫者值得注意。啯噜的纪律较严，拜把之后，不许擅散，有散去者，辄追杀之。先约遇难不许散帮，遇追捕急，公议散去，始敢各自逃生，如未议而一二人先散者，众共追戮之，其党极为坚固。既入啯噜，便不得擅自离开，否则处死。

啯噜有其组织结构。啯噜"向俱以年长之人为首"，也有"以强梁为首者"，都以"长年称之"，也有称"棚头"等名号的。除了以年龄作为首领条件外，以能力作为首领条件的也不少。嘉庆、道光以降，啯噜组织进一步完善。严如熤介绍这时啯噜组织的情况是：其长曰老帽，曰帽顶；其管事之人曰大武、大满。陈庆镛则说，啯噜"其为首者曰帽顶，暗言其为主也；其次曰大五、小五，暗言大王、小王也；又其次曰大老么、小老么，言兄弟也；以下曰大满、小满”。啯噜的首领称老帽或帽顶，大概是仿照官员以顶戴为标志而有此称。前揭四川人周煌说棚头就是“戴顶”，并像官员一样乘轿骑马，因此啯噜用“老帽”、“帽顶”指称其棚头。啯噜结拜盟会后，参加者以年龄大小排行，成为兄弟。结拜盟会排行、认干亲以及明确辈份，表明啯噜具有家族血缘拟制的特点。

再看啯噜的生活。抢劫、强索是啯噜的主要谋生手段，衣食有赖于斯。有的啯噜向孤村店户强索酒食，有的抢过肉、米、鸡只，抢猪宰食，并夺零星食物。与抢劫相适应，啯噜居无定所，每于州县赶集之区，占住闲房。或散处岩洞孤庙，或搭草舍茅屋，随便栖止。草舍茅屋亦即窝棚之类，啯噜具有“分棚为匪”的特点。乾隆四十六年四川彭水县啯噜有四处窝棚居住，每棚约十余人。在山洞居住也较普遍，如乾隆四十六年三月彭家桂行抵梁山、垫江等县小马溪地方，被黄大年邀入啯噜罗一、陈升伙内，与并不知姓名共伙四十一人，分作两岩洞居住。同年闰五月童臣贵被啯噜张正恒等七人胁逼背包，认头目张正恒为干父，同在岩洞住宿。啯噜数人或数十人居住在一起，过着集体生活。值得一提的是，啯噜在清道光以后逐渐演变成著名的帮会组织哥老会。

啯噜一般是单身汉，性犯罪比较普遍，如前揭四川巡抚策楞所说，啯噜除强奸外，还“诱奸良家子弟”。啯噜的父子干亲间，存在着不正当的性关系。

总之，从啯噜的社会成分、活动特点、组织以及生活来看，啯噜基本上是一种游民组成以劫夺谋生的异姓结拜团体。

清朝治理啯噜的条例和措施既多且详。就刑法条例而言，清朝重在惩治轮奸罪和抢夺罪。抢夺罪分在场市人烟凑集之所和在野拦抢两类。在这些犯罪中，又视聚众人数的多寡来定罪之轻重。在不同程度罪行的啯噜中，对于犯有重罪的啯噜处以死罪，重惩不贷；胁从轻罪者除流放外，或递回原籍，或给与荒地开垦；对于在籍或在配所屡教不改的啯噜加带铁杆。从清朝实践过程来看，乾隆前期政策是重惩和给予出路相结合，乾隆后期以降则专事重惩。为了治理啯噜，清朝还对地方官职责作了专门规定，鼓励其治理啯噜，如拿获或失察啯噜，比照拿获或失察赌博例加级或革职；连界州县不协力查拿，照交界处所失盗不协力查拿例议处等。在地方政府无力镇压啯噜的情况下，清朝又利用民间团练自卫查缉。总之，治理啯噜是清政府维持社会秩序的重要活动。

综上所述，清代啯噜的活动有一个由小到大、从弱变强的发展变化过程。这种发展变化在啯噜的社会成分、规模、活动范围、组织、功能等方面都有体现，并与清代社会的变动相适应。啯噜的发展变化大致可以分为四个时期：

第一个时期，从乾隆初年至第二次金川之役（乾隆三十五年底至乾隆四十一年初），是啯噜兴起的时期。这一时期，啯噜主要是到川垦荒的流民，多为三五成群从事劫窃的团伙。这段时期清朝政治比较清明，能够有效地治理啯噜。

第二个时期，从乾隆四十一年金川之役结束至乾隆末年，是啯噜的发展时期。金川之役造成四川游民大量增加，清朝疏于治理，加上政治逐渐废弛，吏治渐趋腐败，啯噜势力壮大，活动频繁起来。啯噜规模增至二三十人至五六十人不等，有了掌年儿、棚头等名目，成了简单的军事组织。清朝对啯噜的控制削弱。

第三个时期，即嘉道年间，是啯噜势力膨胀时期。这时政治黑暗，吏治腐败，社会矛盾尖锐，人口数量达到了传统社会的最高点——四亿，啯噜的发展也进入"辉煌"时期。啯噜的社会成分除了过剩的人口造成的游民外，又大量增加了丧失土地的破产者，啯噜十百成群，数十人至数百人不等，活动范围从四川向陕西、云南、贵州迅速扩散。啯噜进一步组织化，各种名目的啯噜多起来，由匪向会变化，以至向哥老会这样遍布各地的大型会党演变。除抢劫外，啯噜还与盐枭、烟匪合一，从事经济犯罪活动。清朝已难以控制。

第四个时期，为咸同光宣四朝，是啯噜转化为会党的时期。这一时期政治与吏治极端败坏，清朝中央对地方失控，会党遍地，啯噜不断与会党融合或向其转化，甚至以会党名目出现，保持原始意义的啯噜虽然普遍，但已小型化。

自乾隆初年啯噜兴起，清政府就极为重视对其进行治理，然而终清之世未能解决，主要原因在于游民问题的持续存在。清政府深知啯噜系外省流入四川的游民形成，遏制流民及游民，起决定性的作用。只是因为人口膨胀压力太大，清朝无法控制而已。乾隆二十五年，周人骥曾上"各省流寓民人，入川甚多，请设法限制"一折，乾隆帝认为："国家承平日久，生齿繁庶，小民自量本籍生计难以自资，不得不就他处营生糊口，此乃情理之常，岂有自舍其乡里田庐而乐为流徙者？"他分析百姓流徙谋生的原因说："今日户口日增，而各省田土不过如此，不能增益，正宜思所以流通，以养无籍贫民。"并批评、告诫道："若如周人骥所奏，有司设法禁止，不但有拂人性，且恐转滋事端。""倘有流为盗贼，如川省啯噜之类，则实力惩治，毋使养奸贻累，既不绝小民觅食之路，又可清闾阎盗贼之源，斯两得之。"

此后，四川提督岳钟琪又因"外省民人入川，往往习为匪类”，奏请设法稽核。乾隆帝令四川总督阿尔泰经理，阿尔泰复奏禁止民人赴川一折，认为：“川省荒地，业经认垦无余，嗣后各省民人藉词赴川垦地者，不必给票，并转饬沿途关津，查无照票者，即行阻回。”乾隆帝指示：“此等无业贫民，转徙往来，不过以川省地广粮多，为自本口食之计。使该省果无余田可耕，难以自赡，势将不禁而自止。若该处粮价平减，力作有资，则生计所趋，又岂能概行阻绝？”否定了阿尔泰的请求。

就当时的实际情形来看，乾隆君臣的看法都有道理，只是出发点不同。乾隆中期人口压力已是无法回避的严重问题。嘉道以降，当政治黑暗、吏治腐朽、土地兼并加剧之时，人口问题便同社会矛盾、阶级矛盾抱合，成为首要的社会问题。以嘉庆初年爆发的川楚陕白莲教起义为例，虽然其直接原因是“官逼民反”的腐败政治，但主要参加者是三省边界一带的游民。严如熠曾说，四川的这些游民“弱则为乞丐，强则入啯匪伙党。……此辈既不能禁其不来，而别无良法以处之，可畏也”。

啯噜的特性是游民特性的体现，清代四川及邻省的游民主要是人口膨胀的产物，其次才是破产农民。

人口再生产和土地所有制双重运动产生的啯噜，既是人口问题，也是阶级问题，为清代特别是乾隆后期以降无法克服的难题。乾隆朝以后，抢米风潮迭起，会党、结社遍地，社会犯罪丛生，各种社会矛盾在人口激增的激化下尖锐起来。当政治腐败、自然灾害与社会矛盾相结合之时，便是社会动乱到来之日。乾隆、嘉庆之际爆发的川、楚、陕等省秘密宗教大起义，其主要参加者正是流入三省边界谋生的棚民，清朝从此由盛而衰。

五、奉天移民：清前期的“闯关东”

清奉天地区即今天的辽宁一带，是清王朝的发祥地。后金天命十年三月定都沈阳，天聪八年尊为盛京。顺治十四年四月于盛京城内置府，设府尹。奉天府直辖辽河以东的辽阳、海城、承德、盖平、铁岭、开原等六州县。康熙四年设锦州府管理辽河以西地区，直辖锦县、广宁、宁远等三州县。盛京地区有八旗驻防，康熙四年设镇守奉天等处地方将军，乾隆十二年又改为镇守盛京等处将军。至嘉庆年间，奉天府府尹领有包括承德（附府）、辽阳、铁岭、开原、海城、盖平、复州、宁海等州县与新民厅（嘉庆十八年六月设，辖承德、广宁二县）。锦州府辖宁远、义州、锦县、广宁等州县，隶属奉天府尹。这里探讨的奉天地区，是指奉天府尹管理下的包括奉天府、锦州府在内的广大辽东、辽西地区。

东北的移民政策有过较大变动。顺治十年清廷颁布“辽东招民开垦授官”条例，奖励开垦，以后又改为封禁政策。康熙七年撤销了垦荒授官的规定。至乾隆初封禁益严，禁止汉人到关外垦荒。但封禁政策并不能严格执行，俟流民日多，难以遣返，不能不承认既成事实。乾隆十一年查明，出关到盛京谋生的人数续添至四万七千余口。乾隆五十七年，山东、直隶连年灾荒，清廷变通办法，准许出口觅食，于是民人多有携眷出关。

移民到奉天涉及入籍问题，乾隆时期有过明确规定。乾隆五年，“令奉天府寄寓人民愿入籍者，听；不愿者，限十年内回籍。至十五年议准，奉天流民归籍之期已满十年，其不愿入籍而未经回籍者，令查出速行遣回，并令奉天沿海地方官多拨兵役稽查，不许内地人民私自出口。山海关喜峰口及九边门，亦令一体严禁”[①]。虽然清廷控制关内民人出关移民东北，但是民人一旦出关，还是认可移民入籍的，以便管理。如乾隆二十七年针对奉省所属锦、复、熊、盖等处有山东流寓民人搭盖窝棚，俱以养蚕为业，清廷要求将移民“交该处旗民官查明，编为保甲，设立棚长牌头管束”[②]。乾隆四十年重申：“请将奉天保甲仍照向例，令旗民官员会同编查。”[③]嘉庆时期奉天地区基层社会主要是保甲、乡约、守堡。保甲系统最为普及，其次是乡约。保甲与乡约构成的乡保组织，管理着该地区的移民。[④]

嘉庆年间清廷对于内地民人出关到东北有过专门讨论，重新明确了态度并制定了相关规定。我利用中国第一历史档案馆所藏军机处录副奏折及上谕档的清宫档案，考察了嘉庆八年民人出入山海关章程的制定与嘉庆初出关人口状况。可知清朝出入山海关政策有所变化，尤其是乾隆五十七年直隶等省大旱，山海关副都统德福奏请，准许“无业平民出关觅食”。嘉庆六年直隶等省又遭大旱，山海关副都统韦陀保、来仪遵循旧案，放出携眷民人。由于出关者人数较多，清廷为避免流民私垦土地影响东三省旗人生计，重新制定章程，从嘉庆八年十月初一日起，对“携眷民人出口之处永行禁止”。但是，只身佣工、贸易民人及商旅载货民人，则可以凭票出入山海关。

我又以27件嘉庆朝刑科题本为基本数据，从中了解到清中

---

① （清）乾隆十二年敕撰：《钦定皇朝文献通考》卷19《户口考一》，景印文渊阁《四库全书》，台湾商务印书馆1986年，第632册史部第390册，第410页下。

② 《清高宗实录》卷665，乾隆二十七年六月丁未。

③ 《清高宗实录》卷998，乾隆四十年十二月乙巳。

④ 常建华：《清中叶盛京地区地方行政职役试探——以73件嘉庆朝刑科题本为例》，白文煜主编：《清前历史与盛京文化》下卷，辽宁民族出版社2015年，第528—544页。

叶奉天府地区32位关内移民的生计、社会关系与日常生活。

清中叶关内山东、直隶、山西等地人民已经开始了“闯关东”，奉天地区是关内移民的聚集地区。刑科题本记载的案件发生地，集中在广宁、岫岩、辽阳、兴京、开原、海城、新民屯、铁岭、锦县、承德10地，分布较为广泛。32位移民中，20—49岁的中青年共计21人，占绝大多数。移民的原籍，直隶6人，分布在滦州、临榆、定州、宁河、南宫；山西6人，分布在祁县、太原等地；山东17人，占山东12府州的大部，尤以环渤海的武定州、登州、莱州移民较多。这些地方与东北隔海相对，由水上进入东北较为容易。

可见奉天的移民主要是山东以及山西、直隶的百姓。有6人载有出关时间，均为嘉庆年间，其余多记载为早年出关、出关多年。移民生计主要是佣工、种地、开铺、卖东西。刑案以经济纠纷为主因，如买地、租地、争地的案件，分钱、分粮不均案件，绝大多数是因工钱、借钱、赊欠等索欠引发的命案。其中工钱问题是最大宗，这与移民主要靠佣工谋生是一致的。

移民生计模式多样化。租种当地人的土地是重要的方式，有时还采取合伙耕种的形式，称为伙种。伙种也出现在种菜上。合伙经营还出现在放养柞蚕、刨参等方面。嘉庆时代奉天地区的租佃关系渐趋复杂，出现了找价、押租与转佃问题，有的移民还拥有了旗民的土地。移民也开店谋生，开设酒铺、饭铺、歇店的较多。大量移民靠出卖劳动力谋生，即佣工。佣工有长达一年的长工，每年工价分别为六十吊、八十千，与雇主平等相称，同坐同吃，并无主仆名分。还有半年工。再有就是月工，工钱至少应在六千，一般大约是十千。佣工，特别是短工的工作不稳定，经常变换工作。值得一提的是，还有行医到奉天的事例。总而言之，奉天谋生较易，收入比关内高，成为移民出关的重要动力。移民到奉天往往要投亲靠友。移民为维持家庭生计，或来关东谋生挣钱后回到故乡，或寄钱给老家。

奉天移民的生活颇有特色。人们好客，喜交往，盛行饮酒，这也是诸多事件发生的诱因。有些事件起因于合作，双方关系友好，却因饮酒产生矛盾，意外伤人致死。饮酒之人情绪出现波动，诱发犯罪。不少事件则是醉汉骂人被殴致死，醉酒实在害人不浅。可见奉天以及山东、直隶、山西饮酒风气较盛，移民喜欢饮酒。酒本是热情好客与自我消愁之物，却也是产生纠纷的催化剂。移民的饮酒风，也反映出他们较高的生活水平。

奉天府包括移民在内的居民服装比较体面，冬夏服装都是如此。冬装如头戴白毡帽，身穿蓝布棉袄、棉裤，束裤腰白棉线带，衣有蓝布小衫，腿穿蓝布棉袜，缠白布腿绷，脚穿灰布鞋。夏装为白布小衫、蓝布单裤。衣服均为蓝白色搭配。皮制鞋子乌拉鞋较常见。当地居民居住草房、窝棚等。草房较多，本地居民或自住，或租给移民。窝棚，较为简易狭小。炕是生活中的重要场所。奉天人睡炕，冬天烧炕取暖，抵御寒冷。炕不仅用来睡觉，也是坐的地方。熟人一般欢迎借宿，热情接待客人。伙种者有的同炕睡觉。出行除了借宿，还有歇店可以暂住，歇店也是交流信息的场所。奉天移民似乎喜欢随身携带小刀，小刀也往往成为伤人、致死的工具。有件题本反映了奉天的医疗条件。有药铺行医卖药兼行，卖药利用演戏人多的时候进行。治病如治愈，要求病人给谢礼市钱十千，若医治不好，不要谢礼。

第四章
社仓的推行与普及

中国的社仓一般认为最早出现于隋代。南宋大儒朱熹倡导设立社仓，影响深远。清代是社仓普及的时代。社仓之设始于隋开皇五年，度支尚书长孙平奏请令民间于收获之际按等出粮，储存在乡间，以备灾荒，名为“义仓”。义仓之名常与社仓互用，并无实质区别。唐宋不断有实行者。南宋朱熹在福建试行社仓之法，借官米600石作社本，春荒贷米给民，收获还仓取息，建造了专门的社仓用以存贮，还订出管理、出纳制度，以使一乡四五十里间遇歉年民不缺食。这一举措完善社仓制度，使其适合基层社会。元朝于至元六年始立义仓，令“社置一仓，以社长主之。丰年每亲丁纳粟五斗，驱丁二斗，无粟听纳杂色，歉年就给社民”[①]。显然，此义仓实为社仓。到明朝中后期，官方预备仓衰落，社仓受到重视，渐次在不少地区推广。

一、康熙朝试行社仓

清朝承继明朝包括社仓在内的仓储制度。顺治十一年六

① 脱脱：《元史》卷96《食货志四·常平义仓》，中华书局1976年点校本，第8册，第2467页。

月，以加上皇太后徽号礼成，诸王、文武大臣上表行庆贺礼，于是颁诏天下。诏书中涉及仓储制度，责成各地方该道专管，稽察仓储旧积，料理新储。不过从当时清朝对于基层社会的控制程度来看，很难切实实行。恐怕只具有“诏告中外，咸使闻知”的意义，主要是象征性的。

康熙皇帝是具有儒家治国理念的君主。[①]《清圣祖实录》记载了康熙帝关注民生的大量论述。他于康熙六年七月亲政，该年五月谕吏部等衙门：民为邦本，必使家给人足，安生乐业，方可称太平之治。一切民生利病、应行应革，尔内外各衙门大小文武等官，念切民依，其各抒所见。八年六月谕吏部：“朕夙夜图治，念切民生艰难，加意抚绥，俾各安居乐业，乃成久安长治之道。”可以说康熙帝在儒家民本思想的指导下，将民生作为为政中心，以求长治久安。这种政治愿望在康熙十七年三月谕吏部、户部、兵部旨意中得到体现：“朕统御寰区，孜孜图治，期于朝野安恬，民生乐业，共享升平。”“民生乐业”是升平之世的标志。

康熙帝将民食纳入民生问题。康熙十八年六月谕户部，提出了积粮备荒的思想。还将仓储纳入民生问题，鼓励仓储积粮。康熙二十一年七月谕：“各省常平等仓积贮米数，甚属要务。有此积贮，偶遇年谷不丰，彼地人民即大有裨益。虽先经奉旨通行，恐有名鲜实，一遇水旱议赈之时，未能接济，致民生艰困。今将某省实心奉行，某省奉行不力，其逐一察议具奏。”于是户部定出奖励条例：州县卫所官员设法劝捐，“一年内劝输米二千石以上者纪录一次，四千石以上者纪录二次，六千石以上者纪录三

① 有关历史上的民生观，请参见常建华：《明代士大夫的民生思想及其政治实践——以〈明经世文编〉为中心》，《古代文明》2015年第2期。

次，八千石以上者纪录四次，一万石以上者准加一级。如定有处分之例，恐有不肖官员畏罪苛派，苦累小民，是以难定处分之例”。[①] 常平等仓积贮可以用来水旱赈济，保证民生，作为国家爱民、养民的具体措施。

康熙时期较为关注民间社仓。康熙十八年户部题准：“乡村立社仓，市镇立义仓，公举本乡之人，出陈易新，春日借贷，秋收偿还，每石取息一斗，岁底州县将数目呈详上司报部。”[②]根据《清圣祖实录》记载，康熙十九年二月谕户部，常平仓作为州县地方官备赈的办法，而义仓、社仓积谷则留本村镇备赈，属于民间自救。无论官府还是民间仓储的谷物，只做当地之用，不做协济外郡之用。根据河南的事例，为了鼓励垦荒，有地方官提出可以借谷给垦荒人民，并要求其建仓。如康熙二十二年河南巡抚王日藻条奏开垦豫省荒地事宜，提出：“宜借给牛种，请将义社仓积谷借与垦荒之民，免其生息，令秋成完仓。”户部议覆同意，康熙帝从之。康熙二十九年正月谕户部，重申仓储备荒的重要性，要求从总督巡抚到司道府州县官员都要关心包括社仓在内的仓储建设。

康熙四十二年十月初十日，康熙帝曾命清廷讨论直隶设立社仓的可能性。康熙帝谕大学士传谕李光地，如设立社仓果有益于民生，各省亦照例于各村庄设立社仓，收贮谷石。

大学士会同九卿遵旨议准：设立社仓，于本乡捐出即贮本乡，令本乡诚实之人经管。可知，李光地任直隶巡抚期间，于康熙四十一年至四十四年当中，尝试推行社仓，永平、保定二府就

① 《清圣祖实录》卷103，康熙二十一年七月甲寅，总第5册，第41页。

② 赵尔巽等：《清史稿》卷121《食货二·仓库》，中华书局1976年点校本，第13册，第3559页。

是具体的事例。五十四年议准:“直省社仓劝输之例,富民能捐谷五石者免本身一年杂项差徭,有多捐一倍二倍者,照数按年递免。至绅衿捐谷四十石,令州县给匾;捐谷六十石,令知府给匾;捐谷八十石,令本管道给匾;捐谷二百石,督抚给匾;其富民好义比绅衿多捐二十石者,亦照绅衿例次第给匾;捐至二百五十石者,咨吏部给与义民顶戴,照未入流冠带荣身。凡给匾民家,永免差役。”[①]这是直隶奖励捐输社谷的条例。

不过直隶的社仓实验并不顺利,康熙帝晚年对于地方官推行社仓颇不以为然。康熙五十五年闰三月针对直隶巡抚赵弘燮因顺天、永平两府所属地方米价腾贵、民多乏食,采取平抑粮价措施,谕大学士等社仓一事,李光地任直隶巡抚时曾以此为有益,卒不能行。同年十月因张伯行条奏宜立社仓,清廷讨论,最终予以否定。不过康熙帝还是要大学士会同九卿,就社仓是否可行详议具奏。大学士九卿等议覆的结果是,张伯行疏请直隶等地方建立社仓应不准行。康熙帝就此又发一番议论,担心地方上奉行不善,惹是生非。

尽管康熙帝不看好社仓,可是还有地方官愿意尝试。康熙六十年,奉差山西赈济都察院左都御史朱轼疏言:请于晋省建立社仓以备荒歉,引泉溉田以兴水利。康熙帝为此发表长篇谕旨,谈他对于社仓的看法:“社仓之设始于朱子,其言具载文集。此法仅可行于小邑乡村,若奏为定例,属于官吏施行,于民无益。”[②]得知皇帝如此旨意,朱轼立即知难而退,说自己一时冒昧陈言,细加筹划,实属难行,祈求皇帝免令试行。但是康熙帝认

① 乾隆《大清会典则例》卷40《户部·积贮》,总第621册,第248—249页。

② 《清圣祖实录》卷294,康熙六十年九月丙申。

为朱轼亲至山西，深知地方情形，既请立社仓、兴水利，命他仍留山西，鼓励试行。

二、雍正朝推广社仓

雍正帝将社仓作为民生政策的重要组成部分。雍正五年六月一日雍正帝发布关于社仓的长篇谕旨，明确指出："社仓之设，所以预积贮而备缓急，原属有益民生之事。""朕之举行社仓，实因民生起见。"他要求"傅敏办理此事，必须至公至当，方于吏治民生两有裨益也。"可见举行社仓是保障民生的实事。不久雍正帝再次告诫官员："自古有治人无治法，朕所降谕旨，叮咛往复，无非念切民生。"湖北巡抚郑任钥纵属侵蚀社仓米石，雍正帝指责他不顾民生缓急，不配为爱养斯民者。凡此种种，说雍正帝试行社仓是为了民生并不为过。

雍正帝继位后，积极推行社仓。雍正元年八月五日詹事府詹事鄂尔奇建言请谕巡抚择州县仿古常平社仓之制，稍加变通而行之。鄂尔奇说山西平定等州县粮食充足，可以赈灾自救，透露出朱轼建议在山西推行社仓是可行的。雍正皇帝对于该折十分留意，交发各督抚朱书密谕一道：只可暗暗劝谕好府州县徐徐行之。使用"密谕"有探路的意思，雍正帝要地方官自己徐徐实践，以观后效。有可能雍正帝的这一决定是采纳了鄂尔奇的建议。不过雍正帝并不只试行社仓，而是与保甲一起试行的。表明雍正帝教养治国的理念，即用社仓养民，用保甲管理人民。

各省陆续回应雍正帝的社仓密谕。福建巡抚黄国材奏折说，闽省自前任抚臣觉罗满保通行社仓以来，倡率官民捐贮谷石。除节次散给穷民外，各府州县现收存谷共计四万余石，但福建地方负山滨海，时有不足之虞。今年闽省收成可望，米价平贱。当率领各官各自竭力捐贮，颗粒不派于民，以备济用。湖广总督杨宗仁雍正元年九月十五日上奏，表示赞成社仓。两广总督杨琳九月十四日奉到朱谕，也表示与抚臣商酌劝谕好府州县徐徐行之，务在不令生事扰民，俟有成效。广西总督孔毓珣雍正元年九月二十八日上折，主张请先行常平借贷之事，而渐通乎社仓之法。山东也劝勉各府州县实力举行社仓。闽浙总督觉罗满保、福建巡抚黄国材也于雍正元年十月六日上奏，说已经转传司、道各官熟为筹画社仓，并劝谕府、州、县官乘此秋收丰熟之时随力捐贮，不许派累小民。为了起倡导作用，他二人连同福建布政使、按察使以及粮驿道、兴泉道、汀漳道、延建邵道、台厦道五员，知府、同知、通判十二员，州、县官六十一员，通共捐谷二万石，分别州、县大小，交与地方、社长公同收贮，以备不时。也就是说福建通省各级官员都捐谷在地方上建立社仓。不过这与密谕暗暗、徐徐实行的精神不大符合。雍正帝担心民间自治的社仓变为官员操纵的工具，造成贪污失控的局面。江西巡抚裴徫度也准备实行社仓。十二月十六日直隶巡抚李维钧奏，直隶首先倡捐，各官踊跃，自乐捐输，士民亦陆续急公，俱出情愿。今据各属详报，已捐足十万石矣。

实际上最早推行社仓的地区是湖广。雍正二年正月十九日湖广总督杨宗仁奏称：他与各官加意讲求，特立条约六条，先择地建仓，然后劝捐谷本，出纳听民自主，不许官吏会计侵肥，遍示晓谕，并立奖掖尚义之典。他还说在地方官的劝化下，士民共捐谷本，据江夏、武昌、蒲圻、咸宁、崇阳、兴国、大冶、通山、汉阳、汉川、黄冈、麻城、蕲水、黄安、罗田、随州、孝感、江陵、枝江、谷城等州县各报建仓,每州县三五十所不等,约共劝捐谷本将及三十万石。民情喜悦,效验已著。又传湖南各官,面令循照湖北已成之法施行。再稽数月,统俟所属报齐之日另行奏闻。雍正帝阅后,称赞湖广有初创之功。

但是雍正帝很快发现,立见成效的湖广社仓问题严重。他说该督抚欲速不达,令各州县应输正赋一两者,加纳社仓谷一石。且以贮谷之多少,定牧令之殿最。近闻楚省谷石,现价四五钱不等,是何异于一两正赋外加收四五钱火耗。要求该督抚速会同司道府等官确商妥议,务得安民经久之法。

有了湖广推行社仓的经验教训,雍正帝决心继续实行,但是要求尽量避免扰民。雍正二年七月贵州巡抚毛文铨奏称设立社仓。广西巡抚李绂建议将捐谷借民取息作为社仓之本。江西巡抚裴徫度奏报:先于省城建立社仓,然后通行各属,因地制宜,从容设法捐输。

各地上报实行社仓的办法不一。雍正二年十一月户部等衙门遵旨议覆积贮备荒事,将河南巡抚石文焯、山东巡抚陈世倌条奏内酌议六条推广:

> 一、民间积贮,莫善于社仓。积贮之法,务须旌劝有方,不得苛派滋扰。其收贮米石,暂于公所寺院收存。俟息米已多,建廒收贮。设簿记明,以便稽考。有捐至三四百石者,请给八品顶戴。二、社长有正有副,务择端方立品、家道殷实之人以司出纳,著有成效,按年给奖,十年无过亦请给以八品顶戴。三、支给后,每石将息二斗,遇小歉之年减息一半,大歉全免其息。十年后息倍于本,只收加一之息。四、出入斗斛,官颁定式。每年四月上旬依例给贷,十月下

> 旬收纳，两平交量，不得抑勒。五、收支米石，社长逐日登记簿册，转上本县，县具总数申府。六、凡州县官止许稽查，不许干预出纳。再，各方风土不同，更当随宜立约，为永远可行之计。[①]

户部还建议：应令各督抚于一省之中先行数州县，俟二三年后，著有成效，然后广行其法。此建议得到皇帝首肯。条例六项：劝捐输，择社长，收息多寡，出入公平，严簿籍之登记，禁州县之挪借。此系九卿查照朱子《社仓事目》酌定。地方官设立社仓的实践，也借鉴了朱熹的《社仓事目》。如雍正十三年二月十日，湖广总督迈柱为请奖励倡捐社仓谷石事奏称："臣伏查，《社仓事目》定例已经详备，惟独有司实力奉行，地方不扰，一年之内劝捐至三五千石及一万石以上之多未定议叙之例。"[②]可见迈柱在湖北、湖南实行社仓，参照了朱熹的《社仓事目》。

这个社仓条例奠定了清朝社仓的基本制度，影响深远。乾隆朝的社仓实践是在沿用雍正二年社仓条例基础上寻求完善。

雍正二年施行的社仓条例较有成效。兵部右侍郎杨汝谷奉命往楚，雍正二年闰四月二十五日奏报沿途见闻："闻直隶、河南、湖广各省保甲社仓正在举行，略有成局。"[③]一定程度上反映了当时各地设立社仓的情形。

雍正四年盘查地方上的社仓仓谷及推行实效，下谕谨慎推行社仓。湖广的社仓就发现了问题。据署理湖广总督傅敏奏

---

① 《清世宗实录》卷26，雍正二年十一月戊申。

② 《雍正朝设立社仓史料》(下)，《历史档案》2004年第4期，第23页。

③ 《雍正朝汉文朱批奏折汇编》第796号《兵部右侍郎杨汝谷奏奉命往楚沿途见闻五事折》，雍正二年闰四月二十五日具折，江苏古籍出版社1988年，第2册，第988页。

报，杨宗仁举行社仓，湖南和湖北各州县通报共积谷八十万石。杨宗仁之后，督抚并不留心，州县官遂致怠玩，雍正四年十二月仅报实贮谷十七万六千石。当时被水乏食，各州县俱无存贮，特请用三年补足仓贮。问题出在曾任湖北巡抚的郑任钥，雍正帝指示傅敏查参。郑任钥则说，杨宗仁设立社仓督责颇急，其谷多未实贮。雍正帝认定郑任钥纵属侵蚀社仓米石，其“回奏俱系巧饰推诿”。又因其违例私卖硝磺，于别案将其革职。

雍正皇帝针对傅敏参奏亏空社仓谷石各员请分别议处，于五年六月一日发布长篇谕旨，说令各省举行社仓是俾民间踊跃乐输，量力储蓄，不可绳以官法。还以湖广为例说明官员设立社仓的种种弊端，并以康熙朝“李光地奏请而未允，张伯行暂行而即罢”的事例，指出康熙帝的谨慎态度。雍正帝重申其主张是“令各省酌量试行，以观其成效何如，并非责令一概施行”，要求官民理解。雍正帝的这一社仓主张，影响了以后清朝官员对待社仓的态度。

雍正帝多次告诫官员实行社仓要尽心尽力，强调社仓的民办性质。雍正六年起居注官特别观察到雍正帝令“各省社仓输粟则听民自便”。

雍正七年之前的社仓以湖广、河南以及直隶较为突出。川陕建立并不断完善社仓制度，如七年接受监察御史晏斯盛的建议，贫民不遇荒歉借领仓谷者，请准其给发，每石止收息谷十升。遇小歉免取其息，仍如本数还仓。对于贫民有所救济。十一年谕户部，受灾时地方上可以一面救灾一面向上级申请赈济，以免误事。

雍正后期，社仓建设有序进行。如福建早在康熙二三十年代就有官捐、民捐积谷，但是雍正朝推行社仓却停滞不前。直到雍正九年六月，通省官民积谷并愿捐入社仓谷石，约计一万二千石。不过，雍正帝指示福建布政使潘体丰不可强为之。雍正十一年福州将军阿尔赛上奏，说军标旗营经皇帝准设社仓之后，大有裨益，提标六营也想仿照设立，以济民食，受到雍正帝“极好”的评价。因福州提标六营额兵四千六百二十七名，应每年按名借给一石，又于实存银内拨买谷七百二十七石以足数。

再如河南的社仓卓有成效。河东总督田文镜折奏社仓积谷实数，雍正六、七两年捐助共二十一万五千二百余石，仍饬地方官不时稽查加谨收贮，雍正八年秋收后劝捐谷石。雍正帝告诫总督田文镜吸取湖广总督杨宗仁的教训，不过还是予以表彰。十一年署河南巡抚孙国玺奏报，豫省社仓存贮谷麦等项，共计二十八万石。十二年河南十府三州报捐社谷三倍于前，雍正帝称赞说：“实乃各省未能之美政。”

此外，陕甘地区的社仓发挥着救灾的作用。

总而言之，清代社仓经过康熙朝试点实践，再经雍正朝全面试行而普及全国，并在乾隆朝得以延续。雍正朝试行社仓承前启后，将康熙帝犹豫再三的设社仓想法变为成功实践，并为乾隆朝完善和普及社仓制度奠定了坚实的基础。如文中所述，雍正二年的社仓条例，五年的社仓谕旨是乾隆朝推行社仓的基本依据。甚至可以说，有清一代的社仓制度奠基于雍正朝。

萧公权先生阐述清朝的粮食体系时，曾指出：“在整套乡村统治体系中，饥荒控制所占地位非常重要，因而清政府对它的重视并不亚于保甲或里甲制度。”[①]通过考察雍正初社仓与保甲同

① 萧公权著，张皓、张升译：《中国乡村——论十九世纪的帝国控制》，联经出版事业股份公司2014年，第171页。

时推行的情况，可以说，在这个意义上，清政府对社仓与保甲同样重视。

雍正朝实行社仓的成功，很大程度上得益于雍正帝的改革政策。一方面，徐徐为之，因地制宜，符合各地具体情况；另一方面，整饬吏治，盘查社仓，及时纠正不适宜的政策，使得社仓建设正常进行。由于雍正帝勇于承认、纠正试行社仓过程中出现的问题，我们可以明显看到社仓建设中存在的问题。以往的研究中，不少学者批评社仓建设的弊端，其实盘查社仓是在整顿，促进了社仓建设，为乾隆朝社仓建设打下了基础。我们不宜过低评价雍正朝试行社仓进行民生改革的实践。

三、乾隆朝整饬社仓

以往有关乾隆朝社仓的研究并不多见，且多侧重于社仓制度方面，对于乾隆朝社仓的具体推行过程、社仓的状态还缺乏深入探讨，这与档案资料使用不充分有密切关系。新公布的《乾隆朝整饬社仓档案》十余万字[①]，内容丰富，展示出以往阙如或不详细的乾隆朝社仓情形。我们结合《清高宗实录》、《清会典》等文献，可以了解到乾隆前期君臣进行的多次有关社仓的讨论，推行社仓的实践，乾隆后期社仓存在的状况，并就乾隆朝社仓问题重新做出评估。

乾隆朝的社仓有一个阶段性的演进过程。可以划分为四个

① 哈恩忠根据中国第一历史档案馆藏档编：《乾隆朝整饬社仓档案》（上、中、下），分载《历史档案》2014 年第 3 期、第 4 期，2015 年第 1 期。

阶段：以乾隆初为主至十几年的推广、探讨时期；乾隆二十年代的整顿社仓；乾隆三四十年代社仓的有效运转；乾隆五十年代社仓趋向衰败。

乾隆皇帝即位后继续在全国推行雍正朝制定的社仓救荒政策，还积极探索更有效的措施。右通政李世倬曾担任湖北布政使，湖北的社仓设有社长，于春借、秋还之时注册具报。由于立册管理乡堡户口，遇有水旱赈济，视贫富赈给。这一办法利用社长平时立册登记掌握的民众情况，救荒有针对性，可收实效。避免另造户口册籍，烦扰民众。李世倬奏请定例颁行推广全国，乾隆帝命各督抚酌量地方情形，密饬有司酌办。河南巡抚富德、山西巡抚觉罗石麟、江南总督赵弘恩等都上折讨论。这是乾隆朝第一次较大规模的整饬社仓活动。乾隆二年至四年间，地方督抚在雍正朝社仓实践的基础上继续推行。四川省推行社仓的实践，经整理后作为乾隆三年题准的则例收入《清会典》。湖北、陕西、广西、江西等省也有社仓实践。

乾隆五年有关朱熹《社仓事目》十一条的讨论，可以视为乾隆朝第二次较大规模的整饬社仓活动。乾隆四年御史朱续晫奏请将朱熹《社仓事目》发交各省督抚悉心详议，同年十二月一日上谕要求："着各省督抚悉心详议具奏。"十二月六日内阁详议该折并朱批，五年正月后户部咨文发给各省督抚，于是督抚上折奏覆。乾隆五年形成各省督抚探讨朱熹《社仓事目》十一条之事。从陕西、甘肃、山东、云南、福建、浙江、江西七省地方督抚奏折来看，社仓已经设立，制度较为完备。与朱熹《社仓事目》比较，往往名异实同，督抚认为因地制宜适当调整即可，而不必拘泥，乾隆帝则认可地方官的实践。事实上，借鉴朱熹社仓法的尝试并未停止。如乾隆八年福建陆路提督武进升奏请推广社仓之法以重积贮，乾隆九年漕运总督顾琮奏请变通社仓之法以溥养民之利，乾隆十年奉天府府丞陈治滋奏陈奉天筹划备荒置设社仓，乾隆十一年安徽巡抚魏定国奏请定州县稽查社仓章程，乾隆十六年福建道监察御史王荃奏陈常平社仓积贮。乾隆皇帝鼓励地方官因地制宜推行社仓。

清朝君臣对于社仓的重视，延续朱熹等宋儒的思想，并聚焦于民生问题。梁庚尧先生指出："朱熹以理学宗师的身份，创设社仓，而得士大夫的风从响应，实不仅植基于对现实问题的考虑，而是有一种社会理想在背后作推动的力量。理学家的社会理想，导源自仁……释仁为生。"[①]并说朱熹从心论仁："天地之大德曰生，人受天地之气以生，故此心必仁，仁则生矣。"认为"社仓的创设，就是理学家对仁的实践"。[②] 换言之，也是对"生"的重视。我们从乾隆时期督抚等官员讨论社仓的奏折来看，他们几乎众口一词地认为社仓属于民生问题，对其重视是天经地义，应当说这种"民生"思想承袭了宋代理学家的观念，并发生了演化，形成更加明确具体的民生观，这是很值得注意的历史现象。

乾隆朝第三次较大规模的整饬社仓活动，是在乾隆六年。乾隆四年十一月二十五日，署理福建巡抚的布政使王士任奏请通行社仓奖励之例，引发了督抚地方官就社仓捐输奖励之条的讨论。王士任说乾隆四年闽省丰收，他通行劝谕，听民乐捐，多积社谷，属县申报踊跃捐输，于是他详请作何奖励之法。从现存乾隆朝社仓奏折来看，清廷要求各省制定社仓捐输奖励条例。

乾隆六年各省奖劝社仓捐输的讨论最多。《大清会典则例》

---

① 梁庚尧：《南宋的社仓》，陈国栋、罗彤华主编：《经济脉动》（邢义田等总主编《台湾学者中国史研究论丛》），大百科全书出版社 2005 年，第 137 页。

② 梁庚尧：《南宋的社仓》，第 138 页。

收录乾隆六年三条有关奖励方法的则例，包括山西做法、印簿登记、给以顶戴。具体内容是：

> 六年题准：山西社仓奖劝之法，捐十石以上至三十石者，照例听地方官给与花红；三十石以上至五十石者，地方官给匾；捐至百石者，府州给匾；二百石者，本管道给匾；三百石者，布政使给匾；四百石者，巡抚给匾；捐至五百石以上者，具题给以八品顶戴荣身。其连年捐输者，仍许积算捐数，照现定等次分别奖劝。地方官劝输有方，大州县每年劝输至千五百石以上，中州县至千石以上，小州县五百石以上者，均于计典内据实开明，分别考核。
>
> 又覆准：地方官劝输社仓，每乡设立印簿一本，听愿捐之户不拘米麦杂粮及数之多寡，自登姓名捐数于簿，缴官以备稽察。并将一人连年报捐先后积算至十五石以上，亦准递加奖劝。
>
> 又题准：社仓捐至三百石者，给以八品顶戴；四百石以上者，给以七品顶戴。①

这些规定是经过讨论认定的，应当更具指导性。

乾隆六年之后仍主张通过奖励捐输积累社谷。除了奖励捐输社谷的条例，乾隆十年所定关于社长任期、社谷清查的两条则例值得注意：

> 十年议准：各省社长三年更换一次，选择殷实良民充补，令经手社谷，同乡保互相交代取结，报官存案。如有亏阙，责令赔补。经管三年，毫无弊窦，同社公保，再留三年。

① 乾隆《大清会典则例》卷40《户部·积贮》。

> 又议准：社谷行令彻底清厘，如有实属逃亡故绝，取具里邻甲保结状，地方官加具印结，题请豁免。实有着落者催还，至丰年不能全行借出者，转饬各属，即以实借实还，按谷收息，勿得虚捏，以致开报不实。其息谷充赢者、有贫无依倚之人，准其量借升斗，以资接济。①

收入《大清会典则例》的以上两条特别是第一条规定，经过多年实践，终于成为全国性的统一要求。

在乾隆二十年之前的乾隆初中期，诸多省份致力于社仓建设，包括福建、甘肃、河南、江西、湖北、奉天、安徽、陕西、湖南、广西、山西等十余省与地区，证明社仓正常运行。

第四次较大规模的整饬社仓活动，是在乾隆二十三、二十四年。乾隆二十三年，清廷整饬民欠仓谷，各令依限还仓。该年三月，山西布政使刘慥奏州县出借仓谷多不抓紧催还一折，乾隆帝颁谕：要求各省催还州县出借仓谷。为保证社谷充实，各省采取了一些措施。充实社谷之事持续到乾隆二十四年。乾隆二十六年的数份奏折反映了当时社仓的情况。

乾隆后期各省社仓资料集中在三四十年代，主要有四川、河南、云南、江西、安徽、江苏、湖北、福建、山西、湖南、山东、陕西十二省。这时的社仓达到了乾隆朝也是有清一代的鼎盛时期。主要标志是社仓建设普遍化，社仓运转有效，社谷充裕，不仅发挥救荒作用，多余的社谷经费还用作农田水利等方面。从社仓这一侧面，我们看到了盛清人民安定的生活与稳定的社会秩序。

进入五十年代的乾隆晚期，有关社仓的资料记载减少。从不多的文献记载来看，伴随吏治与社会风气败坏，社仓管理弱

---

① 乾隆《大清会典则例》卷40《户部·积贮》。

化,社谷减少,社仓建设逐渐走下坡路。特别是五十七年十一月十九日内阁奉上谕,命各省督抚毋因循玩忽,实力稽查社仓谷石,可见乾隆末期各省社仓俱不免有名无实。如直隶社谷就所存无多,不敷散赈。乾隆六十年的两道谕旨,也披露出社仓出现的问题。

总而言之,清代社仓实践始于康熙朝,推行于雍正朝,与康雍时期的试行相比,乾隆朝虽然较少出台各种社仓条例与推行之举,但在社仓基本制度建立后,更重要的是保证制度的实行与完善,这恰好表现在乾隆朝的整饬社仓实践。乾隆朝不是被动继承社仓制度,而是积极完善创新,四次较大规模的讨论与整饬社仓就是有力的证明。而且乾隆帝重视对于朱熹社仓法的借鉴,不仅继承父祖的社仓实践,而且光大朱熹的社仓主张,更加明确地将自己的社仓实践列入儒家社会建设的系谱之中。乾隆朝社仓建设较之雍正朝并未衰落,而是在全国进一步普及与完善,非个别省份的局部实践,证实了清代社仓建设的成功。乾隆朝的社仓建设除了陈宏谋、晏斯盛的实践,社仓条例的制定之外,还有许多可圈可点的内容。我们有理由说,社仓建设的成功是乾隆盛世的重要组成部分。

第五章
开矿政策演变

矿产作为重要资源，是清代国家、达官贵人以及平民百姓追逐的对象。平民百姓为了谋生，达官贵人为了谋利，而清代国家除了满足铸币等需要外，还有维护社会秩序的责任。

一、康熙朝开矿的放与收

康熙皇帝有着比较开明的矿产观念。他认为矿产本天地自然之利，可与民共有。开矿可以增加税收，改善民生，维护稳定。因而康熙朝的开矿政策，经历了从顺治以来的禁矿，到康熙二十三年的任民开采，再到四十三年起的向禁矿倒退，至五十二年又容许本地贫民开矿的缓禁政策，处于不断调控的状态。康熙中后期民间开矿虽然受到限制，但是开采活动始终不断。康熙帝性格宽仁，较能容忍地方上的开矿谋利行为。康熙帝的开矿政策，以维护社会秩序为出发点，但又能顾及地方政府与百姓，禁而不死，网开一面，较好地处理了问题，使得开矿诸方各得其所。

(一) 从禁到开：康熙早中期“任民采取”的开矿政策

清初，由于统治未稳，忙于军事征服，清廷对全国矿山基本采取封禁政策，原则上禁止民间开采，但也有个别开矿事例。如金银矿，顺治元年令山东巡抚开采临朐、招远等处银矿，翌年即停。再如铜铁锡铅矿，顺治十四年覆准，古北口、喜峰口、石匣等处产铁，各设旗员，拨丁淘取。康熙二年题准，四川黎汉、红卜苴二洞白铜旧厂，令民开采输税。又如水银矿，主要在贵州开采。康熙元年设开州斗甫厂，征水银九十五斤，遇闰月加十斤。又于普安县桥厂招民开采，征水银三百三十三斤。

至康熙十四年封禁政策始有变化。其主要表现是，此年清廷定开采铜铅之例，户部议准由本地人呈请、官府审查的制度。从当时的历史背景来看，制度的导向是鼓励民人开采铜铅矿。

清朝比较完整的铜铅矿业政策，是在康熙十八年形成的。当时平定三藩战事已取得决定性胜利，休养生息、恢复生产正当其时。三月二十日，康熙帝策试贡士的试题就关涉解决铸币用铜不足问题。以科举试题的方式来征求解决办法，可见康熙帝对此问题的重视。当时钱少而贵，九月康熙帝要求部院衙门有废铜器皿、毁坏铜钟、废红衣铜炮，及各省所存废红衣铜炮，解部鼓铸，以解燃眉之急。十月户部等衙门会议的《钱法十二条》奏准，第八条即为“开采铜铅”。同年修改征课办法，明确了“任民采取”的开矿政策，内容包括确定分成比例、保护坟墓风水、地方官征税的加级议叙、采矿限于本地及采矿权的顺序等方面，这是税后余矿由商人处分的自由发卖制度。这一制度划分的比例，给与开采者较大优惠，可以调动开采者的积极性，也调动了管理者征税的积极性，是官民各得其所的规定。后来铁锡等矿也基本上照此办理。只有金银矿的办理有所不同，十九年覆准：各省开采所得金银，四分解部，六分抵还工本，按月报核。

三藩之乱勘定后，蔡毓荣于康熙二十一年被任命为云贵总督，向皇帝上《筹滇十疏》，报告治理滇黔的主张。其中第四疏《议理财》，着重谈“广鼓铸开矿藏”，主张开采滇铜供应铸钱之需。他主张允许本地殷实有力之家或富商大贾自行开采，每十分抽税二分；地方官督促开矿，有功者予以奖赏。此议为清廷采纳。

康熙二十三年九月，九卿议覆管理钱法侍郎陈廷敬等上疏言：民间所不便者，莫甚于钱价昂贵。定例每钱一串值银一两，而今仅得钱八九百文，钱日少而贵，不法之徒毁钱作铜，求制钱之多，莫若鼓铸。建议开采铅铜，“此后停其收税，任民采取”。康熙帝依议，指示“开采铜斤，听民自便。地方官仍不时稽察，毋致争斗抢夺，藉端生事，致滋扰害”。康熙君臣重申了开采铜铅矿的“听民自便”、“任民采取”的政策，是当时清廷统治进入开放时代的一个侧面。铜矿的开采，使得铜价下降，缓解了官府缺铜的压力。三十六年十一月十一日，康熙帝与廷臣谈及“今铜价已贱”，即是明证。

清朝“任民采取”的矿业政策，有利于调动商民投资矿业的积极性，推动矿业的发展。从康熙中叶到乾隆中叶，中国矿业生产经历了一个空前的重大发展时期。云南的矿业，包括铜、锡、铁、铅、金、银矿的开采，从凋敝转入繁荣。远近商民挟资合伙纷至沓来，地方官府院、司、道、提、镇衙门差委亲信，拥资独办，官民获利。据估计，当时投入生产的矿厂，近200处，从业人员达二三十万人。到康熙四十五年，云南各矿上缴到官的课税，即达到白银81 400余两，比康熙二十四年增长了二十多倍。但是，仍有不少漏税。如四十五年三月十二日，大学士等与户部诸臣会议云南金、银等矿事时言：据该督抚所奏，开得金、银、铜、锡抽分既少，而矿厂数目又不相符，应行文该督抚，委贤能道官亲至各矿厂，严察有无隐瞒，矿厂一年实得银数几何，明白具奏，开折呈览。

继云南之后，广东、广西、四川、湖南、贵州等省矿业也发展起来。据不完全统计，全国大规模的矿厂，康熙二十三年只有9个，次年增至29个，四十六年增至55个，五十一年达到66个[①]，清代矿厂中的20%是在康熙时期开始开采的。[②] 康熙朝采矿业的发展，有力地刺激了经济的繁荣。

云贵地区的开矿业，各方面的积极性都很高。地方官首先不甘落后，康熙三十年八月康熙帝指出，“云南银、铜、锡矿皆地方官擅占”，反映了地方官介入开矿业牟利的普遍性。还有私开者的事例，如三十七年五月云贵总督王继文题奏，光棍田成式等私开已闭银矿，开矿之地系四川、云南、贵州三省交界处。三十九年十月云贵总督巴锡题参标下游击朱富擅遣家人私开银矿。而这些资料反映的只是云贵开矿潮中的冰山之一角。

云南试行招商办矿，成为各省管理民矿的通行办法，吸引了更多的人投资矿业。康熙中叶，时有呈请开矿者，甚至向权贵进行活动。满洲贵族即有介入开矿者。康熙三十七年五月清廷讨论案件，内府护军参领色尔金(其伯父是索额图)的家人周尚库、王二恃主势争夺煤窑，打死人命并挖人眼。可以看出此二人为了争夺煤窑猖狂之极。四十二年据山西巡抚噶礼奏称，索额图、明珠的属下官员、商人“屡次来请奴才开银矿”，可见开矿成为利

① 彭泽益：《清代前期手工业的发展》，《中国史研究》1981年第1期。
② 高王凌：《关于清代矿政的几个问题》，《清史研究》1993年第1期。

薮，各色人等皆染指其间。上述两个事例都涉及索额图，他权倾一时，下属唯利是图，在地方上利用其特权开矿者可能不在少数。

（二）限开限卖：康熙后期的开矿政策

康熙四五十年代，随着经济的恢复发展，人口增长迅速，百姓纷纷外出开矿。谋生的矿民聚集，带来社会治安问题，围绕开矿的各种事件频繁发生，导致清廷开始逐步限制开矿。杨余练指出：康熙后期清政府连续三次讨论矿政问题，重新修订了矿业政策，康熙四十三年是第一次修改。① 但是他并未阐述这次修改的起因与过程。我们认为，这是安徽开矿因破坏风水、农田引起争讼频发，以及聚众影响社会秩序造成的。具体情况是：四十一年，有名薛嵓者向安徽巡抚喻成龙呈请在泾县地方开采铅矿。该县屡称，此事引起阖县百姓的群起争论。四十三年正月，“又有裴永锡在户部具呈开采，咨行前来，约计土名二十余处，但称安徽所属，并不确指是何州县。现在通查各属回报：伊等未见矿砂有无多寡，即已在部预称可供课饷万计”。

安徽巡抚刘光美在奏报这些情况的同时，还谈到当时开采山场的一般情形：“山场出产铜铅，为天地、自然之利，人所共晓。但利之所在，每有冒称山主，招引外来豪棍充商，募带丁徒，遍搭篷厂，十百成群，分布山谷，借口矿砂，到处发掘。民间或因田舍坟墓所关，或因禾稼树木所系，讦讼争殴，无所不至。迨后矿尽商散，而所招厂丁矿徒，多系赤身游手无籍之辈，一时无所归着，易生事端。充商者则言其利，居民则陈其害，此从来开采山场之

① 杨余练：《康雍时期矿业政策的演变》，《社会科学辑刊》1983 年第 2 期。

大略也。”他特别指出：“徽宁一带人民最重风水，每因造一坟，开一穴，辄云妨碍地脉，讦告不休，甚至斗伤人命，何况开矿无处不挖者耶？”康熙帝览折后，果断做出批示：“开采山场多弊无益，断然行不得。不必多议。”康熙帝发布谕旨：“闻开矿事情，甚无益于地方，嗣后有请开采者，俱着不准行。”决定不再开新矿。

关于开矿与风水的关系，前引康熙十八年规定中，就有开矿时“近坟墓处不许采取”的内容。韦庆远指出：无碍风水是允许开发矿藏的先决条件之一，“只有在勘查后认为是无碍风水龙脉的地区或山脉，才有可能为朝廷和主管官府所批准，并被地方缙绅人等所接受，在该处开矿才有可能”[①]。“有伤风水龙脉”是主禁开矿者的主要观点。韦先生列举了浙江省山阴县明末清初四五十年间为开放抑或禁闭矿山在龙脉问题上的反复斗争。

康熙四十三年之后，康熙君臣在开矿问题上趋向保守。四十四年六月，御史景日昣奏，商民何锡在广东海阳县开矿，“聚众几至十余万，强梁争竞，时时有之”，建议永为封闭。广东巡抚石文晟疏言：目前开矿 64 处，在厂之人 2 万有余，开矿日久，所得矿砂价银不敷工费，何锡具呈恳罢。朝廷商议的结果，是将这个商民兴办的规模最大的矿厂封闭了。

康熙后期清廷不仅限制开矿，还限制销售。康熙四十四年，云贵总督贝和诺废止原来余铜“听民自售”的旧制，改行“放本收铜”。除二分收税之外，其余八分余铜禁止私卖，由官设铜店低价收购，称为“官放余铜”。收购中，官府通过勒索“秤头”，压低铜价，额外榨取，从中牟取暴利。矿民无利可图，纷纷另谋生路，

① 韦庆远、鲁素：《清代前期矿业政策的演变》，《中国社会经济史研究》1983 年第 3、4 期。此文后收入韦庆远：《档房论史文编》，福建人民出版社 1984 年，第 85 页。

很多矿厂陷入半开半闭状态,或被迫倒闭。

民间也有不少盗挖矿藏者,政府对其实行严厉打击。由于民间盗采严重,也有官员建议准予开采矿山的。四川巡抚能泰奏请开矿,康熙帝以为此事不可行。能泰又奏称,江中有银,请派官监视捞取,以为兵饷。康熙帝认为此事也不可行,朱笔批道:"朕乃人君,岂有令江中捞取银两之理。"康熙帝认为,观此二事,即知能泰必贪。能泰又说:"算开矿所用柴薪人工价值费用亦无大益。"康熙帝则说:以此观之,能泰"一面奏请,一面即行矣"。此事反映出地方官与皇帝对于开矿的不同态度,巡抚能泰希望开矿,并且在向皇帝奏请的同时已经试着开矿。康熙帝不同意开矿,且推测能泰贪财。

事实上,四川地方官一直在为继续开矿做着努力。康熙五十年四川巡抚年羹尧就川省应行之事条陈七条,其中一条即是开矿方面的,可知四川省私自开矿的情形相当严重。建昌会川卫地方有分水矿一处,即有千人偷挖,难以驱散,且难免有看守之人偷挖。年羹尧的条陈反映出封禁难以奏效,地方上仍在私自开矿。这种情况一旦被朝廷得知,他也摆脱不了干系。于是,他建议朝廷允许开采,且强调当地若允许开矿,无风水争议,而且还可以云南为例上税,矿税可以作为地方上修理城墙的费用。康熙帝指示其再上题本。不过工部议覆不准行。康熙帝又让九卿议奏,但其结果不得而知。

山西巡抚苏克济也奏请开矿。根据康熙五十年十二月十九日晋抚苏克济奏折可知,山西省平阳府翼城县西坡障山有铅矿,在距县东南九十里外,已获准开采。苏克济采取了相关措施:采矿所需匠役,交付地方官征集,防守兵则咨行该总兵官选派。还张贴告示,严谕地方文武各员、兵民人等:若有勒索商人者,必从重治罪。在闻喜县狮吓山发现铜矿，距县东南方八十里外。当时山西出产铅的地方，户部准商人王纲明等前往开采。王纲明等呈称：若准开闻喜县的铜矿，则获益比铅多，且易完国帑。苏克济奏请皇帝裁决，康熙帝朱批："并不可怕，民人情愿，则准开采。"王纲明是户部、皇帝相信的商人，开采的是铅、铜矿，乃国家铸币所需，地方上有安全保障，还可增加政府的税收，获得康熙帝的准许。

广东民间盗矿事件接二连三发生，问题突出。康熙五十一年三月，广东提督施世骠奏报英德等地有矿徒出没。他说：缘广东山海丛杂，西北一带悉系绵山叠嶂，而矿坑甚多。向年开采之时，小民每借此佣工糊口，迨山矿封禁后，盗矿之徒不能尽绝。其间或无所得，因而就近抢夺衣食者有之。然此辈皆系穷民，倏聚倏散，非有成宗大伙盘踞处所，是以一遇官兵追捕则仍散为民，此历来所有之事。施世骠列举了康熙四十六七年间翁源县地方有矿徒行劫，四十七年自己到任即严檄行间官兵擒捕，俱经擒获投抚。迨四十九年有矿徒出没于长宁、英德等处，即遣拨官兵各处搜捕。有练总李奇生前探贼踪，迷路被捉。矿徒被官兵杀散，逃至长宁之青尚蕉坌塘铁炉，勒索炉商，被炉丁格杀数人。而官兵复四处搜捕，陆续擒获，发交有司尽法究处。

六月，两广总督赵弘灿奏报：英德、长宁等县多有矿坑，自封禁之后，穷民趋利，每于深山僻谷或七八人或十余人凑集偷挖。他屡饬文武各官不时查拿，或以追捕急迫，因而有拒捕者。康熙四十九年春间，据报矿徒潜聚，即发官兵前往擒拿，则皆逃窜四散。其就获者，据司府审明，"止因被追乏食，抢得青尚铁炉米粮数石，因系偷矿之徒，已经尽法重惩"。七月，赵弘灿奏报了亲赴韶州查勘到的情形：粤省韶州府所属英德、曲江等县界连广惠，俱系重山叠岭，其中多有矿坑，因封禁之后，奸徒往往潜集盗挖，聚散靡常。他担心此辈为患地方，屡经移行提镇，并饬地方官实力查拿，又于各县交界紧要之地捐盖营房，添设守备一员，带兵二百名驻守。此外，凡属要隘之处，在在添拨弁目领兵巡防。赵弘灿表示："营汛虽经添设布置，必须该镇总兵官不时亲自巡历，庶各汛官兵不敢懈怠。"广东提督施世骠也认为："韶府地方以韶镇全军布防，而此等矿徒仍敢行劫乡村，必汛守官兵未善设法防备。"

提督施世骠亲身赴韶与督臣赵弘灿踏勘山场形势，共议布置汛防。施世骠复驻扎在曲江、英德交界地方，督率将弁遍搜山场，细查矿徒，饬令各将弁多方购线密访擒捕，陆续搜获"贼徒"邹亚罗、陈士友等30人，即遣弁目押交按察司审讯。次年正月，广州将军管源忠奏报，广东山场有矿徒出没肆劫一案，督臣亲赴英德县查勘，遣兵追捕，盗或擒获或招抚。后经督抚、提镇诸臣遵奉部文，各调遣官兵进山搜巡，惠州、韶关、南雄等山闻稍安靖。这里广东地方官道出了矿徒问题出现的原因，在于朝廷封禁矿山后，矿徒无以为生，结伙就近抢夺衣食者有之，偷挖盗采者有之。由于矿徒出没于深山密箐，与当地人勾连，散聚无常，官府难以控制，遂酿成社会问题。

对于上述广东地方官员的奏报，康熙帝都是以"知道了"答复。这种不置可否的态度，反映出康熙帝还在考虑当中，摇摆于是否准许开矿之间。康熙五十二年五月三日，康熙帝指示大学士温达等，南方许多省份封禁开矿后，开矿之人并不甘心，仍然聚而不散。康熙帝认为不少贫矿，官开则费多无益，若听民间自开尚有利益，即地方官稍有所得也无妨，希望将矿藏与民共之。五日，大学士与九卿遵旨会议，将议奏折子呈览。廷议的结果：

云南是特许地区；湖广、山西特许皇商王纲明在雇用本地人的情况下继续开矿；其他省份未经开采者仍行严禁；各地贫民私开不禁，以便其谋生；到外省开矿以及富民开矿仍然不准。五十二年开矿条例的核心，是强调贫民可以在当地开矿谋生。

据说五十二年康熙帝的上述决定征询过大学士李光地。李光地认为："今议开矿以苏民困，请着令止土著贫民无产业职事者，许人持一铫，而越境者有诛，则奸民不致聚徒山泽以生事端矣。"议遂定，"一时大豪挚金谋首事者皆啮指自悔"[①]。只许"土著贫民无产业职事者"开矿，这一结果令勾结权贵、希冀允许越境投资开矿谋利的"大豪挚金谋首事者"失望。康熙帝的决定表达了他对于民间已经开采的矿山不必严禁的态度和对贫民开矿的同情。当然，康熙帝也考虑到了开矿与社会秩序的关系，但他更务实地看清了这一点：社会上乏地可耕，还不如令贫民开矿维生。

康熙五十四年十一月八日直隶总督赵弘燮的奏报，反映了这一规定的执行情况。先看赵弘燮对五十二年规定推出原委及内容的理解：因皇帝以开矿皆系贫民，每日所得锱铢以为养生之计，若尽行禁止，何以为生？故谕大学士与九卿议定：各省所有之矿，先经地方官禁止，小民未聚偷刨者，仍照旧严禁外，现在无产穷民相聚偷刨者，停其禁止，毋致生事妄行不法。其外省之人，不许开采，本处豪富不许设厂。就此来看，赵氏的理解是准确的。

这一规定出台后的效果如何，再来看看赵弘燮的奏报：直

① 方苞：《方望溪全集·集外文》卷6《安溪李相国逸事》，中国书店出版社1991年，第341页。又，韦庆远引用彭绍升《二林居集》卷15的资料，将此事定在"康熙中叶"，即将叙事提前了，不确（韦庆远：《档房论史文编》，第99、138页）。

隶房山县之水洞坡产有矿土，而宛平县之鸡见台等处村民素常偷挖。该矿位于西山，附近有皇帝的居处，理宜安静，不便听其群聚开采，向系封禁。近有村民招集外棍偷刨，屡行饬禁，无奈愚民嗜利，恋恋不舍，虽经惩处，散而复聚。此矿在万山之中，他们登高瞭望，一见兵役往查，则皆敛迹深藏，一伺巡查人去，仍复肆行开采。必得设立汛防，拨有兵弁，专事巡查，庶可永杜，此事正在商议题请。赵弘燮后又报告了新的情况：十月二十四日，复有本地愚民董良宽等容留外棍安兰等聚集数十人，复行偷刨烧炼。“现在飞饬护霸昌道会同涿州营参将带该管专汛官弁等，前往封禁查拿，并拘董良宽等，发审定拟完结。”赵氏的意见得到了康熙帝的首肯。该事例说明位于京师附近的矿山，出于安全考虑，禁止开采。赵弘燮在报告中陈述的理由是：不许宛平县人到房山县挖矿，不准安兰等开矿，因他们系外地人。当地人董良宽因容留外地人开采，也应受到惩处。

杨余练研究发现，康熙五十四年云南地方官奏请开掘银矿，廷议之前大学士李光地向康熙帝面奏说矿徒聚易散难，获得首肯，特旨不准行。是为康熙后期第三次讨论矿政，是前一次矿政讨论的补充。事实上，这只是云南开矿问题的个案，并非针对全国做出的制度性规定。上述同样发生在康熙五十四年的禁止直隶开矿的事例说明，当时在继续执行五十二年的政策，并无补充性的规定作为参考。而下面所述的康熙晚期开矿活动的事例，也能说明并不存在所谓康熙后期第三次讨论矿政之事。

（三）限中寻开：康熙晚期的开矿活动

由于开矿可以满足国家铸币需求、增加国课、解决民生，无论是康熙帝，还是清廷与地方官以及民间，总想通过开矿取得利益，为国家与社会带来好处，于是“限中寻开”成为康熙晚期开矿活动的一种基本情态，各地具体情形有所不同。

广东继续治理矿徒带来的社会问题。康熙五十四年，广东巡抚杨琳奏陈广东地方情形，指出盗案与矿徒的聚集流散不无关系。广东的封禁作为事例还被列入《清会典》：

> 康熙五十四年覆准，广州等府属有矿山场，聚集人多，严行封禁，如仍多人妄行开采，将不行查拿之文武官弁议处。

清廷对于广东禁矿的态度明确而严厉。广东地方官严禁私自开矿，以维护地方社会秩序。

京畿地区的矿藏是官府密切关注的，该地的情形与他处有所不同。五十六年五月，直隶昌平州事北路捕盗同知张充国报称：有自称畅春苑监督二等侍卫马维翰带有王姓、崔姓两笔帖式，并领数十人在州属之黄罗院地方开采矿砂，口称奉旨前来，不容拦阻。署理霸昌道陈鹏年称，有炭军王汉等佣雇四人，在昌平州之银山雌老峪开刨矿砂，差拘王二、宋国珍，讯据供称：系营造司佛保、内务府董殿邦令其开矿，并云俟得有砂子再行启奏等语。但无部文，真伪难定。赵弘燮也因此奏报：“今又报有佛保等令人刨挖银山雌老峪之矿砂，亦无部文，臣不敢擅便，理合再行奏明。”这些开矿者涉及营造司、内务府，还有畅春苑监督二等侍卫及所带笔帖式等官府人员。虽然官府确认其事属于勘察矿藏，但最初只是称奉旨开采而无部文，故引起地方官员的怀疑。

民间仍有开采矿产的事例。云南的铜矿用来铸币，关系国课，为了扩大产量，官府鼓励民间开采，云南地方官也高度重视此事。康熙五十六年，巡抚甘国壁分檄各属，令民访查开采。督臣蒋陈锡莅任，又复遍行晓谕，共图裕课。在矿禁政策下，普通商民的开矿活动并未停止。

康熙五十八、五十九年，山东发现银铅矿脉，于是发生了全省开矿的热潮。山东巡抚李树德热衷此事的理由是，开矿可以上裕国课，下赡商民。一旦发现矿厂，便令立即堵塞，不许商民擅开，便于掌握矿产以及控制社会秩序。本地百姓的积极性很高，有民人苗之实，情愿不领工价，自备器具、食用开采，俟得砂之后，官七民三抽分，官府遂准其开采。又获悉山东济、兖、青、登四府所属州县内共有矿厂十余处，李树德立即奏报，准备依据康熙五十二年的矿令开采，其提议得到了康熙帝的认可。在李树德安排属下试采时，康熙帝特遣吏部员外郎德禄等 6 人前去协助、商量开矿之事。为及时探得矿藏信息，李树德遍行招商，并请示皇帝准令通省人民认商且对半抽分，让商民自备工价，雇觅夫匠，前赴有矿州县认洞开采。此议获准，于是山东掀起了一场全省开矿的热潮，东、西两路竟有 70 处陆续兴工。但因矿厂蕴藏贫乏，所得有线砂之洞仅 6 处，其中又停工 2 处，且所得金银较之工本不能敷。鉴于矿贫的现实，康熙帝以“劳民生事”停止了山东省的寻矿运动。康熙末年山东的这场寻矿运动，表明地方官府与老百姓积极性很高，希望开矿发财，康熙帝并不打击地方上的积极性，但比较冷静，控制着事态。

总之，康熙帝制定开矿政策，始终从政治考量，维护社会秩序是其思考问题的出发点；但是他又能从地方政府与百姓利益考虑，故禁而不死，网开一面，较好地处理问题，使得康熙朝的开矿诸方面各得其所。

二、雍正朝的矿禁

清雍正朝在是否允许商民开矿问题上，有过反复讨论。不少地方官请求开放矿禁，雍正皇帝虽有动摇，但仍继承了康熙后期的矿业政策，甚至更趋保守。雍正帝的立场是由其维护社会秩序稳定的态度决定的，而请求解禁商民开矿的地方官则以解决民生问题为立场。同时，针对开矿带来的聚众等社会问题，皇帝采取以禁求静的策略，地方官则认为开放矿禁才能释放问题，带来社会稳定。雍正朝关于开矿问题的讨论，折射出那个时代皇帝与官员、官府与民众的关系，以及国家与社会之间的互动形态。

（一）重申旧例：雍正初年重申禁止招商开矿

雍正元年，停止贵州开采铜矿。其原因是开矿获效甚微，加之汉苗杂处，用银已久，无使用钱文习惯。然而黔省亦有私开铅厂归公事。二年五月二十九日，贵州巡抚毛文铨奏：查黔省如阿都、腻书、猴子等银厂已经题报外，尚有钉头山、齐家湾等处铅厂昔日俱属私开，即前折奏闻之滥木桥水银厂从前亦无分文归公之处。他逐一清查后，檄藩司议定抽权之数，俟详议到日，即会同云贵总督高其倬题报归公，不许地方各官染指分文。雍正帝批示，司事之员若亦令分文不染，即畏是任，还须与他留点自利，踊跃从事方好。

根据清朝档案户科史书记载，雍正六年，贵州威宁府铜矿有腻书、猴子、阿都、白蜡、柞子等厂。七年，威宁一带有铜厂十余处开采。八年正月十三日，云贵广西总督鄂尔泰奏称黔省钱文可以通行。十一月二十八日，贵州巡抚张广泗题请威宁州属果木果厂开采未旺，请照滇省汤丹厂之例，每百斤抽课十斤，予以优惠。九年三月，得到内阁大学士兼户部尚书张廷玉的准许。十年，威宁属格得、八地二厂亦照果木果厂例，每百斤抽课十斤。至十一年五月，果木果厂因出铜无几被关闭。

广东的广州、韶州、惠州、潮州、肇庆五府俱有矿山。康熙三十八、三十九年间曾经开采，四十三年鉴于贼盗渐起，康熙帝将其封禁。然而乏食穷民仍相聚偷挖。五十二年，准令贫民采矿，名为矿徒实为山盗，盗事遂增多。雍正元年，雍正帝在广东巡抚年希尧奏请驱逐盗矿徒的折子上批示，不开矿最好，在已开的情况下不便全行禁止，因此可允许少数人在半公开半隐蔽状态下开采，如何掌握得好，就要看地方官相机而行。他倾向于禁采，也考虑矿徒开采的既成事实。

雍正二年，约在五月，通政司右通政梁文科条奏广东事务，雍正帝将其条陈发给两广总督孔毓珣评议。梁文科条奏内称：广东各处山内出产铅锡，任民刨挖，以为糊口之计，请将康熙后期封禁的铅锡矿解禁。六月二十四日，孔毓珣回旨说，广东田少人多，穷民无以为生，矿利可资养穷民。选择无碍民间田地庐墓、出产铅锡的山场招商开采，养穷民而增国课，实系有益无损。雍正帝将该疏交户部讨论，遭到反对。

七月二十二日，孔毓珣接到朱谕，这一谕旨反映了雍正帝的有关开矿政策，十分重要。该谕的开头与结尾部分讲的是康熙朝后期的矿业政策，即广东因开矿曾聚集二十万人，以致盗贼渐起，成为社会问题，于是封闭矿厂。康熙五十二年经廷议，规定只允许本地贫民为谋生少量开采。雍正帝所谓“酌量令民开采者”，即是沿用此令。该谕中间部分为雍正帝关于开矿不妥的理由，共四点：一是舍本逐末，不利于劝农务本；二是聚众食繁，导致米价上涨；三是游手无赖之徒日至，难辨良奸；四是矿藏有盛有衰，矿徒聚易散难。同时声明，并不以增加税收与否考虑开矿问题。雍正帝全面阐发了继续禁止商民开矿的主张，后来雍正君臣讨论是否开矿基本上是围绕这几点进行的。

孔毓珣接到上述谕旨后解释道：广东人多田少，向来无产穷民借充洋船水手及挑贩私盐以为衣食。自南洋奉禁，现在查禁私盐又严，多事偷矿为生。一时愚见，以私偷不如明开，曾博采众论，是以冒昧奏请。又坚持说：“今奉圣谕，合始终而计则利小害大，实有不可轻举者。但广东穷民趋利若鹜，睹此天产之财，欲使断绝不偷，势所不能。臣谨仰体皇仁，如深山穷谷内有穷民暂时零星偷采糊口者，宽其禁捕。若访得聚集人多，地方文武即拨兵役驱逐解散，再若生事，地方则擒拿究治。如此分别立法，是远方无赖之徒不致闻风而至，本地乏食穷民聊得借砂易食。仍一面劝民守分力田，以副皇上重农务本德意。”雍正帝朱批：“此论甚妥得中，但要实力奉行。”孔毓珣一面诉苦，陈说控制不住偷挖现象，一面强调按照谕旨允许“穷民暂时零星偷采糊口”。

由于广西巡抚李绂折奏，现有外省无籍矿徒流入广西蕉木山，雍正帝特向两广总督孔毓珣颁发谕旨，警告孔毓珣不能掉以轻心，致使矿徒聚集，立头目并组织化，养痈贻患。孔毓珣接到朱谕，立即解释：“蕉木山西系广西之贺县，东接广东之连山县，并与湖广之江华县相近。因蕉木山出产矿砂，广东附近穷民乘间偷采，驱则散回各家，每岁必有几次。即广西穷民亦间有在内偷采，俱属附近之人，并非远来，亦非另有巢窟。其知有姓名者则系屡次偷矿之人，然畏查拿，姓名亦复更改不常，此臣采得历来之情形也。至臣初到广东时，因见人多田少，冒昧题请开矿，及奉皇上指出利害，明白晓谕，臣至今愧悔，倘地方有事，臣总督责任更重，断不敢回护忽略，自取罪戾。”鉴于雍正帝对于广东开矿问题的担心，孔毓珣迅速明确态度，坚决贯彻皇帝旨意，检讨题请开矿的冒失，声明矿徒既未立头目，又无巢穴，会布置防范事宜。

（二）禁开之间：雍正中期开矿治理的实践

雍正三年初，雍正帝继续布置治理两广矿徒，强化省际交界处的管理。广东巡抚杨文乾明知皇帝并不愿意商民自由开矿，仍然试着奏请开采，可见在地方上开矿的压力非常大。雍正帝认为即使可以避免易聚难散问题，但是“官商”究非善政。雍正帝可能是不愿意让人议论，说官商控制资源与民争利，因此告诫杨文乾不要轻率行事。两广交界处的开矿问题，继续得到关注。雍正四年，芋荚山也出现偷挖矿砂事件，五年清查两广疆界。由两广总督孔毓珣奏请开矿引发的雍正帝对于两广矿徒问题的关注，集中体现出雍正初年民生问题的严重性以及清廷对于开矿的政策。

广西矿徒聚集一直是个难题。雍正君臣不断讨论解决之道。雍正五年闰三月，广州将军石礼哈阅邸抄时见到两广矿徒盘踞，官员互相推诿，恐宵小肆行，良民受其扰害的上谕，便报告有关情况，说他前于署广东提督时，矿徒间开窃发，然为数无多，驱除亦易。闻广西南丹州地方内有矿厂积匿，矿徒甚多。后据威宁镇孙士魁云，自明季至今约有十余万人盘踞在内，地方文武无计解散。雍正帝认为这一消息未必确实，此事全在地方官实力奉行。

面对矿徒为谋生聚集偷挖的现实，地方官寻求解禁的办法。雍正五年九月二日，广西提督田畯奏陈整治地方矿厂等事：臣到粤未久，查广西地方多产矿砂，如两广交界之芋荚山，近因防御严密，业已宁息。复有桂林府属临桂县之大小江源，并接壤之杨朔、义宁、恭城等县之莲花石等处出产铜铅，矿徒相聚私挖。已咨会督抚饬令地方文武，现在协拿究治。惟南丹土州地方，旧有锡矿，间出银砂，查自明时开采以至于今，系湖广、江西及本地人偷挖，近又于各山开有新山、水龙、北乡等厂。经前督抚、提督令广西近厂地方官严禁，油米铁器不许入厂，意在绝其日用，自必散矣。无如北厂与黔省之独山州、黄坭哨、狗塘寨土司连界，油米等物俱在独山州搬运，由黄坭哨蛮尾塘入厂，日用终未缺乏，矿徒仍未驱尽。但因广西汛广兵单，凡深山幽谷原未设防，即附近汛防兵丁亦寥寥无几，且矿徒出没无时，终非经久之策。臣细访矿厂之弊，富者出资本以图利，贫者赖佣工以度日。近者时时偷挖，远者源源而至，虽聚集多人，皆唯利是图，不敢扰民滋事，是以旋驱旋聚，无所底止。除一面严行驱逐外，“似不如明令开采，设立廉干文员驻扎厂地，定议作何抽收，并设弁兵弹压，如矿砂未绝，则照例抽收，至矿尽山空，则利徒不驱自散，而远近闻风者亦绝其妄想矣。缘两粤山场向无题请开采，以致相沿至今，但是否可行，出自于圣明乾断”。

雍正帝在该折“似不如明令开采”后批注“此等大事岂可如此轻易孟浪乱言”，并在折尾朱批：“此等事务须筹划万全而行，万不可多事而损国威。只论行之□□否，朕数千里之外难谕是与非也，此等事当与督臣详酌，为何折中不见道及。”要地方官继续讨论。二十九日，两广总督孔毓珣奏，广西南丹锡厂共井矿四十余处，矿徒及住家开铺人等约有万余人，顺利散去。

雍正六年八月二十四日，广西巡抚郭铁[①]奏陈开矿以裕边民。他说：矿砂之生，虽不可与农事同语，而实可以济农事之不足。同一产于地中，亦不过资于人力，上而足以充国课，下而足以裕民生，弃之则等于泥土，取之则皆为财货。粤西一省田少山多，其山之可以布种者，杂粮竹木罔不随地之宜以尽利，乃有一等不毛之山，独其下出有矿砂，分金、银、铜、铁、锡、铅数种，实为天地自然之利，不尽之藏。即如桂林府属临桂县之涝江、大小江源，义宁县之牛路山、大玉山等处，平乐府属恭城县之莲花石，贺县之蕉木山、癞头岭等处，以及庆远府之南丹州厂俱出产矿砂，其精美者间可得银，垅口旧址土人犹能识之。而严行封禁，不许开采者，其意盖以开采则必聚众，聚众则恐为匪，而且人多则需食，米谷、蔬菜之类必至腾贵，谓有利则必有害，是以封禁不开。

他以为开采一事，若滥用远方辏集之人，则来历难稽，奸良莫辨，一旦封闭，驱散诚难。今为先出明示，止用本地穷民刨挖挑运等，概不用外省流民，其应雇者赴本籍地方官查取邻右族长甘结，仍令五名互保，地方官给以腰牌，填注年貌，交付各垅口商人，给赀工作，是本地之民已入保甲，易于稽查。开山则相率佣工，封闭则仍归村落，固不致有易聚难散之患，而且本地之民食本地米谷蔬菜，人口不加增，物价何由贵也？建议开采之必需归商人，不归官办理。而就中惟梧州府属苍梧县之芋荚山一处，独宜官办。因其地连数府，不无有盗运隐匿之弊，况为利视他处独重，商人承办，谁肯舍重而就轻？则争竞在所不免，惟归官办理，遴选精明廉洁之员，专任其责，则诸弊可除。其余府州凡有矿山

① 其父郭廷祚为汉军镶白旗参领郭文焕的养子，本姓金，郭铁上疏恢复本姓，后更名为金铁。

者，俱令商人承办，即桂平二郡与南丹类推也。查粤西全省东西相去近三千里，南北相去一千余里，幅员不可谓不广，而赋税所入不及江楚十分之二，一郡邑中千金之子不能数家，总以地僻而土瘠，农与商均无所蓄也。如蒙皇上天恩，允臣所请，将见数载之中，民饶物阜，既富而教，礼义以生，边末小民益沾乐利于无穷矣。"总之，开采一事，为利至溥，其在粤西尤宜。自来为民聚难散一语，格而不行，臣不知地方督抚、提镇诸大臣职司何事，而顾为此不必然之虑也。臣为国计民生起见，不揣愚陋，谬献刍荛，是否可行，伏乞皇上睿断。"雍正帝指示该部议奏。

从雍正帝奖惩官员处置开矿、矿徒的事例看，有关开矿的问题很突出。清廷利用官僚制度，督促官员控制开矿。雍正四年三月七日，刑部议驳广西巡抚李绂审拟偷开矿厂之聂惟宽等一疏，雍正帝令照李绂所题改正具奏。如五年七月二十三日，准署广东总督阿克敦奏，高要知县姜弘焯拿获邻境盗挖矿砂首犯李亚展应照例议叙，准加一级。六年六月三日，降调守备许全武引见，谕："许全武失察矿徒，乃因公罣误，非己身获罪，人材尚属可用，着补授山永协左营守备。"七月一日，梅州协右营都司张守凤因失察偷矿案已降三级调用，补授广东都标左营参将员缺。八月十四日，吏部等议广东总督孔毓珣奏，矿徒李凤等聚党在永安县偷挖矿砂一案，其原署永安县事，今补英德县知县刘庶、惠州协副将鄂鼐例应降调。七年二月三日，吏部议，直隶迁安县知县王孔彰、典史刘然失察矿徒，均应降一级留任，限一年缉拿，典史无级可降，应革职留任，限一年严缉。

雍正帝以文武微员过愆本不至于革职，因无级可降遽行革职似属太过，况远省微员罢斥回籍，路费艰难，更觉可悯，其微员罪止降调，无级可降者作何酌量，仍留原任，定以年限开复之处，着吏、兵二部详悉定议具奏。七年七月三十日，署广东巡抚傅泰审奏，参革广东粮驿道何师俭侵蚀铜价违禁开矿一案。据供承办铜斤循照历年成规委令商人采买，铜价尽给，并无侵蚀。用商采买与开采无涉，严诘商人矢供不爽，相应免议。十二年十月十二日，署湖南巡抚钟保奏，署湘乡县试用知县杨永忠丁父忧，请留在任守制一疏。雍正帝以杨永忠惩奸敛迹，征粮清完，奉禁私矿，巡查得法，准予所请。

雍正三年六月二日，谕："昔圣祖仁皇帝明目达聪，无微不照，而关系国计民生之事，犹殷采访，屡降谕旨，令内外臣工各抒所见，不时条奏，无非欲洞悉下情，兴利剔弊，以期治臻上理也。在廷诸臣不能仰体圣怀，往往挟私自利，未见有剀切敷陈裨益政事者。如科道等官之章奏，或请开例捐纳，或请开设矿厂，或请节省钱粮，种种假公济私之处，不可枚举，皆在圣祖洞鉴之中。"康熙帝洞悉到科道等官奏请开设矿厂，实乃假公济私。雍正四年十二月七日又谕大学士九卿："从前圣祖皇帝见科道官员朋比作奸，互结党羽，潜通声气，网利徇情，私卖本章，吓诈财贿，荐举悉出于请求，参劾多由于嘱托，至于请开捐纳，请开矿厂，种种情弊不可枚举。"再次举出康熙帝杜绝了科道官员朋比作奸，请开矿厂的情弊。雍正帝拿康熙帝的观点，为自己的开矿政策做辩护。

雍正帝注意清理矿弊。雍正五年三月六日，雍正帝说："贵州矿厂各处开闭不常，所收赋税多有隐此补彼者，曾经毛文铨奏出改正。"六月十五日，雍正帝批评云南巡抚杨名时对滇省盐政铜厂弊端缺乏整顿："杨名时自任云南巡抚以来，于地方事务苟且因循，全不经理，一味沽取虚名，求悦于众。滇省盐政、铜厂弊端种种，皆系李卫到任之后极力整顿者，而沈元佐一案亦系李卫查出。

凡滇省盐务、铜矿、钱粮等项，杨名时在任多年未曾实心办理一件，逐事难辞责罚，众所共知。”十二月二十日雍正帝再次肯定李卫、鄂尔泰清理云南银厂、税规、盐法、铜矿等项积弊：“云南之银厂、税规、盐法、铜矿等项向来积弊甚多，皆系李卫清查经画于前，而鄂尔泰悉心办理于后。”六年七月五日，因刑部议奉天民吴德贵等偷刨铁矿一案，分别拟罪，奉天副都统觉罗福格纵令家人违禁开矿，代为行贿。雍正帝非常气愤，令将觉罗福格交于宗人府永远锁禁。

七年十一月川抚宪德题请开采会川、宁番之黎溪、紫古哵等八处矿厂，户部准行。九年秋冬开采，所获矿砂旺与不旺多寡不齐。紫古哵地近熟彝，十年二月紫古哵商民由于开采以来矿砂不多，于是越山背挖铜矿，随抵水墨岩地方，逼近儿斯堡生番处，致番彝殴伤多命。于是川抚宪德、建昌镇总兵赵儒建议矿砂旺者应请开采，以资鼓铸，不旺处应请封闭，以杜衅端。四月十七日大学士奉旨议奏，认为户部准行川抚宪德题请开矿一事，“至今两年有余，并未将矿砂兴旺报部，其无成效明矣。而徒聚集各省无籍之人充冒商名，越挖滋衅，甚属无益。应令巡抚宪德将从前题请会川之迤北、兴隆、公母、黎溪、沙沟等五厂，宁番之紫古哵、九龙、沙基等三厂一概即行封闭，所有开采商民各令散回本籍”。雍正帝夹注朱批说，“彼时朕即不然此举，详问该抚，极言甚有利无害”，“着将原请开采人员交该部察议具奏”，要求“妥协办理”，依照大学士会议的意见处置。

雍正中期，北方存在私人开矿的事例，但不似南方聚众严重。如雍正五年三月十二日，盛京刑部侍郎武格奏报，将军噶尔弼家人 12 人，从上一年八月始，在辽阳属地山朝阳寺地方开采铁矿，分取银两。这不免有依仗官方背景私开的嫌疑。山西阳城县民高子锐与高耀同做矿石，则属于平民的事例。

（三）开矿再议：雍正末年广东开矿提议的否定

广东的矿徒问题严重，雍正君臣一直在讨论应对办法。雍正六年五月二十四日，两广总督孔毓珣奏闻驱捕广东惠州归善、永安二县矿徒事，雍正帝朱批："必应驱逐解散，毋因循，毋惮烦。"六月二十四日，广东提督王绍绪奏报拿获归善县高仕登率众二千余人开挖铜砂，又起获店户谢飞万家藏红铜11 460斤，可见私挖盗采的严重程度。十二月十日，广东布政使王士俊奏称：粤省田少人稠，民无常业，自铜矿封禁以来，附近居民仍复群聚偷挖。请求"照云南、湖广之例，一体开矿采铜，并历年收买之铜器，设局鼓铸"。雍正帝朱批说，"粤东开采一事，言之者甚众，朕殊不以为然"，"聚集数十万不耕之人于荒山穷谷之中，其害不独有误农业而已也。纵云穷黎糊口资藉，终非养民上策"。不过雍正帝还是留有活话："现据金铁亦有开矿之请，尚未议定，俟试行后再降谕旨。"然而七年四月二十日，王士俊接到谕旨，则是指责他开矿之请的。八月六日，广东提督王绍绪奏，六月间访闻归善、博罗、永安各处山场，有矿徒聚众偷挖。

广东的开矿问题在署潮州总兵李万仓雍正八年的奏折里也有描述。他说雍正六年七月内，"惠州海丰县属矿徒各裹红巾，攻劫梅垄墟市伍拾余家，屠戮之惨，更掳人口，押挑劫赃归山。地方之责，但以招安，冀免参罚"。七年九月内，"矿徒曾乾浪、邹百里等在惠州永安县属凤凰峰聚众挖矿，蔓害地方，迄今未有尽获"。李万仓引用总督郝玉麟密札所说："此辈相率结伴，由邻省江西之上犹、崇义等处前往楚南之桂东、桂阳开采，经有江西巡抚公文称系广东砂夫，经过甚多，或每日伍陆拾人为一起，或贰叁拾人为一起不等，皆包头跣足，贸然前往湖广开采，俱系广东之和平、龙川、长宁、兴宁、河源、永安等县之人，相连四通，皆可取道上犹、龙泉，径至楚南桂东、桂阳。”郝玉麟已有移会交界禁阻，李万仓则张示晓谕，引导各回安业。

李万仓当时接到了雍正帝对于矿徒问题的上谕，由此可见，广东的矿徒到湖南开矿受到官府的禁止。雍正帝对于矿徒的跨省流动非常重视，寻求治理的办法。李万仓向皇帝奏报了广东开矿与矿徒情况以及自己的看法，可知惠州矿产丰富，聚集矿徒，官府禁矿，矿徒易滋事端。李万仓建议流动到湖广的矿徒回到广东后，力行保甲。李万仓多年在广东，所反映的广东开矿、矿徒问题具体而微，提出的办法有针对性，甚合皇帝心思，受到朱批表扬：“此奏甚属可嘉，另有旨谕。”

雍正九年六月二十九日，广东观风整俗使焦祈年奏称广东正在查禁越境矿徒，雍正帝朱批说该省米价昂贵，盗案频繁，故采矿疏于湖广、广西而独严于广东，以目前粤省土俗民情而欲开矿谋食，断不允行。十月二十五日，广东布政使杨永斌奏报，王士俊仍有可开矿之意，并表达自己赞同皇帝的看法，开矿一事，粤东断不可行。雍正帝朱批重申已有的看法。十年闰五月二十六日，礼科给事中徐杞奉旨差往广东，颁发告示，晓谕乡民，广东逐末者多，务本者少，米粮不敷，不宜聚众开矿。他还查看各处山场情况，说自雍正八年擒获曾乾浪等一案后，更无聚众刨挖之事。

不过到了雍正末年，广东开矿的呼声再起，引起一场新的讨论。雍正十二年五月二日，广东总督鄂弥达、巡抚杨永斌接到上谕：“嗣后采办滇铜之省，即令滇省就近鼓铸。”他们认为，如此可

“公帑省无穷之费，官员免购办之烦，国计民生裨益弘多”。他们想到：“粤东开采之议屡蒙谕旨严禁，自雍正七年以后奉法稽察，矿口悉封。”然而他们莅粤数载，遍查熟思，可保开采有益无害。他们“上裕国课、下养穷黎、流布钱文、通济邻省”的开矿建议，很吸引人。雍正帝令九卿确议，议覆准行，后复有数人条陈不应举行。十三年正月二十三日，雍正帝命将一大臣所上禁止粤东开矿条陈寄给广东督抚。该条陈的要点是开矿所用矿徒易聚难散，广东的劫盗名为山贼，实系矿徒，开矿聚众容易滋事，不开矿亦无碍于民生。鄂弥达、杨永斌接到上谕后，于三月十五日回奏。先是驳斥条陈中种种老调重弹的指责，但还是后退了一步，顺着皇帝的意思妥协，同意停止开矿。

二人同时指出，条陈所说康熙三十七八年间、五十一年事不符合实际情况，矿徒亦不过数十余人；而且开矿者中佣工受值者多，游手好闲者少；粤省虽属山多田少，若无旱涝，所产米粮亦可敷一年之食；使官铸流通于各省，而山场所出皆成有用之金银，粤东百姓增出金银无数，自然家给人足，于国计民生均有裨益。但是“再三筹议，停止开采实属安静”。朱批：“是，凡百只以稳当经久处办理为是，有旨谕部矣。”四月十七日，谕内阁：“广东近年以来年谷顺成，米价平减，盗贼渐少，地方宁谧，与从前风景迥异。今若举行开采之事，聚集多人，其中良顽不一，难于稽查管束，恐为闾阎之扰累。况本地有司，现在劝民开垦，彼谋生务本之良民，正可用力于南亩，何必为此侥幸贪得之计，以长喧嚣争竞之风?”命该部行文该省督抚，令其遵谕停止。鄂弥达、杨永斌表示理解“皇上绥靖海疆务本宁民之至意”，于是“示谕所属有矿山场垄口严加封禁，停止开采。工丁概归本籍，安分营生，共享升平之福。现在各山并无采挖之人，地方俱各相安宁谧”。

广东提督张溥七月一日接到雍正帝上谕询问“矿山开采与停止孰当”，九月十五日回奏，上冬复开铜矿，实与地方大有裨益。这时雍正帝逝世，乾隆帝嗣位，朱批：“开矿乃扰累地方之事，断不可行者，已蒙皇考圣鉴停止。”为雍正朝广东开矿的讨论做出了最后的结论。

鄂弥达的建议虽然没有立即为雍正帝接受，但是他坚持己见，于乾隆初年继续呼吁开矿。终于在乾隆八年，九卿会议赞成其说，乾隆帝批准了重新开放矿禁的政策，清朝的矿业又进入了一个新的发展时期。

综上所述，雍正君臣讨论开矿问题，涉及的地区主要有云贵、湖广、两广，集中在两广特别是广东省，反映出当地问题较为复杂与严重。当时广东及其相邻省区边界处，多属山区，矿藏丰富。众多流民聚于当地，开挖矿厂为生。按照康熙朝后期的规定，只许本地贫民为谋生有少量开挖。雍正朝两广地区矿徒的“偷挖”，是“外省无籍矿徒”形成聚众集体开挖的局面，不符合国家政令。

雍正时期的矿徒聚众偷挖，具体情形究竟如何呢？地方官的奏报中有一些具体的揭示。雍正三年十二月十日，广东巡抚杨文乾奏折说：矿徒集中于广州、惠州的山区，其规模少者数十人，多者千余人，居于中间的有二三百人。这些矿徒自带工具，俱无扰害地方。五年九月二十九日，两广总督孔毓珣奏报广西南丹锡厂解散矿徒事，说该地有锡厂共井矿四十余处，矿徒及住家开铺人等约有万余人，平均每处约有二百五十人。内中有单身佣工者，有带室家居住者。又，大约同时广西提督田畯奏称南丹矿厂“矿徒及买卖人并妇女约有二万人”，若据此则平均每处约有五百人。矿徒聚集之处，还有住下来开设店铺为矿徒服务的小商人。

前面提到，六年六月二十四日，广东提督王绍绪奏报拿获归善县高仕登率众二千余人开挖铜砂。八年，江西巡抚公文称，广东砂夫或每日五六十人为一起，或二三十人为一起不等，前往湖广开采。九年六月二十九日，广东观风整俗使焦祈年奏报广东各处山场历有矿徒聚族私挖，本年春访闻，惠州府和平县有矿徒八十余人，欲往湖广桂东县刨矿；广西梧州府怀集县地方矿厂，现在开采，聚集人众，至于数千，规模较大。

在矿厂，“富者出资本以图利，贫者赖佣工以度日”，结成了劳资关系。从地方官的相关论述来看，这些偷挖者一般行为平和，并无破坏社会秩序、扰乱社会治安的问题，这也是地方官主张开矿解决民食的主要理由。因为私偷不如明开更利于社会稳定，明开的治安维护或许比防范偷挖更容易。地方官请求开矿也不无增税的理由，还有地方财政的压力以及潜在可得的好处等因素。当然也有官员如署潮州总兵李万仓奏报矿徒失业滋事的情形。

雍正帝对于矿产信息十分关注，一直希望能够开发利用好矿产资源。雍正晚年的事例表明，他一方面重视寻求矿产资源，一方面强调维护社会稳定。

在雍正帝看来，聚众就是社会稳定的隐患，维护社会秩序的重要性高于开矿课税带来的经济效益。即使是开矿解决民生，也要从长远看问题，好的社会秩序才有利于解决民生，否则从眼前利益考虑，将来矿徒闹事，则无法保障民生问题。为此雍正帝将解决矿徒聚众作为社会治理看待，强调增设塘汛即军事力量来控制矿厂与山区的安全，对于矿徒的管理也纳入到保甲体系中去。终雍正一朝,始终没有开放外地招商开矿。除了对于社会秩序的高度关切外,其实雍正帝对于地方官并不十分放心。比起他进行的诸多改革来说,他在矿业方面则是保守的,继承了康熙末年的矿业政策,而又较其父严厉。

三、乾隆朝开放矿禁

乾隆初年的开放矿禁是以广东开矿的争论与实践为基础的。乾隆二年三月,两江总督庆复奏请开粤省矿厂之禁,支持广东督抚鄂弥达、杨永斌于雍正十二年所上开矿条奏。乾隆帝指示总理事务王大臣密议具奏,五月户部下达咨文,询问开矿是否有利无弊,开启了乾隆朝开放矿禁的讨论。三年二月,两广总督鄂弥达上题本重申开矿主张。从四年起,广东铜矿弛禁。五年发生了一场督抚关于是否普开煤矿的讨论。八年,开放矿禁被正式肯定下来。九年仍在讨论开放矿禁问题。十年正月,命直省筹鼓铸。

(一)雍乾之际围绕两广总督鄂弥达开矿主张的争论

乾隆二年三月,两江总督庆复上奏,欲除采办洋铜流弊,请开粤省矿厂之禁,支持广东督抚鄂弥达、杨永斌于雍正十二年所上开矿条奏,驳斥开矿导致矿徒“易聚难散”的说辞。乾隆帝朱批:“总理事务王大臣密议具奏。”总理事务和硕庄亲王等议覆,要求广东督抚确查议奏。五月二日户部下达咨文,询问开矿是否有利无弊,于是开启了乾隆朝开放矿禁的讨论。

乾隆三年二月,两广总督鄂弥达上题本重申:“若将惠、潮、韶、肇等矿厂，准令招募本地殷实商民自备资本陆续开采，遴委廉能之员董理查察，毋使无籍流民奸徒匪类混杂滋扰。商民各自爱其身家，各自谋其性命，谅必踊跃安贴，不致滋生事端。”并批驳了开矿聚散堪虞、人多粮贵的说法。三月，接替张溥的新任广东提督张天骏上奏，矿山弛禁将导致群起争夺，广东铜矿实少，多系锡、铁、黑铅，开矿“无补于铜政，徒致滋事地方，实属无益”。

张天骏反对弛禁有其特殊的背景，实因当时受到博罗县横山地方矿徒偷挖锡砂、争占斗殴案的牵连。具体情况是，当两广总督鄂弥达奏报此事后，乾隆帝非常不满，批评说：“奸徒聚众至八九百人之多，为日有半年之久始行发露。拿获到案，汝等地方大吏竟恬不为怪，亦可笑之事也。”并要求署广东巡抚王謩：“粤东现今又有开矿之议，此风断不可长，所当时时留心访察者也。”三月一日，乾隆帝因此案表达了对张天骏的不满：“朕访闻得广东提督张天骏，莅事以来惟事姑息，以致汛防懈弛，弁丁无所忌惮。上年十月内，有奸匪董老大等，窥伺博罗县出产锡矿易于偷取，贿买把总林士英、典史姜明德，纵容盗挖。又有奸匪黄肇等，入山争占，互相格斗，致伤多命。此处离提督衙门不过百里，而张天骏平时漫无觉察，及至事发难掩，又欲曲为遮盖，草率完结。似此怠玩养奸，重负朕委任封疆之意。特降此旨，严行申饬，令其悔过自新。倘不知悛改，仍蹈前辙，朕必从重处分。”四月，两广总督鄂弥达奏报：“横山矿匪范亚四等与矿匪黄肇等争占杀伤多命案内，混名武状元邓清侯、郭华、周亚晚等十八名现已拿获，其在山余党，即委把总何九星赍臣令箭，直入巢穴，晓以利害，各自解散，免其究治，山场肃清，地方并无惊扰。”乾隆皇帝称赞：“此案办理殊属可嘉。”

七月，鄂弥达上长奏，遵旨议覆张天骏的质疑。十月，兵部议覆，调任两广总督鄂弥达疏言：“广东提督张天骏有意偷安，假名滋事，奏止开矿。查张天骏身为封疆大吏，应与督抚会商，期济公事，乃事未举行，辄借安静之名为卸责之计，请照溺职例革职。”乾隆帝指示：“张天骏着来京引见，再降谕旨。”

在讨论广东是否开矿弛禁过程中披露的博罗县横山挖矿斗殴案，反对弛禁的张天骏因治安不力受到皇帝的批评，主张弛禁的鄂弥达则破案有功。这样的结果，相信会对乾隆帝是否开放矿禁的决策产生一定的影响，有利于弛禁的主张，即官府可以控制开矿局面。

在上述乾隆三年广东是否开矿问题的讨论中，湖广镇筸镇总兵谭行义以自己曾任职广东的经历于十月上奏：“除金银之矿原本无多，或令封禁外，至铜、锡两矿，实有益于国计，有裨于民生，理应概令开采。”这也会影响到乾隆帝在开矿问题上的决策。

（二）乾隆初年开放矿禁政策的继续讨论与确立

从乾隆四年起，广东铜矿已经弛禁。乾隆四年三月军机大臣议覆铸钱事中谈到：“前经户部议令今年宽解铜一二百万斤，加以粤东奏准开采铜矿，官商承办采买洋铜，多方筹画，铜斤自可充裕。”同月，《清高宗实录》记载：“署广东巡抚王謩奏闻采铜矿事宜。得旨：所奏俱悉。实力查察、悉心调度八字甚为重要，时刻勉之可也。”说明广东已经开采铜矿，乾隆帝要求切实做好“实力查察、悉心调度”。

乾隆帝不仅支持广东采铜，还支持广东地方官不排除尝试开采其他矿种。乾隆四年六月，两广总督马尔泰奏：“英德县长岗岭开矿炼铜，内有炼出银两，请归该商工费之用。又河源县铜矿贴近银山，及英德县之洪磜矿出银过多，恐谋利滋事，应请封禁。”乾隆帝指示：“所奏俱悉，惟在实力行之。但所谓银矿应闭之说，朕尚不能深悉，或者为开银获利多，则开铜者少乎？不然，银亦系天地间自然之利，可以便民，何必封禁乎！”要求廷议此事。乾隆帝对于开采银矿的愿望显露出来。

乾隆四年，在同意广东开采铜矿的背景下，各地有一些开矿的尝试，得到了乾隆帝的首肯。四月，甘肃巡抚元展成奏请开凉州等处山矿铅砂，以资操演标营火器之用。乾隆帝指示：“行此等事须有才识之人，恐汝中材不能妥办也。试为之。”六月，贵州总督张广泗奏：“遵义府属绥阳县月亮岩地方产有铅矿，铁星坪版坪产有煤块，并无干碍田园庐墓，应请开采，照例纳课。”下部议行。八月，湖南巡抚冯光裕奏：“湖南商人何兴旺等九起，情愿自备工本，赴桂阳等州县之马家岭等处试采矿砂，现已准其开采。但此次开采原为鼓铸便民，首重在铜，湖南铅多铜少，若一准并开，必致尽赴采铅而开铜无人，现饬开得铅矿，即行封闭。如果已费工本，许其另躧有铜引苗，报采成厂，以补所费。”得旨：“所奏俱悉。若能多得铜实属美事，不可畏难而止。若滋事而纷扰，则好事不如无也，再与督臣详商。”上述事例中，清廷鼓励地方尝试开矿。

乾隆五年，发生了一场督抚关于是否普开煤矿的讨论。起因是二月大学士兼礼部尚书赵国麟奏请：“敕下直省督抚，行令地方官查勘，凡产煤之处……悉令民间自行开采，以供炊爨。”①乾隆帝将该奏发交各省，命督抚详议覆奏。历时一年多，多数督抚主张开采煤矿。讨论中，乾隆帝也表现出开明的态度。②

乾隆五年各地尝试开矿继续进行。四月，议准贵州总督兼

---

① 转引自韦庆远：《档房论史文编》，第 145 页。
② 参阅韦庆远：《档房论史文编》，第 145 页。

管巡抚事张广泗疏请:“开采绥阳县属月亮岩铅矿,并遵部前议,令民间自备工本前往开采,所出铅斤官商分买。如出铅一万斤,照例抽课二千斤,其余八千斤官商各买一半。核算每年收买,连抽课约可收铅百万余斤。即由月亮岩分路解运,其不敷办解京局之铅,仍于莲花、朱砂二厂收存铅内拨运。”

但是,当时开矿的尝试很有限,还有各种控制开矿的情形。关外龙兴之地不许采矿。四月兵部左侍郎舒赫德上奏:“奉天地方关系甚重,旗人生齿日繁,又兼各省商民辐辏,良莠不齐,旗人为流俗所染,生计风俗不如从前。若不亟为整饬,日久人烟益众,风俗日下,则愈难挽回。”舒赫德提出八条建议,其中有关开矿的是:“严禁凿山以余地利。查奉天所属各地方山内,因出铅斤硫磺等物曾经严禁偷凿,但谋利之徒总以出煤为辞,就中偷取铅斤硫磺,希图获利。雍正十二年间,有民人田秀等率众私挖矿磺,曾经拿获治罪。今请将奉天城东南白西湖地方供应陵寝煤斤,从前开过煤窖不干例禁外,其余虽有煤斤,永行严禁,不许挖取。”王大臣议覆从之。

乾隆君臣对已开的矿也很慎重。九月,云南总督庆复奏:“蒙自县金钗厂铜矿最为盛旺,今湖北采买滇铜二十余万,应将此项铜斤令其委员运楚,以充鼓铸。再,滇省各厂,惟汤丹最旺,岁产高铜八九百万及千万斤不等。接近汤丹之多那厂,产铜亦旺。但两厂相连,工匠云集,油米腾贵。现酌将多那一厂暂为封闭,俟汤丹硐老,再行议开。”得旨:“所奏俱悉,卿自能办理合宜,可免朕南顾之忧也。”

反对广东开矿的也有。御史沈世枫奏称:“近年以来之督抚,每以寻常政务不足以结主知而动众听,于是逞臆见以变法,矜一得以邀功。其说以为利民,而其实利未见,而害随之。”他还特意举例说，如“鄂弥达勒令盐商领帑开矿之类”。吏部左侍郎蒋溥密奏，广东开采铜矿，协铸钱文，势必“铜矿之产未必日增，矿徒之聚必将日盛”，应加防范，建议“皇上于新任广东巡抚王安国陛辞时，特降谕旨，令其到粤相度机宜，悉心斟酌”。

新任广东巡抚王安国对开矿采取了慎重态度。乾隆六年三月，左都御史管广东巡抚事王安国、两广总督马尔泰奏：“粤东开采铜山实属无益，矿砂出产甚微，砂汁甚薄，得铜无几，所得不偿所费，应急停止。”得旨：“该部知道。”七年四月，因广东巡抚王安国参奏开采铜矿中的弊端，乾隆帝要求军机大臣核实，军机大臣寻奏：“查铜矿一事，系前督臣鄂弥达、马尔泰题准动项垫给，马尔泰任内接办发银，因办理不妥，以致官商视为畏途，经王安国奏请停止。臣以事因督抚迁延所致，请将各厂支过银两，即于原给发之督抚名下追赔。”如此可见，前述乾隆五年御史沈世枫奏称“鄂弥达勒令盐商领帑开矿之类”，并不是空穴来风。经王安国奏请，得以及时纠正。王安国在开矿问题上并不是止步不前，四月，王安国疏请：“将该省锡矿于原奏开采一二处外，再开一二处，并将广、韶、肇三府勘有产锡山场即令采试，以备将来惠属各县锡山采遍之后，另移旺处开采。”廷议获准。

各地区尝试开矿继续推进。内蒙古归化地区的采煤业的发展颇能说明问题。据学者研究：“清初康熙年间，这一地区曾进行过小规模试采，因各种原因，不久被禁。但燃料需求的压力迫使当地政府于雍正初年再次提请开矿。这一请求被中央政府批准后，归化城地区的煤矿业便进入了正式开采阶段。最初只开有六窑。乾隆初年，因增加驻军、修筑新城的需要，煤窑数猛增至一百数十座。乾隆三年至六年间，因一度采取限制措施，煤窑数锐减至二十余座。乾隆六年底取消限制后，煤窑数逐渐恢复到一百余座，多时达二百余座。”①反映出清廷政策对于开矿的影响。

在云贵，乾隆六年九月，署贵州总督云南巡抚张允随奏称：“黔省威宁州属致化里产有铜矿，砂引颇旺，现开礶硐七十二口，内有十四口已获百余万斤，招厂民二千余名，设炉二十座，采试有效，应准其开采。课税照例二八抽收，余铜归官收买，每百斤给价银七两。”户部准行。十二月，张允随奏称：“省城、临安二局鼓铸所用倭铅，向在曲靖府属之卑浙、块泽二厂收买。嗣因外省铅价日贱，变价之铅久不销售，存厂铅足供二局二年之用，经臣题明封闭。今二局共添炉十五座，又开东川局二十座，应用之铅，已属加倍，存厂运局不敷所需。请将卑浙、块泽二厂仍行开采，所获铅斤按例抽课，余铅收买供铸。又东川府属之者海地方亦产铅矿，距东局尤近，现今开采，如能旺盛，另疏具题，请即将卑浙、块泽二厂仍旧开采。”户部等部准行。

不过，张允随的开矿实践似乎不理想。七年四月，贵州总督兼管巡抚张广泗复奏：“署督臣张允随原奏：威宁州属铜川河铜厂可期旺发，今开采一载，总因矿砂淡薄，报获无多。又原奏大定府属乐贡里、杓底地方产有水银，可期旺发，今开采九月，苗引全无，厂民星散。其遵义府属抵水厂虽有矿砂，亦甚微细，数月不效。惟婺川县属之大岩山试采有效，现亦照引錾取。并修文县属红、白二厂较前产稍多，均可望有旺机。臣复查威宁州之兄姑地方，出有水银朱砂，现在饬令试采。”乾隆帝批示：“无益之事不可为，有益之事不可止，酌中为之，若分彼此之见则非矣。”告

① 江桥：《清代归化城地区的煤炭开采及其特点》，《内蒙古大学学报》第3期，第86页。

诫云贵地方官注意团结，酌中行事。

矿铜保持旺盛不易。五月，贵州总督兼管巡抚张广泗疏称：“铜厂之旺衰视民力之多寡，现据铜川河铜矿各户，因工本不敷，停炉甚众。请暂照格得、八地二厂例，一九抽课，俟将来矿砂大旺，再照二八抽收。”户部准行。

乾隆七年正月，湖广总督孙嘉淦奏：“查桂阳、郴州属旧开铜矿，不碍田庐，又无苗猺杂处，可以复开。其余试采之处，有名无实，俱应封禁。”此奏于翌年二月经户部商议准行。七年三月，四川巡抚硕色奏称：“建昌、永宁二道所辖铜铅厂，矿苗甚盛，不碍田园庐舍。除例给厂费外，现议委员专司抽课，取具商匠结册，查核铜数汇报。其长宁、云阳等处产黑白铅矿，应准一体开采。”户部议准。五月，湖广总督孙嘉淦疏称：“先是兴宁县民需用铁斤，须自粤东贩运，跋涉维艰。近勘该县属夏里、江口、东安、流坡等处产有铁矿，请就近开采，以济民用。”户部准行。八年二月户部提及“湖南铅矿开采多寡尚难豫定”，说明湖南正在开采铅矿。

广西的开矿铸币受到重视。乾隆七年四月，署两广总督庆复奏称：“粤西向未开炉鼓铸，惟恃滇省解运，今西省厂铜照配试铸，与滇钱无异。如开厂添配，搭放兵饷各项，实于民用有济。请将粤西矿铜留充鼓铸，俟流通后再停解滇钱，以省运费。”户部议准。十月，广西巡抚杨锡绂条奏鼓铸事宜：“今临桂、永福、恭城等处报有铜矿，俟试采有效，即题报抽课，停买客铜。”户部议覆如所请行。八年二月，户部提及“查广西产铅，已题定留供本省鼓铸”，可知广西正在开采铅矿。三月，广西巡抚杨锡绂疏请开采恭城县大有朋山铅矿，户部准行。

乾隆八年，经过几年的开矿实践，开放矿禁被正式肯定下来。首先,广东布政使托庸再次正式疏请开矿:“粤东铜铅矿厂请招商开采,核计商费工本,酌量抽收。余铜照时价每斤一钱七分五厘交官收买,其铜铅矿内间杂金银各砂,应照滇黔例分别抽课充饷。”户部准行。广西、贵州、云南的开采继续进行,如广西巡抚杨锡绂奏称:“现开铅垄三口,铜垄一口,共设炉房二座。”并奏请山斗冈铜铅矿厂酌定抽取支销事宜,户部议覆准行。广西布政使唐绥祖疏称:“粤西恭城县回头山铜矿,向例于二八抽课外,余铜官为收买,每百斤给价八两三钱,现在砻口日深,取砂工费,已加数倍。商人以不敷工本,观望不前,砂课日绌,请照收买客铜渣铜之数,每百斤给价十三两四钱。又怀集县将军山、河池州响水厂向止给价六两八钱,亦属不敷该处开采,较回头山稍易,请照回头山旧例以八两三钱收买。查回头山采矿商本不敷,自应量加,惟十三两四钱未免浮多,应照滇省厂价每百斤九两二钱,其将军山厂、响水厂准照回头山旧例支给。”户部议覆从之。

贵州总督兼管巡抚事张广泗疏称:“天柱县相公塘、东海洞等处出产金砂,地系旷野,并无干碍民田庐墓,前令商民试采,已有成效,请准开采,照例抽课。暂令天柱县就近督采,俟旺盛再议委员兼管,添设书役,所抽课金,估照成色,变银充饷。”户部议覆:“应如所请,惟每金一两抽课三钱,及于抽课之中支给厂费,俱与成例不符,应令该督另行妥议办理。”得到皇帝首肯。

云南总督张允随疏称:“滇省大理府自雍正五年停止鼓铸,十余年来,迤西一带钱少,兵民零星交易不便。该地产有铜矿,应请设法开采,设炉十五座,每年需铜二十八万余斤,即以所出之铜供铸,不敷再将迤东各厂铜斤添拨,铅锡等项于各厂运往。统计每清钱一千文,约需工本六钱有零。每年可铸出钱六万余串,照例搭放兵饷。所需局房旧地已改考棚,并择地建盖。”户部议覆从之。乾隆帝还谕军机大臣等:“制钱乃民间日用必需之物,近来各处钱文短少,价值昂贵,民间甚为不便。有言江广等省现在鼓铸,若山东、山西等数省亦开局鼓铸,则钱文充裕,价值可平。此说不知可行与否,该省若开鼓铸,铜斤取于何处,尔等可寄信与各省督抚,令其酌量本地情形悉心筹划,定议具奏。”

值得注意的是,乾隆八年皇帝命大学士张廷玉等召集九卿廷议矿政,达成一致意见,正式确定了开放矿禁的政策。张廷玉等奏报说:“是各省凡有可采之山场,俱经该地方官查明保题,先后开采,以济民用。”“臣请凡各省有可开采之山场,除金银之矿封固不准开采外,其余俱听百姓于地方官给照开采;铅锡之类,听民自便;铜则官为照时价收买以资鼓铸,其余转散民间,制造器皿,是亦足民之一端也。”①不久乾隆帝批准此议。韦庆远先生认为:“可以视之为代表官方的正式的关于矿业政策的规定。”②

事实上,乾隆九年仍在讨论开放矿禁问题。御史卫廷璞、欧堪善反对开矿,两广总督马尔泰、署广东巡抚策楞条陈粤东开采矿厂召商抽课各事宜,以为回应。新任两广总督那苏图到粤后,批驳了卫廷璞、欧堪善两位御史的观点,坚持开矿。最终廷议支持广东地方官“开采铜铅,以裨鼓铸”,是否开矿的争论落下帷幕。

反对开矿的理由主要有两条:一是矿徒易聚难散;二是聚众导致粮价上涨。在一定程度上,二者呈现的是人口持续增长带来的社会经济压力。不可否认,当时有大量脱离土地的流动

① 转引自韦庆远:《档房论史文编》,第122页。
② 韦庆远:《档房论史文编》,第122页。

人口。其中不乏以开矿谋生者，人口的聚集，使得地方官对社会治安感到不安；流动人口的增加，加重了地方官对广东粮价上涨的担忧。事实上开矿不必然导致粮价上涨，流动人口开矿就业，反而有利于社会秩序的稳定。乾隆十年后，广东稳定的社会秩序与繁荣的经济说明了问题，其实这也反映了其他开矿地区的基本情形。

乾隆帝对开矿问题很慎重，反复讨论，不断实践，在他开明的态度下，终于开放矿禁。从康熙五十二年限制开矿起，到乾隆九年，历时三十多年，最终基本上回到了康熙二十年代任民采取的矿业政策。清廷积累几十年的矿政讨论与开矿实践，足以为未来开矿提供历史经验。乾隆时代矿业表现出来的繁荣局面，是乾隆初年开放矿禁带来的。

乾隆十年正月，命直省筹鼓铸。这一决定应当是建立在开放矿禁的基础之上，为解决经济繁荣带来的货币流通创造了条件。

此后清廷的开矿政策也有反复。如嘉庆朝整个社会政局急剧动荡，嘉庆帝以为矿业生产的发展，势必影响农业生产，派生出更多的动乱因素，因而对其采取明显的封禁政策。嘉庆四年四月，宛平县民潘世恩、汲县县民苏廷禄，通过宗室、给事中明绳，呈请在直隶邢台境内开采银矿，遭到嘉庆帝的断然拒绝。倡议者潘世恩和苏廷禄以不安本分押送回籍，交地方官严加管制，不许出境滋事。代递奏折之给事中明绳以“冀幸事成分肥”，冒昧转奏，交部议处。嘉庆帝的上谕说，世宗皇帝《朱批谕旨》，“于开矿一事，深以言利扰民为戒”。此为禁矿的一个依据。不过，民间私采活动并没有因官府的严禁政策而完全消失。

道光帝则坚决支持和鼓励民间开矿事业。道光元年正月，富俊第三次奏请开采吉林营盘沟煤矿获准。三月四日，直隶总督方受畴奏称：热河都统松筠咨，“口外地方生齿日繁，各山柴薪砍伐殆尽，民间炊爨不敷，开采煤窑便宜民用。且外来流寓托足之辈，亦可借此谋食。尤家沟平台子等地，均据委员勘明无碍风水事，在该地方督率保甲稽查，以期兴利无患”①。松筠本是坚决支持民间开采矿藏的，后在嘉庆帝的严厉批评下，对禁矿政策执行颇力，后又成为道光朝开放矿禁政策的积极鼓吹者。道光末年道光帝更加倡导积极开矿，谕军机大臣等：

> 自古足国之道，首在足民，未有民足而国不足者。天地自然之利，原以供万民之用，惟经理得宜，方可推行无弊。即如开矿一事，前朝屡行，而官吏因缘为奸，久之而国与民俱受其累。我朝云南、贵州、四川、广西等处，向有银厂，每岁抽收课银，历年以来照常输纳，并无丝毫扰累于民。可见官为经理，不如任民自为开采，是亦藏富于民之道。因思云南等省，除现在开采者外，尚多可采之处，着宝兴、桂良、吴其濬、贺长龄、周之琦体察地方情形，相度山场，民间情愿开采者，准照现开各厂一律办理，不可假手吏胥，致有侵蚀滋扰阻挠诸弊。该督抚等必能仰体朕意，妥为筹办。固不可畏难苟安，亦不得抑勒从事。总期于民生国计两有裨益，方为妥善。各省情形不同，不准彼此观望，将此各密谕知之。②

这种迫于民生艰难的现实的态度，反映了大部分官员和商民的意愿，也是对嘉庆时期执行矿禁政策后果的反思。③

---

① 《宫中档朱批奏折》(工业类)，第4卷。

② 《清宣宗实录》卷404，道光二十四年四月乙巳。

③ 嘉道时期的开矿政策问题，参考陈连营：《帝国黄昏：徘徊在近代门槛的中国社会》中篇：五、矿业限制与禁止民人出关，人民出版社2012年。

第六章
改土归流与西南民族区域的开发

唐宋以后特别是明清时期，在少数民族地区多采取以地方行政机关土司为中心的间接统治。土司制度在唐宋时期称羁縻州制度，由中央王朝委任当地首领为府、州、县的文职土官。元朝加强了军事统治，设置宣使、宣抚使、安抚使、招讨使、长官司等武职土官。明沿袭宋、元制度，嘉靖年间开始出现“土司”一词，土司分为文、武两个系统。明朝进一步完备了土官的考核、任免、贡纳、征调等制度，为土司全盛时期。明末清初土司制度走向衰落，清朝在雍正六年大规模改土归流，中央对原来的土司地区改为直接管理，这些地区经济也得到了新的开发。

一、顺康时期对南方土司的处置

清朝对于土司的处置，是其建立全国统治秩序的一部分。顺治康熙时期，土司问题与清朝统一全国稳定社会秩序联系在一起。①

---

① 常建华：《确立统治与形成秩序：清顺治康熙时期对南方土司的处置》，中国社会科学院历史研究所清史研究室编：《清史论丛》2012年号，中国广播电视出版社2011年。

清兵入关，随即展开统一中国的战争。顺治二年清军统一长江以北后，接着挥师南下，试图统一中国南方。对于中国南方地区少数民族聚集区的土司，清廷主要采取招抚政策。清朝正式招抚土司的政策，体现在顺治五年的诏书，表达出秉承天命统一中国的政治合法性。诏书大赦条目中有关土司政策的有两条：前一条主旨是与反清势力即所谓“叛逆”争夺土司，说未归顺的土司只要认同清朝统治即服从“王化”，就可以继续世袭土司，延续明朝对地方的统治，并奖励“擒执叛逆来献者”。后一条是奖励已归顺的土司。这个诏令在顺治十四年、十五年、十七年多次重申。

清朝的招抚政策起到了一定的作用，在湖南两广地区基本平定，云贵地区尚未归附的情况下，清朝采取继续招抚土司的政策。顺治十年五月清廷任命洪承畴总理西南事务的重任，招抚土司是要务。其中谈到“应给敕谕印信，作速撰铸给与”，说明很可能此前零星来归的土司未能及时给与敕印，因要大规模招抚西南土司，所以要求及时铸印颁给。顺治十一年出现了换给土司印信的记载，说明清朝换给土司印信更加制度化。

顺治时期制定了土司承袭的基本制度。主要内容是土司承袭需要吏部颁给“号纸”，承袭年龄为十五岁，还规定了继承的监护、顺序问题。为了有效防止土司因承袭导致争夺变乱，采取“预制土官”的办法，即土司向布政司开报世系履历及有无嗣子，预上其籍于部，袭替发生争执时，按籍立办，加以处置。清朝的土司制度基本上承袭了明朝，但是也有所创新。

从清朝管理土司的实践来看，“号纸”与“印信”是土司得到中央政府承认的两项凭证。

虽然清廷不断告诫军前处理好与土司的关系，强调招抚，但是并不排斥征剿。为了对付苗人的“劫杀抄掠”，顺治年间沿用了明朝的“雕剿之法”，即如老雕出其不意袭击目标，此法在康熙时期被一些清朝官员所采用。

康熙初年继续奉行顺治时期的土司政策，对于部分地区土司实施有效管理。其主要措施：一是对土司子弟进行儒家教化，使其知礼仪；二是制定土司贡赋的管理条例。清初中央对于西南土司的控制很短暂，康熙十二年发生“三藩之乱”，包括土司在内的西南地区实际属于吴三桂的控制之下。在平定三藩之乱的战争中，清廷继续实行招抚土司的政策并制定了管理土司的制度。

康熙二十年平定三藩之乱收复西南地区后，清朝才真正面临土司的管理问题。康熙朝为了稳定秩序，开始强调将汉族与其他民族区分开来的措施，称之为“边禁”，如三藩叛乱平定后，注意“逃民”与“逃兵”问题。清朝进一步完善了土司承袭制度。康熙二十五年决定根据广西南宁、太平、庆远、思恩四府所属各官吏部停止铨选，令该督抚于品级相当现任官员内拣选，通判、知县以上具疏保题调补，杂职等官止令报部注册。康熙三四十年代，因地方上离省会遥远且多土司瑶壮的烟瘴之地，官吏不愿意赴任，所以采取掣签方式选取，而且年满三年即升。后虽短暂改为杂职掣签、道府州县俱不掣签，不久恢复旧制。

湖南西部的湘西以及湘黔边地区是苗族聚居区，元明时期由于并未纳入中央朝廷的有效控制，被称为“苗疆”。康熙四十二年将湘西生苗纳入统治系统后，清朝采取了一系列措施保证对湘西的控制。这些措施主要是：清朝在当地设厅后，五寨司土官土民归厅管辖，红苗纳粮，土官将犯罪之苗拿解道厅治罪，不能擅自处置。土官有约束红苗捉人勒银取赎，黔楚相接之苗互相杀掳、彼此拿人的职责。为了防止苗民因民人进入发生冲突，禁止民人擅入苗地、民苗结亲往来。邻省之间遇有民苗争讼事件，地方官不得互相推诿。

地处湖北西部的容美土司是土家族聚居区，由土司田氏控制。康熙四十五年四月湖广总督石文晟疏参容美司土司田舜年，是康熙朝对于湖广土司政策的重要事件。

《康熙朝汉文朱批奏折汇编》保存了有关土司的珍贵资料。从中反映出康熙三十五年岳昇龙为四川提督，任上留意土司特别是川西天全六番事务。康熙四十九年时任四川巡抚年羹尧与岳昇龙控制了通往西藏的要道打箭炉附近地区，年羹尧还积极控制打箭炉以南的建昌土司。贵州巡抚陈诜、提督张文焕奏折反映了贵州土司的概貌，涉及相邻省区。康熙四十七年湖广提督俞益谟奏陈所属苗民情况及剿抚之法，提出“以剿为抚”。奏折所附康熙四十二年俞益谟率兵征苗时的书信、条约、告示弥足珍贵，对了解生苗的状况以及清朝采取的措施很有价值。广西巡抚陈元龙、高其倬奏折反映了广西苗、瑶的情形，涉及清朝治理当地的办法。上述史料涉及广西、湖广、贵州、四川等省区多个民族聚居区土司问题的细节以及康熙皇帝对土司问题的态度，十分重要。

清朝比较重视通过教化改变土司的文化政策。康熙帝继位不久采纳礼部建议，同意云南土官子弟应令“各学立课教诲，俾知礼义”，地方官择文理稍通者开送入泮应试。康熙五年因广西土司“俗无礼义，尚格争替争袭连年不解”，为了更化善俗，令各土司子弟愿习经书者在附近府县考试，文义通达，每县额取二名，使感于忠孝礼义，以息争斗之风。康熙二十五年清廷以西土司“僻处边峒，不识诗书，不明礼义，狠悍成性”，令各土司官有愿送子弟就近府州县读书者，由教官收纳训诲。除了云南、广西之外，康熙四十四年湖广也准许土司子弟参加科举考试。康熙二十五年要求各省土司武职也同文职一样讲读“上谕十六条”，“更征远迩同风，教化大行之治”。这样通过吸收土司子弟进入学校、参加科举，接受官方正统的儒家文化教育，加上宣讲圣谕等教化手段，使土司认同中国传统文化，进而认同清朝统治。

顺治康熙时期，已经有部分地区土司进行了改土归流。顺治朝改土归流计有顺治六年云南元江军民府改流，十六年云南广南府改流，十七年四川遵义军民府改流，均为各裁土知府一人，设流官。《清圣祖实录》出现了改土归流事例，记载为“改土为流”或“改土归流”。具体事例如贵州水西、马乃、乌撒三土司在顺治、康熙之际进行了较大规模的改土为流，康熙五年设大定、威宁、平远三府。康熙元年曹滴司改土为流，令贵州黎平府经历司管理。康熙五年广西由土司改设西隆州西林县，隶思恩府。康熙朝对于改土归流问题有过两次较大讨论：一次是康熙二十二年贵州平远、大定、黔西、威宁四府是否仍旧改土归流，最终改流。另一次是康熙四十五年对于是否将容美司改土归流，结果未加改流。这些讨论结果表明，康熙帝以因地制宜个案处理的方法对待土司。康熙后期改土归流的事例增多。康熙三十五年改云南阿迷州土知州为流。三十七年四川东川军民府改隶云南省，改流。四十五年贵州清平县凯里土司改土归流，同年贵州平州六硐长官司改隶流官。五十四年宁谷长官司改隶流官。六十年广西太平府思明土知州改土归流。上述事例都是因为原任土司“贪婪”、“贪残不法”、“贪残”、“贪虐民命”被废，改为流官管理的。这说明随着康熙后期社会安定、统治秩序的恢复，按照清朝的政治标准，一些土司的作为变得不符合朝廷的要求，清朝改土归流的愿望凸显出来。

顺治康熙时期的改土归流，反映了清朝的政治观念与民族政策。土司与中央王朝的关系，如前所说，必须取得朝廷颁给的印信与号纸，并向朝廷出示土司家族世系资料，三年入觐。土司虽然世袭，但是其承袭必须经过朝廷同意。土司还要向政府交纳贡赋，或比年一贡，或三年一贡，各因其土俗以定制。如土司贡赋欠缺，并不严格处分土司所在地区的官府，与内地流官统治区有所区别。改土司为流官后，废除土官世袭，土司属民要向国家纳粮当差，成为国家的编户齐民。康熙四十九年四川巡抚年羹尧上奏请求皇帝赏给建昌土司号纸与印信，"使凡事有所责承，准其纳粮，渐以礼仪化导，与内地百姓同为朝廷赤子，又何汉蛮之分"。将土司领取号纸、印信，纳粮，接受礼仪化导，作为"朝廷赤子"的条件，如此则不分"汉蛮"。

《康熙起居注》记载，康熙四十五年湖广总督石文晟等奏参容美土司田昞如贪酷庸劣，田舜年所属之人诉称"情愿纳粮当差"，说明百姓是把"纳粮当差"作为服从皇权的标志。因此石文晟等请示："应否将其土地人民入我版图。"如此说来，原来土司的土地人民并未进入清朝的"版图"，属于土司私有。因此，改土归流对于清朝的意义是，将土司的土地人民纳入清朝的"版图"。当然也不能将土司理解为外国或国中之国，因为早在清初土司归顺清朝时，《清实录》就记载土司"各献舆图版册及元明两朝印式来归"，承认清朝的统治。所谓"舆图版册"，即有关土地人民的册书，实际就是"版图"。所以对于"版图"应当有两种理解，一种是纳粮当差从属的版图，另一种是归顺王朝政治的版图。可见土司实际上是一种独立性较强的自治区，改土归流是更直接归入国家管理。

康熙朝对土司的处置结果，是由康熙皇帝的政治态度决定的。康熙帝为政尚宽、不愿多事的态度以及对于土司基本采取因俗而治的政策，影响了他对土司的处置。康熙二十五年二月云贵督抚及四川广西巡抚俱疏请征剿土司，康熙帝对大学士等说“控制苗蛮惟在绥以恩德，不宜生事骚扰”，并指出因土司地方所产金帛异物颇多，不肖之人辄以为抗拒反叛请兵征剿，在地方官则杀少报多，希冒军功；在土官则动生疑惧，适足启衅。康熙帝期望天下无事，要求安静抚绥。虽然康熙帝认可九卿会议提出的令督抚剿抚并用的建议，但几天后他又谕吏部、兵部：土司地区督抚提镇各官不善抚绥土司，既然“土司苗蛮授官输赋，悉归王化”，地方官应推示诚信，化导安辑，各循土俗。同时要求苗民恪遵约束，不致侵扰内地居民。

康熙三十一年康熙帝对大学士等说：“土司习俗各异，必顺其性而抚治之，方为得宜。”康熙四十六年初新任贵州巡抚陈诜热心民族事务，上奏贵州土司情形，康熙帝谆谆告诫：土司风俗各异，不能以内地民情治之，只能“将就大概治之”，“只以不生事为主”。前任督抚未尝不知当地土司情况，害怕生事，所以并不报告。康熙帝谆谆告诫，是担心陈诜惹是生非。康熙四十七年湖广提督俞益谟奏请对所属苗民“以剿为抚”，来秋发兵剿除红苗。康熙帝与大学士认为兴兵进剿师出无名，苗民有过恶，应当晓谕，不得已才剿之，使其心服，否定了俞益谟的请求。康熙六十年广西巡抚高其倬的奏折反映出当时地方官参劾土司用度派取民间之事颇多，康熙皇帝则认为：“土司猺獞当就其风俗，安静治之。”反对以内地汉族官员的标准要求土司，主张安静处置。于是高其倬以“有司不致借端生事”对待“土司杂派事件”，不惹是生非。这些事例反映出康熙帝因俗而治、为政从宽的特点。

康熙朝对待土司比较宽容，因此尽管多次进行改土归流的实践，并讨论改土归流问题，但主要作为处置违法土司事例处理，并不将改土归流作为治理土司的最好办法强制推行。然而雍正帝上台后政风为之一变，大规模推行改土归流，历史掀开了新的一页。

二、雍正改土归流

清代雍正朝改土归流无论作为政治制度史，还是边疆民族史，都是一个重要问题，一直为学界所重视。就改土归流起因来说，学界的观点并未统一。关于雍正朝推行改土归流的原因，学者的分析是从土司与朝廷两方面以及历史背景进行的。就历史背景而言，学者指出平定三藩之乱后，清朝统治者开始加强、关注对西南地区的控制。就土司来说，众口一词认为他们社会经济落后，割据一方，抢夺掳掠，为非不法；而朝廷一方则针对土司的不法与落后，采取措施以维护社会秩序，改变土司地区的落后，控制土司地区，加强中央集权，增加财政收入。

这些论述应当说不同程度地反映了当时的实际情况，但是我们也看到受到社会形态进化理论的影响，首先将土司置于落后的方面；受肯定中央集权维护大一统传统的正统论的影响，又将土司置于地方与分权的方面；在史料方面则多相信基于清朝立场形成的文献，未能充分进行史料批判，不自觉地相信官方立场史料中对土司的大量负面记载。如果从今天社会历史理论、民族政治理论讨论提出的问题出发，我们会看到，以往有关改土归流的研究存在着上述问题，需要重新思考，从更客观、公正的立场进行研究。

其实这还是在方法论和叙事逻辑方面的讨论，如果我们深入分析雍正初的历史，充分占有资料分析改土归流的细节，则会发现，以往的研究受到理论思维的束缚与史料占有的制约，与历史的“真实”还存在一定的距离。

事实上，雍正帝即位之初，承袭了康熙帝在土司地区安静为主避免生事的政策。后来雍正帝为了追求良好的社会治安与社会秩序，对于土司看法发生转变，在推行保甲制度的过程中大规模实行改土归流。同时，清朝以汛塘划地设点，扼制道路，形成治安网络。在推行保甲、汛塘以控制地方社会的过程中，雍正君臣将未能直接控制的湖广、云贵等南方地区土司作为严重问题提出。土司所在地区的争杀抢掠显现出来，成为清政府缉盗的对象，雍正君臣将改土归流作为处置土司的有力措施。雍正三年云贵总督高其倬在贵州省贵阳府广顺州长寨地方仲家族村寨建立营房，长寨的建房增置防汛引起土司抵抗，长寨事件成为引发后来改土归流的导火索。改土归流后行保甲、设汛塘，可证清廷初衷在此。清朝通过设置保甲、汛塘，有效地控制了地方社会。

当我们利用大量的雍正朝朱批奏折史料考察改土归流问题时，发现改土归流与推行保甲、缉盗、设置汛塘有直接关系，是在雍正初年新政改革的背景下出现的。从长期的观点来看，改土归流有一定程度的历史必然性，然而雍正朝改土归流的起因确实存在偶然性，是国家权力、皇帝意志对于地方社会的干预，而不是地方社会的自变。[①]

---

① 常建华：《清雍正朝改土归流起因新说》，《中国史研究》2015 年第 1 期。

土司内部经常因争夺继承权发生战争，土司之间也因矛盾经常争战，加上土司对百姓的统治比较严厉，康熙时期不断有人建议改革土司制度。雍正二年国子监贡生蓝鼎元有过建议，云贵总督高其倬、广西提督韩良辅也先后提出。雍正三年鄂尔泰任广西巡抚，两个月后为云南巡抚，管云贵总督事，对土司问题有深入的认识，于四年九月正式提出改土归流的具体建议。重要建议包括改变不合理的行政区划，以减少交界地区不利政令推行的局面。

所谓改土归流，系指废除土司，代之以流官，变间接统治为直接统治。雍正时期主要的改土归流事件是：四年冬在云南设置乌蒙府、镇雄府，五年将南盘江以北地区划归贵州，设立永丰州。改泗城为府。重点清理黔东南土民。主要在都匀府、黎平府、镇远府设置厅、置同知、理民事。六年将湖南桑植、保靖设立二县，归于新设的永顺府。同时改邻近的湖北容美土司为鹤峰州。施南土司设宣恩县。七年四川天全土司改为天全县。十三年酉阳土司改为县制。改土归流时，根据土司表现区别对待。清政府在新设置府县添设营汛，设兵驻守，实行按亩征税的原则。

雍正年间，西南被改流的土司，土县和长官司以上，共有六十多个。[①] 清王朝在西南五省袤延数千里的范围内废除割据一方、各自为政的土司以后，分别设立府、厅、州、县，委派有任期、非世袭的流官进行统治，并实行和内地一致的各项制度与措施。如设立保甲，编查户口，丈量土地，清理钱粮，建立学校，治河修

① 本部分的写作主要参考张捷夫：《关于雍正西南改土归流的几个问题》，《清史论丛》第5辑，中华书局1984年。

路等，从而大大加强了在西南的统治。

清王朝在推行改土归流的同时，又在无土司之地黔东南和湘西生苗地区，进行设官建制。这件事和改土归流一样，虽然大规模地进行，是在雍正四年鄂尔泰任云贵总督以后，但在这之前，已有人向朝廷提出建议。雍正三年署贵州巡抚、威宁总兵石礼哈奏请在黔东南苗族地区添兵设镇，并提出剿抚生苗的具体办法。雍正帝对如此重大行动，一时主意不定。他一方面顾虑石礼哈办事"不加缜密"，批评石礼哈好大喜功，少年孟浪。另一方面又考虑，如果"熟计万全"，真能做到把广大生苗地区置于自己的统治之下，也是一件大好事。于是，他先将奏折批转云贵总督高其倬详加斟酌，又召见进京述职的前贵州巡抚毛文铨，面询得失。

次年，鄂尔泰接替高其倬出任云贵总督，和他的前任不同，行事大胆果断。他到云贵以后，一面大张旗鼓地搞改土归流，一面筹划剿抚生苗。他向雍正帝奏言：黔东南"苗疆四周几三千余里，千有三百余寨，古州居其中，群寨环其外，左有清江可北达楚，右有都江可南通粤，皆为顽苗蟠踞，梗隔三省，遂成化外。如欲开江路以通黔粤，非勒兵深入，遍加剿抚不可"[①]。他的这一主张，和改土归流的奏请一样，马上得到雍正帝的支持。于是两件事同时并进。

鄂尔泰处置生苗的步骤是，先派人招抚，如不受抚，即发兵征剿，然后乘兵威进行招抚。从雍正四年至九年，经过对长寨、八寨[②]、丹江、九股、清水江、古州等地的用兵，在击败为首的苗

---

① 魏源：《圣武记》卷7《雍正西南夷改流记上》。

② 长寨在贵阳府，八寨在都匀府，因两寨也系"生苗"，故统计在内。

寨后，共招抚苗民近四万户。其中雍正四年长寨之役以后，广顺、定番、镇宁、安顺等地生苗，到七年前后共归附苗寨 1 298 个，计 5 978 户。雍正六年八寨用兵后，共招抚苗寨 145 个，计 3 000 余户。同年，镇远知府方显、副将张禹谟，利用土司招抚九股及清水江苗民 4 890 余户，不下两万人。丹江之役，招抚各寨生苗 7 000 余户。七年清水江之役，清水江南岸受抚生苗共 40 余寨，不下万户。古州之役，招抚约四五千户。

清王朝统治力量进入这些地方以后，一方面，安营设汛，建立军事据点。雍正年间，在黔东南新附苗区共设置九个营，29 个汛，78 个塘，驻兵 6 000 多名，随后又增加到 15 000 名。另一方面，又派驻流官，建立地方政权。这些新设流官有：雍正四年，设长寨同知；六年设八寨同知、丹江通判；七年设古州同知、都匀府理苗同知、都匀通判、镇远府理苗同知、黎平府理苗同知；八年设清江同知；九年设都江通判；十年设归化通判；十一年设清江通判、台拱同知等。在基层则普遍设立保甲，有的地方是十户立一头人，十头人立一寨长，实行联保连坐。此后不久，又在黔东南正式设立古州、台拱、清江、都江、丹江、八寨等六厅，分属黎平、镇远、都匀三府。

在湘西，雍正八年招抚六里红苗。辰沅靖道王柔主张从上龙路进，镇筸总兵周一德以其地险，主张由乾州的鸦溪入，设计诱之，相持不下，周一德分军入鸦溪。鸦溪有天王庙，“苗民奉之谨，过苗不敢视，门常锁闭，或数十年不开，椎牛岁祭，皆之门外”[1]。周一德遂派兵士于夜间逾墙入庙察看，见神橱后有三櫜尚完好，便利用迷信欺骗苗众：说他曾梦见天王，天王赐他三

① 李瀚章：光绪《湖南通志》卷 84，《武备》七，《苗防》四。

纛，令其抚众，如有抗拒不受招抚者，奉纛剿灭之。并说他将择吉日入庙，领纛出师。到期，苗酋率众来观看。周一德宰牛设供，碎锁开门而入，令苗酋橱后寻纛，果见三纛，光彩耀目，苗众詟服。于是，三岔屏、劳神寨、鬼坡、神者、鸦西、崇山、补美等寨，闻风归附。周一德随驻崇山旁，招大小掉排、大小龙潭、鸦宝、龙角、狄良坡等寨，尽抚之。先前，周一德秉纛攻上龙潭，尽平其寨。然后，与王柔相度形势，筑城于吉多坪。次年正式设厅，赐名永绥，属辰州府。

雍正年间，清朝在西南少数民族地区进行改土归流和设官建制的情况，大体如此。

前面所说的六十多个被改流的土司，其中绝大多数是通过政治手段解决的。如湖广三十多个土司的改流，就基本上没有用兵。少数最后通过武力解决问题的地方，也不是一开始就付诸战争，而是在改土归流过程中，或改土归流之后，土司势力并不甘心，顽抗到底，清廷出兵平定。雍正年间，清朝在西南大张旗鼓地进行改土归流时，对土司较大规模的用兵有三次：一次是雍正五年在镇沅；一次是雍正六年在橄榄坝；一次是雍正八年在乌蒙、东川、镇雄。

镇沅土府地处滇南，很早以来为傣族聚居区，刀氏世长其民。明设土府，刀氏世袭土知府，清初仍继续任职。雍正四年六月云贵总督鄂尔泰，以土知府刀瀚不法为借口，决定先将刀瀚置于法，然后改土归流。并与临元镇总兵杨天纵密商，派游击杨国华前往。六月十九日将刀瀚拿获，押解省城，撤销印信与号纸，并委派威远同知刘洪度署镇沅知府，从而结束了镇沅土司统治的历史。原镇沅土府有土目土役百余人，改土归流以后，进行查田编赋，刘洪度欲将土目所占民田撤还夷民，各令输赋。而众土目不肯献出所占民田，于是便伺机起事，希图重为土官，不听设流辖制。土目以刀如珍等人为首，首先“捏造浮言，煽惑夷众”。同年冬，于箐林中宰羊歃血，饮酒订盟。次年正月十七日夜，聚众数百人，烧毁府衙，杀死流官知府刘洪度等人。他们知道这样做，官府是不会善罢甘休的，于是，又串连附近原者乐甸土司刀联斗和原威远土州大头目刀国相（者乐甸长官司于雍正四年九月改流，收其田赋，稽其户口，其长官刀联斗仍量予养赡，授以职衔冠带终生，在家闲居。威远土州于雍正二年改流，革职的土知州刀光焕住昆明），但刀联斗和刀国相都不愿相从，回书拒绝，刀如珍等便聚众据险，希图招安。

事情发生后，鄂尔泰急调元江协副将张应宗、新嶍营参将曹登云、景蒙营参将李登科，各带官兵，星速前往。又令临元镇总兵孙弘本带兵赴镇沅确查起事实情，相机剿抚。张应宗由他郎攻其东，曹登云由哀牢、者乐击其北，李登科出景东至抱母断其西，普威营官兵于威远分御其南。二月十四日各路会同进兵，刀如珍军不能敌，纷纷逃散。原土知府刀瀚之母，命其孙刀辅宸带领土目刀沛等十余人迎于军前，官军遂入府城。随后，又兵分数路搜捕，到三月四日刀如珍和其他主要首领叶在皋、刀西明、刀廷贵等人均被官军捉获，招回逃散民众三千余户。四月二十六日刀如珍、刀廷贵、陶波公、刀西明、刀西侯、陶国贵等六名主要首领被处死，尽徙刀瀚家属及土目于他省安置。随后，以嵩明州知州佟世荫补授镇沅知府，镇沅遂平。

车里宣慰司地处滇南边疆。明隆庆四年，宣慰使刀应勐为分派差徭，将其辖区分为十二个行政单位——版纳（西双傣语意为“十二”），即傣语西双版纳。以澜沧江为界，江内六版纳，江外六版纳。雍正年间，刀金宝为宣慰使，驻江外车里，而江内六版纳，由土目刀正彦占据。这里居住着多种少数民族，其中有窝泥人（即哈尼族）避居山中，以采茶为业，常因“茶商众客以重利滚砌”发生纠纷。雍正五年四月，又发生麻布朋与克者老二等人率众截杀茶商事件。普威营参将邱名扬、茶山守备李定海，檄知宣慰使刀金宝协同擒拿。刀金宝派刀正彦等前来会商剿抚。但刀正彦与刀金宝素有矛盾，乃乘机焚烧倚邦各寨，堵塞各路要口，并将会期招抚的总兵官王朝选及兵丁、粮差等 18 人杀死，企图嫁祸于刀金宝，谋夺宣慰使之职。鄂尔泰遂调临元镇总兵孙弘本、元江协副将张应宗、普威营参将邱名扬各带兵进剿，并令刀金宝截堵江外，勿使外逃。官军连破各寨，直抵孟养，并深入攸乐、莽芝、橄榄坝、九龙江等地，俘获麻布朋与克者老二等人。六年三月，刀正彦在猛腊被官军捉获，不久处死。宣慰使刀金宝自知年幼，不能约束，具呈愿将江内各版纳归流官管辖。

鄂尔泰认为江内六版纳，“田土肥饶，其人民蕃庶，现据查造，已不下数万户。而银厂、盐井少加调剂，即足充奉饷。及此设官安营，以图久远，实属滇省大局所关”①。雍正帝同意鄂尔泰的意见，于是便将车里宣慰司所属江内六版纳全部改土归流。普洱设府，橄榄坝设州。江内改土归流之后，各版纳夷民各安生业。但向为刀正彦主谋的大塔寺缅和尚和土目叭护、叭瞻等人冀图仍霸一方，聚众起事。缅和尚先率众逃避江外，叭护、叭瞻等于七月二十一日夜间放火、堵路、攻打营汛，并挟制宣慰使刀金宝，以威吓夷众，滇南一时为之震动。鄂尔泰得知，急调临元、永顺、开化、永北、剑川等镇协兵数千人，限期到普洱，定期会剿。又派提督郝玉麟带兵六百名，亲赴普洱统兵调度。十一月初，各

① 《朱批谕旨》，雍正六年六月十二日，云贵总督鄂尔泰奏。

路援军到齐，十三日，兵分三路，一齐进剿，很快攻下橄榄坝、九龙江等地。十六日，郝玉麟到达攸乐。二十日前往橄榄坝。在郝玉麟广行招徕，恕其以往，许其自新的策略下，江坝一带先后受抚者 1 600 多户，计 8 000 多人。

此后，车里十二版纳，除猛腊头目因和刀正彦关系密切，其父被押在省，故持观望态度外，其他十一版纳头人，俱赴营表示听候差遣。郝玉麟一面派施善元带兵千人，由猛笼、猛慢一路前进，访查首要分子踪迹；一面派徐成正带兵六百往猛腊地方，搜捕刀正彦余党，并相机招抚。到七年二月，其首要分子多被捕获，逃散居民大多回寨复业，为时半年的橄榄坝事件终于被平定。

乌蒙、东川、镇雄，旧属云南，明洪武十五年太祖平滇后，分别设府，后改隶四川。各府均由当地彝族土酋世袭土知府。康熙三十一年东川府虽实行改土归流，也不过是空有其名，而无其实。雍正年间，三土府的改土归流，首先从东川开始。当时，东川和乌蒙两土府之间，为争夺地盘而互相攻杀，正闹得不可开交。雍正四年三月二十日鄂尔泰一到云南，就奏请东川归滇。在接到雍正帝批覆后，鄂尔泰即命曲寻总兵刘起元带领援剿左协全营官兵移驻东川，将巧家等六营地方统统归流官管辖。一切土目，尽行更撤，随后又奏请以马龙州知州黄世杰为新任流官知府，东川府真正实现了改土归流。

东川完成改土归流以后，鄂尔泰便集中力量解决乌蒙、镇雄。乌蒙在东川北面，又是当时三大土府中势力最强的一个，向来被统治者视为“难治之地”。鄂尔泰一到云南，便开始规划乌蒙之事。此时，乌蒙土知府禄万钟已为川陕总督岳钟琪题参革职，经兵部议覆，由川、滇两省各派官员定期会审。禄万钟年方十五岁，土府兵政大权皆握于其叔禄鼎坤手中。禄鼎坤又与禄万钟母子不和，禄万钟凡事皆听汉人主文刘建隆、杨阿台主使。所以，解决乌蒙问题，禄鼎坤是个关键人物。

鄂尔泰软硬兼施，一面扬言乌蒙稍抗，即拟进剿。一面密令东川知府黄世杰差人入乌蒙打探，找熟识土目之人去开导，晓以利害。并派总兵刘起元、粮道张元随先赴东川，等川省官员到达，再到威宁会审禄万钟。禄万钟为刘建隆唆使，以川省官员未到，支吾不前。而禄鼎坤自领数十个头目，以及土兵数百人前来江界，差头目请黄世杰会话。黄世杰带数人亲往江界，说其利害，道其祸福。禄鼎坤见未带一兵，感泣畏服，遂率领二子及各头目至东川，并剃头改服，以示输诚之意。

鄂尔泰为处理乌蒙改流一事，也于雍正四年十一月二十五日，由贵阳起程赴东川。至十二月十三日抵东川之前一天，禄鼎坤父子迎至百里外，匍匐道旁，情词恳切。鄂尔泰赏给缎匹银牌，并委为土守备，令随同游击张鹤去土府召唤禄万钟。十二月二十日，张鹤、禄鼎坤禀报：禄万钟母子并无异词，只是被刘建隆、杨阿台等人唆拨挟制，不肯出来。非先拿此数人，不能了事。鄂尔泰见禄鼎坤既经投到，乌蒙大势已去，遣官兵直抵土府，料也不敢抗拒。遂令刘起元并各将弁兵，定于二十五日自各营起程。二十七日，各驻扎所指定之汛地，相机行事，攻取土府。

此时，张鹤与禄鼎坤驻鲁甸，刘建隆、杨阿台等人在镇雄土府主文范绍淹和纽纽巴等支持下，以三千土兵围攻鲁甸，欲杀禄鼎坤，以坚众志。张鹤、禄鼎坤以三千人迎战，土兵溃散。这时刘起元也到达鲁甸，令游击张鹤、威宁游击哈元生、知府杨永斌等一面整兵，一面招抚，直进乌蒙。而乌蒙各寨，沿途归附者前后已三千余户。刘建隆、杨阿台等见大势已去，便簇拥禄万钟母子出逃，土府一空。十二月二十九日，张鹤、哈元生、杨永斌等进驻乌蒙，随将仓库、钱粮、户口、什物等，同禄鼎坤一同查勘封固。

镇雄与乌蒙唇齿相连，土知府陇庆侯年方十五，与乌蒙一样，其权操纵在其叔陇联星及主文范绍淹、纽纽巴等人手中，此二人又与乌蒙刘建隆、杨阿台等人互相勾结，朋比为奸。鄂尔泰认为，陇联星是和禄鼎坤一样的关键人物。因此，老主意不变，令威宁镇总兵孙士魁、知府杨永斌招抚陇联星。陇联星自明处境，愿求效力。乌蒙被官军占领后，唇亡齿寒，镇雄当难自保。于是，陇庆侯母子也逃往四川。雍正五年正月十四日，官军进驻镇雄。前后不过两旬，且未经激战，两土府悉平。乌蒙设府，镇雄设州，并安镇设营，添兵驻守。至此，东川、乌蒙、镇雄三土府改流之事全部完成。

三府有些被革职的土司、土目总想东山再起。乌蒙改流后，禄鼎坤初授外委守备，继则奉诏进京引见，授河南归德府参将，并赏银一万两。但他在进京时，却嘱咐其子禄万福、禄万富说：此去未得生还，若久无音信，是以被诛，可与土目等谋叛。[①] 禄鼎坤于雍正八年七月二十五日到任，其妻、女、幼子及弟禄鼎明仍留居昆明。其子禄万福、禄万富回鲁甸料理产业，因不得其父信息，又见总兵刘起元军律不肃，私派公费，侵欺粮饷，客人被劫，混将头人拷比，遂煽众于八月二十六日起事，攻陷城镇，杀死总兵刘起元等多人。并联络东川、镇雄及四川凉山彝众至数万人，声势一时大震。鄂尔泰一面向雍正帝请求罢斥，一面急调云贵官兵，分三路会剿。

① 鄂容安等：《襄勤伯鄂文端公年谱》。

东川路,由临元总兵魏翥国统领,率兵两千余人,于九月初首先到达东川。东川一路,九月二十九日楚姚总兵官禄抵东川府城后,官军已至万人。威宁一路,哈元生率兵两千,于九月十九日抵威宁后,即向乌蒙方向推进。官军攻占乌蒙以后,哈元生兵分两路,一路由鲁甸通东川,一路由龙洞山连镇雄。鄂尔泰恐哈元生兵少,又调东川兵四千赴哈元生军。韩勋也带领镇雄兵前来会合。川兵把住凉山及金沙江去路。前后二十多天,到十一月初,官军连破三关,禄万福兄弟等人逃匿东川巧家营。张耀祖责令缚献,不出,鄂尔泰遂令副将徐成贞于十二月二十四日再战,全部俘获。禄鼎坤也自河南逮至,斩之。至此,乌蒙、东川、镇雄三土府的顽抗,终被平息下去。

清廷除出兵镇压土司的这些反抗事件外,也采取了相应的措施:一是妥善安置被革职的土司,使其得所;二是对派驻流官慎重挑选,用人得当。在改土归流中,清朝对被革职土司的处理,大致有两种情况:一是因其本人或先辈对清朝有功绩,仍授以官职。这种官职包括流官和土职。如湖广永顺宣慰使彭肇槐因自请改流,为湘西土司树立了榜样,在永顺宣慰司改流时,被授予参将,并赏银一万两。广西泗城土知府岑映宸之弟岑映翰,因其祖父岑继禄曾有“率土兵迎导大军之功”,在泗城改流时授予八品顶戴,并给田产奉祀。这种情况为数不多。二是“量给土地房屋,俾得存养,不致失所”。这种情况占绝大多数。一般说来,在改土归流时,土司无论有罪还是无罪,罪大还是罪小,只要表示愿意改流,不进行武力对抗,都免于处分。就连雍正帝认为“暴虐不仁,动辄杀戮,且骨肉相残,土民如在水火”[①]的湖广桑

① 《清世宗实录》卷143,雍正十二年五月甲辰。

植宣慰使向国栋、保靖宣慰使彭御彬等人，也都未加惩处。

土司被革职以后，有的居省城，有的仍居原地。但清廷也发现，这些人官虽不存，影响还在。有的虽身居省城，但和土目来往频繁，互通声息。更有少数人不甘心退出历史舞台，妄图卷土重来。因此，雍正帝认为，要巩固改土归流的成果，必须对影响较大的土司及家口，采取调虎离山的策略，将他们迁移内地安置。雍正五年镇沅事件发生以后，一些被革职的大土司，陆续被安置内地。如镇沅土知府刀瀚家属安置江宁，泗城土知府岑映宸安置浙江，保靖宣慰使彭御彬安置辽阳，桑植宣慰使向国栋安置河南，邓川土知州阿霓远安置江西，等等。

但是，在改土归流以后，之所以发生土司闹事，除来自土司方面的原因外，流官激变也是一个不容忽视的因素。一些派往归流地区的官员，贪婪成性，借改土归流乘机大捞一把。有的借丈量土地、清理钱粮的机会，抢占土地，苛索银两。有的和土目、土舍勾结，营私舞弊，任意敲索。有的大放高利贷、重耗、滥差、抢占民妇等，引起人民的不满和反抗。如湖广永顺宣慰司于雍正五年改土归流以后，设置永顺府，同知潘果酷刑重耗，滥差妨农，雍正七年五月有两千多人聚集永顺城外，控告潘果。人民的这种不满和反抗，又往往会被土司土目所利用。如镇沅事件，土目刀如珍之所以敢聚众据险，在很大程度上就是利用了人民对知府刘洪度"苛索银两，今日要草料，明日要柴薪，终朝苦打，每日谢银三、四、五钱不等"①这种盘剥的不满情绪。乌蒙的禄万福之所以能聚集那么多人，也是利用了总兵刘起元军律不肃、私派公费、侵欺粮饷在人民中所引起的不满。

① 《朱批谕旨》，雍正五年二月初十日，云贵总督鄂尔泰奏。

三、西南民族区域的开发

改土归流在政治上除去土司的世袭制，在经济上取消奴隶制和封建领主制的残余，是土司统治地区各民族政治、经济制度上的一种变革，对各民族地区社会政治、经济、文化有着较大影响。①

改土归流消除了各地土司分散割据的封闭局面，各土司地区完全纳入了中央王朝的直接管辖之下，交通道路的畅通，加强了各民族地区人民之间的来往。湖北来凤县自改流后，遂为三省之要衢。土司被废除后，清政府可以对原土司统治下的人民进行户籍清查，登记编册，转到清政府的直接控制之下，并将原土司的庄奴释放为自由农民。如云南丽江土府改流后释放了原木氏土司的庄奴 2 000 余人；湖广容美土司改流后，追释了原被掠保靖良民 500 余人。原来的那种依附关系不存在了，成为清政府的直接编民，这对缓和社会矛盾，促进生产的发展起了一定的作用，有利于多民族统一国家的发展和巩固。

改土归流过程中清政府对土司地区一些旧制陋规作了改革。首先是革除土司的苛派和特权剥削，诸如"火坑钱"、"锄头钱"、"烟户钱"、"年岁钱"、"鞋脚钱"、"修衙门钱"、"破收银"等一律予以革除。仅泗城府、西隆州就革除土司各种苛派银 1 517 两，云南丽江府改流后革除各种苛派银 2 万余两。税收由清政

① 本节写作主要参考王锺翰主编《中国民族史》第七编第四章之第二节《土司制度的崩溃和改土归流》。

府统一管理，按亩进行征收，并在一段时间内科粮从轻，减轻了人民的负担，农民的生产积极性有了提高。革除一些土司长期统治造成的流弊，对于改流前土司自定的刑律、私设的公堂一律废除，还禁止土目擅管地方，禁止仇杀、掠抢人畜和勒索抢掠商人财物等。这些措施有利于地方的安定和发展生产、繁荣商业。[①] 革除了某些民族的陋俗，如禁革“骨种之习”[②]。禁革同族婚姻，还“禁端公邪术”、“禁乘丧讹诈”、“禁轻生”等。这些措施虽难以立即被当地各民族所接受，但长远而言有利于各民族的繁荣和发展。

土司的废除，使奴隶制和领主制得以彻底瓦解，土民从土司的束缚下解放出来，获得了较多的自由，再加上清政府在改流过程中比较重视恢复和发展生产，土民的生产积极性高涨，改流地区的社会经济有了新的发展。改流后，清政府允许土地自由买卖，鼓励开荒和招农开垦，使大量有主土地得以耕种，大量无主土地得以开垦，耕地面积大幅度增长。云南丽江上府改流后的雍正三年只有耕地 790 余顷，到雍正五年新开垦耕地 471 余顷，雍正七年又新开垦 55 余顷，总耕地面积增至 1 318 余顷，比明末清初时增加了 3 倍。鄂西大片荒地也被开垦，乾隆十九年至三十九年，施南府垦出荒地 55 396 亩。

改流后，原土司地区的水利建设也有较大的发展。清政府根据各地的不同情况，对以往常造成灾害的江河湖泊进行了治理，并修建许多新的水利工程。以云南省为最多，仅在雍正年间昭通地区就兴修水利工程 10 处，灌溉面积达 2 万余亩。据乾隆

① 李世愉：《清雍正朝改土归流善后措施初探》，《民族研究》1984 年第 3 期。

② “骨种之习”为湖北永顺等地古时的一种落后婚俗，即无论年龄大小，凡姑家之女必嫁舅家之子。

《云南通志》卷 13 水利条记载，雍正年间云南省疏河、开渠、筑堤、建闸等各项水利工程达 70 项之多。[①] 水利工程的兴建促进了农业生产的发展。

改流后，还将内地的先进生产技术和农具输入到改流地区。鄂西地区“向来刀耕火种，不用灰粪”，因此鹤峰第一任流官知州即教民积粪和灰，多收草粪，引进铁犁、铁耙、铁镰等，使高低田地皆用牛耕。其他省改流地区引进先进技术和农具的现象亦很普遍。

改流后，手工业和商业有了较快的发展。清政府鼓励改流地区从事多种经营，鄂西地区改流后，“女勤于织，户有机声”，木匠、铜匠、裁缝各业俱有；施南府百工多系本地居民，精于艺者或居肆置物。云南东川的矿业也有发展，矿产税年收万金。集市贸易更为繁荣，改流后水陆交通开通，水道可以安稳行舟，往来商贾称便，苗、彝土特产借以源源输出，外地商品如盐、米、布帛诸物，亦得以大量输入。[②] 湖北鹤峰州“舟楫之往来，连络不绝，商贾之货殖，各种俱全；人事之繁华，已至其极”。改流地区商业的繁荣可见一斑。在农业生产发展的基础上，西南地区的商业也更加兴盛起来。汉族商人络绎不绝地来往各地，既有车载船运的大商贾，也有肩挑手挽的小商贩。他们虽要谋取较多的中间剥削，但在交流物资、沟通各族的经济联系、满足人民的生活需要方面起了积极的作用。总之，改土归流促进了原土司地区社会经济的发展。

改流后，清政府下令废除“禁部中夷人不许读书识字”的旧

---

① 马曜主编：《云南各族古代史略》，云南人民出版社 1977 年，第 160 页。

② 王锺翰：《雍正西南改土归流始末》，《清史新考》，第 232 页。

规，提倡在各改流地区广设学校，凡有条件办学的地方，均设立学校和教职，还规定取士名额。湖北鹤峰流官知州提出设立义馆，令民间子弟上学，七岁以上儿童必须上学，父母不得阻止。为了扩大民间子弟入学机会，在施南府设了府学。各县大都设了县学、乡学，实行科举考试。清政府为了笼络人心，还在一些州县专设苗童名额。据不完全统计，雍正改流后建立的学校，在贵州有府州 4 个，在云南有府州 6 个县 2 个，在广西有府州 5 个县 1 个，在湖南有府州 1 个县 4 个，在四川有府州 2 个县 1 个。[①] 学校的建立，使许多少数民族的子弟有机会上学，“文教事兴，人皆向学。不独世家巨室，礼士宾贤，各有家塾，即寒素子弟，亦以诵读为重”[②]。文化教育事业的发展，对改流地区各民族社会经济文化的发展有着深远的影响。

① 李世愉：《清雍正朝改土归流善后措施初探》，《民族研究》1984 年第 3 期。

② 黄柏权：《鄂西土家族地区改土归流的必然性和进步性》，《湖北少数民族》1985 年第 2 期。

第七章
边事纷扰与疆域巩固

平定三藩、收复台湾后，清朝将治理边疆的重心从南方移到北方，着手解决日益严重的北部边疆问题。当时俄罗斯侵入黑龙江流域，崛起于西北的准噶尔蒙古部兵锋向东，准噶尔与俄罗斯还将手伸向北方的喀尔喀蒙古。清朝、俄国、准噶尔三种势力展开激烈角逐，对于清朝而言，处理北疆的蒙古与俄国的关系，迫在眉睫。清朝在东北成功地遏制了俄罗斯的扩张，签订条约，划定了边界。清朝还驱逐占领北方喀尔喀蒙古部的准噶尔势力，喀尔喀蒙古并入清朝。清朝再平准噶尔，控制西藏、青海，统一天山南北地区。

一、中俄关系与东北边界的划定

17 世纪，满族崛起于东北，建立清王朝，并入关夺取了对全中国的统治权，正值世界早期殖民主义势力扩张。俄国从 16 世纪下半叶越过乌拉尔山以后，仅仅几十年的时间，就扩张到了鄂霍次克海，在辽阔的西伯利亚土地上陆续建立起稀疏的扩张据点，到 17 世纪 30 年代就逼近中国的东北边境。

1636年(明崇祯九年,清崇德元年)一队在阿尔丹河上建立据点的俄国哥萨克第一次听到了有关黑龙江的消息。1643年(明崇祯十六年,清崇德八年),雅库次克督军戈洛文派出以文书官瓦西里·波雅科夫为首的一支远征军,共133人,携带枪支弹药侵入黑龙江。他们探知西里姆底河口的达斡尔人村庄贮存有粮食之后,就派出一个分队前去抢劫。直到1646年(顺治三年),波雅科夫等才取道鄂霍次克海返回雅库次克,在黑龙江上骚扰达三年之久。

1649年(顺治六年),由叶罗菲·哈巴罗夫组织和指挥,俄国又对中国东北地区发动了第二次武装入侵。1650年(顺治七年)1月,哈巴罗夫率领70名哥萨克越过外兴安岭,侵入中国国境,窜到雅克萨以西。这一带是中国达斡尔族首领拉夫凯的辖区。哈巴罗夫力量单薄,决定回雅库次克求援。他搜刮了粮食,放火烧了村庄,匆匆回到雅库次克,向督军作了汇报。哈巴罗夫招募了117人的队伍,雅库次克督军又拨了20名哥萨克火枪手,于1651年(顺治八年)初再次窜到中国黑龙江上。哈巴罗夫首先进攻雅克萨,侵占了这个战略重地。同年6月向黑龙江中下游窜犯,在古伊古达儿村进行了骇人听闻的大屠杀,并突袭了精奇里江口的多伦禅屯。10月,来到乌扎拉村(在伯力以东六百余里,今俄罗斯境内宏加力河口),在这里休整过冬。这一带是赫哲族(亦称阿枪人、纳特克人)居住的地区,宁古塔章京海色率领600名士兵前往乌扎拉村,战斗失利,清军从乌扎拉村撤退。哈巴罗夫不敢再往前走,回莫斯科去报捷领赏。斯捷潘诺夫接任指挥留在黑龙江上的几百个哥萨克。

1653年(顺治十年),清政府设立宁古塔昂邦章京,任命沙尔虎达为第一任昂邦章京,以抗击俄国侵略,保卫边境安宁。翌年，沙尔虎达率领满兵300名、虎尔哈兵300名和前来助战的朝鲜兵100名，前往松花江口，与斯捷潘诺夫所率370名俄国侵略军进行了遭遇战。次年初，清政府命固山额真明安达理统率官属兵丁，往征罗刹(即俄罗斯人)于黑龙江。斯捷潘诺夫侵略军龟缩在呼玛尔城内，利用坚固的工事和精利的武器进行顽抗。清军攻城，战斗十天，未能攻克呼玛尔城。1658年(顺治十五年)7月10日，斯捷潘诺夫带领500名哥萨克窜到松花江上。沙尔虎达率清军分乘47只小船，在松花江和牡丹江的汇流处严阵以待，另有朝鲜兵260人赶来助战。经过一场鏖战，270多个侵略军被打死或活捉，漏网47人，击毙了侵略军的头子斯捷潘诺夫，缴获船上赃物貂皮3 080张。1659年(顺治十六年)，沙尔虎达去世，其子巴海继任宁古塔昂邦章京。1660年(顺治十七年)，清军在巴海率领下又在黑龙江进行扫荡，肃清了中下游的俄国侵略军残部。

俄国政府曾多次派外交使节前来中国，收集情报，刺探消息。1676年(康熙十五年)俄国政府又派尼果赖使团来到北京。清政府隆重接待了俄国使团，康熙帝两次接见，希望谈判解决中俄边界的争端。

从1676到1682年(康熙十五年至二十一年)，俄军分路推进，到达黑龙江的各条支流上，建立寨堡，设置据点，强征贡税，迫害中国的各族居民。1676年在葛娄河(即古里河，明代曾设古里河卫)上设侵略据点；1678年在精奇里江上游建立结雅斯克堡；1679年又在西林穆丹河上建立西林穆宾斯克；在精奇里江口建立多伦禅(俄人称多伦斯克)；1681年在额尔古纳河上建立额尔古纳堡，劫持当地中国居民首领阿里汗和巴久汗作为人质，强征贡税，并在这里勘察和开采银矿；1682年，雅克萨俄军当局又派出大批哥萨克，窜扰黑龙江下游。俄军在黑龙江下游及沿海一带建立了杜吉根斯克、乌第斯克、图古尔斯克、聂米伦斯克等侵略据点。

黑龙江流域是满族的故乡，是清朝的发祥地，清王朝自然不能容忍俄军侵占这里。驱逐俄军，收复失地是清朝统治者的强烈愿望。康熙二十一年，即平定三藩之乱的第二年，康熙帝四月到盛京（沈阳）谒陵后，由抚顺、兴京（今新宾）、哈达城（今西丰），出柳条边，五月到船厂（或称吉林乌喇，即今吉林市），航行于松花江上，亲自视察边防情况。同年九月康熙帝派副都统郎谈、公彭春率领几百人，以捕鹿为名，到雅克萨附近侦察地理形势和水陆交通。康熙帝先在黑龙江（即瑷珲）和呼玛尔两地建城驻兵，贮存粮食，修造船只，筹划屯田，开辟驿路，以求战而能胜，胜而能守。

康熙二十二年夏天，第一批乌喇宁古塔官兵 1 000 人在副都统萨布素率领下到达瑷珲。次年秋，又有乌喇宁古塔官兵及增派的达斡尔官兵 1 000 人携带家属到黑龙江屯田驻守。这两批军队共 2 000 人，是守卫边境、对俄作战的主力。康熙二十二年冬，为了协同作战，从北京派兵五六百人往黑龙江。康熙二十四年初，为了对付俄国的火枪，又调安插在山东、山西、河南的福建藤牌兵 420 人到前线。这两批军队共 1 000 人，参加战斗后即撤回原地。清军到达瑷珲，即在黑龙江东岸古城的废墟上建立城堡，城名黑龙江，设将军驻守，萨布素任第一任黑龙江将军。又令军队在当地屯田，为了保证驻守黑龙江的士兵的粮食供应，还从科尔沁十旗、锡伯、乌喇官屯征集粮食一万二千石，备三年之需，又派人在索伦族居住地区购买牛羊牲畜。向雅克萨进军，需要大批战船和运输船，清政府积极准备木料，调集工匠，在吉林设厂，大规模造船。特派户部尚书伊桑阿监督，造成各种类型的船只，征调士兵、奴仆和流放的罪犯充当水手。从盛京（沈阳）到黑龙江（瑷珲）之间组织分段运输，这条运输线路长达 5 000 里，经辽河、松花江、黑龙江，设防兵，招夫役，浚河道，设粮仓，派人在各段实地勘察道路远近和水流深浅，确定所造船只的大小和运载量。还在通州到瀛台之间，装米行船，作了试验性的航行。此外，又从乌喇到瑷珲开辟了 1 340 里的新驿路，中途设 19 个驿站，以传递公文、军情。

康熙二十四年一月，康熙帝派都统公瓦山等赴黑龙江和萨布素等会议，决定春暖后发兵收复雅克萨。同年六月清军进抵雅克萨，先遣返俄俘费咬多里等三人进雅克萨，带去两件公文，一件是康熙帝致沙皇的信，一件是清军统帅彭春给雅克萨俄军的咨文，要求俄军撤离中国，对侵略者发出最后警告。六月二十五日清军架设大炮，向雅克萨猛烈轰击，城内到处起火，俄军伤亡严重。清军又多次把劝降信射入城内，提出俄军只要撤出雅克萨，保证不再卷土重来，就可以保全生命，并允许带走自己的武器和财产。至此，俄军首领托尔布津竖起了降旗，清军准许 700 多名俄国人撤出雅克萨，将他们送到额尔古纳河口。另有巴什里等 45 名俄兵不愿回国，要求留在中国，随清军回到瑷珲。雅克萨据点内还有 160 多名被俄军扣押作人质的中国索伦族、巴尔虎部人民，全部获得释放。第一次雅克萨战争以俄军的战败、投降和撤出雅克萨告终。

托尔布津率领俄军从雅克萨退到了尼布楚，仍想卷土重来。这时，由拜顿率领的 600 名援军到达尼布楚，俄军的力量增加了。同时，他们打听到，清军战胜后已全部撤回瑷珲，并没有在雅克萨留兵驻守。因此，托尔布津和拜顿立即率军重新占据雅克萨，并全力构筑城堡工事，妄图负隅顽抗。

俄军再占雅克萨，清政府就不得不再次出兵。康熙二十五年七月，萨布素率清军2 000余名进抵雅克萨，在雅克萨据点里的俄国侵略军共有800多人，已做好顽抗的准备。俄军火器较多，有充足的弹药、粮秣，还有坚固的城防工事。他们频繁地从雅克萨出击，不让清军的炮位和攻城器械逼近城垣。清军除了一些大炮之外，只有火枪50支，士兵们全用刀矛弓箭作战，未能迅速攻下雅克萨。但清军士气高昂，又有当地各族居民助战，屡次挫败出城搦战的俄军。在战斗开始以后的几天内，就打死了100多个侵略军，俄军头子托尔布津也中炮毙命。清军和俄军在雅克萨相持，黑龙江上寒冷的季节很快就来到。清军由于缺少火器，为了避免太大牺牲，停止了强攻，在雅克萨周围筑垒挖濠，团团围困。经过长期的战斗和包围，俄军大多战死病死，最后只剩下66人，粮食弹药亦消耗殆尽。尼布楚方面也无力派来援军，困守雅克萨的侵略军只有坐以待毙。

康熙二十五年十一月，一批俄国信使路上经历一年之久来到了北京。沙俄政府为了缓和远东方面的紧急局势，决定接受清政府的建议，举行边界谈判，并派出了以戈洛文为首的谈判使团。文纽科夫和法沃罗夫奉俄国政府之命，先期赶到北京，递送沙皇给康熙帝的书信，要求清政府停止攻打雅克萨，等待戈洛文使团到达，进行谈判。清政府同意俄国的请求，停止战斗，解除包围。雅克萨围城五个月，俄军死亡殆尽，城内缺少粮食木柴，清军送去了粮食。康熙二十六年，清军单方面撤离雅克萨返回瑷珲，等待俄国使团到来。

康熙二十五年，戈洛文从莫斯科出发，次年到达贝加尔湖东岸，在这一带停留两年之久。康熙二十八年，中国使团先到达尼布楚。使团共有官兵不到3 000人，还有水手、仆役、运夫，此外有供食用和运输用的大批牛羊马匹。使团分两路行进，一路由索额图、佟国纲率领，自北京出古北口，经达尔泊、克鲁伦河、温都河，至尼布楚；一路由郎谈、萨布素率领，自瑷珲溯黑龙江而上，经雅克萨，至尼布楚。经过了一系列艰难曲折的谈判，终于达成了协议。康熙二十八年七月二十四日，即1689年9月7日中俄双方正式签订了《尼布楚条约》。

中俄《尼布楚条约》共六条，明确规定以格尔必齐河、石大兴安岭（即外兴安岭）和额尔古纳河为两国的分界线。又规定外兴安岭和乌第河之间的地区暂行存放，留待后议。又规定了俄国在雅克萨和额尔古纳河南岸的据点全部拆毁、迁移。《尼布楚条约》严禁彼此越界入侵，双方不得收容逃亡者，以减少边境争执。又规定：中俄两国人民持有护照者，可以过界来往，贸易互市，这是俄方长期以来的要求。《尼布楚条约》是一个平等的条约，划分了中俄两国的东段边界，从法律上肯定了黑龙江流域和乌苏里江流域的广大地区都是中国的领土。条约在领土和贸易方面也满足了俄国的要求。

18世纪末和19世纪初，一方面由于《尼布楚条约》的签订，中俄两国的贸易有很大发展，俄国商队频繁地前来北京，销售大量毛皮，又从中国运出大批丝织品、布匹、药材。随着两国贸易的开展，俄国不断骚扰中国喀尔喀蒙古地区，清政府不断向俄国提出抗议，要求迅速划定中段边界，但俄国政府置若罔闻。由于沙俄对中国蒙古地区的入侵骚扰越来越严重，清政府决定于康熙五十七年起暂停贸易。康熙五十九年，俄国政府所派特使伊兹玛依洛夫来到北京，交涉恢复中俄之间的贸易。伊兹玛依洛夫受命要为俄国取得广泛的商业和政治利益，谋求和中国缔结“自由通商条约”。这个使团在北京停留三个多月，康熙接见了十多次，再三向使团表明中国方面的和平意愿。

雍正四年，萨瓦到北京祝贺雍正登基并和中国政府举行谈判，双方商定在波尔河继续举行边界谈判。雍正五年，勘界会议在波尔河畔举行。中国方面的谈判代表是隆科多和图理琛。同年签订了中俄《布连斯奇条约》。中俄双方派出界务官，勘分了中俄中段的整个边界，设置了界标。雍正五年，订立《阿巴哈依图界约》，确定了从恰克图向东至额尔古纳河的边界；订立《色楞额界约》，确定了从恰克图向西至沙宾达巴哈的边界。中俄双方在北京和波尔河畔谈判的基础上，又在雍正六年签订了《恰克图条约》。这项条约是确认前此各项条款的总条约，规定了中俄在政治、经济、贸易、宗教各方面的相互关系。条约共 11 款，确认了《布连斯奇条约》规定的中俄边界：以恰克图和鄂尔怀图山之间的鄂博作为两国边界起点，东至额尔古纳河，西至沙毕纳伊岭(即沙宾达巴哈)，以南归中国，以北归俄国；重申“乌第河及该处其他河流既不能议，仍保留原状”，双方均不得占据这一地区。《恰克图条约》规定俄商每三年可来北京一次，人数不得超过二百，此外可以在尼布楚、恰克图通商。条约还规定俄国可以派东正教教士三人来北京，同时中国方面接受俄国学生来北京学习中国语文。

二、平定准噶尔部、统一漠北地区

地处中国北部边疆的漠北地区，东起黑龙江呼伦贝尔，南至瀚海，西至阿尔泰山，北至俄罗斯，是喀尔喀蒙古族长期居住和游牧的地方。早在清朝入关以前，喀尔喀蒙古三部——土谢图汗、札萨克图汗、车臣汗就和清朝政府建立了联系。顺治十二年，清政府又在喀尔喀设八札萨克，分左右翼，因而使喀尔喀蒙古与清朝中央政府的政治联系更加密切起来。

在喀尔喀蒙古之西，是厄鲁特蒙古族游牧的地方，他们聚牧天山之北、阿尔泰山之南，巴尔喀什湖以东、以南广大地区。厄鲁特蒙古本是蒙古族的一支，在元代称斡亦剌惕，明代称瓦剌，在清代也称为卫拉特、卫剌特或额鲁特。大约16世纪后期，厄鲁特蒙古已分成和硕特、准噶尔、杜尔伯特、土尔扈特四部，主要活动于伊犁河谷、额尔齐斯河两岸、塔尔巴哈台、乌鲁木齐地区，有的部族沿额尔齐斯河游牧，远至鄂毕河和塔拉地区。厄鲁特蒙古很早就有一个最高的联盟会议，称“丘尔干”，由各部的封建贵族参加，共同决定内外大政，调整内部的利害冲突。丘尔干设一至两个首领，一直由和硕特部的贵族担任。17世纪初，和硕特部的拜巴噶斯担任丘尔干的首领。准噶尔部游牧在伊犁河流域的肥沃牧场上，并且和中原地区、漠南北蒙古、西藏以及中亚细亚的贸易较发达，经济发展最快，力量也最为强大。准噶尔的首领哈喇忽喇起而与拜巴噶斯竞争，后来两人共同担任丘尔干的首领。

到了哈喇忽喇的儿子巴图尔珲台吉的时候，准噶尔的势力更加强大。巴图尔珲台吉不但依靠日益繁荣的畜牧经济，而且大力发展农业和手工业，使用俘获的布哈拉人开辟耕地，种植麦和黍；拥有一批木匠、泥水匠、铁匠、铠甲匠；还建立了几座以喇嘛寺庙为主体的定居村镇。在政治上，巴图尔珲台吉进一步巩固了权力，迫使厄鲁特四部服从自己的统治。原来游牧在塔尔巴哈台地区的土尔扈特部首领和鄂尔勒克，与巴图尔珲台吉关系不睦，不愿服从其统治，率所部五万余帐（大约二十余万人）于明崇祯元年（后金天聪二年）向西迁徙，辗转至伏尔加河下游。接着，约在明崇祯十年（清崇德二年）和硕特部首领拜巴噶斯的弟弟图鲁拜琥（即顾实汗）也因和巴图尔珲台吉发生冲突，率所部离开原来牧区乌鲁木齐地区，向东南迁移，到达青海一带。明崇祯十三年（清崇德五年），为了缓和各部蒙古的内部矛盾，在巴图尔珲台吉的主持下召开了大会，参加的有厄鲁特蒙古各部首领，包括已迁往伏尔加河下游的土尔扈特部和鄂尔勒克以及已迁往青海的和硕特部图鲁拜琥，还有喀尔喀三汗，但没有漠南蒙古参加。会议上制定了蒙古—卫拉特法规，调整了蒙古各部的相互关系，巩固了封建贵族、牧主对牧民的剥削权利，并保证各部在对外作战中统一部署，相互支援。

顺治十年，巴图尔珲台吉死去，其子僧格继为厄鲁特丘尔干的主持人，内部发生了激烈斗争。僧格联合和硕特的鄂齐尔图为一方，僧格的弟弟车臣台吉卓特巴巴图尔联合鄂齐尔图的弟弟阿巴赖为另一方，展开了争夺战。起初，僧格在斗争中占上风，巩固了自己的统治，但到康熙九年却被阴谋刺杀，准噶尔陷入了群龙无首的状态。噶尔丹是巴图尔珲台吉的第六子，从小在西藏学习喇嘛教。僧格被杀，他立即赶回准噶尔，声称奉达赖喇嘛的命令要为其兄僧格报仇，平定准噶尔内乱。他驱逐了僧格的敌人车臣台吉，却又杀掉僧格的儿子索诺木阿拉布坦，囚禁自己的叔父楚琥尔乌巴什，攻杀自己的岳父鄂齐尔图车臣汗，建立了自己的统治。他曾进发青海，攻打和硕特部，又乘回部的教派之争，进兵天山南路，灭叶尔羌国，并勾结沙俄，向喀尔喀蒙古进攻。噶尔丹自称博硕克图汗，并胁迫诸卫拉特奉其令。17 世纪下半期，在噶尔丹的统治下，准噶尔发展为一支强大的割据势力，控制着天山南北，威胁青海、西藏和喀尔喀蒙古。

当时，在天山南路维吾尔族地区，形成了以元蒙的察哈台汗后裔为统治阶级的地方政权——叶尔羌汗国，即清代书籍中所说的回部。叶尔羌汗国的人民早已皈依伊斯兰教。在明朝末年，察哈台后王拉什德汗统治时期，有个名叫玛赫杜米·阿札木的人，从撒马尔罕到喀什噶尔传教，自称“和卓”，即教祖穆罕默德的后裔，被笃信伊斯兰教的拉什德汗奉若神明。玛赫杜米·阿札木的子孙世居喀什噶尔与叶尔羌，有很大的权势和影响，成了天山南路的实际统治者，察哈台后王此时已完全被和卓所控制。在南疆地区伊斯兰教传播过程中早已出现了教派之争，即“黑山派”与“白山派”的斗争，到了清初愈演愈烈。康熙初年，南疆的察哈台后王伊斯美尔汗赞助“黑山派”，驱逐“白山派”，“白山派”首领阿拍克求援于其北邻准噶尔部，因而给早已形成割据势力的准噶尔部进侵南疆以可乘之机。康熙十七年，准噶尔部首领噶尔丹乘机进兵，尽执元裔诸汗，迁居天山以北。回部及哈萨克皆为其属，从此，叶尔羌汗国灭亡，察哈台后裔在维吾尔族地区的统治结束，准噶尔控制了天山南路。

这时，噶尔丹已统一准噶尔部，并吞天山南路，影响及于青海、西藏。噶尔丹的野心越来越大，对喀尔喀的进攻蓄谋已久。喀尔喀内部纷争，札萨克图部的额林沁（即阿尔泰汗）杀死札萨克图汗旺舒克，部内大乱，属众溃散，多依土谢图汗。土谢图汗察珲多尔济（斡齐赉赛音汗）联合赛音诺颜部长丹津喇嘛出兵击败额林沁，额林沁投奔准噶尔。旺舒克的儿子成衮承继札萨克图汗位，成衮死后，又传位其子沙喇。札萨克图部一直要求土谢图汗归还逃散部众，土谢图汗拒不交还，因而引起札萨克图部与土谢图部之间的矛盾。清政府与达赖喇嘛都派出使者前去调停，但未得到解决。噶尔丹以土谢图汗及其弟哲布尊丹巴·呼图克图卑视达赖喇嘛使人为辞，遣其弟多尔济查布对土谢图汗肆行凌辱，激怒了土谢图汗，杀死多尔济查布。噶尔丹以此为借口，向喀尔喀大举进攻。

噶尔丹向喀尔喀的进攻，是在土谢图汗抗击沙俄入侵的紧要时刻，以突然袭击方式进行的。土谢图汗的军队猝不及防，处于腹背受敌的不利地位。

康熙二十九年六月，噶尔丹以为有俄国的支持，有恃无恐，以追击喀尔喀为名，举兵南犯，深入内蒙古的乌珠穆沁，在乌尔会河打败了清廷理藩院尚书阿喇尼率领的骑兵。逼近乌兰布通（今内蒙古昭乌达盟克什克腾旗的南境），距北京仅700里。清廷急忙调兵遣将，采取分兵合击的战略，命裕亲王福全（康熙帝之兄）为抚远大将军，率左翼清军出古北口，命恭亲王常宁（康熙帝之弟）为安北大将军，率右翼军出喜峰口。康熙帝亲自出塞，准备亲临前线，后因病停驻在波罗和屯（今河北隆化县城），指挥各路大军。

噶尔丹在乌兰布通摆好了阵势，数万骑兵在山下布阵，依林阻水，以万驼缚足卧地，背加箱垛，蒙以湿毡，环列如栅，士卒于垛隙发矢铳，备钩距，号曰：驼城。康熙二十九年八月一日，清军向乌兰布通推进，噶尔丹的驼城被攻破，噶尔丹乘夜遁去。清军伤亡也很严重，康熙帝的舅舅佟国纲中枪身死。狡诈的噶尔丹于兵败之后，派人去清营卑词乞和，施用缓兵之计。清军前线统帅福全在惧战、妥协思想指导下，未能乘胜追剿，致使噶尔丹逃逸而去。

乌兰布通战后，康熙帝又亲自与内外蒙古各部首领于多伦诺尔会盟，联合喀尔喀各部力量，以进一步统一漠北地区。多伦诺尔在今承德市西北，地势平旷，饶有水草，向来是内外札萨克来朝者道里适中之所。康熙三十年四月，康熙帝自北京出发，亲率上三旗官兵，出古北口，溯滦河而上；下五旗官兵出独石口，会师于多伦诺尔。喀尔喀各部首领及内蒙古科尔沁等 49 旗的王公台吉，早已预屯于会阅之地百里以外，听候传谕。康熙帝首先调解了喀尔喀三部之间的纠纷，责备土谢图汗不该吞并札萨克图部的牧场，尤其不该攻杀札萨克图汗沙喇。土谢图汗具疏请罪，康熙帝以沙喇之弟策妄札布代统札萨克图部，并封为和硕亲王。在调解了他们之间的纷争之后，喀尔喀三部首领在理藩院大臣及鸿胪寺官员引导下，逐次被引进御帐，朝见康熙皇帝。内外王、贝勒、贝子、公、台吉等列于左，喀尔喀汗等列于右，共进御宴，奏乐进茶，在隆重而和睦的气氛中举行了会盟大典。次日，康熙帝又设宴招待了土谢图汗、哲布尊丹巴、车臣汗吴默赫以及策妄札布等 35 名首领。会上，康熙帝郑重宣布：保留喀尔喀三部首领的汗号，取消蒙古贵族原来的济农、诺颜的名号，按满洲贵族的封号，各赐以亲王、郡王、贝勒、贝子、镇国公、辅国公的爵位。其行政体系也如内蒙古 49 旗一样，实行札萨克（旗长）制。照 49 旗编为旗队，给地安插，共分为 34 旗，旗下设参领、佐领，结束了喀尔喀各部长期以来的混乱局面，加强和巩固了中央政权对喀尔喀各部的管辖。

多伦诺尔会盟进一步发展了清朝中央与内外蒙古的关系，加强了对喀尔喀部的管理，正如康熙帝所说：“昔秦兴土石之功，修筑长城，我朝施恩于喀尔喀，使之防备朔方，较长城更为坚固。”[①]会盟以后，应蒙古贵族愿建寺以彰盛典的要求，在多

① 《清圣祖实录》卷 151，康熙三十年四月壬辰。

伦诺尔建立了一所巨大的喇嘛庙，取名汇宗寺。它成为暂居内蒙古地区的喀尔喀各部的宗教中心，哲布尊丹巴·呼图克图在这里主持宗教活动，经常率蒙古贵族去多伦诺尔以东100里的木兰围场朝见皇帝，康熙帝或间岁一巡，蒙古诸部长于此会同述职。

康熙三十三年，康熙帝仍抱着和平解决叛乱的希望，屡次约噶尔丹会盟，促其服从中央的命令，但噶尔丹抗命不至，反而遣兵侵掠喀尔喀益甚，屡次致书清廷索取土谢图汗及哲布尊丹巴，并密派使者策动内蒙古科尔沁等部叛离清朝。这时沙皇俄国又派使者与噶尔丹相约，至青草出后，助鸟枪手一千及车装大炮，发至东方界上。康熙三十四年，噶尔丹自以为力量已充足，向东进攻。率骑兵三万，沿克鲁伦河而下，到达巴颜乌兰一带，扬言借俄罗斯鸟枪兵六万，将大举内犯漠南。在沙俄的支持下，噶尔丹又燃起反清的战火。

康熙三十五年，清军分三路大举出击，黑龙江将军萨布素率东三省军队，会同内蒙古科尔沁部出东路，沿克鲁伦河进剿；大将军费扬古、将军孙思克率陕甘兵出宁夏西路，截其归路；康熙帝亲率禁旅，由独石出中路，采取裹粮长驱、分进合击的战略，期于捕捉主力，速战速决。当时噶尔丹叛军已窜至克鲁伦河流域，知道康熙帝亲率大军前来征讨时，吓得尽弃庐帐、器械，乘夜逃去。康熙帝密谕西路费扬古军截击噶尔丹脱逃之路，清军于昭莫多与噶尔丹叛军相遇，双方展开了激烈的鏖战。

昭莫多（蒙古语大树林之意）在肯特山之南，汗山之东，土拉河之北，地势平旷，自古以来即为漠北之战场。费扬古以逸待劳，把噶尔丹叛军诱入包围圈中。噶尔丹率叛军万余人进攻，清军据山顶临之，弩铳迭发，双方展开了殊死战斗。在清军浴血奋战下，自午至暮，大败噶尔丹军，杀死叛军三千余人。噶尔丹之妻阿奴勇敢善战，率队冲锋，被炮弹击毙。噶尔丹仅引数骑逃去，其余星散，叛军二千余人投降了清军。昭莫多一战，基本上歼灭了噶尔丹的叛军力量，清军取得决定性胜利。

噶尔丹战败后，率残部流窜于塔米尔河流域，成为一股走投无路、日暮途穷的流匪。其根据地伊犁，早在他进攻喀尔喀时已被其侄策妄阿拉布坦所占据。而这时策妄阿拉布坦已遣使于清朝，表示服从中央的命令，与噶尔丹决裂。

康熙三十六年春，康熙帝亲赴宁夏，命费扬古、马思哈两路出兵，进剿噶尔丹残部。这时噶尔丹残部大多已逃走，只剩下五六百人，粮尽援绝，沙俄对噶尔丹已不感兴趣，噶尔丹穷途末路，生命也走到尽头。关于噶尔丹的死因，《清圣祖实录》记载说是“饮药自尽”，即喝毒药自杀。但是抚远大将军费扬古于康熙三十六年四月初九的满文奏折中明言噶尔丹系“三月十三日晨得病，至晚即死，不知何病”，即噶尔丹为病死，而非自杀。台湾清史专家庄吉发先生认为这证明《清实录》作伪。[①] 日本学者冈田英弘认为：噶尔丹作为藏传佛教高僧尹咱呼图克图的转世而诞生，就是所谓活佛，虽已还俗，但作为活佛而生的人是不会自杀的。康熙帝大概是想否认曾使他如此劳顿可恶的敌人噶尔丹作为活佛的神圣性吧。[②] 也有研究认为噶尔丹是得暴病而死。[③] 噶尔丹死亡的当天夜里就被火化了。

---

① 庄吉发：《故宫档案述要》，台北“故宫博物院”1983 年，第 68 页。

② 转引自宫胁淳子著，晓克译：《最后的游牧帝国》，内蒙古人民出版社 2005 年，第 33 页。

③ 崔岩：《噶尔丹死亡问题考辨》，《清史研究》2007 年第 1 期。

三、再平准噶尔，控制西藏、青海地区

康熙末年至雍正年间，以策妄阿拉布坦父子为首的准噶尔部又逐渐强大起来，和清政府发生矛盾冲突。策妄阿拉布坦是僧格的长子，噶尔丹之侄。噶尔丹夺取准噶尔部统治权后，策妄阿拉布坦因与噶尔丹争夺权力的矛盾逃离准噶尔。及至噶尔丹进攻喀尔喀发动叛乱后，策妄阿拉布坦乘势返回噶尔丹的根据地伊犁，协助并配合清军清剿噶尔丹叛军。噶尔丹死后，策妄阿拉布坦初时也尚能服从清廷的命令，献出噶尔丹的骨灰以及噶尔丹的女儿钟齐海。策妄阿拉布坦一面在部内休养生息，加强实力，一面和其西邻哈萨克的头克汗发生多次战争，占领了哈萨克部大玉兹的全部地区（楚河、塔拉斯河一带）和中玉兹的大部分地区（锡尔河一带），小玉兹也向西逃避。塔什干、撒马尔罕等城市均在其控制之下。

但随着准噶尔经济和军事实力的增长，策妄阿拉布坦对清朝中央政府的态度也在发生变化，越来越不愿意接受使令，并要求向东扩大牧场，觊觎从前噶尔丹一度占领的阿尔泰山以东和哈密附近地区。康熙五十三年，准噶尔以兵二千掠哈密，哈密札萨克达尔汉白克额敏向清廷告急。康熙帝一面派兵赴援，一面遣使准噶尔，要求与策妄阿拉布坦会盟，和平解决分配牧场的纠纷。策妄阿拉布坦不仅对此拒绝，并且还趁西藏内部纷争的时机，于康熙五十五年进兵西藏，暴露了他企图吞并西藏的野心。清政府为了击败策妄阿拉布坦的分裂活动，也调遣大军入藏，至

此，清廷与准噶尔部的战火又重新燃起。

西藏地方早在清朝入关之前，即与清朝政府发生了联系。皇太极于建号清朝的第四年，即崇德四年，便致书达赖，宣布清政府崇敬黄教的政策。此时，厄鲁特蒙古中的和硕特部首领顾实汗迁往青海，他和西藏的黄教首领达赖五世、班禅四世合作，进兵入藏，击败并杀死了统治西藏的藏巴汗，在西藏建立了和硕特蒙古与黄教的联合统治，从此，达赖、班禅成为西藏的最高教主，西藏政务由达赖与顾实汗共同委任"第巴"来掌管，而实际权力掌握在和硕特汗王手中。顾实汗一直和清朝保持着密切的关系，在其引荐下，顺治九年达赖五世罗桑嘉措至北京朝见顺治帝，受到清廷极隆重的接待。清廷册封达赖为"西天大善自在佛所领天下释教普通瓦赤喇怛喇达赖喇嘛"，并赐以金册金印。

顾实汗死后，其子达延汗、孙达赖汗相继主持西藏政务，至康熙四十年达赖汗死，其子拉藏汗继位。和硕特贵族主藏政达60年，不肯放弃自己的特权，不可避免地与西藏当地上层人物之间产生了冲突。这时，达赖喇嘛的势力也在扩张，明崇祯十六年（清崇德八年），动工扩建布达拉宫，使之成为全藏的宗教圣地，又令其他教派改宗，扩大黄教势力，增加黄教的寺院和僧众，并直接和清朝皇帝联系。在蒙古汗王缺位的情况下，任命第巴，取得行政官员的任免权。康熙十八年达赖五世的亲信桑结嘉措被任命为第巴。康熙二十一年达赖五世逝世，桑结嘉措竟匿丧不报，长达15年之久。清政府击败噶尔丹以后，才隐约听到达赖五世已死，遂严厉责问第巴桑结嘉措。第巴桑结嘉措遂派代表进京，向康熙帝请罪，康熙帝虽未深责，但甚为不快。

康熙三十六年第巴桑结嘉措公布达赖五世之丧，同时宣布自己择定的仓央嘉措为转世灵童，正式坐床，称达赖六世。这件事激怒了和硕特部的汗王，认为这是第巴桑结嘉措扶植傀儡，排挤自己在西藏的势力，双方的矛盾日益尖锐。而新立的达赖六世仓央嘉措虽才华出众，却不是虔敬的佛教徒，而是风流倜傥的诗人。他十分厌倦布达拉宫里清教徒式的禁欲生活，一心追求浪漫的爱情。拉藏汗视之为假达赖，向清廷上报他行为不端。康熙四十三年双方发生冲突，拉藏汗率兵从其在藏北的驻地进向拉萨，色拉、哲蚌和甘丹三大寺的代表努力调解，达成协议，第巴桑结嘉措被迫退位，由他的儿子继任第巴。但是，和硕特汗王与西藏上层势力的矛盾并未解决。康熙四十四年战端又起，藏兵战败，第巴桑结嘉措被杀。康熙皇帝因第巴桑结嘉措长期匿丧，又曾和噶尔丹勾结，对他很不满，所以在斗争中袒护拉藏汗，封他为"翊教恭顺汗"。拉藏汗捕拿达赖六世仓央嘉措，解送北京，又引起藏族人民的忿怒，后来，仓央嘉措在解经青海的途中死去。

拉藏汗清除桑结嘉措后，于藏中立伊喜嘉措为六世达赖，但丧失了青海诸蒙古的信任，而另立理塘噶桑嘉措为真达赖。清政府为了缓和青、藏双方的争执，命噶桑嘉措暂住西宁塔尔寺主持教务，并于康熙四十八年派侍郎赫寿去西藏，协同拉藏汗办理事务。尽管如此，西藏存在着一股反对拉藏汗的强大潜流，局势并未稳定下来。

策妄阿拉布坦一直窥测着西藏事态的演变。他表面上通过与拉藏汗联姻的关系，先娶拉藏汗姐姐为妻，而后又招拉藏汗长子丹衷为婿，借以麻痹拉藏汗的警觉。另一方面却暗地同三大寺的喇嘛取得联系，并用说服和收买的手段使喇嘛倒向自己一方，这导致了拉藏汗的一些大臣和侍从的连锁反应。经过一系列准备之后，策妄阿拉布坦遂于康熙五十五年冬，派其弟大策凌敦多布领精兵六千，徒步绕戈壁，逾和阗南大雪山；涉险冒瘴，昼伏夜行，于次年七月，乘拉藏汗不备，由藏北腾格里海直入西藏，击败藏兵，进据拉萨，围攻布达拉宫，杀死拉藏汗，掳其妻子，搜各庙重器送往伊犁。准噶尔军进入拉萨后，大肆烧杀，造成西藏局势的混乱。

清政府得知消息后，立即命西安将军额伦特及侍卫色棱率兵赴援，但清军仓促进军，准备不足，兵力薄弱，于喀喇乌苏作战失利，额伦特战死。康熙决计厚集兵力，进藏平叛。康熙五十七年命皇十四子胤禵为抚远大将军，指挥进藏平叛的各路清军；以年羹尧为四川总督，协助办理军务，又命傅尔丹及富宁安分兵出巴里坤及阿尔泰等地，以牵制准噶尔的援藏兵力。康熙五十九年将军延信及噶尔弼分领满汉及蒙古官兵，自青海和四川两路进军西藏。清军以岳钟琪为先锋，自里塘、巴塘进兵察木多，轻装急进，直抵拉萨。清军大败准噶尔军，大策凌敦多布率残军逃回伊犁。

与清军胜利进藏的同时，清政府将住于西宁塔尔寺的噶桑嘉措正式册封为"弘法觉众第六世达赖喇嘛"，命满汉官兵及青海之兵送往西藏。康熙五十九年九月十五日在将军延信主持下，举行达赖喇嘛坐床大典，确立了六世达赖喇嘛的正式职位，恢复了西藏的社会秩序。（藏区僧众视噶桑嘉措为七世达赖喇嘛，清朝后亦默认。）

雍正元年青海和硕特蒙古贵族罗卜藏丹津乘抚远大将军允禵回京奔丧的时机，公开发动了武装叛乱。罗卜藏丹津本为顾实汗之孙，其父达什巴图尔是顾实汗的第十子。康熙三十六年达什巴图尔曾偕青海诸台吉入觐，康熙帝赐以御用冠服朝珠，翌年被清政府封为和硕亲王。罗卜藏丹津于康熙五十三年承袭其父的亲王爵位,并于康熙五十九年作为青海和硕特代表,率兵参加了清军护送达赖喇嘛入藏的队伍。

罗卜藏丹津之所以发动反清叛乱,是有其深远历史原因的。顾实汗自从控制青藏地区后,在青海则分其部众为左右两翼,由其诸子率领。顾实汗在世期间,一直与清政府保持朝贡关系。但自从顾实汗于顺治十三年死后,青海和硕特蒙古失去了统一各部的约束力,其留在青海的诸子相互纷争,并不断率众掠内地,抗官兵,成为清政府西北地区的边患。直至康熙三十六年清政府平定噶尔丹叛乱后,才致力于青海地区的招抚工作。同年,康熙帝命额驸阿喇布坦以及西宁喇嘛商南多尔济等于察罕托罗海会盟,招抚青海和硕特诸台吉,接着又把顾实汗诸子中仅存的幼子达什巴图尔,如前所述招至北京,封他为亲王。这样,青海和硕特蒙古又与清朝政府恢复了朝贡关系。然而当时清政府并没有在青海设置行政机构,对青海和硕特部的管辖关系很松散,地方割据势力十分强大。罗卜藏丹津的叛乱正是青海地方割据势力在特定的历史条件下引发的。

罗卜藏丹津叛乱与清军进藏后加强对青藏地区的管辖有着直接的关系。清军进藏后,为了安定西藏地方社会秩序,组织了西藏地方政府。将藏官中归附清廷最早的第巴康济鼐、阿尔布巴封为贝子,隆布奈封为辅国公,共同管理前藏事务。颇罗鼐授札萨克一等台吉,管理后藏事务,各授噶卜伦,从此,结束了和硕特蒙古对西藏的统治。同时,清政府对青海也采取了相应措施,以分化地方势力,防其尾大不掉,以青海诸台吉入藏效力有功为名,给罗卜藏丹津加俸银二百两、缎五匹的微薄赏赐,却晋封原为郡王的察罕丹津(顾实汗曾孙)为亲王,封原为贝勒的额尔德尼额尔克托克托鼐为郡王,其余诸台吉也都被封为贝勒、公等不同爵位。

罗卜藏丹津本是青海和硕特蒙古贵族中唯一的亲王，爵高位崇，因而一直想着总理诸部，还希望恢复和硕特对西藏的统治权。然而清政府在青藏地区的措施不仅没能使他在西藏捞到任何权势，就是在青海也因察罕丹津等人的晋升而使其势力受到抑制与削弱。因此，罗卜藏丹津对清朝中央政府强烈不满，于是发动反清武装叛乱。

这次叛乱是从雍正元年八月罗卜藏丹津胁迫青海各台吉于巴尔巴罗海会盟开始的。罗卜藏丹津自称达赖珲台吉，强令诸台吉呼旧日名号，一律不许呼王、贝勒、贝子、公等封号。郡王额尔德尼额尔克托克托鼐与亲王察罕丹津因拒绝参加叛乱，先后遭到罗卜藏丹津的袭击。额尔德尼额尔克托克托鼐属下人等尽被抢掳，率妻子到甘州报警；而亲王察罕丹津也在与罗卜藏丹津相持不敌之后，率妻子及所属百四十余人，至河州老鸦关外向清朝求援。

清政府闻变后，一面命川陕总督年羹尧办理平叛军务；一面命侍郎常寿去罗卜藏丹津驻地沙拉图，令其罢兵和睦。罗卜藏丹津非但不听，反而拘禁常寿。

雍正元年十月叛军首先在西宁府周围的南川申中堡、西川镇海堡与北川新城等发动进攻，同时西宁附近喇嘛寺院的僧人在罗卜藏丹津煽惑之下，亦多起而叛乱。喇嘛寺院的叛乱，首先是由塔尔寺大喇嘛察罕诺们汗发动的。察罕诺们汗在青海是宗教领袖，他站到了叛乱势力一边，接着郭隆寺、郭莽寺等寺院喇嘛也相继参加叛乱。

针对当时叛乱形势，清政府立即采取措施，命川陕总督年羹尧为抚远大将军，征调川陕官兵进驻西宁；又命四川提督岳钟琪为奋威将军前赞军务。清军为防止叛军内犯，分兵于永昌布隆吉河防守；又于巴塘、里塘、黄胜关等处驻兵，截断叛军入藏之路；复命富宁安等屯吐鲁番及噶斯涧，防止其与准噶尔沟通。清军部署就绪后，便分兵进攻西宁周边各处叛军，罗卜藏丹津率军西逃。于是镇南、申中、南川、西川、北川等地尽为清军收复。雍正二年初清军又先后剿平塔尔寺、郭隆寺等处的喇嘛叛乱。

清军在解决周围战斗后，平叛战争便进入专力征伐罗卜藏丹津叛军的阶段。岳钟琪于雍正元年二月八日分兵三路进剿：总兵吴正安由北路；总兵黄喜林出中路；岳钟琪与侍卫达鼐由南路进剿叛军。先擒获叛军头目阿尔布坦温布、藏巴扎布及罗卜藏丹津母阿尔太喀屯，罗卜藏丹津逃到准噶尔策妄阿拉布坦处。

罗卜藏丹津叛乱被平定后，清政府采取年羹尧的建议，实行了一系列善后措施。第一，对青海地区蒙古族各部，仿内蒙古札萨克制，编旗设佐领，共编二十九旗。还规定了会盟与朝贡制度。各旗每年会盟一次，由西宁办事大臣主持，奏选老成恭顺之人委充盟长。并规定朝贡制度：自雍正之年起，于诸王、台吉内派定人数，令其自备马驼，由边外赴京，请安进贡，分为三班，三年一次，九年一周。第二，在经济上采取了发展农业生产、安定人民生活的措施。对西宁周边可耕之地，实行开垦屯种，征调直隶、山西、河南、山东、陕西等地军罪人犯，发往大通、布隆吉尔等处，令其开垦；同时又招募西宁一带农民与驻军家属在西宁周围耕种，由地方官发放牛具、种籽，三年之内，免于起科。对青海与内地之贸易也作了明确规定：每年二月、八月两次，于西宁西川边外那拉萨拉地方，“指定为集”，进行贸易。对生活必需品，诸如茶、布、面等，则规定一年四季贸易，以满足蒙古族人民生活需要。第三，对喇嘛教寺院也大力进行了整顿。自明末清初以来，随着喇嘛教传播日广，喇嘛教寺院的修建也日益增多。在康熙年间，青海喇嘛教寺院已达数千所。据年羹尧说：西宁寺庙喇嘛，多者二三千，少者五六百。清政府于平叛后，对叛乱的重要据点塔尔寺，只选留喇嘛三百名，给予执照，其余遣散；并规定寺庙之房，不得超过二百间，喇嘛多者三百人，少者十数人。寺院每年由政府稽查两次。清政府通过上述措施，将一度作为地方割据势力重要支柱的喇嘛教寺院置于控制之下。

清政府在推行上述善后措施的同时，还对青海地区的行政建制作了重大改革。雍正三年改西宁卫为西宁府，下设两县一卫，即西宁县、碾伯县、大通卫，命副都统达鼐为首任“办理青海蒙古番子事务大臣”（简称西宁办事大臣），管理青海政务。从此，青海地区完全置于中央政府的直接统治之下。

雍正五年策妄阿拉布坦死，其子噶尔丹策零继为准噶尔领袖。噶尔丹策零没有放弃向喀尔喀扩张的意图，因此和清朝中央政府、喀尔喀蒙古的关系也很紧张。雍正七年清廷因噶尔丹策零屡次骚扰喀尔喀，而且藏匿青海叛军头子罗卜藏丹津，廷议发兵征讨，命领侍卫内大臣傅尔丹为靖边大将军，屯阿尔泰，出师北路；命川陕总督岳钟琪为宁远大将军，屯巴里坤，出师西路，分进合击。噶尔丹策零闻讯惊恐，遣特磊赴京，声称本欲将罗卜藏丹津解送清廷，但听说清兵出动，暂行中止，如果能赦其既往，仍愿听从清廷命令，解送逃犯。雍正帝谕以受封、定界，遣回逃人，当宽宥其罪，进兵之期，暂缓一年。想不到在缓兵期间，准噶尔出兵二万突袭西路清军大营，清军损失很大，清政府与准噶尔贵族之间的关系进一步破裂。

雍正九年四月北路傅尔丹统率的清军进驻科布多。噶尔丹策零侦知后，于同年六月命大小策零敦多布率军三万进犯北路。

准噶尔军先派人至傅尔丹军中诈降，诡称噶尔丹策零大军未到，仅有小策零敦多布率军不过一千，驻于距清营止三日程的察罕哈达，而大策零敦多布因途中有病，留驻和博克山。傅尔丹对敌谍的这些消息不加核实，贸然遣兵四千往袭。当清军进入准噶尔军包围圈后，早已埋伏于山谷中的二万余准噶尔军，立即向清军发动攻势，把傅尔丹派出的四千前锋部队紧紧包围在和通泊地方。傅尔丹又派兵六千往援，但这时清军前锋部队已被击溃，准噶尔军乘胜直犯大营，傅尔丹命索伦蒙古兵御之，亦为准噶尔军所破。和通泊战役，清军损失十分惨重，副将军巴赛、查纳弼以下皆战死，西路清军共三万人，逃回科布多者仅二千人。

噶尔丹策零取得和通泊战役的胜利后，西、北两路备兵，以伺清军的西路；又屯田于额尔齐斯河，以窥清军北路，并把主攻方向放在北邻的喀尔喀。不久，便遣大小策零敦多布率兵二万六千人进犯喀尔喀，以科布多、察罕瘦尔等地清军兵力强盛，防守严密，未敢轻进，遂进抵克鲁伦，分兵掠鄂尔海、喀喇乌苏等地。喀尔喀亲王丹津多尔济、额驸策凌于鄂登楚勒截击准噶尔军，给予沉重的打击，准噶尔军被迫撤退。

鄂登楚勒战斗的挫败，并未改变噶尔丹策零进攻喀尔喀的野心。雍正十年六月噶尔丹策零命小策零敦多布率兵三万，由奇兰至额尔德尼必拉色钦，喀尔喀亲王额驸策凌偕将军塔尔岱青御之于本博图山。准噶尔军侦知额驸策凌率军赴本博图山，遂潜袭塔米尔河额驸策凌牧地。额驸策凌得知消息后，率蒙古兵二万夜袭准噶尔军，追至鄂尔浑河边之额尔德尼昭（即光显寺）。此地左阻山，右限大水，准噶尔军无路可走，额驸策凌率军乘势击杀万余，小策零敦多布乘夜突围，自推河逃出西窜。

在这次光显寺的战役中，清政府以额驸策凌战功卓著，晋封他为超勇亲王，赐黄带，并命其佩定边左副将军印，进屯科布多，授盟长便宜行事。清政府又从土谢图汗部分出二十一旗，隶属于额驸策凌的赛音诺颜部，从此赛音诺颜部始为大札萨克，与三汗部并列。

光显寺一战之后，准噶尔部因损失惨重，元气大伤，转而倾向与清廷议和。而清政府连年于西、北两路用兵，也感到有休养生息的必要。自雍正十二年至乾隆四年间，双方派人几经交涉，终于划定喀尔喀与准噶尔的牧区界线，即以阿尔泰山为界，准噶尔部在山后游牧，不得越阿尔泰界东；而喀尔喀部在阿尔泰以东游牧，不能越过界西。清政府与准噶尔部割据势力之间的矛盾，暂时得到缓和，以后维持了将近二十年的和局。

四、对西藏的政教改革

清政府于康熙末年改组西藏地方政府（噶厦）后不久，到雍正时执政的西藏贵族内部又爆发争夺权力的斗争。以阿尔布巴为首的一部分贵族，企图夺取拥护清朝中央政府的康济鼐的权力，因而与康济鼐、颇罗鼐的斗争日趋激化。清政府得知情况后，于雍正五年正式任命内阁学士僧格和副都统马喇为驻藏大臣，差往达赖喇嘛处，直接监督西藏地方政府，调解西藏贵族之间的内部纠纷。但在驻藏大臣未抵西藏之前，阿尔布巴勾结隆布鼐、札尔鼐等人发动叛乱杀害了康济鼐，并起兵进攻管理后藏政务的颇罗鼐。颇罗鼐奋起反击，击败了阿尔布巴叛军，阿尔布巴等皆被擒获。清廷此时已派了左都御史查郎阿率兵万五千余赴藏平乱，而驻藏大臣也赶到了拉萨。清政府下令处决了阿尔布巴等叛乱头目，奖赏颇罗鼐，升颇罗鼐为郡王，接替原属康济鼐的职务。

乾隆十二年颇罗鼐病故，其次子珠尔墨特那木扎勒承袭其父的郡王爵位。但他一反其父之所为，企图独揽大权，与达赖喇嘛发生冲突，又反对清政府中央的管辖，攻击驻藏大臣纪山，企图实行分裂割据。纪山向清廷建议，把驻在后藏阿里地区的珠尔墨特的长兄策布登调来拉萨，与珠尔墨特共管藏政，以分其权。珠尔墨特先发制人，派人到阿里地区杀死长兄，进攻其兄统辖的军队。这时，清廷又擒获了珠尔墨特派往准噶尔的使者，“得其逆书并馈献诸物”，清廷忍无可忍，乃密令新任驻藏大臣傅清必诛珠尔墨特，傅清遂与另一驻藏大臣拉布敦先后赶到拉萨。

西藏的叛乱迫在眉睫，傅清与拉布敦商议，诱杀珠尔墨特。乾隆十五年十一月二大臣以有圣旨召珠尔墨特至驻藏大臣衙门议事为名，引至楼上，将他杀死。珠尔墨特党羽极多，围困衙门，傅清自杀，拉布敦跳楼与叛众格斗被杀。

清政府得知叛乱消息，派四川总督策楞与提督岳钟琪率兵入藏平乱。还没等到清兵入藏，七世达赖喇嘛和西藏僧俗人员击败了叛众，安抚藏地。清军入藏后，逮治了叛乱的首要分子，并奖励了达赖喇嘛和其他有功人员。

清政府从这次事件中认识到珠尔墨特那木扎勒之所以“敢怀逆志”，发动叛乱，就在于西藏农奴主势力强大，他们地广兵强，事权专一，不服从中央的号令。为了防止藏族贵族权势过重，清政府本着多立头目、以分其势的原则，于乾隆十五年至十六年间对西藏的行政体制进行改革。这次改革的主要内容是，废除了西藏郡王的封授，规定西藏地方政府噶厦由四名噶隆组成，噶隆事务不可一人专办。清政府根据四川总督策楞于乾隆十六年所奏《西藏善后章程》，规定西藏地方政府的噶隆人数，噶隆办理政务，补放第巴头目，寺院之堪布喇嘛加以改革。还决定在西藏长期驻军 1 500 名，令提督大员弹压，三年一换。乾隆二十二年七世达赖噶桑嘉措去世，政教事务一时无人主持，而新立的八世达赖因年纪太小不能执政，清政府遂命第穆呼图克图暂代达赖职权，明确指示当时的驻藏大臣伍弥泰和萨喇善二人，遇有一切事务，但照达赖在时之例，与第穆呼图克图商办，毋令噶隆等擅权滋事。

18 世纪中叶，廓尔喀人统治了尼泊尔，建立起新王朝，不断向外扩张势力。乾隆五十三年廓尔喀以西藏当局征收贸易税太重为口实，派兵进犯中国西藏的聂拉木、宗噶、济咙等地。清政府派巴忠等率兵入藏援助，不想巴忠以迁就敷衍了事，令西藏地方当局与廓尔喀议和。巴忠买回了被占的领土，却谎报廓尔喀已归顺退兵，蒙骗清廷。乾隆五十六年廓尔喀又兴兵索取“地租”。先时，六世班禅于乾隆四十五年到热河觐见，清廷隆重接待，特仿日喀则扎什伦布寺的型制，在承德建筑须弥福寿之庙作为班禅的行宫，六世班禅不久即患天花圆寂于北京西黄寺。乾隆皇帝赏赐的金银以及在京各王公及内外蒙古馈赠、供养的金银不下几十万金，此外宝冠、念珠、晶玉之钵、镂金之袈裟、旃檀、华裟、磁器、采帛、珍珠，不可胜计。这笔巨大财富都被班禅的兄弟仲巴呼图克图所侵占，而班禅的另一兄弟沙玛尔巴是红教的活佛，受黄教的排斥，未能染指这笔财产。沙玛尔巴极为不满，逃往尼泊尔，唆使并带领廓尔喀侵略军进犯西藏，深入到日喀则，占领扎什伦布寺，将六世班禅遗留的金银财物、法器珍宝抢劫一空，并到处烧杀掠夺，使西藏僧俗人民遭到巨大灾难。

清政府闻讯，即派福康安为将军，海兰察、奎林为参赞，调兵入藏，迎击入侵的敌军。清军很快把廓尔喀人逐出西藏，并越过喜马拉雅山，到达距今加德满都仅二十英里的纳瓦科特。廓尔喀统治者向清政府表示：退回在扎什伦布寺所劫掠的财物，承允今后永不侵犯西藏。福康安接受停战条件，撤兵返回西藏。

此后，清政府决心大力整顿和改革西藏的政治与宗教制度。乾隆五十七年，清廷命福康安会同八世达赖、七世班禅等共同筹议西藏善后章程。从当年十月起，经前后会商共提出 102 项条款。第二年，经清政府修订为 29 条，正式颁布执行，这就是著名的《钦定西藏章程》。这个《章程》不仅吸收了以前一些行之有效的制度，而且还大大地加以充实和改革，成为中央政府为西藏地方政权所规定的最高法律。《章程》重新规定了驻藏大臣和达赖、班禅的职权和地位，规定了驻藏大臣有拣选西藏地方官吏之权力，规定达赖、班禅和各地黄教呼图克图的转世，必须在驻藏大臣监视下，采取金瓶抽签来决定，即所谓“金瓶掣签”（金奔巴）制度。规定建立西藏地方常备军。在西藏对外交涉方面，规定俱由驻藏大臣主持。规定西藏地方政府的财政收支，统归驻藏大臣稽查总核，并设立机构，铸造银币，统一货币的成色与折算比价。通过这些改革，清朝中央政府加强了对西藏地区的管辖。

五、统一天山南北

乾隆十年准噶尔部首领噶尔丹策零死后，准噶尔部贵族争夺汗位。噶尔丹策零留下三子，长子喇嘛达尔札，十九岁；次子策妄多尔济·纳木札尔，十三岁；幼子策妄达什，七岁。喇嘛达尔札虽年长，因系庶出不得立。次子策妄多尔济·纳木札尔遂以母贵嗣汗位。但年纪最小的策妄达什却为准噶尔部权势显赫的大小策零敦多布所拥护。登了汗位的策妄多尔济·纳木札尔童昏无行，引起准噶尔内部多数贵族的不满。乾隆十五年，喇嘛达尔札取得了准噶尔部的汗位。喇嘛达尔札出身微贱，不孚众望，遭到一些准噶尔贵族的反对。一直拥戴策妄达什的策零敦多布家族达什达瓦（小策零敦多布之子），为了夺取喇嘛达尔札的汗位，便联合同绰罗斯家族有密切血统关系的辉特部台吉阿睦尔撒纳与和硕特部台吉班珠尔，共同谋划拥立策妄达什为汗。但喇嘛达尔札发觉了这个计划，杀死策妄达什及达什达瓦，造成准噶尔部更大的动乱。准噶尔部贵族内部夺权斗争而造成的混乱局面，却给出身于辉特部的阿睦尔撒纳以可乘之机。

阿睦尔撒纳本为辉特部台吉，策妄阿拉布坦的外孙，与准噶尔部贵族有着密切的血缘关系。当策划谋立策妄达什失败之后，便转而拥戴准噶尔部的另一贵族达瓦齐。达瓦齐是巴图尔珲台吉之后，大策零敦多布之孙，依照传统的习惯，达瓦齐有继承汗位的合法理由。阿睦尔撒纳投向达瓦齐，双方建立起反喇嘛达尔札的联盟。两人在哈萨克中玉兹经过一段时间的密谋之后，于乾隆十七年底率精锐卒 1 500 人袭杀喇嘛达尔札，达瓦齐取得汗位。达瓦齐与阿睦尔撒纳的共同敌人被打倒以后，内部又产生矛盾。乾隆十九年春夏之间阿睦尔撒纳与达瓦齐之间火并，阿睦尔撒纳大败，率所部二万余人投归清朝。

阿睦尔撒纳之投归清朝，是想利用清朝中央政府的兵力，消灭其政敌达瓦齐。乾隆十九年冬阿睦尔撒纳在热河避暑山庄被乾隆帝召见，受封为亲王。他力陈伊犁可取，请求清廷出兵，攻打达瓦齐。早在阿睦尔撒纳归附清朝以前，已有许多厄鲁特蒙古族部众脱离达瓦齐的统治，投向清朝。最早归附清廷的是达什达瓦部的宰桑萨喇勒。乾隆十五年当达什达瓦在内讧中被杀，萨喇勒就逃出了准噶尔，投向清廷。乾隆十八年达瓦齐洗劫杜尔伯特部，其部长车凌、台吉车凌乌巴什、车凌孟克率领属下三千多户、一万余人离开原牧地额尔齐斯河，越阿尔泰山，到达清朝定边左副将军的驻地乌里雅苏台。乾隆帝对杜尔伯特部三车凌的内附极为重视，妥善地安排他们的生活，接济牛五百头、羊二万一千只、粮食四千余石。乾隆十九年五月乾隆帝在热河避暑山庄隆重接待三车凌，封车凌为亲王、车凌乌巴什为郡王、车凌孟克为贝勒，连续宴会八次。乾隆帝通过三车凌进一步了解准噶尔的内部情况，决定出兵平准，翦灭割据势力。阿睦尔撒纳归附清廷，更坚定了乾隆帝的平准决心。

乾隆二十年春清政府以班第为定北将军、阿睦尔撒纳为定边左副将军，由乌里雅苏台出北路；以永常为定西将军、萨喇勒为定边右副将军，由巴里坤出西路，约期会于博罗塔拉河。在清军两路进攻之下，准噶尔军纷纷归降。达瓦齐军土崩瓦解，失去了抵抗力，清兵几乎兵不血刃地进抵伊犁，前锋部队都是归附的厄鲁特蒙古军。达瓦齐见形势不妙，退往格登山，负崖临水，结营顽抗。清兵分两路追击，直捣敌营，达瓦齐军惊愦奔窜，自相蹂躏，降者六千余骑，达瓦齐仅率数十人，向南疆逃窜。这时，南疆的维吾尔族纷纷起来响应清军，摆脱准噶尔统治，达瓦齐逃经乌什，被维吾尔族领袖霍集斯擒获，押送清营，从此准噶尔割据政权结束。达瓦齐被俘后，乾隆帝赦其罪，封为亲王，住在北京，受到清廷的优待。

乾隆帝原想在平定伊犁之后，为削弱准噶尔部的割据势力，采取众建以分其力的方针，把厄鲁特四部封为四汗，俾各管其属。但一心想做四部总台吉、专制西域的阿睦尔撒纳，想让清廷承认他为厄鲁特四部总汗。尽管清政府加以特殊的荣宠，晋封他为双亲王，食双俸，但他独断专行，任意杀掠，不穿清朝官服，不用清朝官印，自用珲台吉菊形篆印行文各部，以总汗自处，并遣人四处招兵买马，竭力扩展割据势力，积极准备叛乱。清政府采取对策，命他于乾隆二十年九月到热河避暑山庄入觐，欲以调虎离山之计，消患于未萌。但狡诈的阿睦尔撒纳已看出了清廷的用意，在赴热河的路上，一再迁延，行至乌隆古河，把副将军印交给与他同行的喀尔喀亲王额琳沁多尔济，间道逃回塔尔巴哈台，公开扯起反清叛乱的旗帜。当时驻在北疆地区的清军大部分已经撤走，仅有班第、鄂容安所率五百清军驻守伊犁处理善后。他们遭到阿睦尔撒纳叛军的围攻，寡不敌众，班第、鄂容安兵败自杀。而永常所率西路清军，虽有数千劲旅驻于乌鲁木齐，但闻变不敢赴援，疑惧退却，致使天山南北变乱四起。

在阿睦尔撒纳发动叛乱后不久，喀尔喀和托辉特部青滚杂卜也揭起反清叛旗。青滚杂卜随班第平定伊犁有功，被清朝授以喀尔喀副将军，封为郡王。在进军伊犁过程中，青滚杂卜与阿睦尔撒纳勾结起来。由于平准战争中，清政府在喀尔喀地区征丁征马，骚扰很大，群众非常不满，青滚杂卜利用了这种不满情绪。特别是当喀尔喀大活佛呼图克图的兄弟额琳沁多尔济以放走阿睦尔撒纳的罪名被清廷赐死后，更加引起一些喀尔喀领主的疑惧与不安，因而在阿睦尔撒纳揭起叛旗之后也发生了叛乱。青滚杂卜自军营私行逃归，遂将其所属卡伦、台站兵丁尽行撤回，使清政府北路台站从十台到二十六台，全部瘫痪，联络中断。

针对当时喀尔喀蒙古与准噶尔地区的叛乱形势，清政府采取平叛措施，命成衮札布等出兵，迅速镇压青滚杂卜的叛乱，稳定了喀尔喀的局势。乾隆二十二年清廷命成衮札布为定边将军，舒赫德为参赞大臣，出北路；命兆惠为伊犁将军，富德为参赞大臣，出西路，进剿阿睦尔撒纳。阿睦尔撒纳在清军进剿下仓皇失措，逃往哈萨克，不久又率领几名亲信逃往沙皇俄国。后来阿睦尔撒纳患天花病死去，在清政府再三交涉下，沙俄政府把其尸体送到恰克图，交给清政府官员验视。

由于准噶尔长期割据，时服时叛，清朝统治者对之抱有根深蒂固的敌视和不信任心理。清军乘准噶尔部内乱，驱兵直入，烧杀抢劫，波及无辜，杀人之多，超过了一般战争的范围。有些部落已经归降，但清军疑虑重重，也悉数屠杀，使准噶尔部遭到严重的灾难。

清朝政府在平定准噶尔部割据势力叛乱之后，紧接着在天山南路维吾尔族地区又爆发了大小和卓的叛乱。

大小和卓是玛赫杜米·阿札木和卓之后。其祖阿布都什特于噶尔丹进攻天山南路时，被移居北疆伊犁。噶尔丹败亡后，阿布都什特“自拔来归”，清政府送他返归叶尔羌。策妄阿拉布坦父子割据新疆时，阿布都什特之子玛罕木特为和卓，为维吾尔族民众所尊服，策妄阿拉布坦父子命其总理回地各城。后因玛罕木特企图摆脱准噶尔贵族统治，被噶尔丹策零俘至伊犁禁锢。玛罕木特生二子，长曰波罗尼都，次曰霍集占，即所谓大小和卓。玛罕木特死，霍集占兄弟仍禁锢于伊犁。清军平定达瓦齐割据势力后，霍集占兄弟始得释放。清政府以霍集占兄弟为回部头目，遣波罗尼都返归叶尔羌，使统回部，而留霍集占于伊犁，掌管伊斯兰教。

阿睦尔撒纳在伊犁发动叛乱时，霍集占曾率众参加了叛乱。及至阿睦尔撒纳叛乱被平定，霍集占自伊犁逃回叶尔羌，唆使其兄波罗尼都阴谋策划叛乱。乾隆二十二年清政府派往南疆的使臣阿敏道等被杀害，南疆的叛乱蔓延起来。

乾隆二十三年清朝政府命雅尔哈善为靖逆将军，率满汉官兵万余人，由吐鲁番进攻库车。库车是通往回部的门户，但库车城依山岗，用柳条沙土密筑而成，修筑坚固，易守难攻，叛军据城固守，清军屡攻不下。霍集占率军来援，为清军中途截击，伤亡大半。霍集占退保库车城，乘夜突围遁走。雅尔哈善因贻误军机被撤掉军职，清政府随即命刚刚平定天山北路叛乱的兆惠率军往天山南路。

霍集占逃归叶尔羌，而波罗尼都则返回喀什噶尔，妄图各据一城，相互犄角，负隅顽抗。乾隆二十三年十月间，兆惠率清军进攻叶尔羌。霍集占于叶尔羌城外坚壁清野，掘壕筑垒，修筑工事。当时据守叶尔羌的叛军有一万三千人，而兆惠所率之清军仅三千人，孤军深入，攻城不下，遂至叶尔羌城东的黑水河有水草处结营自固。叛军大举出动，以两翼夹攻，包围了清军。清军掘壕结寨，同一万余叛军坚持了长期的苦斗，这就是有名的黑水营之围。叛军施用炮轰、水淹、偷袭等办法，而清军勇敢迎敌，历三个月之久，黑水营仍岿然不动。乾隆二十四年初定边右副将军富德所率清军自乌鲁木齐到达南疆赴援，包围黑水营的霍集占叛军在清军内外夹攻下土崩瓦解，狼狈逃窜，遂解黑水营之围。

乾隆二十四年夏清军分两路大举出击，一路由兆惠统率从乌什进攻喀什噶尔；一路由富德率领从和阗进攻叶尔羌。霍集占兄弟在清军大举进剿之下弃城逃走，清军追击，连续打败逃窜中的叛军，最后在巴达克山界伊西洱库尔两岸全部歼灭叛军。霍集占兄弟被巴达克山首领擒杀，至此，大小和卓发动的叛乱被清朝政府平定下去。

清朝政府平定准噶尔部和回部叛乱、统一天山南北地区后，建立了军府制，于天山南北两路设立统治机构。乾隆二十七年清政府于惠远城设伊犁将军，总统新疆南北两路事务。在伊犁将军之下，于乌鲁木齐设都统，统率乌鲁木齐、古城、巴里坤及吐鲁番等地驻军；于塔尔巴哈台设参赞大臣，统率塔城地区的驻军。在南疆地区，清廷在喀什噶尔设参赞大臣，在叶尔羌、英吉沙尔、和阗、乌什、阿克苏、库车、辟展等城设办事大臣和领队大臣，对当地维吾尔族人民实行军事统治。上述各地的办事大臣或领队大臣均由喀什噶尔参赞大臣辖之，而喀什噶尔的参赞大臣又直接受伊犁将军的节制。军府制的实行，不仅进一步加强了新疆地区与清朝中央政府的关系，也增强了清朝政府对西北地区的统治与边防。

自 17 世纪 20 年代末期，以和鄂尔勒克为首的土尔扈特部五万余帐牧民，离开了他们原来在塔尔巴哈台的牧地，向西南方向移动，来到了当时俄国还没有控制的伏尔加河下游各支流沿岸游牧。到 17 世纪末和 18 世纪初，沙俄政府通过威胁利诱手段，同土尔扈特部订立六个条约，获得了优惠的政治经济特权，土尔扈特部遂逐渐为沙俄所控制。但他们与厄鲁特蒙古各部依然保持着密切联系。崇祯十三年（清崇德五年），巴图尔珲台吉在塔尔巴哈台召开喀尔喀各部与厄鲁特各部的首领会议，土尔扈特部首领和鄂尔勒克率领他的儿子们也从万里之外赶来参加会议。

康熙帝也曾派内阁侍读图理琛等组成使团，前往伏尔加河下游探望土尔扈特部。图理琛于康熙五十三年六月到达伏尔加河下游阿玉奇汗的驻地，于康熙五十四年四月底回到北京，后来图理琛用满汉文字写成《异域录》一书，记载了这次出使的经过情形。18 世纪 20 年代后，尽管沙俄政府加强了对土尔扈特的控制，但土尔扈特部仍冲破沙俄的种种阻挠，努力与清朝保持联系。乾隆二十一年土尔扈特汗敦罗布喇什遣使吹扎布，绕道俄罗斯，经过三年的艰苦旅程，回到国内与清政府联系。乾隆帝在承德避暑山庄万树园热情地接待了吹扎布。翌年，乾隆帝又在北京召见了他。

雍正二年沙俄当局利用阿玉奇汗病逝的时机，取得任命土尔扈特新汗的特权。自此之后，沙俄对土尔扈特的控制从政治、经济、宗教等方面步步加紧，到 18 世纪 60 年代，即渥巴锡(阿玉奇之曾孙)开始执政时期，沙俄当局再一次利用汗位交替的动荡局面，实行前所未有的高压政策，妄图达到完全控制整个部落的目的。沙俄当局通过改组扎尔固(部落会议)限制汗王的权力，妄图扶植已经东正教化了的土尔扈特贵族敦杜克夫家族，以取代渥巴锡的统治。更有甚者，沙俄政府在与其邻国瑞典、土耳其的争夺战争中，向土尔扈特部无休止地强行征兵，造成土尔扈特民族的巨大灾难。

乾隆三十六年一月五日渥巴锡与土尔扈特部台吉、喇嘛等经过周密准备之后，发动了反抗沙俄的武装起义。渥巴锡率其所部三万三千余户、十六万九千余人，仅以八天的时间就通过了伏尔加河和乌拉尔河之间的草原，又渡过乌拉尔河，迅速地进入大雪覆盖的哈萨克草原。沙俄当局得知土尔扈特部东走的紧急情报后，立即派出大批哥萨克士兵紧紧尾追，被土尔扈特的东返队伍击退。长途跋涉中的艰苦行军与沿途水草、供养的缺少，使土尔扈特人饥寒交迫，疫病流行，人口锐减，牲畜大量死亡。土尔扈特部进入中国境内后，沿巴尔喀什湖向南，经斋桑湖进入沙喇伯勒地区，遂与清朝政府地方当局发生接触。清政府伊犁将军伊勒图接见了渥巴锡等首领。渥巴锡等向清政府呈献伊祖受之前明永乐八年的汉篆玉印一颗，表达了他们重返祖国的决心。

清朝政府对土尔扈特部的归来非常重视。乾隆帝在热河木兰围场的伊绵峪接见了渥巴锡等人，回到避暑山庄后，又赐宴于万树园。当时，清政府在承德仿照西藏布达拉宫修建的普陀宗乘庙正好竣工，就在庙内立了《土尔扈特全部归顺记》和《优恤土尔扈特部众记》两块石碑。乾隆帝亲撰碑文，记载土尔扈特部历尽艰难返归祖国的过程。清政府对土尔扈特部首领及其部众都作了妥善安置，封渥巴锡为卓里克图汗，其他随来的各部首领也被封为亲王、郡王、贝勒、贝子、辅国公、台吉等。分土尔扈特为新旧两部，各设札萨克。旧土尔扈特部由渥巴锡统领，下分东西南北四路，共十旗，由伊犁将军统辖；新土尔扈特部由郡王舍棱统领，下分二旗，由定边左副将军节制。对其部众，清政府则采取口给以食、人授之衣、分地安居的政策，发帑银二十万两购买大批牲畜、米、茶、布匹、毡庐等生活用品，加以赈济。

六、南疆的反清斗争

清朝政府统一南疆地区后，增强了中央政府对西北边疆的统治，也给南疆各族人民带来了沉重的负担。当地人民每年向清政府缴纳繁重的正供之外，还要担负名目繁多的苛捐杂税。清朝派往南疆官吏衙门中的日用所需，全部摊派到维吾尔族下层群众的身上。清政府派往南疆的军政官员每借战胜之威，凌虐所属。而各地的伯克也仗势欺人，有的强迫穷民携带牛具，为自己的田地耕作；有的囤积居奇，巧取豪夺；有的私设公堂，滥用酷刑，草菅人命；有的霸占民女，无法无天。维吾尔族人民为了摆脱清朝官吏和当地伯克们的暴虐统治，不断掀起反抗。

乾隆三十年乌什人民的起义是其中发生最早、规模较大的一次。两年之后，昌吉又爆发了汉族屯田户的反清斗争。昌吉是重点屯田区，屯田中有一种遣屯，是由内地流放来的罪犯耕种。他们耕种所得，大多要上交给政府，余下的所剩无几，不足以糊口，平时又受屯官的欺侮凌辱，没有政治自由。遣犯们积恨在心，图谋反抗，乾隆三十二年的中秋夜间趁屯官过节的机会，聚众起事，杀死屯官，抢夺武器，占领昌吉城，掀起了反清斗争。次日，向乌鲁木齐进攻，行至红山咀，遭到清军的伏击，退至玛纳斯河，最后被清军镇压。

逃到国外去的和卓家族，企图利用人民群众对清朝统治的不满，进行煽惑，发动叛乱，以恢复和卓家族昔日在南疆地区的统治。19 世纪 20 年代，和卓的后裔张格尔在浩罕统治者以及英国殖民主义者的支持下多次窜扰南疆，进行抢劫。自乾隆年间大小和卓被平定后，波罗尼都之子萨木萨克逃居浩罕，生三子，张格尔为其次子。张格尔夙有政治野心，时刻准备潜回南疆。他利用和卓后裔在维吾尔民族中的影响，大搞宗教迷信。而浩罕统治者与英国殖民主义者，也怂恿和支持张格尔返回南疆，制造民族叛乱和分裂，企图从中获利。

道光六年夏张格尔纠集了安集延、布鲁特五百余人，由开齐山路入中国境，窜至距喀什噶尔百余里的阿尔图什庄，以礼拜其祖先“玛杂”（坟墓）为名，煽惑当地维吾尔族人民聚众闹事。喀什噶尔参赞大臣庆祥闻讯后，立即命舒尔哈善、乌凌阿率兵千余进剿。张格尔等突围而去，并裹胁部分群众掀起了叛乱。张格尔唯恐北路伊犁清军前来镇压，遣使向浩罕求援，约破西四城（指喀什噶尔、英吉沙尔、叶尔羌、和阗），子女玉帛共之，且割喀什噶尔酬其劳。浩罕统治者穆罕默德·阿里汗亲自率浩罕军队万人入侵南疆，攻打喀什噶尔清军。清军进行了坚决的抵抗，浩罕侵略军遭到巨大的伤亡，穆罕默德·阿里汗无可奈何地引兵退回了浩罕。张格尔又使人追诱浩罕军，使其复归投者二三千，置为亲兵。张格尔匪帮伙同这股浩罕的侵略军继续进攻喀什噶尔。守城清军尽力抵御两月有余，势穷力竭，为叛军所攻陷，庆祥自缢身死。张格尔进据喀什噶尔后，自称赛亦德·张格尔苏丹，宣布为当地的统治者，复辟了和卓的统治。

张格尔占据喀什噶尔后，英吉沙尔、叶尔羌、和阗等三城也相继为叛军所攻陷。清廷赶忙命伊犁将军长龄为扬威将军，陕甘总督杨遇春、山东巡抚武隆阿为参赞大臣，调集吉林、黑龙江、陕西、甘肃、四川五省清军三万余人，会师于阿克苏。这时，张格尔军已至浑巴什河，距阿克苏只有八十里，企图抢占阿克苏和乌什。清军奋勇迎战，击退了企图强渡浑巴什河的张格尔叛军，道光六年十一月又在阿克苏以西的柯尔坪大破叛军，不仅保卫了东四城（乌什、阿克苏、库车、辟展）的安全，而且打通了清军西进的道路。这时已入冬季，大雪封山，清军暂停进攻。翌年春，清军大举西进，一路势如破竹。道光七年三月下旬，清军攻打叛军重点设防的沙布都尔庄，叛军大败。清军追至洋达玛河，距喀什噶尔仅十余里，叛军倾巢而出，背城阻水。清军以索伦马队千人绕趋下游佯渡，以吸引叛军兵力，然后集中主力在上游抢渡，叛军大乱。三月二十七日清军攻克喀什噶尔，接着又收复英吉沙尔、叶尔羌、和阗。张格尔战败之后，流窜于柯尔克孜族的游牧地，仍想卷土重来。道光八年初他乘春节年关清军疏于防范之际，重新纠集五百多人，窜扰至喀什噶尔附近。参赞大臣杨芳率军追赶，张格尔走投无路，在喀尔铁盖山被擒获，解至北京处死。

第八章
科举考试与士人风习

清沿明制继续实行科举制度，是为培养和选任官吏的“正途”。凡应考者称童生，童生通过初级考试（县考、府考、院考）取得秀才资格，进而参加乡试、会试、殿试的逐级考试。乡、会、殿试，每三年举行一次，乡试在省城举行，考中的称举人，会试在京城举行，考中的称贡士，贡士再参加由皇帝亲自主持的殿试。殿试分三甲，一甲取三人，状元、榜眼、探花，赐进士及第，可直接授翰林院官职。二甲赐进士出身，三甲赐同进士出身。二、三甲可再考翰林院庶吉士，称为“馆选”，考中后入院读书，取得未来的高官资格，不中者另授其他官职。

清朝的科举考试从“四书五经”中出题，仍然采用八股文，文章的思想以及段落、格式都有严格规定。清于顺治三年重新恢复科举考试，康熙时为了延揽人才，缓和汉族士大夫的敌对情绪，扩大统治基础，于正科之外，增加特科，如“博学鸿词科”、“经学特科”、“孝廉方正科”，是康熙、乾隆南巡时的特别召试。乾隆元年又举行“博学鸿儒科”，乾隆二十六年举行“太后万岁恩科”。

清朝广泛推行科举制度，选拔了适合治国需要的人才，扩大了清朝政权的统治基础。如康熙十七年开博学鸿词科，号称“得人极盛”。先由内外大臣荐举，不分已仕未仕，均在殿廷召试，只要有些声望的一律录取。取中的五十人中有“名士”朱彝尊、汤斌、潘耒、毛奇龄、尤侗等人，都被授以翰林院官职。通过这次考试，拉拢了汉族著名士大夫，缓和了满汉民族矛盾。

科举考试是清代选拔读书人出仕的重要制度。清朝既重视读书人的品行，也强调文章的醇正，道德文章兼备，属于士习文风的范畴。用风习来表示科举制度对士子的要求，反映出传统的移风易俗政治文化。清朝皇帝尤其重视整饬士习文风，督抚、学政处置此类事情的奏折很多。将制度与实践、皇帝与大臣、中央与地方的关系联系起来考察科举考试，会对清朝科举考试中的社会控制有更多的认识。

一、整 饬 士 习

清朝十分重视推行教化，移风易俗。康熙九年三月策试，皇帝于命题中向士人征求对士风与吏治不清、风俗与循名失实关系的见解。同年十月颁布“上谕十六条”，标志着清朝治国从武力镇压转向“尚德缓刑，化民成俗”。其中的第六条为“隆学校以端士习”，提出了整饬士习问题。雍正帝的《圣谕广训》对此解释道：“士为四民之首，人之所以待士者重，则士之所以自待者益不可轻。士习端而后乡党视为仪型，风俗由之表率，务令以孝弟为本，才能为末，器识为先，文艺为后。”指出了士习与风俗的关系。雍正帝还明确指出：“学政一官，所以化导士习，养育人材，职任甚重。”乾隆帝登基伊始，就强调端正士习移风易俗。他在元年首科策试题目中表示受世宗宪皇帝重托，践阼之初，孜孜求治，因风俗非旦夕可淳，特询问应试士人对“士习何以端，民生何以厚”的看法。又说：“朕临御方始，特开恩科，深期士风醇茂，人才日兴。亦望尔臣工恪恭厥职，各知自爱，以襄盛典。”同时采取具体措施，命选颁四书文。由工于时文的学士方苞司选文之事；弛坊间刻文之禁，“不拘乡会墨卷房行试牍，准其照前选刻”。乾隆帝要求士人立志向学，端正士习，表率民俗，而“学政职司课士，整饬士习是其专责”。

乾隆帝要求地方上整饬士习。乾隆四年六月命各省督抚学政训饬士习而厚民风。五年十月又训饬士习流弊，申明为己之学。七年八月针对广东每遇生童齐集考试之时，或赴摊铺短价强买什物，或与市人扭结禀官。稍不遂意，即恃嚣喧，挟制罢考。要求该督抚学政等董率有司教官，严切训谕，务令士子等洗心涤虑，痛改前非。

整饬士习有一些具体措施。乾隆九年八月高宗指出：今年顺天乡试，特遣亲近大臣严密稽查。头场搜出夹带二十一人，其《四书》三题系朕亲出，不过取其略冷，不在外间拟议之中。而场内多人遂尔搁笔，交白卷者六十八人，不完卷者三百二十九人，真草违式及文不对题者二百七十六人。头场如此，伊等尚不知儆。二场仍有搜出夹带者二十一人，及见稽查严密，临点名时散去者竟至二千八百余人之多。士子品行如此，学问如此，是全仗怀挟作弊，以为应试取功名之具。于是将直省解额酌减十分之一，以示惩罚。整饬士习，特别针对考场存在的种种弊端。如冒籍顶名，据崔纪奏称：江苏童生应试，有一人冒考数处，或多做重卷数名，以为院试时售卖之地者，通省皆然，而松江府为尤甚。乾隆帝认为此种弊端所关士习非浅，于州县考试之时，童生报名，应查对烟户册籍，烟户无讹方许廪保填结。府考县考俱令原保廪生识认，则冒籍顶名之弊可除，于士习不无裨益。要求“督抚转饬所属实力奉行，不得视为故事，该学政亦不时稽查。如有仍蹈前辙者，查明按例究治”。再如考生怀挟，乾隆帝说：向来怀挟之弊，京闱尚少，而外省最甚。即如江西一省，三场多至十六人，可见各省此风尚未悛改。

直到乾隆中叶，怀挟、顶名仍是考场痼疾。乾隆三十年谕旨重在治理顶名问题。顶冒之事，如山东东昌府堂邑县生员乔汝襄代荣舒元顶名赴考。乔汝襄以家贫游食至汶上县，与曾经考过武童的王浩然相识，因乔汝襄与童生荣舒元年貌相似，王浩然代为说合，雇倩乔汝襄顶名代考，若得取进，许银六十两。乔汝襄应允，希图蒙混入场。比及点名接卷，即被廪保认出发审，荣舒元、王浩然闻拿逃匿。

按照清朝的标准衡量，生员的劣行多种多样。江苏学政胡高望说：生员中有不遵约束及恃符滋事者，严饬各学及地方官，随时随事即行详革。如吴江县学生员黄翀藉词捏控无锡县学生员顾凤楼唆孀卖产；金坛县学武生许维城唆讼有据；阳湖县学生员吴一谔好讼滋事；常州府学生员何溶代作词状；昭文县学生员郑梦兰、周之德不安本分，干预他事。俱经先后斥革，交地方官按律办理在案。据此，江苏士子有好讼之风。

学政奏折中类似整饬士习的记载还有不少。如乾隆朝《福建学政吉梦熊为报永春等地生童岁试情形事奏折》记载：闽中地处海滨，士子为四民倡率，必倍加整顿，务令读书砥行，循规蹈矩，悉归驯谨，方足以端士习而改浇风。再如《湖北学政李长森为报黄州等地生童科试情形事奏折》记载，学政于考期封门后，常在堂上察看，复亲身挨查号舍，以清弊端。

二、振兴文风

雍正帝强调:“朕临御以来,时时以教育人材为念,但期实有益于学校,不肯虚务课士之美名。盖欲使士习端方,文风振起,必赖大臣督率所司,躬行实践,倡导于先,劝学兴文,孜孜不倦,俾士子观感奋励,立品勤学,争自濯磨,此乃为政之本。”从雍正帝的话来看,士习是文风的基础。文风的含义主要有两项:一是重视文化教育,兴盛科举,所谓“劝学兴文”也;二是学风纯,写作规范,不“徒事文华”也。关于后者,雍正帝将作文上升到政治的高度,要求按照《四书》阐明圣贤的思想,用规定的“体裁格律”表达出来,反对辞华冗长的文风,去“支蔓浮夸之言”,将“雅正清真,理法兼备”作为标准。

乾隆皇帝重视训正文体,对于科举文章也提出类似的主张,提倡以朴实的文风阐释孔孟立言本意,反对故为艰深语,或矜为俳俪词,使士风还淳。

从学政的奏折中可以把握文风的内涵。如“湖北各郡文风,其中尚有留心文体、谨守绳墨之士,惟于经史实学多未能考求淹通”。文风包括对于经史文的全面掌握。湖北学政洪朴认为湖北文风只是“留心文体”而已。而江苏“苏州、松江、常州各属,素为文风最盛之区,文体雅驯,兼有书卷。惟太仓州属崇明稍次,而气机顺畅,理法亦合”。文风讲究文体雅驯,兼有书卷气,其次也要行文顺畅,合乎文理。山西“文风,平定州、代州两属诸生见闻稍广,文艺较优,间又娴习诗赋之士。其省北各属,人文俱系中平”。文艺较优、娴习诗赋也指向文风。

学政的责任就是选拔文气、文理好的考生。广东学政平恕上奏:“伏查粤东文风,以广、潮、肇庆、嘉应等府州为最,惠、高、雷、廉、罗定次之,琼州虽隔海洋,涵濡文治日久,实与广、潮诸府相埒,其琼山、文昌、会同等县,颇知留意经籍,文理较优。惟陵水、昌化、感恩三县僻远尤甚,尚属弇陋。臣就其文气可造者,详慎遴选,仍于点名时亲督搜检,核对年貌,封门后逐号清查,取进后严加复试,务取文理与正场原卷相符,不使一名冒滥。”文气可造、文理较优是平恕衡量文气的重要标准。

厘正文体是振兴文风的重要方面。乾隆四十六年御史董之铭条奏,请饬下儒臣仿照钦定本朝《四书文初编》体例,详慎选择,刊定《续编》,并简派大臣于每科中式乡会试卷内复加甄校进呈,钦定后由部刊颁,发坊通行。乾隆帝认为:乾隆初年《钦定四书文》刊刻颁行,典型具在,一切可奉为法程。“无如近日士风专为弋取科名起见,剽窃浮词,不复研穷经史,为切实根柢之学,以致文体日就卑靡,虽屡经降旨训饬而积习难回,仍不免江河日下之势。惟在司文柄者随时甄别,力挽狂澜,以期文风渐归醇正。若多为选刻颁行,而习举业者仍束庋高阁,不能潜心研究,虽多,亦奚以为?”乾隆帝命大学士九卿等公同详议具奏,续编之议被否,但将坊间造作文字,妄称新科墨卷例,申明禁止。乾隆帝为训正文体,定制义七百字之限。这是针对大臣反映“近年风气善为长篇,又多沿用墨卷肤词烂调,遂尔冗蔓浮华,即能文者亦不免为趋向所累”而制定的。乾隆帝指出:“作文尤须体会先儒传说,以阐发圣贤精蕴,独出心裁,屏除习见语,其文自然合度。何必动辄千言,因陈不察耶。”

清朝乡、会试后对试卷进行复核称作磨勘,磨勘的重要内容是考察文风。前面提到雍正帝要求作文“雅正清真”,乾隆帝对此也很重视，不过他将这四个字的顺序调整为“清真雅正”。乾隆二十四年十一月，秦蕙田等进呈磨勘顺天等五省乡试卷，所有签出应行处分各卷颇见详慎，乾隆帝很赞赏，并指出“惟试卷内有词意纰缪之甚者，于文风士习殊有关系。……制义一道，代圣贤立言，务在折衷传注、理明辞达为尚。前因士子多喜为剽窃蹐驳之词，不惜再三训谕，俾以清真雅正为宗，并将选定四书文，颁贮内帘，令考官知所程式”，要求“衡文作文者咸以正风尚、厚人心为务”。同时颁发谕旨对学政提出要求，并将此旨录于学政公署与各府州县学明伦堂，以触目警心。大臣在奏折中谈到考核情形时，往往以“清真雅正”报告文风，反映出这四个字的重要性。

磨勘特别要对名列前茅考卷的文风加以把关。乾隆帝认为：“制艺以清真雅正为主，其在前列者尤为士林模楷，必贵理醇法密、辞语精当之作，方足以式多士而正文体。”当磨勘大臣覆勘会试中式第三名邓朝缙，首艺语意粗杂。乾隆帝说：“所奏甚是。此等题文，在士子择语不精，率意填写，或所不免。此卷现据指出，而其余似此未经磨勘者当复不少，但即使舍短取长，亦止可在二三十名外，今竟高列第三名，位置殊为失当。近年因文体蹐驳，屡经降旨训饬，凡有衡文之责者，尤应悉心甄拔，以期有醇无疵，使文风日臻淳雅，何至漫无区别若此？着总裁德保等明白回奏。”又据磨勘试卷大臣奏，江南省第一名顾问卷，头场四书文三篇纯用排偶，于文体有关，且首艺未经点题，请将该考官及本生交部查议。

文风与考题也相关联。程景伊条奏禁止乡试考官出题割裂小巧，建议有似此命题者，将考官议处。礼部议覆时于四川省出题牵连无理之考官置之不议。乾隆帝批评礼部所办非是。

乾隆后期整顿文风的重要事情是查禁删节经书。乾隆五十七年六月十三日《山东学政翁方纲为报青州等地生童科试情形事奏折》谈到考试士子经解、默经时，多于坊间所删经题内出题，其有未读全经者概不录取等语，引起乾隆帝的注意。乾隆帝认为，五经为圣贤垂教之书，士子有志进取，竟有未经全读者，可见士习之荒疏卑靡。兹公然竟有删去者岂不可鄙，是亦学术式微之一大证。经籍俱经孔子删定，岂容后人更复妄有删节。各省坊间射利之徒，往往于经书内避去不祥讳用语句，擅行删节，标写拟题，以为习场屋者揣摩之具。而躁进之士子，遂以为快捷方式秘传，最为恶习。山东一省如此，各省当亦不免。此事于士风大有关系，不可不明为查禁。于是通谕各督抚及学政等务须实心查察，严行禁止，俾士各通经，文风振作。其应如何立法查禁以端士习之处，着军机大臣会同礼部妥议具奏。学政立即执行上述规定。

山西学政戈源奏报岁试情形称：考过各府文风，平阳、潞安两府为下，缘坊间刻有不知姓名文字，称为《引蒙易知》、《学文正法》、《童子升阶》、《一说晓》、《三十艺》、《二十艺》等名目，通套鄙陋，随题可钞。山僻小县，师传弟受，以致性灵汩没。现在严行饬禁，不准书贾售卖，并不许生童存留。乾隆帝于是指示：前因各省士子有肄习坊间删本经书一事，屡经降旨，令督抚等认真查禁，陆续收缴，三年汇奏一次，并将查出删本解京销毁，以端士习而崇实学。各省坊贾自不敢复蹈故辙，再为刊布流传。今戈源查出《引蒙易知》等鄙陋书本，自可归入查禁书内一体办理。贵州学政洪亮吉按试时，将删节经书尽行缴出，又购买诸经全本存贮各处书院内，以为诸生式样，一切皆照前办理。江苏学政胡高望也于按试各属时就近面饬教职，传谕生童，以除陋习。当据各学将生童存留旧本随棚呈缴，臣具札发各提调赍解藩司，照例申详督抚汇销。

乾隆时期，根据对于文风盛衰高下的判断，增减所设负责科考官员数量与考试名额，以倡导文风，加强国家控制地方社会。如直隶每举人一名录科80名，应取科举7 920名。贡院号舍仅万间，万难容坐。因“直隶文风较江浙两省究属有间”，于是照山东省每中一名录取60名。再如乾隆五十九年，因四川酉阳州属秀山县应试童生向附州学进取，而该县生齿日繁，文风蔚起，设立专学。将额多人少的松潘、茂州、汶州、保县各裁2名拨秀山，并移松潘厅训导于秀山学。

除了学额，学官也视文风增减。如乾隆二十九年，山西巡抚和其衷等奏称宁武府兼辖四县，俱山邑僻壤，文风相等。内宁武、神池、五寨三县，各设教职一员，惟偏关县有教谕、训导各一员，实属闲冗，请将教谕裁汰。吏部议准。三十八年江西巡抚海成奏称吉安府属永新县学文风颇盛，向设教谕一员，办理殊为竭蹷，请裁事简之永宁县学训导，改设永新县学训导。礼部批准。

此外，考试频度、单独考试或合试也根据文风调整。乾隆二十七年顺天学政张泰开奏称：“宣化一府自康熙五十五年定为岁科两试连考，该处士习因考试迢隔三年，试后遂营别业，致文艺生疏，取进童生每难足额。请嗣后岁科两次分考，使岁试未进者知所激励，以应科试，文风当益振兴。”得到批准。三十八年陕甘学政杨嗣曾奏称：“甘肃宁夏府乡试，向编丁字号，每科额中二名。今该府人文日盛，颇胜他属。请嗣后宁夏一府生监乡试，准其一科与通省合试，凭文录取，无庸另编字号。一科仍列丁字号，照旧额取中。俟将来文风大盛，再行题请统归大号。”礼部批准。热河自康熙年间建立避暑山庄后发展迅速,乾隆四十四年“着照宣化府之例,另编承字号,每科乡试取中举人一名。俾士子知上进有阶,愈加鼓舞。俟将来文风渐盛,人数多至百余名,该督臣再行奏闻增额,以示嘉惠塞上士林,多方乐育至意”。

江浙文风素盛,清帝南巡,频增试额。如乾隆十六年、二十二年、二十七年南巡,江苏、安徽、浙江三省本年应试文童、府学及州县大学增取五名,中学增取四名,小学增取三名。乾隆三十年南巡,先是准于本年选拔时,江南各县每学各取一人,以广教泽。后又将江苏、安徽、浙江三省本年应试文童、府学及州县大学增取五名,中学增取四名,小学增取三名。再如乾隆四十五年南巡,三吴两浙文风宜循旧典,以示渥恩。四十九年南巡,同样增广江浙两省试额。

清代科举考试竞争激烈,由于采取分区录取的方法,文风强盛地区的考生冒籍到文风衰弱地区考试,云贵川广这一现象比较突出。乾隆二十五年,广西学政鞠恺奏:粤西应试生童多有他省人冒籍,现在严行查办。乾隆帝指出:“该省地处偏隅,向学者少,他省人士未免乘机混名冒考。但自乾隆三年部议停止该省因本地无人应试,准令外省及本省异府人入籍之例,司学政者自应严为禁饬,何以尚多混行冒试者,此皆历任学臣不能查察所致。……再此等冒考弊窦,在江浙等处尚少,他如云贵川广偏僻州县文风稍陋,他省人或因父兄作幕,或因亲友贸易,遂尔乘便混考,皆所不免。并着各该学政留心查察,毋使滋弊。”根据吏部转述广西学政鞠恺奏称,广西童生应试,多因亲友影射,冒籍混考,竟有一学多至数十名的,不急为严禁,则土著进取为难,边地文风日坏。清廷采纳礼部建议:“应令该学政彻底清厘,除现在查确者即勒令归籍,其未经发觉者,于部文到日,勒限一年,令本生自首，由该学教官会同州县结送学政，咨回原籍。逾限不首，发觉斥革。仍将不行详查之教官、州县照例议处。再，本年现届乡试，其已经查确各生，应照例罚停乡试一科，仍行文云南、贵州、四川、广东等省，画一办理。”

以贵州为例，据贵州学政陈筌说：“其在乾隆二十五年未经清厘以前者，该生不行具首，应科其隐匿之罪，将衣顶褫革，照违制律问拟杖责，失察教官照例议处；其在二十五年以后者，系已经清厘之后，仍敢勾通冒籍，情罪较重，除将该生治罪外，滥保之廪生一并查究示惩。”对于文风衰弱地区，云南学政孙嘉乐希望考核云南诸生、严定等第。乾隆帝认为这只可用之江浙，不宜用之滇省，因滇黔粤西地处边陲，人文原不及内地，学政按试各学，只须严切训谕，俾各生恪守《卧碑》，祇遵功令，遇有唆讼滋事者随时究治。

三、科举考试与移风易俗

清代科举考试与整饬士习、振兴文风密切关联。朝廷把科举考试作为风习看待，实际上旨在将科举考试以及士子的行为纳入国家政治文化的范畴。官员对于科举考试的振兴、整饬活动，意在移风易俗，从而达到上述目的。

学政负有宣传圣谕教化士子的职责。如山西学政百龄奏报：“臣每至一棚，宣讲圣谕，俾各生童恪守《卧碑》，毋致生事。”贵州学政潘曾起也奏道：“臣每当校毕一棚，则传集童生恭述圣训，总以读书明理、雅正清真谆谆告诫，该生等环立静听，咸知凛遵。”所谓圣谕、《卧碑》是指清朝皇帝训示规条系列，即顺治九年题准，刊立《卧碑》置于明伦堂之左，晓示生员。康熙三十九年议准，将钦颁“上谕十六条”发直省学宫，每月朔望令儒学教官传集该学生员宣读训饬，务令遵守。如有不遵者，责令教官并地方官详革，从重治罪。四十一年御制《训饬士子文》，颁行直省各学。雍正三年议准，士子诵习，必早闻正论，俾德性坚定。将《圣谕广训》、《御制朋党论》颁发各省学政刊刻刷印，赍送各学，令司铎之员朔望宣诵。七年议准，令直省各督抚转饬地方官，将钦定《卧碑》、御制《训饬士子文》敬谨刊刻，装潢成帙，奉藏各学尊经阁内。遇督抚等到任及学臣到任案临，于祗谒先师之日，该教官率生员贡监等诣明伦堂，行三跪九叩礼毕，教官恭捧宣读，令其拱听。乾隆五年，钦颁太学《训饬士子文》。十年议准：钦颁《训饬士子文》已勒石太学，通行天下学宫，同圣祖仁皇帝《圣谕广训》、世宗宪皇帝《御制朋党论》，令教官于朔望日一体宣讲，永远遵行。总之，清朝皇权加强了对士人的要求与控制。

清代社会结构依然以士农工商四民为基础。传统观念中，士为四民之首，士人承载着正统的儒家文化，对于风俗有导向作用。移风易俗的关键，是使士人起到楷模的作用。士习文风属于整体风俗的一部分，欲使风俗淳美，士习文风也不能例外，而科举考试是掌控士习文风的重要手段，于是清帝特别是乾隆帝重视整饬士习、振兴文风。

官员负有保障科举考试公正规范进行的责任。将这种职责用考察士习文风表示，反映出清代的政治文化，即培养人才不是停留在技术层面，而是寄予很高的道德要求。科举人才应当是德才兼备，肩负表率天下的重任，未来也以移风易俗为使命。

四、龚炜笔下的吴中科举社会

昆山人龚炜生活在康熙后期到乾隆前期，撰有《巢林笔谈》（今人钱炳寰先生点校，中华书局 1981 年），多有吴中科举社会生活的记载。

《巢林笔谈》点校本“前言”介绍了作者与该书情况：炜字巢林，自称巢林散人，晚号际熙老民，江苏昆山人。生于康熙四十三年，至乾隆三十四年六十六岁时，犹在世。曾祖号西圃，仕于明。父号蓼村，进士出身，分校（分校即科举时校阅试卷的官员）江右。母葛氏颇知诗书，诸姑姊妹皆通文义。妻王氏，为娄东望族。至炜时已家道中落。炜喜经史，工诗文，善丝竹，兼习武艺。其诗文颇为师友赞赏。复因疾病时作，不得已而绝意仕途。《巢林笔谈》编排按时间为序，起康熙末年，讫乾隆二十八年左右。

昆山县地当吴中，隶属苏州府。这里是清代经济最为发达的地区，社会安定，文化繁荣，对于全国都有一定的影响力。吴中是清代科举最盛地区，所出进士、状元数量领先全国，科举产生的士大夫人数众多，形成了科举社会的风习。

（一）吴中科举状况与崇尚科举对民众心理产生的影响[①]

苏州府清初沿明制，辖有吴、长洲、吴江、昆山、常熟、嘉定、

---

① 王德昭先生指出：功名的得失高下难测，于是中与不中，便一切委之于命运。种种迷信的风气由此而生，可概括为命相、风水、感应和因果报应等四类。王先生举出大量清人笔记说明这四类风气，但并未引用《巢林笔谈》一书。参见王德昭：《清代科举制研究》，五《科举制下的民风与士习》，中华书局 1984 年，第 146—155 页。

崇明七县，太仓一州。《清史稿·地理志》说：雍正二年，升太仓为直隶州，并割走崇明、嘉定。又析长洲置元和，昆山置新阳，常熟置昭文，吴江置震泽。

吴中科举风习强盛，不乏科举人才。如苏郡状元甚多，“状元是苏州土宜”的谚语，充分说明了当地科举之盛。昆山也可谓地灵人杰，龚炜骄傲地写道：“顺治己亥廷试，我邑徐立斋状元、叶文敏探花二公，皆著清望，为名臣。可谓地灵人杰。”比较之下，昆山比不上太仓的科举兴盛，龚炜认为原因是昆山科第盛极而衰，加上“士贫难为工”。

龚炜进一步描绘了太仓的科名极盛情况：“近来科名之盛，莫盛于太属，三鼎甲、解会元齐备，而两科中状元迭出，地亦灵矣哉。”龚炜总结“科第以人重”：“昆山六状元，多以名位显。”

科举之盛也体现在一些家族上。龚炜的诸内侄“十余年间，小试连进五人，乡闱一正两副，皆恂恂不染浮习，充此何可涯量”。其他家族如王奉常子孙中第也很可观，最可观的是苏州彭氏，如是，吴中出现了不少科举家族。

在崇尚科举的风气下，人们重视日常的考试成绩。“岁科考绩领案最多者”，记载太仓唐氏、长洲沈氏科举后继有人，也是科举家族。

吴中人考试前往往到庙中祈求神灵的保佑，龚炜家族就是如此。龚炜的姐姐为龚炜之子昭儿院试求过签，龚炜的高祖应岁试到关帝庙求过签，龚炜认为上述求签都很灵验。一旦科举成功，人们往往认为这是神仙保佑或德行、因果所致。龚炜说：“近来我邑朱杏占，待先生亦忠敬，三子皆能文，两科已连隽其二。种德之家，定获美报，尊师亦其大端也。”

结尾处的尊师种德之说是龚炜的总结，代表了那个时代人们的普遍认识。神仙保佑的事例有“梦魁得魁”：“练川王修撰未遇时，祈梦于京师吕祖庙，梦神导至一处，无门可出。神曰：‘吾为汝特辟一门。’门辟，突遇一青面神如世所画魁星者，觉而异之。后以癸巳岁恩科竟得大魁。”中第者出仕也祈梦，龚炜的外舅就是。还有“闱中神助”的故事，面相也被看成决定科举成败的因素，有薄相者好梦成真，变形使者改变了他的命运。李渔的戏文《奈何天》创作了变形使者，龚炜认为上述梦境证实了其存在。

此外，龚炜也记载了一些现实生活中的科举情形。他回忆了其父以身作则遵守场规的慎重态度，认为“谨慎非迂”。还记载了其父监考的事情，“张文杜卷”条指出了考官的严谨态度。考场也有混乱的情形。龚炜记载了如此多有关科举的事情，一方面与其重视有关，同时也是吴中科举社会现实的反映。

（二）龚炜与科举

龚炜科举竭蹶，可能与他的性情、爱好有关。

龚炜自幼学习经史。他年少时读过礼经，怀疑《仪礼》仪节太琐碎，《周礼》设官太冗。他也喜欢读历史，读了南北史，因“会学使者将至，稍稍理时艺”，可见对于八股文不太感兴趣。他从小读古文，自《左传》始，继以《史记》，一生熟读《史记》。他总结读书经验：“人不从少时读古，以时文余力旁及，定不相入。”为了得到一部名人手批的《史记》，因价昂一时困难，与妻子商量，妻子“卸金簪一枝，质以与之”，于是得到这部书。他感情丰富，幼读《孟子》常有一种凄恻难过处，后读《史记》、《汉书》等书，情文相感，不知倾多少眼泪。对于经史的兴趣持续到晚年，经常温习，甚至想编书，由于身体的原因，只好放弃。

龚炜从小也喜欢诗文，少时曾赋雪景，有“收纶渔父归舟晚，迷径樵人行路斜”句，其二舅诧为仙才，其他人亦极嗟赏，遂萌学诗意。当时勤课举业的业师也称许他日后可以与老师讨论诗学，于是他“稍事涂抹”，后来“得钱宗伯手批《诗统》读之”，“因叹此事大不易，强作无益也”。他的诗为友人所重。有人向他请教如何作诗，他认为论诗只有三字：情、理、景。一言以蔽之：“真写得”三字。“真，即村歌亦成绝调，不观古来谣谚，有载之史传，垂之后世者乎！然则学可废乎？曰否。真，是诗之根，非学无以殖之。须于吟诵时，得其真气味，然后下笔时可以发我真性情。何谓真气味？神在句外。何谓真性情？言出心坎。若意浅、神竭、韵粘、字呆，都不是真气味。热中人作高尚，富贵性谈场圃，伪君子讲节义，都不是真性情。知此，始可与言诗。”认为：“诗到自然极难，自然到极处，反觉平易。”看来他颇有作诗心得。对于时文，他也有看法，认为老诸生时文成熟，可以为人所轻，可以看作是自己的写照。

龚炜善丝竹。他擅长吹笛子，自称：“予于声歌无所谙，独喜笛音寥亮。每当抑郁无聊，趣起一弄，往往多悲感之声，泪与俱垂，审音者知其为恨人矣。”他也能弹琵琶，“每当月白风清，更阑人静，手拨琵琶而切响，曲分南北兮迭赓，且唱且弹，半醒半醉，恍若一片孤帆飞渡行春桥矣”。

龚炜兼习武艺。他幼时与朋辈挟弹角技，还习刀自豪，练武增强了他的自信心。当时无锡秦生能武，被他记载下来。看来即使如吴中文化之区，也还是有尚武之风的。

龚炜在当地小有名气，科举之途颇为不顺，曾于乾隆六年参加乡试。乾隆九年第四次考举人失败，落卷后心灰意冷。是年龚炜整四十岁，他认为科考“抛却半生有用工夫”，于是写道：“廿年制义，抛却半生有用工夫；三黜乡闱，落得九册无名败纸。……精气消磨，予亦不能复事帖括矣。”年过四十，仍未一第，龚炜决定放弃仕途。然而他却没有彻底放弃功名之心，乾隆十六年试图以诗赋进呈蒙恩，只是未能成功。他认为命该如此，因而对于功名也就彻底失望了。

不顺心的事情接踵而至。他病情加重，感到了生命的脆弱，认为“身后事那顾得许多”。他终于把生活看开了，自嘲“名利两穷”。他的两穷是不重科举不受钱财造成的，也说明了他对于生活的达观态度。

晚年的龚炜疾病时作，科举之心已冷，人生观念发生较大的变化。乾隆十七年他概括了自己的生活方式：身体患病，却医勿药，以读书写字为生，喜欢花卉，爱好乐器，与世无争。

我们借助《巢林笔谈》了解到18世纪前六十多年的吴中科举社会的状况，认识到吴中社会科举发达，流行科举文化，是一个绅士数量庞大、世家望族众多的社会。吴中社会孕育了科举民俗信仰，命相、风水、感应、因果报应的风气是社会文化氛围下形成的，放在特定的地域社会，会对这些文化现象有更深入的理解。《巢林笔谈》记载的不少内容同作者的经历有关，可以从个人生活史的角度考察。从龚炜绝意科举的人生转折，我们看到一个鲜活的士人。龚炜的《巢林笔谈》笔记提供了科举社会方面丰富的资料，笔记是研究科举与社会的重要资料来源。

第九章
宫廷元旦节庆制度

中国古代皇帝的临朝，分为举行重大典礼及节庆的大朝与日常行政的常朝。正月初一的元旦是年、月、日之始，谓之三朝，自古以来受到官民重视，是大朝活动之一。这里就清代元旦朝贺仪式以及元旦前后的节庆活动，即宫廷元旦节庆制度做一介绍。

一、元旦朝贺活动

元旦作为重要节日，清廷有一系列重要活动，《清实录》对此有记载。如《清圣祖实录・修纂凡例》规定："太皇太后、皇太后圣寿节、万寿节及元旦、冬至，凡大庆贺礼仪、筵宴皆书，御殿视朝书。"有关元旦节礼制的讨论与变化也在《清实录》有记载，清廷年节周期性的活动以及相关制度设置经过均记录在案。

《清起居注》记载有关清廷元旦活动的形式与《清实录》大致相同，不过有时会补充一些细节，更多强调的是皇帝而非朝廷。《清起居注》与《清实录》可以互相印证、补充，呈现清朝宫廷元旦活动的变化。

清代的元旦朝仪，主要记载于《大清会典》及“则例”、“事例”的礼部部分，记载方式有变化，显示出不断完善的过程。康熙《大清会典》卷40《礼部》有“朝贺”部分，包括元旦朝贺仪、冬至朝贺仪、万寿节朝贺仪、外官庆贺仪、太皇太后宫三大节朝贺仪、皇太后宫三大节朝贺仪、皇后宫三大节朝贺仪，共计七项内容，平列了“朝贺”的礼仪项目。

雍正《大清会典》卷57《礼部》分“朝贺”、“朝贺仪”两项，其中“朝贺”讲述元旦、冬至的制度，下分元旦节、冬至节两部分介绍；“朝贺仪”讲元旦、冬至、万寿节三大节朝贺仪，叙述完朝贺皇帝的礼仪之后，列有“太皇太后宫三大节朝贺”、“皇太后宫三大节朝贺”、“皇后宫三大节朝贺”、“三大节外官庆贺”四个小目，分别列出有关礼仪制度的设置过程。可见雍正《大清会典》是按照节日记载的，强调的是“朝贺”的“贺”，即节日庆贺。

乾隆《大清会典则例》卷56《礼部》分三部分介绍“朝会”制度：“朝会一”分门别类介绍各项制度，包括御殿受朝、临朝章服、陈设、乐悬、班位、侍班、执事、纠仪、赐坐九项内容；“朝会二”分为元日、长至、万寿圣节、常朝、御门听政、朝门禁例六项，其叙事逻辑是首列大朝的三大节，次列常朝，再列御门听政、朝门禁例，皇帝的元日庆贺得到了体现；“朝会三”分为元日皇太后宫朝贺、长至节皇太后宫庆贺、皇太后圣寿庆贺、元日皇后宫庆贺、千秋节庆贺诸项，专门介绍三大节皇太后宫、皇太后、皇后宫、皇后的有关礼仪。“朝会”包括大朝、常朝，元日庆贺是大朝最重要的部分，多有涉及之处。乾隆《大清会典则例》涉及的“元日”礼仪是作为“朝会”即朝廷典章制度的一部分存在的，“会”是记载的重点。

嘉庆《大清会典事例》卷237、卷239分两部分介绍“朝会”制度，前者涉及元日、长至、万寿圣节，后者涉及元日皇太后宫朝贺、长至节皇太后宫庆贺、皇太后圣寿庆贺、元日皇后宫庆贺、长至节皇后宫庆贺、千秋节庆贺诸项，内容因袭乾隆《大清会典则例》。

光绪《大清会典事例》礼部朝会也专门介绍了元日部分，分类与嘉庆《大清会典事例》相同。光绪《大清会典事例》卷 297 内容是元日等三大节，卷 300 有元日皇太后宫朝贺等，这两卷接续了嘉庆以后元日举办"朝会"的一些变动情况。此外，卷 296《礼部·朝会》涉及一些元旦礼仪，卷 318《礼部·表笺》也有相关内容。

从康熙、雍正《大清会典》到乾隆《大清会典则例》对于元旦朝仪的记载来看，发生了从"朝贺"到"朝会"的记载方式变化，原因是朝仪各项制度得到了完善。

关于清代的元旦朝贺活动，康熙《大清会典》记载：

> 元旦、冬至、万寿节俱设大朝，行庆贺礼。天聪六年定元旦礼，崇德元年定元旦、万寿礼，顺治八年定三大节礼，参酌尽制。我皇上崇修典礼，凡遇大节，万方毕贺，仪文尤为隆备。

接着是《元旦朝贺仪》：

> 天聪六年元旦，上（太宗文皇帝）率诸贝勒等拜天礼神毕，御笃恭殿升坐，诸贝勒等行三跪九叩头礼毕，赐议政贝勒入殿内左右坐，次外藩蒙古诸贝勒行礼，次满洲蒙古汉官率各旗官行礼，朝鲜国使臣行礼，毕，上还宫，众官皆退。次日，行筵宴礼。

上面分别介绍了"崇德元年"、"顺治八年"、"康熙八年"等制定的有关制度。请注意这三个年代的重要性，崇德元年后金皇太极改国号为大清，建号改元后需要制礼作乐。顺治八年的前一年摄政王多尔衮病逝，顺治皇帝执政，需要整顿礼仪。康熙八年是皇帝玄烨亲政不久拘禁满洲权臣鳌拜的年代，也需要整顿礼仪。因此，礼仪建设事关重大政治变动，帝王需要重塑权威更定礼仪，调整政策也要调整礼仪。

清朝元旦朝贺活动的内容，主要包括谒太庙上香行礼、诣堂子行礼、诣神、陈设卤簿、奏乐、升殿、进表、行庆贺礼、筵宴，各官皆朝服。

元旦期间停止用印十天。元旦节可以理解为元旦前后七天或九天或封印期间的活动。

元旦节除了本朝君臣的活动，还包括外藩、外国的朝贺。

以顺治十一年元旦节为例，《清世祖实录》记载十年十二月二十八日：

> 庚寅。岁暮，享太庙，上亲诣行礼。遣官祭四祖陵、福陵、昭陵。遣官祭太岁月将之神。

又记载十一年正月初一日：

> 上诣堂子行礼，还入宫拜神毕，朝皇太后于慈宁宫，御太和殿，诸王、文武群臣及外藩蒙古上表、行庆贺礼。是日赐宴。
>
> 朝鲜国王李淏遣陪臣沈之源等表贺冬至、元旦、万寿圣节，附贡方物及岁贡，宴赉如例。

初五日：

> 孟春，享太庙，上亲诣行礼。

初七日：

赐蒙古诸王、贝勒、贝子、公等宴于太和殿。

顺治十年十二月没有三十日，从十年十二月二十八日到十一年正月初五日前后七天有元旦节的各种活动，其实初七日的活动也应算是元旦活动。

康熙朝的元旦节，年前的腊月二十九、三十，皇帝亲诣太庙，诣太皇太后、皇太后宫问安，赐朝贺元旦的外藩宴饮，而元旦当天则要诣堂子行礼，诣太皇太后宫、皇太后宫行礼，御中和殿内大臣、侍卫执事各官庆贺元旦行礼，御太和殿诸王等文武官员及来朝元旦外藩贝勒等、朝鲜等国使臣上庆贺元旦表，御保和殿赐外藩王、贝勒、贝子、公等，内大臣、大学士、都统、尚书、侍卫及台吉等饭，御太和殿大宴，诣太皇太后宫问安。

乾隆十五年，又新增元旦诣寿皇殿。寿皇殿恭奉皇祖圣祖仁皇帝、皇考世宗宪皇帝圣容。

元旦诣奉先殿出现在乾隆元年，这年新增的活动还有诣大高殿行礼。奉先殿是明清皇室祭祀祖先的家庙，前殿主要供陈设宝座用，举行祭祀活动时将供奉于后殿的已故帝后牌位移至前殿。

大高殿属于皇家道教宫观，始建于明嘉靖二十一年，是明世宗祈求长生之所，也进行过各种道教礼仪的演习。大高殿位于皇宫之外，初建时名为大高玄殿，清康熙帝即位后为避讳“玄烨”的“玄”字，将其改名为大高殿。乾隆时期，大高殿成为清廷元旦拈香行礼的地方，届时用作道场。

元旦朝贺贡献礼物，已形成制度。自雍正年间开始，王公大臣等年节呈进如意，是以仍准其呈进分赐。嘉庆元年重申元旦宗室亲王、郡王、满汉大学士、尚书始准呈进如意，外省督抚止准按例呈进土贡，其盐政、织造、关差年例办进备赏之物，如果品、茶叶之类，仍照向例。

元旦还有一些活动，如赏赐福字。自康照朝始，正月初一日，皇帝在内廷御书“福”字，所写第一个“福”字悬挂于乾清宫正殿，其余张贴宫廷内苑各处，还颁赐后妃近侍、王公宠臣、内廷翰林等。此后，清宫御赐“福”字仪奉为典制，为后世皇帝效仿，成为家法。

再如举行茶宴联句。康熙二十一年、雍正四年、乾隆四年正月，皇帝在乾清宫召集诸臣，仿汉武帝故事作诗联句。自乾隆八年始，皇帝与大臣新正联句始在重华宫进行，此后乾隆帝主持了44次。嘉庆帝奉为家法，正月初二至初十间亦在重华宫茶宴联句，道光朝仍时有举行。

二、元旦朝贺仪

雍正《大清会典》概括了“朝贺仪”的形成过程与主要内容：元旦朝贺仪也始于天聪六年，经崇德元年增定，清入关后顺治八年详定礼仪，康熙八年订正朝会乐章。

乾隆《大清会典则例》记载了朝会“乐悬”。康熙八年订正朝会乐章更为细致：康熙二十一年，学士陈廷敬斟酌古今、兼采宋例撰写元旦等朝仪的乐章，还由牛钮等译成满文，受到康熙帝的好评。

元旦朝贺仪的第一步是陈设，具体是銮仪卫陈设卤簿、步辇、大驾、训象、仗马，教坊司陈设中和韶乐、丹陛乐，礼部设黄案；第二步是进表；第三步是入场；第四步是御中和殿；第五步是御太和殿。具体内容可以细分为升坐、鸣鞭宣表、大臣跪叩、使臣跪叩、赐茶、退还六项。

雍正《大清会典》“朝贺仪”也记载了“元旦乐章”，其具体内容是：

皇帝升座，《中和韶乐》作，奏《元平》之章：
於穆元后，敬授人时。
四时和令，三阳肇基。
鸾路苍龙，载青其旂。
迎气布德，百工允釐。
行庆施惠，及我烝黎。

皇帝还宫，《中和韶乐》作，奏《和平》之章：
有奕元会，天子穆穆。
锵锵群公，至自九服。
王朔所加，海外臣仆。
率土怀惠，万民子育。
千龄亿祀，永绥茀禄。

诸王百官行礼，《丹陛大乐》作，奏《庆平》之章：
皇覆万宇，品物咸亨。
九宾在列，百译输诚。
济济卿士，式造在廷。
帝仁如天，帝明如日。
亲贤任能，爱民育物。

礼备乐成，声教四讫。

外藩行礼，《丹陛大乐》作，奏《治平》之章：

天尽所覆，以畀我清。

我德配命，涵濡群生。

万国蹈舞，来享来庭。

俣俣(yǔ)蹲蹲(cún)，视彼干戚。

天威式临，其仪不忒。

上述《中和韶乐》、《丹陛大乐》的四章乐曲，分别歌颂了上天授时、天下一统、帝德仁明、万国来朝，象征清朝天命所归，具有正统性、合法性。

雍正《大清会典》还记载了太皇太后三大节朝贺、皇太后三大节朝贺，具体讲述元旦节、朝贺仪、乐章，是比照皇帝礼仪所设，此处存而不论。

光绪《大清会典事例》系统性地记载了朝会的班位规定，可知顺治十八年定王公在丹陛序立，康熙元年题准典礼上朝不入八分公到侍卫分六班，十六年题准大朝会集满官、汉官各分九班序次，二十二年题准直省行庆贺礼班位，至此朝会的班位基本确立。乾隆时期直接控制西北新疆后，朝贺增加了西北民族如哈萨克等民族的礼仪规定。

三、元旦朝贺中的蒙古族

清朝元旦朝贺活动明显区别于明朝的有一条，即增加了外藩蒙古朝贺。

清朝设有理藩院专门处理蒙古以及俄罗斯等外国事务。蒙古朝贺属于理藩院管辖的事务，乾隆《大清会典事例》理藩院部分记载朝觐礼仪：

朝觐

顺治五年定：蒙古王、贝勒、贝子、公、台吉、都统等，准于年节来朝。六年题准：蒙古朝觐之期，每年定于十二月十五日以后，二十五日以前到齐。

朝仪

国初定：蒙古王、贝勒等凡遇年节皆会集于各札萨克处，咸朝服，望阙行三跪九叩礼。康熙二十六年题准：朝觐来京之王等，凡遇祭祀一例斋戒，遇朝会按班齐集，违者罚俸六月。三十二年议准：蒙古王、贝勒及鄂罗斯等处来使，如遇年节、冬至及凡遇庆贺，皆行三跪九叩礼。来使凡遇召见赐茶及赐燕，均行三跪九叩礼。食毕，行一跪三叩礼。三十九年覆准：王、贝勒、台吉等来朝，凡遇祭祀坛庙斋戒行礼处，停其陪祀，令于午门外按翼排班，候圣驾出入时，与不陪祀之在内王公一例迎送。

清朝要求蒙古贵族每年元旦前统一朝仪，元旦既有在各札萨克如同汉族地方官的朝贺仪式，又有来京朝觐。来京朝觐之王等凡遇祭祀一例斋戒、遇朝会按班齐集，凡遇召见赐茶及赐宴，均行三跪九叩礼，食毕行一跪三叩礼。工部则承担着蒙古朝觐所需物件的制作。清廷规定了外藩蒙古朝贺的班次、坐次。

清廷强调将蒙古与西北其他民族区别开来，同时也表示出对蒙古的尊敬。外藩蒙古朝贺，清廷有赏赉规定：

> （康熙）三十三年定：喀尔喀王、贝勒、贝子、公、台吉来京请安，适逢元旦者，照内札萨克之例给赏。三十九年覆准：年例来朝之喀尔喀汗王、贝勒、贝子、公、台吉等赐燕、赏赉及五旗王府筵燕，一如内札萨克之例。五十四年覆准：西藏拉藏汗、青海厄鲁特等外藩请安进贡，照伊来使品级赏给诸物，交与内务府武备院制造，俟起程时颁给。又覆准：赏年例来朝之喀尔喀亲王视内札萨克郡王例，郡王、贝勒视贝子例，贝子、公、台吉等各视其品级为差。所赏缎布、鞍辔、银茶筒、银茶盆、茶叶诸物，照价值由户部折银赏给。五十五年议准：赏喀尔喀亲王以下台吉以上器物，酌量折给银数，与赏内札萨克同。

外藩蒙古元旦朝贺来京，除了朝廷朝贺仪中正式大宴外，还有其他众多的宴请。请看乾隆《大清会典则例》中的记载：

> **筵燕外藩**
>
> ……康熙二十一年定：外藩王以下台吉、都统以上朝贺来京，除夕于保和殿赐燕一次。三十九年，喀尔喀土谢图汗及和硕亲王来进贡，照例赐恩燕一次，再燕二次。……
>
> **王府筵燕**
>
> ……乾隆二年奏准，按康熙二十一年定：外藩王、台吉等朝贺来京，除夕保和殿赐燕一次，元旦后五旗王等燕五次，十四日、十五日赐燕一次，是八旗八次。雍正五年将五旗筵燕改为左右翼各一次，今年元旦后王府筵燕仍按旗各燕一次。又向年筵燕本旗诸王均赴主席之王府陪燕，设有乐舞、蒙古鼓吹，嗣后务循旧制，令本旗诸王、贝勒、贝子、公

等齐集，依次列坐，燕宾。其乐舞除庆隆舞不许用外，礼部见有之杂剧等，许其承应。至本王府亦宜备鼓吹杂剧，以侑宾筵。……

清廷、王府以及八旗轮番宴请朝贺的外藩蒙古，加强满蒙间的友谊，巩固满蒙的亲密关系。为了接待朝觐的蒙古贵族，清廷设置“蒙古鼓吹”，使得蒙古人有宾至如归的感觉。

关于元旦宴席的标准，清廷规定为四等。太常寺的则例规定：

万寿圣节、元旦朝贺、公主郡主成婚各燕，皆用四等席燕。

四等宴席的标准，不是很高，看来清廷对于宴席注意节俭。据《钦定总管内务府现行则例》记载：“除夕保和殿筵宴，每饽饽桌一张，用酒八两。”也是例证。

了解了外藩蒙古元旦朝贺仪式之后，我们再考察一些具体的事例。通过《康熙起居注》记载的康熙十一年元旦朝贺仪式，可知元旦的朝贺庆祝活动往往持续很长，初六日之后有活动，直至上元灯节，甚至节后还有外藩蒙古的陛辞。康熙帝令礼部照常赏赐外藩蒙古亲王、郡王、贝勒、贝子、公之外，又赏赐内库貂皮蟒袍、帽、带、靴等物。举行了宴会，还观看了外藩蒙古的射箭。十四日行祈谷礼，十五日灯节举行活动，都有外藩蒙古活动。请看：

十四日辛酉。早，上诣大享殿，行祈谷礼。午时，宴王、贝勒、贝子、公等，内大臣、满汉大学士、三旗都统、尚书、副都统、侍郎、学士、侍卫等宴，乐舞作，进酒。上召外藩王、贝勒、贝子、公等，至御座前，亲赐饮。又召内大臣、大学士、都统、尚书等至御座前，亲赐饮。宴罢，众谢恩毕，回宫。

十五日壬戌。早，上御太和殿视朝。文武转升官员谢恩毕，回宫。复御乾清门，听部院各衙门面奏政事。巳时，又御保和殿，乐舞作，进酒。上召外藩王、贝勒、贝子、公等，至御座前，亲赐饮；台吉等入殿内，赐饮。宴罢，众谢恩毕，回宫。

这两日的宴饮活动，康熙帝都请外藩王、贝勒、贝子、公等出席并召至御座前，亲自赐酒。到了二十日早，康熙皇帝御乾清门听政后：

朝贺元旦外藩王等陛辞礼毕，上召王、贝勒等于丹墀上，其贝子、公等在丹墀下，各赐茶毕。

至此，从康熙十年十二月下旬来京朝贺的外藩蒙古在京逗留一个来月才离京返回，节庆活动可谓热烈而持久。

在雍正时期，由于新皇帝要三年守丧，停止元旦朝贺，雍正四年才恢复元旦朝贺。前来朝贺的外藩蒙古受到清廷的热情接待，雍正帝御保和殿，以岁暮宴朝正外藩：

诸乐并作，上进酒毕，令左翼科尔沁和硕土谢图亲王阿拉布坦，右翼喀尔喀札萨克厄尔得尼毕什勒尔图汗、和硕亲王、多罗额驸、策妄札布至座前，上亲授饮，其余贝勒、贝子、公、额驸、台吉、塔布囊等俱令侍卫分觞授饮于坐次。宴毕，众谢恩，上回宫。

正月初一日：

辰时，御中和殿升座，内大臣、侍卫及内阁、翰林院、礼部、都察院、詹事府等衙门官员庆贺元旦礼毕，御太和殿升座。诸王、贝勒、贝子、公、文武官员，来朝外藩蒙古王、贝勒、贝子、公、台吉等，朝鲜等国使臣进表行贺礼，礼毕回宫。诣寿皇殿，行礼毕回宫。

午时，复御太和殿升座，诸王贝勒、贝子、公、内大臣、侍卫、文武官员、朝正外藩王等宴。

元旦来朝外藩蒙古王、贝勒、贝子、公、台吉等行贺礼，雍正帝再次宴朝正外藩。

十四日，以上元令节，午时雍正帝御正大光明殿，赐朝正外藩及内大臣、侍卫、大学士等宴。十五日，午时，以上元雍正帝复赐朝正外藩左右两翼诸王、贝子、公、额驸、台吉、塔布囊及内大臣、侍卫、大学士等宴。

雍正五年元旦期间赏赐前来朝贺外藩蒙古颇有特色，正月十六日：

午时，上幸丰泽园，升黄幄御座，赐朝正外藩诸王、贝勒、贝子、公、额驸、台吉等宴，奏蒙古乐。上进酒毕，令诸王、贝勒、贝子、公、额驸、台吉等以次至御座前。上亲授饮，并赐玻璃杯、鼻烟壶、荷包等物有差。宴毕，众谢恩，上回宫。

宴请朝正外藩奏蒙古乐，并赐玻璃杯、鼻烟壶等高档的新颖礼物。

元旦期间清廷与来朝蒙古也有其他友好互动。十八日：

又元旦来朝之札萨克、喀尔喀、厄鲁特汗王、贝勒、贝子、公、台吉等折奏，黄河澄清恭请诵经祈福。奉谕旨：蒙古王等奏请诵经甚是，着照伊等所请诵经，朕亦愿众蒙古地

> 方雨雪应时，伊等及属下身无灾殃，共享逸乐，牲畜蕃滋。朕亦即是释主，况伊等皆离家远来，朕自应资助。令伊等止出佛前香烛之费，其喇嘛食物等项俱由内里颁给。诵完时，着伊等约略给与喇嘛布施。

朝正外藩为清廷诵经祈福，清帝则自称释主，亦为众蒙古祈福。清廷承担接待祈福喇嘛的费用。

乾隆帝即位后，也颇重视接待元旦来朝外藩蒙古。乾隆二年十二月辛亥，谕理藩院：

> 皇考御极，三年释服之后，于初次庆贺元旦来京之蒙古王、贝勒、贝子、公、台吉等及使臣等，俱加恩赏给缎疋。今年年节轮班来京之蒙古王、台吉等，遇朕初次庆贺元旦，着于常例赏银外，仍照雍正四年皇考特恩赏给之例，加恩赏给蒙古王、贝勒、贝子、公、台吉等及使臣等缎疋。

乾隆帝继承了皇父厚赐朝正外藩蒙古的政策。乾隆四年十二月甲午，谕理藩院：

> 本月二十四日，着在中正殿西厂子内，照去年之例，赏赐蒙古等饭食。嗣后每年赏给蒙古等饭食之处临时提奏。召车臣汗达玛林等王、贝勒、贝子、公、札萨克、台吉、和硕额驸等赐茶。谕曰：尔等朝贺元旦，来请朕安，故召入尔等赐茶。二十四日，仍照上年之例，赐尔等饭食。现今准噶尔台吉噶尔丹策零遣使臣哈柳前来，一切俱遵朕所降谕旨入奏，从此边陲宁谧。每年尔等来京，我君臣常可如此庆会，永享升平之福矣。

乾隆帝表达了隆重接待朝正外藩蒙古的目的，通过巩固满蒙关系，加强满洲皇帝与蒙古贵族君臣从属关系，使边陲宁谧，即“我君臣常可如此庆会，永享升平之福矣”。

四、元旦朝贺中的表笺问题

元旦朝贺制度重要环节之一，是臣下、藩属向帝后敬上表笺。

清朝元旦朝贺进表制度奠基于顺治年间。清一定鼎中原，立即遇到朝贺问题，顺治元年订立朝贺制度。朝贺制度包括贺表的制作：

> 顺治元年定：万寿、元旦、冬至三大节，在京王公暨文武百官各进贺皇帝表文一通。表文由内阁撰拟，表袱、表匣，由工部备造。如遇特典应进庆贺表笺，则内阁临期撰拟，在外直省文武各官进贺表笺，均敕内阁撰拟定式，颁发各布政使司、按察使司、都司、直隶各府州，各差官赍进。

元旦进贺表文由内阁撰拟，皇帝三大节庆贺，宣表官宣读。

朝贺制度的内容还包括贺表的表式。顺治元年题准了三大节庆贺皇帝表式、庆贺皇后笺式，具体内容是：

> 是年题准庆贺皇帝万寿、元旦、冬至表式，在京称某亲王臣某等，诸王、贝勒、文武官员臣等；在外称某官臣某等，诚欢诚忭，稽首顿首，上言：“伏以德统乾元，首正六龙之位；建用皇极，弘开五福之先。恭惟皇帝陛下，率育苍生，诞膺景命。寰区和协，声教覃敷，四海一而万国来王，川岳灵而俊乂斯出。太平有象，历服无疆。

臣等恭遇熙朝，欣逢圣诞（元旦、长至，凡在外官员于此句下增‘身羁职业，心恋阙廷’二句），伏愿玉烛长调，庆雍熙于九牧；金瓯永固，登仁寿于万年。臣等无任，瞻天仰圣，欢忭之至，谨奉表称贺以闻。”

又题准庆贺皇后千秋、元旦、长至笺式（具官至上言同前）：伏以祥凝璇室，仰内治之弘昭；瑞霭椒宫，庆母仪之光大。敬惟皇后殿下，安贞表范，恭俭垂型。博厚协载物之仁，恩隆逮下；肃雍赞齐家之化，德懋承天。臣等（以下式同前）欣逢令节（元旦、长至），伏愿徽音益著，弥增彤管之辉；景福骈臻，永纪瑶编之盛（以下式同前）。

又定：凡表并用小字楷书，表文前上面黏黄帖一方如印大，帖下用印。黄帖所书如万寿书进贺万寿表文，元旦书进贺元旦表文，冬至书进贺冬至表文，末后年月日上亦用印。束封上用黄帖上所书如前，黄帖下用印，印下书某官臣某上。进谨封于上，进谨封字上用印，副本用手本，小字楷书后年月日上用印，黄绫裱褙袱匣，笺文缮书，印封皆与表同。

顺治年间，清廷制订了三大节直省文武五品以上官各进贺表文、贺本体式的内容。规定：

八年定：元旦、冬至，直省文武五品以上官各进贺皇太后表文一通、皇帝表文一通、皇后笺文一通。凡布政司及参政、参议道等官，各节共进表二笺一，按察使及副使、佥事道等官，各节共进表二笺一，盐运司、各府、直隶州、衍圣公、大真人，每节各进表二笺一，总兵、副总兵、参将、游击等官，每节各进表二笺一，都司、行都司、各卫，每节各进表二笺一。

万寿节只进皇帝表一，总督、巡抚不进表笺。凡遇庆贺大典，具本奏贺。

九年谕：贺表、贺本体式不同。近来贺本均用表体，着撰拟本式颁发通行。钦此。

规定清朝文官道以上、武官总兵以上，元旦进庆贺表笺。

康熙年间，增加、完善了元旦朝贺进表制度。增加的元旦朝贺进表内容，首先是围绕庆贺太皇太后、皇太后进行的。康熙元年圣祖仁皇帝上太皇太后、两宫皇太后尊号礼成，相应的朝贺制度也出现了。此后，又增订了地方官朝贺表笺汇进制度、皇太子朝贺笺式、庆贺表笺讹书遗漏并颠倒违式议处、改表笺专官赍送为督抚汇送、庆贺表笺通省统用火牌专遣承差赍送、衍圣公庆贺表笺仍令专差赍送、朝鲜国王庆贺表笺令照式缮进等规定。

雍正帝修订了庆贺表文的文字，将顺治元年的“寰区和协，声教覃敷，四海一而万国来王，川岳灵而俊乂斯出”，改为“抚时出政，八风顺而嘉谷蕃昌；受箓敷猷，万国宁而俊民乐育”。原来的内容说的是国家的一统和万国来朝，现在则强调天人合一与天下太平，显得清朝统治符合天命民心。

乾隆帝即位后，庆贺表文的文字有修订，主要改动之处仍是雍正表文中的相同位置，改为：“顺时熙绩，百昌遂而万国和宁；御宇绥猷，四序调而兆民乐利。”所改词语沿袭了雍正表文的含义。此外，表文开头部分的“弘开五福之先”改为“肇开五福之先”，后面的“历服无疆”改为“福祚无疆”，改掉的“弘”、“历”二字同乾隆帝的名字“弘历”相同，应是为了避讳。乾隆六十年为翌年高宗登太上皇帝位，题准庆贺太上皇帝元旦表，表文形制与皇帝表文同，而文字改变。

嘉庆元年，题准庆贺皇帝表文又进行了改动，主要改动之处仍是乾隆表文中的同一位置，改为："萝图席瑞，共球集而万国来同；黼扆凝禧，陬澨恬而八方和会。"道光元年，题准庆贺皇帝表文也在相应位置改动："黄图锡羡，车书集而万姓诚和；紫宙延洪，府事修而百昌乐育。"咸丰元年也不例外，题准表文中改为："羲图席瑞，百昌遂而万国来同；轩镜抚辰，四序调而兆民乐利。"这些改动主旨不变，用来称颂万国来朝、天下一统、社会和谐。

同治、光绪两朝则使用文字不同的庆贺皇帝三大节表式，如同治元年题准：

> 伏以丙驭时乘，应龙飞而翊运；辰居端拱，协凤纪以调元。钦惟皇帝陛下，鼎祚丕昌，乾符在握。化光玉镜，四表被而云日就瞻；治阐珠囊，七政齐而风雨调顺。庥征备至，蕃祉无疆。臣等恭遇熙朝，欣逢圣寿（元旦、长至），伏愿黄图锡羡，绥丰胪九有之欢；紫宙延洪，保泰笃万年之祜。

再如光绪元年题准：

> 伏以圣谟集条理之成，鸿基绍统；至德布中和之化，凤律调元。钦惟皇帝陛下，泰运凝釐，乾符合撰。一人有庆，祥辉开日月之华；万福来同，膏泽慰云霓之望。率土咸安于夏屋，普天齐乐夫春台。臣等幸际熙朝，欣逢圣寿（元旦、长至），伏愿醻恩广被，统京垓亿兆以胪欢；蕃祉延洪，合位禄寿名而献颂。

同光两朝的庆贺皇帝三大节表与以前比较，内容发生了较大的变化，万国来朝、天下一统的表达改为歌颂内政、聚焦皇帝，特别是在"臣等"之前取消了一直有的"太平有象，历服无疆"八字。此时清廷处在多事之秋，确实不配此八字，符合内外交困中举办庆典的用词。

乾隆朝地方官进贺表文有变动。先是乾隆六年三月壬午，增加了地方武官进表：

> 礼部议准：福州将军策楞奏：凡恭遇皇太后圣寿、皇上万寿、皇后千秋及元旦、长至令节，各省将军、都统、副都统向不表贺，大典未备。请照督抚例恭进贺笺，标下中军副将照各营副将例，移部恭进。从之。

后至乾隆十八年又取消了藩臬、副将附进表笺：

> 又谕：元旦、长至、万寿三大节，外省文员臬司以上，武员副将以上，例得随进表笺称贺。朕思督抚提镇、封疆大员事皆专达，表贺为宜。藩臬、副将既不得专达章疏，其由督抚附进表笺亦可不必。且不过由部送阁存贮，并不呈览，此亦向来虚文陋习，甚无取焉，其概行停止。

元旦朝贺除了进表之外，奏折制度普及与制度化后，元旦上折庆贺请安形成了惯例，此点乾隆朝表现得比较明显。乾隆十二年正月，谕军机大臣等："刘统勋叩贺元旦奏折，于初二日始到，已过元旦矣。在赍折之人固属无知迟缓，而刘统勋身为大臣，岂不知庆贺典礼，乃不豫嘱来人，先期恭进，殊属不合。着传旨申饬之。"可见，清朝大员元旦前上奏庆贺皇帝已经是"典礼"，刘统勋的庆贺奏折晚到，被皇帝斥责。乾隆三十一年十二月，乾隆帝指出："外任副都统、总兵等，如恭遇皇太后万寿圣节并元旦令节，自应具折请安。"也证明元旦上折庆贺请安制度的存在。

总而言之，清前期元旦节庆制度的形成有一个过程。清在入关前的天聪元年、天聪六年、崇德元年开始有元旦朝贺礼的实践，入关后的顺治初年很快制定了元旦朝贺礼的基本制度，康熙年间这一制度得到完善。由于孝庄太皇太后地位崇高，康熙帝对皇祖母格外孝敬，制定了庆贺太皇太后的元旦庆贺制度，随之完善皇太后与皇后的相关制度。雍正、乾隆时期对于元旦朝贺制度只是个别补充、调整，乾隆时期元旦庆贺制度完成。清代后期元旦节庆制度变化不大。

清代元旦朝贺制度不断形成的过程，显示出皇帝通过这一制度强化了皇权。乾隆帝即位不久就说："如元旦朝贺请朕吉服升殿，朝正固国家之吉典，然群臣实为朕一人称庆。"当然，他也不否认，"元旦乃天下臣民公共之大节"。庆贺表笺、奏折请安不断确认君臣制度，互赠礼物密切君臣关系。每当新帝继位，元旦庆贺表文内容有所调整，以寄托政治理想。清朝通过朝贺进表不断表达其统治的正当性。

清代外藩蒙古的元旦朝贺活动及其制度，构成了鲜明的特色。有利于巩固满蒙关系，加强满洲皇帝与蒙古贵族君臣关系，使边陲宁谧。

将少数民族纳入清朝官僚体系之内，还表现在喀什噶尔、叶尔羌、阿克苏管理地方的阿奇木伯克朝贺，被列入大臣之次，属于清朝的地方官，使阿奇木伯克"益晓敬君之道"。此举彰显了朝贺的政治意义，也是清朝多民族国家整体的特色。

第十章 宗族、保甲、乡约与基层社会的新建构

宗族是由祖先认同界定出的群体。清代宗族以祠堂、族谱、族田以及族长家法等为表现形态，是此前宗族形态的延续。值得注意的是，宗族制度进一步完备并深入基层社会，随着宗族人口再生产、绅士的大量介入以及政治的影响，呈现出不同以往的新面貌。保甲、乡约的推行是清代引人注目的事情，它的重要性不仅在于保甲、乡约本身，还在于所引起的基层社会多方面的变化。

一、宗族制度的强化

清朝家庙祭祖制度详备并有新变化，表现在祭祖权的下移，官民皆可祭祀始祖，官民常祭可以祭祀四代祖先，部分士人可以建家庙等方面。尽管官民已享有上述礼制赋予的权利，但名义上仍属违礼逾制，超出祭祖的规定，政府基本上采取默认的态度，遂使宗祠普遍化。

清朝对于各种身份者的祭礼规定，反映在礼制的“家祭”中。规定品官于居室之东建家庙，一品至三品官，庙五间，中三间为

堂，阶五级；四品至七品官，庙三间，中为堂，阶三级；八、九品官，庙三间，无堂，阶一级。（原注：在籍进士、举人视七品，恩、拔、岁、副、贡生视八品。）奉高、曾、祖、祢四世，每年四季择吉祭祀。庶士（原注：贡、监生员有顶戴者。作者按：这里的“贡”指“例贡”，即由捐纳获得入监读书资格的生员）、庶人于正寝之北为龛，祭祀高、曾、祖、祢四世祖先。[①] 即不论官民，皆祭祀高、曾、祖、父四世祖先。官民祭祀的主要区别是官可于居室之东“立庙”，民则在家之正寝之北“为龛”。可见清代礼制是不允许民间建家庙祭祀远祖的。比起明代，庶人祭祖代数，多出高祖一代，同于品官。

还需要注意的是，家庙祭礼规定：在籍进士、举人以七品官，贡生以八品官的资格建立家庙。进士一般都出仕，在籍者不多，未出仕而在籍的举人、贡生不少，允许他们建家庙，是把官员的权利给予士人，这是祭礼标准下移的表现，清代因此建家庙的数量当不在少数。成书于乾隆二十四年的《大清通礼》中的上述规定，是继明代嘉靖十五年之后，在家庙祭祖制度上又一次不小的变动。

清代品官所立之“庙”，其实就是祠堂。至于士庶之家，则可别立宗祠。宗祠亦即祖祠，民间多泛称为祠堂。清代民间修宗祠祭始祖，是明嘉靖以来宗祠普遍化的继续。不仅是民间，官员也在家庙祭祀始祖，且为官方认可。史学家赵翼便说：“今世士大夫家庙皆曰祠堂。”[②]宗祠的祭祖，是祭祀始祖和先祖。始祖是专祀，各宗族所祭始祖的标准不太一样。尤以祭始迁祖为多，

① 《大清通礼》卷16；光绪《大清会典事例》卷455《礼部·家祭》。

② 赵翼：《陔余丛考》卷32《祠堂》。

而始迁祖往往是最早做官迁往外地者。先祖是始祖以下、高祖以上之祖，祭先祖是从祀。对享受祭祀的先祖有一定的选择条件，一般是强调辈分或德、爵、功。清朝规定的品官家庙是建于居室之东，这既是古制，也是《家礼》提出的主张。不过清代的宗祠普遍是另择善地而建的。清人陆耀说："今世俗之祠堂，既不与寝相连，神不依人，而又祀至数十世之远。"[①]反映的正是这种情形。

宗族群体内族人相互关系的特定方式构成特有结构。认识宗族需要把握两个要点：一是有明确的父系祖先和谱系；二是包含若干支族。还需了解两个重要的概念，即五服和房，这对理解宗族结构非常重要。

从服制看宗族结构。所谓服，指五服制度。古人以丧服轻重和丧期久暂表明生者与死人的亲疏关系，因其分为斩衰、齐衰、大功、小功和缌麻五个服别，所以称为五服。

斩衰：丧服用至粗麻布，不缝下边；服期 3 年。

齐衰：丧服用稍粗麻布，缝下边；服期为期年（即 1 年）和 5 个月、3 个月三种。

大功：丧服用粗熟布；服期 9 个月。

小功：丧服用稍粗熟布；服期 5 个月。

缌麻：丧服用稍细熟布；服期 3 个月。

清代宗族中明确的父系祖先，一般追至始迁祖，也就是说，始迁祖以下的同姓成员皆可成为宗族。始迁祖往往是明代甚至宋元时代的人，已出了五服，即便是支派始祖，出五服者也不在少数。族谱的纂修者总是声明修谱要收出了服的族人就说明此

---

① 贺长龄：《清经世文编》卷 66，陆耀《祠堂示长子》。

点。清代法律和很多族谱载有五服图，说明政府和民间均承认五服是区分族人亲疏的依据。从政府断案来看，要搞清楚当事人有服无服才断案，而查照族谱世系绘具宗图，则可为此提供证据。

五服之内的族人也有不同层次的亲疏关系，这也是官员审理刑事案件时首要考虑的，所谓“凡关涉宗族交谊，必先问明是何称呼，系何服制”①。服丧中最重要的是斩衰和齐衰，丧服重而时间长，这表明父子关系和祖孙关系的重要性。斩衰的父子关系，是“核心家庭”内形成的关系，这种小家庭在清代有一定的普遍性。齐衰1年的祖孙关系和大功亲的堂兄弟，构成相当于直系家庭内的关系，此类家庭也较普遍。祖孙关系很重要，法律把这种关系作为家庭关系理解，如规定祖在，祖为家长，无祖，父才为家长；未经祖、父同意，子孙不许别籍异财；婚姻由祖父母、父母主婚等，均把祖父放在父亲之上。小功及缌麻服要比大功之内的关系疏远一些。出了服的族人，实际上是一种族亲关系。这种关系包括袒免亲，即凡同五世祖，族属缌麻服之外者。他们遇丧葬要服素服、尺布缠头。法律规定，同宗无服族人的量刑标准，低于五服之内近亲而高于凡人。

根据以上的论证，我们将五服内外的宗族结构分为四个层次，或者说是四圈，即斩衰之内亲为第一圈，大功之内亲为第二圈，小功及缌麻服为第三圈，出服族人为第四圈。又因清代家庭的形态常表现为直系家庭，第一圈亦可取消，成为三圈。

从房分看宗族结构。宗族的成长，是一个由主干不断分枝衍化的过程，始迁祖一人繁衍成一族，产生了房族结构。房分本

① 许乃普：《宦海指南五种》卷5《折狱便览·杂问》。

来最基本的含义是子对父而言，由房分继续产生房分，名称上容易产生混乱，所以始祖之下最初的分支，迁到外地的族人、五世之外的族人，常另立祠堂，在宗族中称为支派。支派之下又设房分，简单的宗族结构一般在宗下有房分，较复杂的宗族结构在宗与房之间还有若干支派。宗族往往随着族众的繁衍而迁居异地，宗族结构实际上是血缘和地缘复合的结构。“乡族”的概念，反映了这一特性。

宗族制度在诸多方面是适应宗族结构的产物。在宗族管理方面，依据结构，分层次管理。族谱的世系表按照支派、房分制作，其叙例讲究世派的记载，标明居地。有的宗族又有宗谱、族谱和支谱、房谱的区分。祭祖更反映了房族的地位，祠祭有总祠、宗祠、统宗祠与支祠几种，分别祭祀始祖大宗和支祖小宗。墓祭时首先祭祀始祖，各支族人轮祭或派代表参加会祭，然后分层次由远及近祭祀支派祖先。

由房分形成的宗族结构，其结合力不同。有的宗族房支统属总祠之下，内聚力较强，而有的房支距始祖的世代、与始居地的距离较远，只是修谱时通谱，关系疏远，同总祠的关系已形同虚设。基于宗法制大小宗原理，宗族各房、支中，有长房与次房、嫡房与庶房之别，嫡、长房是宗族的核心。

族规家训，是指宗族内部由祖先遗留或族人共同制定的要求族人实行的规训，它往往刊刻在族谱中，具有宗族成文法的效力。族规家训内容庞杂，大致上可以分为以下几类：规约类，强制要求族人共同遵守的行为规范；禁戒类，规定族人不许做的事情；训语类，教诲族人做人的伦理道德。这三类的内容往往混在一起。族规家训主要内容如下：

族规赋予祠堂族长以宗族司法权力。宗族内部常因田土、户婚等发生纠纷，为了维护宗族内部的秩序，宗族规约赋予祠堂族长处理族内争端的司法权力，并禁止族人告官，要求族人在族内解决矛盾。对于擅自兴讼的族人，宗族有对其惩罚的规定。宗族内部遇到重大事件，或虽是小事但祠堂族长不能平息者，才可以请求官府处理。

宗族作为血缘群体，其司法问题也披上了祖先崇拜的神圣光环。在宗族看来，族人所作所为，重要的是光宗耀祖，退而求其次，也要恪遵祖训，不辱先人。如果做错事，是对祖先不孝，祠堂族长对宗族争端的审理，则是代祖宗行事，对祖先负责。

宗族依据家法对族人进行惩责，有方式和程度的差别。轻者或罚跪，或罚款；略重者或笞杖；重者则告官、出族。出族，即在族谱上削名，开除族籍。最重的，甚至可以处死族人。

宗族对族人日常的人际关系、衣食住行、闲暇娱乐、嫁娶丧葬等方面都有要求。在婚姻方面重视门当户对，强调良贱不婚，反对婚姻论财及卖女为妾。有的宗族对婚龄做出规定，有的宗族维护尊长的主婚权。宗族一般提倡节葬，遵守礼制，反对停丧不葬。倡导生活勤俭，反对奢靡。为保证勤俭淳朴的家风，有的宗族坚持居住乡下，反对城居。宗族一般特别反对赌博、吸食鸦片和嫖娼。

在家庭生活中，宗族一般要求族人按照儒家伦理观念处理家庭关系，做到父慈子孝，兄友弟恭，夫妻相敬如宾。对于大家庭，还就婆媳、祖孙、妯娌、叔（伯）侄、姑嫂、叔嫂等关系加以规范，明确双方的权利和义务。事实上，其中存在着尊卑贵贱的关系，尤其是歧视妇女，“别内外”、“肃闺政”、“敕妇德”之类的条款都是针对妇女的。宗族要求妇女闭门不出，生儿育女，相夫教子，孝敬公婆，埋头家务。

宗族重视族内人际关系的和睦，族规家训多列有“睦族”之类的规定。首先，要求同宗之人互相帮助，特别是富者帮助贫人。其次，如族人之间发生争端，要求大家以和为贵，在内部解决。在本族同外族发生纠纷之时，如果是无关紧要的小事，宗族要求族人以忍让为先，如涉及祖先尊严和伦理纲常的“大事”，则要求族人同仇敌忾，把宗族的荣誉和利益放在首位。总之，族规家训以儒家传统的伦理道德为准则，教导族人做正人君子，要求族人树立安分守己、乐天知命、与世无争的生活态度。

就族规家训的具体事例来说，咸丰七年钞本《洪洞韩氏家谱》三卷，为清山西洪洞人韩殿魁等重辑，收录了修谱者韩殿魁制定的《韩氏源流家范数则》，共计 18 条家范的内容。第 1—2 条主要讲家族源流，明确始祖、嫡祖。第 3—4 条讲家谱世系与体裁。第 5—8 条要求继承祖先的德行。第 9 条规定排行。第 10—13 条规定了宗祠、专祠、祖茔的祭祀事宜。第 14 条要求绘图表彰先人。第 15—16 条是宗祠、户事管理的规定。第 17 条要求族人睦族。第 18 条要求不断续修家谱。该家范反映了宋以后宗族存在的一般原理，即通过确立祖宗并修谱、祭祀（包括墓祭、祠祭）实现祖先认同，将祖德与族规家范作为维系宗族的道德要求与行为规范，用族长、祠堂、族谱等作为收族的制度保障。关于洪洞韩氏的族权，实行的是五支每年各出一人不断轮换的管理制度，他们与“户尊”构成宗族的权力系统。

宗族的养与教。清代的宗族组织为了更好地收族，越来越认识到保证族人生活及对族人普及教育的重要性。因为只有提高族人文化素质，才可以科考入仕，提高社会地位。宗族的强盛离不开绅士的领导和支持，而赈济与赡养族人，可以缓和贫富矛盾，维持贫穷族人生计，使族人不至于成为游民乃至铤而走险，这也是维护宗族声誉、提高社会地位的措施。养与教如车之双轮，是宗族存在和发展的必备条件，而其经济基础则是族田。

宗族主要通过族田来维持族人的生活。清代的族田数量，每年“义田、义产敬宗收族上闻者，岁不下十百家”①。清代仅江苏苏、松、常三府就出现过200多个义庄。② 族田主要分布在南方广大的地区，尤以苏、皖、浙、闽、粤、赣为最。

族田的来源主要有四项：一是族人捐置，捐田最多的是官僚，也有相当部分是地主和商人；二是遗产入公，有的是祖上遗产，有的是户绝产；三是分家的提留，在闽北等地，为祭祀某一祖先，其子孙于分家之际提留族田；四是族产收入的续置，许多宗族将族田的收入或族田收入的生息银两用于买田。

有的族田附属于祠堂，宗族择人负责，多数族田由各支轮流管理，义田往往设立专门的管理机构——义庄。

族田收入主要用于完纳赋役、祭祀祖先、赡养族人、帮助族人受教育、储粮备荒等方面。对于族人日常生活来说，关系最密切的是族田的养赡功能。族田收入的发放有一定的原则。一是养赡老弱病残及贫族。二是依据族人亲疏关系而定。首先考虑五服关系，其次是优先本支。族田的最大受益者是设置族田的直系子孙。

宗族设置族田也是土地所有者保证地权稳定性的手段。清代私人土地所有制进一步发展，在人口数量不断增加的情况下，诸子均分制更易使大土地分析。由于族田不能买卖，设置族田可使私有土地所有权稳定化，子孙可长享收获。明清之际，浙江

① 陈康祺：《郎潜纪闻二笔》卷6《新城陈氏之义田》。

② 冯尔康：《论清朝苏南义庄的性质与族权的关系》，《中华文史论丛》1980年第3辑。

人张履祥看到了这一点，说："广祭产与置赡族公田，非惟可以上慰祖宗之心，即下及子孙得以永久不替。"[①]族田设置者得到的好处也是显而易见的。清代人口激增的压力沉重，民众生活艰于维系，社会矛盾尖锐，族田的赡族、救荒功能有助于贫穷族人的生活，弥补政府社会保障事业的不足。不过，族田的这一作用也是有限的。

族田有助学的作用，一些宗族还专门设立助学的书田，这类土地一般称作义塾田、(义)学田、膏火庄田、书灯田等。设立书田的宗族也往往设立义学，向本族及乡里子弟提供免费教育。

宗族学校，多设在祠堂内，一般称为义学、义塾、家塾。其类型大致有两种：一种是为虚岁七八岁儿童而设的初级蒙馆，主要教授识字和基本知识，一二十名儿童在一起学习；另一种是为从事学问和应付科举考试而设的，大约收十五岁左右的孩子入学。有的宗族分设两级族学，但大多宗族则以蒙学为主。

关于族学的教育内容，江苏常州咸丰《屠氏毗陵支谱》卷1《恤孤家塾规条》有"立教"一条，论述详细。该族学于八岁入塾，初将《二十四孝》中的字做成字块，教学生识字，并把识字同教孝结合起来。然后再教《神童诗》、《千家诗》，选诗以劝善惩恶为主。此后，再读《孝经》、朱子《小学》以及四书诸经。河南安阳马氏族学先认号帖至千余字，即令将《三字经》、《弟子规》、《治家格言》、《四字鉴略》、《小学集解》熟读，然后令读四子书。由此可知，族学是以儒家伦理政治类书籍为主要教学内容，这也正是族学宗旨，重在伦常，以孝悌忠信礼义廉耻勤俭为要务。

族学的目的在于造就适应科举与入仕的政治型人材，但是

① 张履祥：《张扬园先生全集》卷4《小学》。

族中子弟能取得功名的毕竟是少数，如果此路不通，靠书本知识维持生计是困难的。因此，家族子弟在接受蒙学教育的基础后，大部分必须转向农业生产，宗族也深谙此点，明确告诫族人不可沉溺于故纸堆中。要求族人子弟学习生理，具有“四民皆本”的思想。

族学管理较为严格，宗族为此制定了有关规定。江苏任氏家塾就有重师范、选才俊、别贫富、慎司事、严考课、藏书籍、习威仪、戒庞杂、禁外务、惩败类十条规条。[①] 宗族还定期举行考试，检查子弟的学业。

族田的助学，主要延请教师，解决学生生活，奖励优秀学生和赞助学生参加科举考试。

古代社会教育不发达，族学特别是其中的蒙学，对普及教育，尤其对贫穷族人的文化教育起到一定的作用。族学的兴立也为下层社会成员科举入仕，进入上层社会提供了可能性，是造成社会流动、活化社会结构的因素之一。当然，族学最大的获益者还是族中的绅士，他们的子弟是族学的主要教育对象。同时绅士通过族学进一步对所在乡族实行社会控制，成为社区的支配者。

清代族谱的修纂更加频繁，渐渐形成了数十年一修的传统。清代宗族一般主张三十年一修，时人认为三十年为一代。频繁的修谱活动使得族谱体例更加完善。由于清政府奉理学为官方正统思想，推行伦理政治，实行以孝治天下，士大夫编纂的族谱也明显带有政治化的倾向。

族谱收入劝民谕旨是政治化的突出表现。清代族谱的族

---

① 任兆麟：《有竹居集》卷 13。

规家训中收录“上谕十六条”或据此制定宗规家训者不胜枚举。有的族谱将“上谕十六条”刊于谱首，更有甚者，不惜工本，将万言《圣谕广训》收入族谱。以皇帝教民谕旨约束族人的事实表明，清代的不少士大夫将修谱作为佐治的手段。族谱叙例加强教化，同样是族谱政治化的重要表现。清代族谱重视对族人的劝戒，通过褒贬以教化族人。不少族谱的“谱例”、“凡例”明确说族谱就是要发挥劝善惩恶的作用。族谱对于教化的加强，突出体现在对妇女贞节的要求和对族人充当贱业等行为的削名两方面。伦理法制化是族谱政治化的又一表现。族谱大量提倡伦理说教，并对实行者采取奖惩措施。大量把族规家训刊入族谱，这是政治社会化的结果，也是士大夫的佐治行为。

族谱体例得到完善。首先表现在族谱体例的扩展方面。内容主要有 17 项，即谱序（含序、例、跋、修谱职名、捐资人）、恩纶录（含敕、诰命、御制碑文、上谕、皇帝和地方政府所题匾额）、像赞（画像、赞词、遗墨等）、族规家训（含规约、训语）、世系（图、表）、世系录（世序、世系考）、派语、宦绩考、传记、祠堂（含祠堂图、祠堂记、建祠及捐钱人名单、祠堂规制等）、坟墓（含图和文）、祠产、先世考辨（含得姓始末、支派分流、迁移地、同姓考订）、著述（含原文、目录）、余庆录（空白纸）、五服图、领谱字号等。这些项类不是每一部宗谱所必备的。但是序例、规约、世系（或世系录）、传记、祠堂、祠产、祠墓这几项是大多数家谱所具有的，而最简单的家谱仅有世系。[1] 其次，清代修纂统宗谱受到一定的限制。原因是作为少数民族建立的清朝政权，非常注意防范汉族

① 冯尔康：《清史史料学》，故宫出版社 2013 年，上册，第 309—313 页。

的反抗。跨地区的通谱是一种广泛的社会群体联系，在秘密宗教与结社活动频繁、民变屡兴、械斗渐多的情况下，不合时宜。清政府在乾隆二十九年曾因江西联宗通谱之风甚炽，下令铲削族谱中荒诞不经之始祖，断以始迁该地及世系分明者为始祖，并下令全国稽察。[①] 此后清廷还干预孔府的通谱。

总之，清代的宗族具有了一些新的特征：自明后期以降，随着宗祠祭祀始祖的普遍化，宗族由出了服的同宗族人构成已是普遍现象，拥有上千丁的宗族不在少数。众多的族人纳入多种层次的房支结构中，由于宗祠的普及而被组织化。清代南方闽粤赣等地区械斗的原因之一，就是宗族的这种结构性膨胀和组织化。同时，宗族的政治化及与政权的互相作用在加强。宗族的普遍化以及结构性膨胀和组织化，成为基层社会最重要的民间乡里组织，这自然引起当时政权的高度重视。在中央集权体制下，政权对基层社会的控制势必同宗族组织相互作用。清政权希望宗族用传统的儒家伦理来“齐家”，成为政府的基层组织，以维持地方社会秩序。基于这种想法，清政府坐视民间宗族违反礼制建立宗族祠庙，批准族规，支持族长依据家法对宗族进行管理，甚至清代雍正时予以祠堂族长处死族人的法律权力。清政府通过旌表提倡宗族设置族田，为族田立册存案，载于志书，给予执帖，勒石保护，禁止盗买盗卖义田。提倡修撰族谱等。雍正时代还设立族正，作为保甲制的一部分。到了乾隆时代，又试图用族正制止宗族械斗。乾隆以降的清政府总结经验，将支持宗族的政策改为对宗族既利用又限制甚至打击

---

① 《宫中档乾隆朝奏折》21 辑，乾隆二十九年三月二十八日；23 辑，乾隆二十九年十一月二十七日。

的灵活政策。

二、乡约的实践

乡约理论来源于《周礼・地官》的“施教法”“以教其所治民”，是以“读法”劝戒为核心的“乡法”。唐宋之际发生的重大社会变迁是，与科举制相关联的士大夫取代了门阀世族成为社会的主导力量。

宋儒面对社会的变化，强调“化乡”。北宋神宗时陕西蓝田吕大钧兄弟制定《吕氏乡约》，内容主要是向乡民宣讲“德业相励，过失相规，礼俗相交，患难相恤”。该乡约在吕氏家乡有局部试行。朱熹十分重视《吕氏乡约》，为了更切合实际，加以增损，使之更加简明扼要，在社会上的影响加大。

明朝对以朱熹为主的宋儒治国思想的重视和采纳，肇基于太祖时期，乡约、保甲的思想也体现在朱元璋的治国实践中。洪武时期的民间教化，大致上有一个从宣传《大诰三编》向宣传《教民榜文》转化的过程。《教民榜文》是通过设立里老，并以里甲为基础，结合里社、社学、乡饮等制度，以调解民间纠纷、施行教化为特征的制度性规定。《教民榜文》41 条，于洪武三十一年颁行全国，宣讲“圣谕六言”被列入第 12 条。“圣谕六言”，即“孝顺父母，尊敬长上，和睦乡里，教训子孙，各安生理，无作非为”。日本学者木村英一指出，六谕来自南宋朱子的实践，朱熹知漳州时为民众教化所示的劝谕榜，正好和六谕的内容相同。而朱熹的乡约思想受《吕氏乡约》影响很大，也就是说“圣谕六言”脱胎于“吕氏四言”，反映的是乡约的观念。虽然朱元璋让老人在民间手持木铎宣传六言与“吕氏乡约”宣讲形式有所不同，其借鉴乡约制度则是无疑的。《教民榜文》的颁布，可以视为明朝乡约制度的初立，明太祖建立起自己的乡约体系。

明代大力推行乡约是在16世纪至17世纪初。正德末年著名学者、官员王阳明在南赣（即江西南安、赣州二府的简称）的乡约实践引人注目，有力地推动了明朝实行乡约。洪武之后再一次全国性宣讲“圣谕六言”，是嘉靖八年兵部左侍郎王廷相的奏议催生的。王廷相针对罕见的荒旱而提出设立义仓的建议，并把义仓与民间社会组织结合起来，赋予了乡约、保甲的功能，成为三位一体的组织。[①] 到了明中后期，乡约大量出现。明朝政府与士大夫运用宋儒以教化维持社区社会秩序的政治主张，结合明代社会实际，进行了创造性的实践。这是中国历史上第一个大规模有效推行乡约的时代，形成了通过乡约治理基层社会的统治特色，给明代以及明以后社会历史以深刻的影响。

清代继续实行乡约制度，宣讲圣谕。早在顺治九年，清朝统治者借鉴明朝治国经验，将朱元璋的“圣谕六言”颁行八旗及各省。顺治十六年，严行设立乡约制度，讲解六谕原文。设约正、约副为讲解人员，由乡人公举六十岁以上，行履无过、德业素著的生员担任；若无生员，即以素有德望、年龄相当的平民担任。每遇朔望，进行宣讲，并甄别乡人善恶表现，登记簿册，分别奖惩。康熙皇帝鉴于“风俗日敝，人心不古”的形势，希冀“尚德缓刑，化民成俗”，继续加强教化，康熙九年向全国颁布“上谕十六条”。内容是：

1. 敦孝弟以重人伦　　　2. 笃宗族以昭雍睦

① 常建华：《明代宗族研究》，上海人民出版社2005年，第214—219页。

3. 和乡党以息争讼	4. 重农桑以足衣食
5. 尚节俭以惜财用	6. 隆学校以端士习
7. 黜异端以崇正学	8. 讲法律以儆愚顽
9. 明礼让以厚风俗	10. 务本业以定民志
11. 训子弟以禁非为	12. 息诬告以全善良
13. 诫匿逃以免株连	14. 完钱粮以省催科
15. 联保甲以弭盗贼	16. 解仇忿以重身命

其中第15条是关于保甲的专门条款，可见保甲借乡约而得以推行。“上谕十六条”发展了“圣谕六言”的思想，其内容也较前详细而全面，给清朝的统治带来深远的影响。以“上谕十六条”行世为界，清朝统治者将教化作为治国重点之一。雍正皇帝对“上谕十六条”进行解释，成洋洋万言的《圣谕广训》颁行天下。《圣谕广训》是清朝为实现儒家理想社会，以孝治天下而制定的政治思想纲领。雍正朝进一步推行并普及乡约制度，宣讲《圣谕广训》。雍年七年严令全国遍设讲约所，以后各朝极力维护和推行宣讲制度，直至清末。清朝有一套贯彻《圣谕广训》的方法，作为教化的保证，通过不同渠道，向人民灌输孝治思想。[①]

推广乡约的具体事例，如两江总督于成龙撰《于清端政书》卷1《罗城书・规画铜梁条议》记载，康熙时期于成龙为了整顿铜梁的风俗，“务令上下二乡设立乡约各一名，每遇朔望将‘上谕十六条’谆切讲解，以礼让为先，勤俭为本，戒游逸赌饮，无以小过而不改，间有不遵约束者，许令指名报究，使知目有王章，勿令若辈视法如弁髦也”。

① 关于清代宣讲圣谕与乡约制度，请参见常建华：《清代的国家与社会研究》，人民出版社2006年，第70—81页。

段自成利用地方志对于北方乡约进行了研究，证明官办乡约广泛存在着且趋行政化。[①] 从明清山西碑刻资料，可以看出明清时期特别是清代山西乡村社会存在的乡约形态。明代山西乡约主要出现在万历时太原、平阳二府与泽州，主要属于官方倡导的乡约制度，不过乡约也承担了宣讲以外的事务。清代山西的乡约更加深入基层，普及民间。这一问题可以分为两个层面理解：一个层面是皇帝为了德治教化，强力推行宣讲圣谕，各地设立乡约；另一个层面是本来作为宣讲、教化制度的乡约，在基层社会随着里甲赋役制度的变革，以及维护治安的需要，成为一级乡村行政组织，在村社的框架下进入役的系统，与里甲之"甲"、防御性的"保"结合在一起，又与保甲相纠缠，成为重要的基层组织。也正是基于此点，山西较少专门设立保甲，不同于有的省区保甲组织盛行。

在乡村社会生活中，碑刻以及其他文献中常常出现乡约、地方连用，以至简化为"乡地"。虽然乡约管宣讲、地方掌差役，但实际上二者共同维护村社秩序。"乡地"也有偏正架构的用意，在一些情况下是指地方。乡约与保甲、保正与保长也连用，出现了"乡保"一词。地方与保也连用，出现"地保"一词。这些用法表明，乡约、地方、保在清代山西乡村是最基本的行政组织构架。由于各个地方的情形不同，乡约在设立与发展过程中，与里社、里甲、保甲结合的形式不同，层级不同，呈现出多种样态，造成了一定的复杂性。清代山西乡约普遍存在，在乡村、市镇制定规约、办理寺庙有关事宜、整顿集市、充膺甲役，并与官府有互动关

---

① 段自成：《清代北方官办乡约组织形式述论》，《中国社会历史评论》第 7 卷，天津古籍出版社 2006 年，第 291—305 页。

系，较为有效地维护社区秩序，是官府控制下的基层社会自治组织。[①]

《清嘉庆朝刑科题本社会史料辑刊》有地方官役名称的山西档案计78件，其中出现乡约29件、乡地25件、地方4件、保长4件、乡保3件、村头2件、总约2件、保正2件、小甲2件、甲头2件、甲长2件、地保1件。可见乡约与乡地数量大致相当，总计54件，占总数的69%，最为普及。因此可以说，嘉庆时期山西村社事务一般是由乡约、乡地主持的。[②]

在四川，嘉庆朝的272件刑科题本中，共计236件记载了报案的地方官役名称，其中有约邻204件，占绝对压倒性多数。虽然约邻有乡约与邻居合称的含义，但是多数情况下可以径作"乡约"理解，是入约的邻居。"约邻"取代"乡约"成为日常用语，应是嘉庆时期乡约制度实践的特色之一。民间户婚田土纠纷，往往投报约邻予以调解，命案则由约邻报案。约邻在刑科题本出现，多是"问据约邻……同供"，"小的们忙来看明，一同报验(或具报)"的格式。查看与具报是约邻的职责所在，官府判案也要考察邻约是否忠于职守。[③]

四保是福建西部汀州府所属长汀、清流、连城、宁化四县毗邻地区一个关系密切的村落群，总共包括七十余个自然村。从明代万历年间开始，当地不少村落进行了组织乡约的实践。其中，上保位于四保南端，明清两代是长汀县四保里与连城县北安

① 常建华：《明清山西碑刻里的乡约》，《中国史研究》2010年第3期。

② 常建华：《清中叶山西的村社事务管理与生活——以嘉庆朝刑科题本为基本资料》，《经济社会史评论》2015年第4期。

③ 常建华：《清乾嘉时期四川地方行政职役考述——以刑科题本、巴县档案为基本资料》，《清史论丛》2016年第1辑，总31辑，社会科学文献出版社2016年。

里的交界处。后来的上保约,包括了上保及附近几个小村。上保约成立之初的组织形式,现在已无从知晓。至康熙朝前中期,在吴、杨、李、赖等姓加入后,它开始具备日后二百余年遵循的制度。根据这种新的制度,约内五姓约众,以拈阄的方式,组织成五个班,分别命名为仁、义、礼、智、信。它们是:

仁字班:枧头吴姓下门、社下前杨姓与高屋坑赖姓;
义字班:枧头吴姓上门;
礼字班:圳边邹姓;
智字班:大坪头邹姓;
信字班:洋子边邹姓。

这五个班每年轮流负责乡约的事务。如甲年仁字班接约,乙年义字班,丙年礼字班,丁年智字班,戊年信字班。一轮结束后,重新按照顺序接约。因此,以每班而言,五年接约一次。仁字班的杨姓因人数较少,每二十五年接约一次。以杨姓为例:

每年正月初二日,在约所宰牲,上轮下接约。枧头下门吴、杨二姓合拈阄得仁字班。当日经众原议,下门吴姓并高屋坑在内接约,轮流连五班共廿五年。至每廿五年杨姓接约一次。杨姓接约在洋子边信字班约,送交下枧头上门义字班。脱约人须具帖请新乡约一餐。又于本家敦请二人一餐。诸(?)邹公庙接拜圣送约,另请二人一餐。每年七月初二日,行约一次,宣讲圣论(谕)六言,化民敦淳,严肃约束。……

康熙四十三年甲申岁(1704)立起杨姓接约一次;
雍正七年己酉岁(1729)接约一次;
乾隆十九年甲戌岁(1754)接约一次;
乾隆四十四年己亥岁(1779)接约一次;

嘉庆九年甲子岁(1804)接约一次;

道光九年己丑岁(1829)接约一次;

咸丰四年甲寅岁(1854)接约一次;

光绪五年己卯岁(1879)接约一次,永远不得摧(前)速后。

根据上引资料,杨姓拈阄拈得仁字班,与吴姓下门、高屋坑赖姓同属一班。吴姓与赖姓每五年共同接约一次,而杨姓每二十五年接约一次。杨姓在康熙四十三年开始接约,头一年是信字班(洋子边邹姓),次年送交义字班(枧头吴姓上门)。从这条资料还可看出,至迟从18世纪初开始至19世纪后期,上保约一直在当地运转。这其中宣讲的是"圣谕六言",应当是始于明清之际。

根据约规,上保约当年轮值字班在该年正月初二日承接上一班的约务,称"接约";至次年同一日,移交约务给下一班,称"脱约"。接约、脱约之日,需行帖通知各班相关人士。流传至今的约帖有以下两纸:

A. 请乡约帖

伏以

腊去旧除

春来新接乃上保约古设交代约任之良规也谨择来年新正月初二日辰刻敢屈

某字班新乡约公诣约所领接

《圣谕广训》辩(办)理约束是望

右启

请

大乡望某字班新乡约公大人尊驾文几

某字班新乡约某名顿首 拜

B. 正月初二日$\frac{三}{七}$月初三日约帖正月用不得下本抄有

谨遵于前规某月某日约所宰牲凡属约中绅耆英俊人等各带分金酒米齐集约所议论约规庶风清俗美共乐太平特字

通知

民国某年某月某日某字班 乡约 具白

上述两纸约帖,第一帖是请下一字班接约的帖子,第二帖是全年例行公事通用的帖子。从帖后年份看来,上保约至民国初年还在运行。[①] 值得注意,《请乡约帖》中元旦期间宣讲的是《圣谕广训》。

三、保甲的推行

保甲理论也来源于《周礼·地官》的"施教法",以教其所治民,是家庭、邻里互相联属的"保法"。保甲与乡约的思想从一开始就是并行不悖的。

保甲的政治实践很早,如春秋时齐相管仲严行"什伍法",战国时秦国商鞅在"什伍法"基础上实行"连坐法"。保甲的大规模实践是在宋代,王安石推行了新保甲法。

---

① 刘永华:《明清时期闽西四保的乡约》,《历史人类学学刊》第1卷第2期,2003年10月。

明代在基层社会推行的编审、应役的里甲部分具有治安性质的保甲作用。明代大力推行保甲是在 16 世纪以及 17 世纪初。正德末年著名学者、官员王阳明在南赣的保甲，有力地推动了保甲制度的实行。到了明中后期，保甲大量出现。

清入关后高度重视推行保甲制度，维护社会治安，稳定社会秩序。清朝首先在京师重新起用明代以来存在的总甲制，接着为了编审人丁，恢复了里甲制度。直隶等北方省区由于满洲的圈地，出现严重的逃人问题。为了防止隐匿逃人，清朝在直隶等北方地区的里甲与保甲制度，采取连坐，防止事态扩大。早在顺治元年清朝就令州县编置户口牌甲，规定："凡保甲之法，州县城乡十户立一牌头，十牌立一甲头，十甲立一保长。户给印牌，书其姓名丁口，出则注其所往，入则稽其所来。"[①]顺治时期推行的保甲制针对垦荒、逃人、海防、民族等问题，带有权宜之计的性质。一直处于动荡不安状态下的顺治朝，难以有效控制基层社会，保甲制度很难在全国有效实行。

康熙帝亲政后，治国更加倾向于采用传统中国的政治文化。康熙九年颁布"上谕十六条"，倡导推行保甲。不过由于康熙十二年发生"三藩之乱"，南方陷入混乱，直到二十年历时八年的动乱才告结束。二十二年清收复台湾，统治趋向稳定。二十三令闽粤开海，治国转向内部社会秩序的稳定。所以此前推行保甲，具有着眼于处置满汉民族矛盾、防止汉人反抗的性质。[②] 此后实践保甲的地方官在增加，特别是康熙四十七年清廷在全国统

---

① 《清朝文献通考》卷 19《户口考一》。

② 关于顺康时期保甲的性质与特色，肖一山认为："大约顺治以前，重在编查户口，催办钱粮，一寡御众，以尊使卑，防汉人犯令作乱，削减其反抗清朝之能力而已。严格论之，此非真正之保甲制也。康熙时代，始确定保甲重在弥盗，以保安息之政。" 见肖一山：《清代通史》第一册，华东师范大学出版社 2006 年，第 511 页。

一实行保甲制。当时因保甲奉行不力，清廷重申保甲法："弭盗良法，无如保甲，宜仿古法而用以变通。一州一县城关若干户，四乡村落若干户，户给印信纸牌一张，书写姓名、丁男口数于上。出则注明所往，入则稽其所来。面生可疑之人，非盘诘的确不许容留。十户立一牌头，十牌立一甲头，十甲立一保长。若村庄人少不及数，即就其少数编之。无事递相稽查，有事互相救应，保长、牌头不得借端鱼肉众户。客店立簿稽查，寺庙亦给纸牌。月底令保长出具无事甘结，报官备查，违者罪之。"①整顿并统一了作为基层政权组织形式的保甲制。

现存的康熙朝朱批奏折资料，记载了康熙四十年代后期以降地方总督、巡抚、提督推行保甲的情形，进一步证明保甲制是在这一时期开始大规模实行的。不过当时推行保甲制有力的地区，主要集中在广东、福建、浙江以及江苏沿海地区，以应对由于贸易、人口流动等带来的社会问题。直隶因是畿辅之地，仍然是注重推行保甲的地区。其他地区如山西、山东、河南、湖北、江西也在一定程度上实行了保甲制。

雍正通志记载保甲，主要体现在传记的名宦与人物部分，所用语句以"严保甲"最多，表明在当地已有保甲的基础上进一步加强。顺治时的事例较少，多是康熙时期的事例，说明康熙比顺治推行保甲更为得力。总的来说，事例不太多，说明顺康时期保甲并不普及。

于成龙于康熙早期力行保甲，为了缉盗而维护社会治安，以确保清朝的统治秩序，反映了康熙收复台湾进一步统一全国之前面临的社会问题。当时保甲制是作为缉盗的治安措施。

---

① 《清朝文献通考》卷 22《职役考二》。

总之，清朝顺康时期推行保甲制度，主要是针对面临的现实治安问题，在京畿与东南沿海较为重视，也有一定的成效。[①]

清代保甲制是否或者说何时推行于基层社会，以往的研究并无一致看法。现存雍正初年推行保甲的大量朱批奏折证实，雍正朝推行保甲制度起因于推行新政，进行改革。在雍正四年正式出台保甲条例前，有一个长达三年的试行期。雍正帝即位，要求科道诸臣凡有所见应竭诚入告，不少给事中、监察御史奏请推行保甲制度，以维护地方社会秩序。雍正帝决心力行保甲，大约在雍正元年八月初五日至八月二十七日之间，密谕督抚整饬营伍情弊、举行社仓备荒、设立保甲弭盗，提出用三年的时间推行保甲与社仓。这反映了新皇帝教养治国的理念，即用社仓养民，用保甲（包含乡约）弭盗及管理人民。

雍正朝推行保甲分为三个阶段。元年八月至四年七月三年间是第一阶段。从元年九月开始，各地督抚不断上折向皇帝汇报推行保甲与社仓的情况。四年八月至五年八月一年间，是推行保甲的第二阶段。四年七月，清廷正式公布了保甲条例。从四年八月起的一年，要求各省通行保甲制度。雍正四年严饬力行保甲，规定："地方各官不实力奉行，处以降调，如村落畸零户不及数者，即就其少数编之。至熟苗熟獞已经向化，令地方官一体编排保甲。如保正、甲长、牌头果能实力查访据实举首者，照捕役获盗过半之例酌量奖赏，如瞻徇隐匿者即酌量惩警。"[②]五年九月之后进入推行保甲的第三阶段。雍正帝鉴于保甲的完善需要时日，而徐徐责成官员，强调进一步落实保甲职责，于是保

① 常建华：《清顺康时期保甲制的推行》，《明清论丛》第12辑，故宫出版社2012年，第321—350页。

② 《清朝文献通考》卷23《职役考三》。

甲制推行全国,普及社会。

雍正朝的保甲制度主要形成于四年、五年,各地推行保甲因地制宜,具有地方特色。雍正朝保甲制度的普及,不仅对于清代历史具有重要意义,在中国历史上也是首次将国家权力有效深入县级以下基层社会,具有划时代意义。[①]

乾隆初年继续推行保甲。乾隆五年,刑部侍郎钟保奏请清理词讼力行保甲一折,各省督抚遵旨议覆。先经闽、浙、湖广、川、陕、两广等省总督,江苏、福建、湖北、河南、山东、山西、陕西、甘肃、四川、广东、广西等省巡抚陆续奏报,或申明定例实力奉行,或诫谕有司严加整饬,均奉旨允行。云南督抚等议奏亦系遵照成例办理,均奉旨:"知道了。"刑部等部会议:以上应毋庸置议。"至直隶总督孙嘉淦议奏力行保甲一款,请具题盗案,将保甲、牌头治罪之处声明;审理窃案,亦必根究容留之甲长、牌头分别惩儆。又据原任湖南巡抚冯光裕议奏,商渔船只编号给照稽查,遇有藏匿奸匪,请照保甲连坐。又据贵州总督张广泗议奏,黔省零星村寨请就户口之多寡,联其比伍。各苗寨俱有该管头人,倘敢隐匿匪徒,将该头人惩究各等语。均应如所请。其清理词讼一款,俱未另议条例。毋庸再议。两江总督,安庆、江西、浙江等省巡抚议奏意见,与各省督抚大抵相同,亦毋庸议。"[②]帝命从之。这是清廷进行的全国性推行保甲。翌年,乾隆帝说:"今保甲之法在在举行,稽查甚易为力。"[③]可证当时保甲制度已在地方上十分普及。如乾隆八年江苏巡抚陈大受推行保甲。陈大

---

① 常建华:《雍正朝保甲制度的推行——以奏折为中心的考察》,《故宫学刊》总第10辑,故宫出版社2013年,第74—122页。

② 《清高宗实录》卷124,乾隆五年八月壬寅。

③ 《清高宗实录》卷145,乾隆六年六月丙辰。

受奏称：

> 淮、徐、海三府州属查编保甲，现在饬行该府县印官查照原奏妥办，并委试用佐杂各员，分派各州县，协同办理。先将烟户挨查，编定某保某甲若干烟户。再设立保甲长，专令稽查所管烟户内、奸匪棍徒及面生可疑之人，一有踪迹，立即举首。倘庇匿不报，遇有他处窃劫获匪到案，究明住所，即提该甲长照例究治。向来凡人命、斗殴、赌博、奸拐、催比钱粮诸事，一概责成甲长，胥吏肆其鱼肉，官长加以敲扑。故承充者皆顽钝无耻之人，甚且与贼匪串通作奸。臣以为举行保甲，必须简切易循，若只责以稽查奸匪，则用心专一，而他事不得波累。良善者皆肯承充，日久庶可见效。①

可知淮安、徐州、海州三府州推行了保甲。

《清朝文献通考·户口考》卷1记载，乾隆二十二年更定保甲之法，规定顺天府五城所属村庄暨直省各州县乡村，每户岁给门牌，十户为牌，立牌长；十牌为甲，立甲长，三年更代；十甲为保，立保长，一年更代。士民公举诚实识字及有身家之人报官点充，地方官不得派办别差。凡甲内有盗窃、邪教、赌博、赌具、窝逃、奸拐、私铸、私销、私盐、踩曲、贩卖硝磺，并私立名色、敛财聚会等事，及面生可疑、形迹诡秘之徒，责令专司查报。户口迁移登耗，责令随时报明，于门牌内改换填给。同时要求绅衿之家、旗民杂处村庄、边外蒙古地方种地民人、内地客民、盐场井灶、矿厂丁户、棚民、沿海等省商渔船只、苗疆寄籍内地者、云南省有夷

① 《清高宗实录》卷199，乾隆八年八月下。

人与民人错处者、外省入川民人、四川省改土归流各番寨、寺观僧道等编入保甲。至此，清朝保甲制度基本完备，并深入基层社会。

乾隆后期继续编排保甲，如乾隆四十年，“奉天各州县及旗庄地方，旗民错处，并无旗界民界之分，是以历来俱系旗民官员，会同查办，一体给予门牌”①。强调旗、民一同编入保甲。

嘉庆皇帝推行保甲也不遗余力。嘉庆四年、五年通谕各督抚推行保甲。四年十月，给事中甘立猷，御史叶绍楏、马履泰俱以编查户口申严保甲条奏，谈到以往奉行保甲不力的原因，在于“州县地方辽阔，户口畸零，虽有亲身编查之文，仍未能遍历乡村，细询名字，只凭书吏乡约，朦胧开造。并因册籍繁多，需费不少，胥吏既难赔垫，官亦徒有捐名，仍不过官责胥吏，吏通乡保，转以点充乡约为利津，取具保结为奇货。而乡保既无专责，谁肯以不干己之事，赴诉于不理事之官。十家门牌之法并不清查，奸盗藏匿之区，无从举发”②。指出地方辽阔、不能遍查与册籍繁多、需费不少是客观原因，而书吏乡约不负责任则是主观原因。因此，嘉庆帝谕内阁：“特此通谕各督抚，务须督饬所属，查照旧定章程，实心劝导。选充公正里长，编立户口门牌，务使一州一县之中，人丁户业，按册可稽，奸匪无所容身，游民胥归约束。仍随时巡历抽查，不使吏胥等藉端滋扰。倘有仍前废弛，或日久生懈，有名无实，惟各该督抚是问。将此通谕知之。”③可见保甲的职责主要是掌握人丁户业，稽查奸匪游民，缉盗而维护社会治安。

---

① 《清高宗实录》卷998，乾隆四十年十二月。
② 《清仁宗实录》卷53，嘉庆四年十月庚子。
③ 《清仁宗实录》卷53，嘉庆四年十月庚子。

五年正月，嘉庆帝再谕内阁，强调推行保甲订立册籍、稽查的方法："定立章程，惟在简而易遵，切而可久，方能得有成效。如缮造循环册籍，务令地方公举诚实甲长，俾司其事，不经吏胥之手。至于稽查之法，地方官势难周历四境，应于因公下乡，随时询问，据其所言丁口，阅对牌册；或于审理词讼时，随意详诘，取册校核，则甲长等自不敢从中弊混，任意捏报。加以化导有方，诫勉有法，条析利害，申明约束。如有干犯禁例，牌甲知情不举者，查明随案示惩，庶几法立而人不敢欺，小民相劝于为善矣。特此再行通谕各该督抚等，务须督饬所属，实力奉行，以期闾里无所容奸，地方渐臻淳厚。毋得视为具文，仍致有名无实也。"[①]地方公举诚实甲长缮造循环册籍，稽查牌甲知情举报，是嘉庆帝所强调的。

嘉庆中后期，继续强化推行保甲，保甲进一步普及。嘉庆十五年四月，御史甘家斌奏请实行编户成法，嘉庆帝谕内阁："向例各州县乡镇村庄，设立门牌保甲，俾其互相识认稽察，原所以诘奸宄而弭盗贼。而每岁编户审丁，汇册报部。间遇水旱偏灾，发帑赈恤，按册而稽，自不至于浮冒，立法最为详密。乃奉行既久，竟同具文，不但容留匪犯，无人举发，致令日久潜匿，恣为不法。而偶遇偏灾散赈，则奸吏蠹胥浮开户口，较岁报丁册往往增多，任意弊混，殊不成事体。嗣后各省督抚于编设户甲一事，务须饬属实力举行，俾奸匪不得潜藏。即申报晴雨及约收、实收分数等事，并与编审丁册认真稽察，则户口多寡、年岁丰歉，随时核对，不致浮混，亦可杜捏灾冒赈之弊。将此通谕知之。"[②]强调保甲

① 《清仁宗实录》卷58，嘉庆五年正月己卯。
② 《清仁宗实录》卷228，嘉庆十五年四月己酉。

对于弭盗贼、稽察人口、防止捏灾冒赈的重要性。

同年十月，来仪等奏查明归化城沙拉穆楞牧场复被民人私行垦种会商办理一折，据称嗣后私行出口民人免其驱逐，仿照保甲之法，编列牌头、甲长、保正，责令互相首报。嘉庆帝认为："编查保甲原系成法，但行之内地，藉以稽查盗贼，而地方官视为具文，尚属有名无实。该处系游牧之所，蒙古地方向未设立保甲，今该将军等因查禁私垦民人仿照办理，责令互相首报，亦属筹办之一法。"[①]翌年三月，嘉庆帝再次强调查禁民人私垦牧场，不能专责成保甲稽察，仍概行禁止移眷之户。[②]

嘉庆十九年，清廷又有推行保甲之举。该年二月，嘉庆帝谕军机大臣等，说到"现饬各省编查保甲"[③]。针对御史孙升长奏查阅民壮并令乡约保正稽查结报一折，嘉庆帝谕内阁："至乡约保正，稽查匪类，随时结报，本系编查保甲内应办之事，并着实力奉行，毋得视为具文。"[④]

嘉庆二十一年三月，御史卢浙奏编查保甲请加保结一折，说到"现在各直省举行保甲，核对门牌，而责成不专，里长、甲长等恐不免有容隐之弊"。嘉庆帝谕："各省督抚当严饬地方官，于编查保甲时，责令里长、甲长等取具连名互保甘结，如有来历不明、踪迹可疑者，该里长等畏其株连，自不肯代为具结，立时首报。"[⑤]翌年正月，嘉庆帝又说："编查保甲，系各省通行办理之事。"[⑥]

---

① 《清仁宗实录》卷235，嘉庆十五年十月己亥。
② 《清仁宗实录》卷240，嘉庆十六年三月壬子。
③ 《清仁宗实录》卷284，嘉庆十九年二月乙巳。
④ 《清仁宗实录》卷285，嘉庆十九年二月庚戌。
⑤ 《清仁宗实录》卷317，嘉庆二十一年三月癸未。
⑥ 《清仁宗实录》卷326，嘉庆二十二年正月己酉。

上述记载涉及的清朝保甲法，强调设立门牌，缮造循环册，编列牌头、甲长、保正，保甲的功能是诘奸宄而弭盗贼，维护村社治安。

四、宗族、保甲、乡约的融合与基层社会组织

康熙后期至雍正初年推行保甲，解决宗族的治安与教化问题采取的方式是设立族正。族正制作为保甲的一环出现，其选立借鉴了乡约的形式。族正也有负责宣讲圣谕的职责，保甲、乡约渗透到宗族中，使宗族进一步组织化，这可称为宗族的保甲乡约化。尽管不同的宗族受保甲、乡约的影响程度不同，族正制也没有在全国普及，但是政治文化对于宗族影响的制度要求与社会氛围却是同样的。宗族保甲乡约化是清代宗族的特征，族正制是这一特征最好的体现。新发现的福建、浙江总督觉罗满保的两篇奏折及朱批等资料，探讨了雍正四年族正制的出现过程，证明了族正具有宗族保甲乡约化的属性。[①]

雍正四年严饬力行保甲规定："如有堡子村庄聚族满百人以上，保甲不能遍查者，拣选族中人品刚方、素为阖族敬惮之人，立为族正。如有匪类，报官究治，徇情隐匿者与保甲一体治罪。"

乾隆时期，加强对宗族的控制，在聚族而居的江西、广东、福建等地区任命族正。地方官给以牌照，专司化导约束、劝善规

---

① 常建华：《清代宗族"保甲乡约化"的开端——雍正朝族正制出现过程新考》，《河北学刊》2008 年第 6 期。

过、排难解纷之事。以广东为例，乾隆六年二月广东按察使潘思榘奏：

> 粤民多聚族而居，各建宗祠，置尝租。岁入实费于祭祀及给族人等用甚鲜，余以生息，月积岁累。偶与外姓睚眦小忿，通族扛帮争讼，一切费用取给尝租。甚至按户派丁，雇请打手，酾酒击豕，列械争斗。狡猾者发纵指使，贫困者挺身斗格，酿成命案，则尽人抵偿，拨给尝租，养其妻子。以故人心乐于从事，即一族内，亦复分房角胜，嚣陵成习，讼狱滋多，为风俗大害，通省皆然。广、潮等府尤甚。请仿范仲淹义田法，令地方有司晓谕，每族公举老成公正二人为族正副，甄综尝租、祭祀等用外，凡族中有鳏寡孤独老弱废疾不能存活者，婚嫁愆期丧葬无力者，子弟贫不能读书者，酌量周恤，设义学，资膏火。先将岁入租息实数支用条款，呈明地方官核定，不许侵冒偏枯。如有仍为讼费者，究处族正副，追出讼费，买谷增贮社仓，以赈乡里。则人心静，风俗醇，于粤东大有裨益。[①]

广东的族正是为制止械斗而设，但采取的是让族正保证将祭田收入用于宗族赡养、救济等公益事业，以切断械斗的经济来源的办法。对族田的管理，参考了江南范氏义庄的成规。乾隆十五年，广东巡抚、总督先后批准该省布政司、按察司《设立族正副约束子弟总理尝租》的文件："查例载：村庄聚族满百人以上者，选立族正，比有匪类，令其举报。"[②]可见，广东的族正是主要作为保甲系统设立的。

---

① 《清高宗实录》卷137，乾隆六年二月。
② 《广东清代档案录》之《户役·田宅·山坟》。

再以江西为例，陈宏谋于乾隆七年在江西巡抚任上推行族正，道光三年江西查照陈宏谋旧例继续办理。江西族正制的主要内容是：族正是先由宗族内部选举出来，再经州县"查验确是"，给予牌照产生的。至于选举族正的标准，不论尊长，唯才德是举。族正的职能首先是讲读《圣谕广训》及《摘刊律例》，同宪台、抚宪刊发《兴养立教劝善惩恶告示》。族正具有一定的司法权，如有乖戾之徒，不知率教者，小则处以家法，重则鸣官究惩。管理宗族经济的使用，是族正的重要职能。规定：宗祠公产止许作祭祀修祠之用，如有盈余，抚恤族中鳏寡孤独残疾穷苦之人。倘族中有与他族寻衅构讼者，亦责成该族正查禁，宗祠公产不许用作具讼之资。族正还要类似保甲维护地方社会治安，举报节孝、劝农务本、保证婚约、负责立嗣等，凡地方基层政权经管的事情都有涉及，起到了地方基层政权的辅助作用，或曰准地方基层政权。族正任命之后，由该州县汇报查考，奖励的方式是：前三年州县、道府、两司逐级给匾，三年以后督抚奖赏。如果族正有怠惰徇私等弊，则斥革惩儆，另举接充。① 宣讲"上谕十六条"是在发挥乡约的教化作用，可见族正不仅是同保甲，也是同乡约的结合。

乡约影响到宗族制度层面的事例也有。如江苏常州庄氏，民国二十三年修纂的《毗陵庄氏族谱》卷16记载，该族清代"立约正、约副、司讼、司纠，察举淑慝，有不率者遵族约以听于祠，一不闻于有司，其诸义田、义塾、家礼、户役咸条理曲当，刻示族人，俾知遵守"。所设立的约正、约副本是乡约制度，其族规定名为族约（该族族规正式用语为"宗约"，语意相同），可见乡约制度对

① 《西江政要》道光三年《牌式》。

宗族的深刻影响。

清代往往同时推行乡约、保甲，二者互相依存，发挥作用。于成龙《于清端政书》卷2《黄州书·慎选乡约谕》记载其在黄州知府任上，奉上级力行保甲之命，于是晓谕所属各县：

> 有司随查明乡分，于适中之地立乡约所亭屋，选年高有德者择吉迎送，给以衣顶，行二跪一揖礼，在乡约所任事，朔望谕乡民听讲十六条。……凡人命盗案勾摄人犯，惟保甲、保长、地方是问。惟尔乡约，无事则劝化愚民，有事则密禀自封，用图记牢钉，星夜飞递，一年更换，地方平靖，讼狱不兴者，年终给以‘称职’字匾。地方多盗，讼狱繁兴者，年终书‘不称职’，用木刻条钉于门首。或敛钱扰害、不公不法者，访实，即时惩革。于县前悬大木牌，书贪恶乡约姓名于上，以示劝惩，于以端风化、靖地方，庶几近之矣。凡我属邑勉力行之，以宣扬上宪德意，未必于地方风俗无裨益也。

保甲治理命盗案件，重在治安方面。

在《清仁宗实录》推行保甲的文献中，已有乡约的身影。如嘉庆四年十月给事中甘立猷等指出“乡保”的存在，编查保甲会利用到乡约。嘉庆十九年，御史孙升长奏查阅民壮并令乡约保正稽查结报，也用“乡保”稽查。这些都说明当时乡约广泛存在，并与保甲关系密切。萧公权先生注意到乡约取得了保甲的功能，“进入19世纪后，宣讲体系转变成治安工具的过程加快了脚步。不久之后，许多地方官员提到乡约时，好像它就是保甲，并且把它当保甲来看待”①。

① 萧公权著，张皓、张升译：《中国乡村：论19世纪的帝国控制》，联经出版公司2014年，第238页。

地方上同时实行乡约与保甲，二者结合形成了“约保”的基层社会组织。安徽徽州府婺源县乡约、保甲于万历初就已全县推行。据廖华生研究，“约保”一语首见于《保龙全书》所载明万历三十二年间一则禁伤龙脉的告示。当时意指乡约保甲的并非仅此一语，含义大致相同的还有里约、约党、约甲等词语，而且它们交替和地方、里排等词一起使用。说明在明代中后期，新设置的乡约、保甲和原有的里甲等组织在婺源基层社会中共同承担管理职责，后者并没有被前者完全取代，乡约、保甲之间的关系可能比较松散。“约保”只是对二者的简称，并没有特殊的意蕴。

到了清代，情况则完全不同。在《保龙全书》所载清代文告中，其他含义相近的词汇全部消失，里排、地方等词语也不再出现。这一话语变化之后的背景：一是约保全面取代里甲等基层组织，这并不意味着原有组织全部消亡，这些组织可能还存在，但其公共管理权能基本让渡给前者；二是乡约、保甲的关系密切，二者的结合在明代后期就开始了，到了清代，二者关系更为紧密。蚺城的乡约与保甲之间的关系是“保总之于约”，即乡约领导保甲，宣讲乡约者的社会地位要高于保正。二者在职能上仍有教化和治安的差别，但在处理地方公共事务时往往共同出面。这时的乡约、保甲成为基层行政的一体化组织，约保成为指代这一组织的专有名词。①

以福建泉州晋江为例，康熙五十二年晋江县所立《泉州文庙泮泗桥示禁碑》记载：“不许附近居民仍前跨沟占筑。敢有故违，许诸邑人等会同该约保，指名问官完治。”该县嘉庆九年所立《许

① 廖华生：《蚺城约保与社会控制体系》，《安徽史学》2006年第5期。

氏坟山示禁碑》也要求“该处约、保、练等指名扭解”在坟山违禁者。另外，嘉庆二十一年《泉州府龙脉示禁碑》说：“倘敢故违，许该地保及董事人等指名禀究。保约涉私容隐，并予责革，决不宽贷。”[①]上述从康熙到嘉庆的资料表明，晋江县乡约与保甲同时存在，在社区发挥作用，地方官称其为“约保”、“保约”。

再如江西在雍正乾隆之际已经推行了保甲、乡约。按察使凌燽禁止游神，说“约保人等不行劝谕及藉端滋扰一律科罪”[②]，这里的“约保”即乡约与保甲。还有地保，如一份告示说：“仰按属军民地保人等知悉：嗣后凡前项少年强丐三五成群，手执污秽之物，或在店铺、或在街市强行求乞者，许乡地保甲人等立即禀明地方官严拿。”[③]可见“地保”是指“乡地保甲”。因此，维护社会治安性质的保甲，进行教化的乡约，与传统赋役征收和乡村管理体系的乡长互相结合渗透，构成了清代治理乡村社会的体系。

又如盛京地区，这一类型的组织出现较早。清初盖平县全境分十二社，每社十甲，“每社设乡约、保正各若干人”[④]。作为乡约与保甲结合的产物，乡保的事例出现于岫岩厅与宁远州。奉天岫岩厅客民张添文因讨要酒饭钱将傅虎山致死案，廷臣审理的结果有“尸棺饬交乡保领埋”之语，说明乡约与保甲已相混。

---

① 均见郑振满、丁荷生编纂：《福建宗教碑铭汇编·泉州府分册》上册，第235、314、322页。

② 凌燽《西江视臬纪事》卷3《饬禁抬神檄》，续修《四库全书》本第882册，第98页下。

③ 凌燽《西江视臬纪事》卷3《禁强丐流乞》，续修《四库全书》本第882册，第113页上。

④ 民国《盖平县志》卷1《舆地志·设置沿革》，民国十九年(1930)铅印本，第42页a，转引自王广义：《论清代东北地区“乡约”与社会控制》，《史学集刊》2009年第5期，第108页。

宁远州民刘二因索讨工钱事扎伤旗人刘作美及其子刘香儿案，行凶人刘二拿获，交乡约董景受看守。有管界南街牌头周三至前屯卫地方李清家告知命案，李清报呈官府。口供中则记载"通知乡保看明报验"。

在我们收集到的73例盛京地区呈报刑事案件中，涉及负责报案的基层社会治安负责人主要是守堡、保甲、乡约及地方。具体来说，涉及保甲事例共计38例，数量最多，其中包括涉及牌头的10例，甲长2例，保正14例，保长12例，说明保甲系统最为普及。涉及乡约27例，数量第二多，也具有普遍性。保甲与乡约构成的乡保组织，已经成为嘉庆时期奉天地区基本的地方行政组织。此外，还有3例地方，地方与乡约同时存在于一些村屯。

特别值得注意的是乡约，一般认为它是宣讲圣谕的组织，而嘉庆时期的乡约则承担了社会治安的职责，与保甲的区分不太明显。保甲组织中，牌头处于最基层，其上的甲长事例较少，事例较多的是保正、保长。当保长、保正与乡约同时出现的时候，保长、保正地位高于乡约，负责呈报案情；而乡约与牌头同时出现的时候，乡约又高于牌头，多由乡约呈报案情。保甲与乡约结合在一起，维护着乡村社会治安。[①] 有学者指出："按牌设置约保，主要是因为随着移民的持续涌入，作为保甲基础单位的牌的户数不断增加，为加强对移民的管理，约保也就按牌设置。由此看来，关外约保的组织关系也不像关内约保的组织关系那样复杂。……与关内乡约不同的是，关外约保即使并行设置，保甲首

① 常建华：《清中叶盛京地区地方行政职役试探——以73件嘉庆朝刑科题本为例》，白文煜主编：《清前历史与盛京文化》下卷，辽宁民族出版社2015年。

事也受乡约领导。”①

总之，清朝努力把保甲、乡约纳入行政体系，重视社会秩序的维护，通过突出皇权的政治认同来强化专制集权，影响了人们的行为方式。宗族组织、乡保组织在清代成为社会的基本组织并不断普及，使基层社会结构发生了较大的变化。清朝的上述政治实践，使儒家的政治思想通俗化与社会化。皇权认同的强化与宗族、乡保组织的制度化，反映了新儒家政治文化的历史影响。

① 段自成：《略论晚清东北乡约》，《史学月刊》2008 年第 8 期，第 68、69 页。

第十一章
清中叶山西的日常生活

历史文献往往缺乏普通人的资料。清朝刑科题本中的供词记载了事主的生命史资料与亲属关系，还有案件发生的场景，有意无意留下了时空、社会、生态的记载，是难得的社会史、生活史资料，可以据此建构普通人的集体群像与生活状态。使用刑科题本（土地债务类）编成的资料集，乾隆朝有中国第一历史档案馆、中国社会科学院历史研究所编《清代地租剥削形态》（中华书局 1982 年）、《清代土地占有关系与佃农抗租斗争》（中华书局 1988 年）两种；使用婚姻奸情类的，则有郑秦、赵雄主编《清代"服制"命案——刑科题本档案选编》（中国政法大学出版社 1999 年）；嘉庆朝有杜家骥主编的《清嘉庆朝刑科题本社会史料辑刊》（天津古籍出版社 2008 年），为我们实现上述研究设想提供了宝贵的资料。下面拟利用上述刑科题本的资料集，探讨乾嘉时期山西的日常生活。①

---

① 这一部分依据常建华《清中叶山西的日常生活——以 118 件嘉庆朝刑科题本为基本资料》（《史学集刊》2016 年第 4 期）一文压缩而成。

一、人口、婚姻、家庭分析

《清嘉庆朝刑科题本社会史料辑刊》(以下简称《辑刊》)一书辑录 1665 件档案,从中辑录出山西档案 87 件。清嘉庆朝共 25 年,所辑档案在嘉庆朝的年份分布大致呈均匀状态。

据《清史稿》地理志,嘉庆时期山西省领府九,直隶州十,厅七,州六,县八十五个。府州厅包括:太原府,领州一,县十;汾州府,领州一,县七;潞安府,领县七;泽州府,领县五;辽州直隶州,领县二;沁州直隶州,领县二;平定直隶州,领县二;平阳府,领州一,县十;蒲州府,领县六;解州直隶州,领县四;绛州直隶州,领县五;隰州直隶州,领县三;霍州直隶州,领县二;大同府,领州二,县七;朔平府,领州一,县三;宁武府,领县四;忻州直隶州,领县二;代州直隶州,领县三;保德州直隶州,领县一;归化城直隶厅;萨拉齐直隶厅;清水河直隶厅;丰镇直隶厅;托克托直隶厅;宁远直隶厅;和林格尔直隶厅。

这 87 件档案,如按照府州分布,可知太原府 16 件,汾州府 16 件,潞安府 4 件,泽州府 3 件,沁州直隶州 1 件,平定直隶州 4 件,平阳府 2 件,蒲州府 1 件,解州直隶州 2 件,绛州直隶州 2 件,隰州直隶州 3 件,霍州直隶州 8 件,大同府 1 件,朔平府 5 件,宁武府 2 件,代州 7 件,保德州 1 件,归化城直隶厅 4 件,萨拉齐直隶厅 1 件,清水河直隶厅 1 件,丰镇直隶厅 1 件,托克托直隶厅 1 件,宁远直隶厅 1 件。除了辽州直隶州、忻州直隶州、和林格尔直隶厅无记载,其他各府与直隶州、厅均有资料,基本覆盖了山西全省,具有普遍性;尤以太原府、汾州府、霍州直隶州、朔平府、代州直隶州五个府州资料较为集中。

《辑刊》所载的档案资料，有案件事主交代的家庭亲属年龄及基本情况的记载，对于了解当时人口、婚姻、家庭等状况很有用处，是认识社会的基本内容。除了上述 87 件档案之外，还可新增山西人在外省的相关记载，其出自 31 件题本。如此，本章所引用的题本共计 118 件。

阅读案例，我们看到有 25 人年纪较大，超过三十岁未婚独身。在这 25 人中，三十年龄段有 17 人，四十年龄段 3 人，五十年龄段 4 人，六十年龄段 1 人。我们不排除上述事例中可能有题本记载未出现妻子而实际有或者离过婚的情况，但相信这样的事例只是个别。还应当注意的是，当时存在较早结婚现象，如 7 号牛壮二十二岁，女人过门七年，则牛壮十五岁结婚。

我们还看到事主的父母长辈有很多高寿者。事主父亲年龄在八十年龄段的 1 人，七十年龄段的 5 人，六十年龄段的 5 人，五十年龄段的 1 人。以存世有年龄记载的这 12 人来看，11 人是六十岁以上，其中 1 人七十六岁，1 人八十七岁，属于高寿。[①] 事主母亲年龄在八十年龄段的 3 人，七十年龄段的 7 人，六十年龄段的 10 人，五十年龄段的 5 人，五十岁以上有 25 人。集中在六七十岁者，计有 17 人，八十岁以上的女性老者有 3 位，引人注目。上述事例表明，清中叶山西女性活到六七十岁是普遍现象，甚至活到年届九十岁，女性高寿者多于男性，且最长寿者也属于女性。人们往往认为古代人短寿，其实未必尽然，这和对于欧洲历史上人的寿命的看法颇为相似："人们经常以为中世纪的人死

---

① 《清代土地占有关系与佃农抗租斗争》上册第 224 页记载，乾隆三年山西代州人高成凤年逾八旬。

时都很年轻，因为他们的平均寿命几乎不超过 40 岁或更短。但正是由于混淆了生命真正的期限，即每个人死时的年纪和平均寿命，这才虚假地缩短了年数。实际上，如果当时的人逃过了出生、幼年的危险，逃过了疾病、流行病、战争危险、工作事故或分娩之险，就可以活得和今天一样长了。”①

题本还透露出其他信息，如已婚者当中，由于出现了父母的年龄，我们得以获得父母年龄差的资料。这些均为父亲年龄大于母亲的事例，共计 6 例，婚龄差很不均衡，婚龄差较大者如 5 岁以上占了半数，有 2 例相差八九岁。山西所在的黄土高原区婚龄差较大，说明男性在婚姻市场上处于不利地位。②

在有父母子女年龄的数据中，我们可以推算出生子的年龄。23 例中，二十岁年龄段生育的 8 例，其中 7 例在二十五岁以下，应是婚后不久生育；三十岁年龄段生育的 12 例，占到总数的一半强，其中 9 例是三十五岁以下，育龄不算太大；四十岁年龄段生育的 3 例，育龄偏大。多数事主是母亲三十多岁生育的。

有事主父亲年龄资料的场合，共计 20 例，五十岁 2 例，四十岁以上 3 例，三十岁以上 8 例，二十岁以上 6 例，二十岁以下 1 例，可见当时二三十岁的父亲得子属于普遍现象。

根据对乾隆时期儿子与父母年龄差异的研究，“多子类型下，儿子与父亲的平均年龄差为 28.28 岁，与母亲平均年龄差为 24.85 岁。独子类型下，儿子与父亲的平均年龄差为 35.23 岁，

---

① ［法］达尼埃尔·亚历山大-比东著，陈劼译：《中世纪有关死亡的生活（13—16 世纪）》，山东画报出版社 2005 年，第 51 页。

② 王跃生从乾隆刑科题本发现，丈夫大于妻子 5 岁以上者占有较高的比例，黄土高原区男性大于女性的比例和年龄差在 10 岁以上的比例在全国处于高水平，说明该地区男性在婚姻市场上处于不利地位。参见王跃生：《十八世纪中国婚姻家庭研究》，第 44—47 页。

与母亲平均年龄差为 33.59 岁”[①]。我们对嘉庆朝的上述统计，大致与此相合。

生育情况。有的婚后无生育，无生育的 16 例中，二十岁年龄段的有 5 例，三十岁年龄段的有 4 例，四十岁年龄段的有 6 例，六十岁年龄段的有 1 例。推测当时婚后未生子女现象比较普遍。根据乾隆朝档案供词，当事人婚后 1 年或 1 年左右的时间内有生育行为者为极少数，婚后 5 年左右或 5 年以上生育与未生育者也占一定数量，而婚后 10 年以上未生育者则与夫妇生理障碍有一定关系。[②] 嘉庆朝婚后无生育的现象，可以结合这一研究结论来认识。

婚后生育子女的情况。33 例中，资料记载的方式有所不同，多言有儿子，一般似可理解为儿子，不说女儿，或也有理解为子女数，有的情况下讲子女数，但也有谈到有女无儿的情形。生育子女数量上，生有 3 子的 5 例；生有 2 子的 7 例；生有 1 子 1 女的 2 例；生有 1 子的 17 例；生有 1 女的 2 例。由于不能断定生有 1 子或 1 女是否为终生生育数，故生育 1 子数量虽多，不可以将生 1 子作为生育的普遍选择。不过，如果 1 子不包括女儿，则在生育有女儿的情况下，生 1 子可能会成为一些家庭选择生儿子数量的考虑。生 2 子、3 子，在清中叶的山西应当也是较普遍的生育行为。根据对于乾隆刑科题本的研究，男性当事人弟兄数量特征是独子和两个兄弟家庭占绝大多数。全国水平的家庭平均成年男性子女数量为 2.11 个。[③] 我们的看法与此结论也比较接近。

---

① 王跃生：《十八世纪中国婚姻家庭研究》，第 220—221 页。
② 王跃生：《十八世纪中国婚姻家庭研究》，第 210—217 页。
③ 王跃生：《十八世纪中国婚姻家庭研究》，第 235—238 页。

过继问题。没有子女或没有儿子，就需要过继，这样的事例较多。6 例中除了 1 例异姓亲戚家过继外，其余有 4 例均属将侄子过继给亲叔伯，有 1 例小功亲之间过继。过继问题有时会引起矛盾，甚至造成案件，如山西万泉县民李清连挟恨图产商同子侄谋勒兄妾身死案，案中兄弟之间的过继因涉及独子、遗妾而造成家庭矛盾，说明中国传统家庭制度的复杂性。

再婚问题。女性改嫁的事例，有 4 例都是父故母嫁。男性续娶的有 4 例。男女再婚的事例相当。

兄弟同居与分家问题。资料中有 5 个兄弟分家另过的事例，更多的情况下是只讲兄弟几人，未言是否分居。这些未说是否同居的事例中，婚姻情况如何呢？推测是未婚者有 2 例，明确是未婚者有 6 例。上述未婚者，兄弟一般并未分居，这可能与普通男性婚姻比较困难，晚婚或不婚，导致不分居。前面提到的不少人年纪较大，超过三十岁未婚独身的事例，可以证明这种推测。已婚的事例有 22 例，揆情度理，有未分居的，也有同居的，应当是民间比较普遍的现象。

有的题本叙述较详，可以帮助我们理解同居的事例。如闫三驴年二十岁，父故母嫁，未婚，弟兄两个种地度日。年轻未婚的闫氏兄弟自然无分家的必要。而史守德年三十六岁，有兄守谦已婚，弟守法，父亲已故。母亲王氏因守谦吃酒闹事不听管教，令其分开另住。守德与母亲、弟守法同居生活。母亲让长子分居，主因是儿子的品德问题，而不是已婚。这两例同居的当事人都较年轻，而分居的事例中当事人年纪较大者多，如王则香的儿子王滚子二十三岁，则香当是四五十岁的人。根据目前掌握的资料，我们判断，清中叶山西兄弟成人或成家，分居与同居可能都占有相当大的比例。

分居同院居住的情况也存在。如孝义县郭涌万、郭涌千兄弟，分居同院居住。汾阳县马添赐四十六岁，父亲已故，母亲六十八岁，两个兄弟，女人张氏，一个儿子。与胞叔马登士已经分爨，同院居住。

父母的赡养由诸子分担。有的置办养老地，兄弟轮流照顾老人吃饭。如霍州退沙村人张兴太，年四十一岁，父亲和生母已故，与继母张邢氏生活，张兴顺是继母生的兄弟，向来同居。六年正月，母亲让弟兄分居，在兄弟两家按月轮流吃饭。仍留母亲养老水地一亩，由兄弟分年承种，收下粮食给母亲一半。春间母亲先叫张兴太种麦子，后来收麦九斗，张兴太因欠债被人逼讨，就把这麦子先粜钱一千九百八十文还账。想着把自己场里割下的麦子三两日碾打补还母亲。五月初八日下午，张兴太从地里回家，母亲在院要他给分麦子，他隐瞒不过，把粜麦还债、停日就补还的话告知。母亲不依，嚷骂，跳窑碰伤左额角致死。[①] 还有的父母与一个儿子居住，其他儿子送米养赡。如平阳府临汾县王克义有子王则香、王则佐，兄弟分爨各居，父母跟王则佐过活，王则香久在外边生理，每月由其子王滚子送米养赡其父母。如系独子，自然有赡养父母的责任，如山西太原府祁县人杨尚春，年四十岁，出关多年，在辽阳州刘儿堡开铺生理，原籍有母亲李氏，年七十四岁，常寄银钱养赡母亲。

---

① 《辑刊》第1册，第23页。按：乾隆十八年山西宁武府五寨县陆应魁将地五百二十四垧，自除养老地四十垧，余俱四子按股均分，应魁与继妻、继妻所生长子等同居，参见《清代土地占有关系与佃农抗租斗争》上册，第23页。又，乾隆时期平遥县武德喜、武德顺、武德章兄弟分居另灶，轮流赡养母亲，母有未分的养老地一段，种了南瓜，大家浇灌。参见王跃生：《十八世纪中国婚姻家庭研究》，第383页。

二、从骂人看生活特性

称谓反映人际关系。日常生活中人们为了改善人际关系，称呼他人采取尊称形式，礼貌待人；但当发生冲突时，则采取取消尊称、破坏尊严、侮辱对方所尊敬者等方式。因此冲突中的骂人，可以映射出人们所重视的人际关系、隐私与价值观。

许多刑案往往从纠纷开始，经当事者互相骂人导致升级，出现命案。刑科题本中的供词对这种骂人有一般性的叙述。如山西朔州民任三贵因讨欠纠纷伤张荣身死案，据任三贵供：他曾借欠同村张荣麦子、谷、钱，立有借约。嘉庆五年五月十二日上午，他从外村宰羊回来，赚得二百文钱。走到村外撞遇张荣，向他讨要前欠，他把二百文钱拿出，叫张荣收了再算。张荣不依，村说他延挨，不顾脸面，立逼本利全还。他生气争论，张荣叫骂，他回骂，张荣扑打，他顺手用宰羊刀抵扎两下，伤张荣左肋致其倒地。张荣越发辱骂，说要告官将他问罪。任三贵一时气极，起意将其致死。叫骂、回骂，进一步辱骂，不断升级。一般情况下供词并无骂的内容①，然而有些供词则说出了骂人的内容，强调

① 个别资料很难得，如乾隆朝刑科题本中山西托克托城三盖村有吴廷臣与郭兴泰伙种蒙古人地，二人发生纠纷，郭兴泰骂吴廷臣"小忘八蛋"。参见《清代地租剥削形态》上册，第270页。"忘八蛋"，即谓"王八蛋"，清中叶考证学者赵翼释为"俗骂人曰杂种"之语，又指出"王八"："明人小说又谓之'忘八'，谓忘礼、义、廉、耻、孝、悌、忠、信八字也。"参见（清）赵翼著，栾保群、吕宗力校点：《陔余丛考》卷38"杂种、畜生、王八"条，河北人民出版社1990年，第811—812页。又如泽州沁水县许共保不允地主王蛮娃重扬租谷逼索全租一案中，王蛮娃一定要量足租谷，据王蛮娃供词："许共保就骂说，老子今日偏不量，看你这水蛋把老子怎样呢？……小的又向他讨要，说你今日若不全还，老子也就不走了。许共保越发叫骂起来。牵及小的父母，小的也回骂了两句。"参见《清代土地占有关系与佃农抗租斗争》下册，第680页。"水蛋"，河北北部方言近似山西，亦流行骂人语言"水蛋壳"，或释为王八生的孩子。

自己忍无可忍，借此可以了解当时最伤人的骂人内容。

不同的性别对于骂人伤害的感觉不同，女性最不能忍受的是涉及贞节的骂语。[①] 如夏县民妇武裴氏因闻其夫之堂弟武振库秽语投井身死案，据武振库供："武裴氏是已故小功堂兄武振仓的女人，她和堂伯母武阳氏婆媳两人孀居过日，雇族兄武居文耕种地亩，与小的俱没仇隙。嘉庆十六年七月二十四日，小的去向伯母武阳氏借用粪桶。伯母还没答应，堂嫂在旁说明日自己要用。小的村他小气，堂嫂说方才武居文已来说过，明日要浇地亩，实在自己要用，村斥小的不该硬要借。小的生气，原说'武居文又不是你的男人，为什么该由他做主'。堂嫂听了就不依，哭嚷。伯母也把小的村骂。小的自知失言，当时走回。后来听得堂嫂因被小的村辱常要寻死，小的害怕。二十六日央了堂嫂的哥子裴凌汉去给堂嫂赔礼，堂嫂不肯见面，小的无奈走回。不想到二十八日早堂嫂竟投井死了。"

再如榆次县民段梅喜因索欠辱骂韩杜氏致自缢身死案，据韩杜氏供：她四十六岁，男人已故，三个儿子，因违反村规没有挑渠而使水被罚款，其男人的表弟段梅喜垫钱完案。"九月二十五日黄昏时，小妇人和儿子韩宗并儿媳都在房里闲坐，段梅喜酒醉进来，声嚷讨钱。小妇人因他讨得紧急，原说'我家本不认罚，谁叫你垫钱'。段梅喜和小妇人争吵，骂小妇人'这样混赖，不如养汉当娼赚钱'。小妇人气极，拿桌放磁碗砸碎，用磁片在头上划了两下，要和段梅喜拼命，儿子劝住。……小妇人守节二十来

① 大约同时代的欧洲"最普通的侮辱形式是质疑女人的贞操。这种侮辱特别普遍，而且效果非常明显。"这说明人类社会的相似性。引文见［法］菲利浦·阿利埃斯、乔治·杜比主编，杨家勤等译：《私人生活史》第3册，北方文艺出版社2009年，第519页。

年，被段梅喜这样辱骂，还有何颜做人。”这是一段难得的女性供词。后据韩杜氏的儿子说：“母亲哭了一夜，小的劝慰报案，验讯。不想二十七日晚间、二十九日早上，母亲两次乘空上吊，都是小的和女人看见解救。以后日夜防范解劝，母亲总不言语不肯吃饭，到十月初八日早上死了。母亲实是段梅喜辱骂气极绝食身死的。”

以上两案均系寡妇不堪忍受偷汉、当娼之辞的侮辱而自杀，法律在这方面保护妇女的名誉，维护贞节观念。这两起案件都依据“因他事与妇女口角、詈骂，妇女一闻秽语，气忿轻生自尽者，杖一百，流三千里例，应杖一百，流三千里，至配所折责四十板”处理。清中叶国家极力维护女性的贞洁观念，民间则显示出女性对贞节观念的极端重视。

男性最不堪忍受的是被人辱骂父母与祖先。辱骂祖先的事例较多，如盂县民韩泳渌因卖地银殴毙堂弟媳韩氏案，据韩泳渌供：嘉庆二十三年二月十六日早，他同儿子韩有喜到河滩地内做活，韩氏从地旁走过，说要进城告状。“小的拦阻，韩氏混骂，小的拾起地上木柴打伤她右手腕、两腿。韩氏撒赖，躺地乱骂，儿子上前扶劝，韩氏不理，还牵及祖宗嚷骂。小的生气，要索性打她一顿，把韩氏上身按住，叫儿子殴打。”韩泳渌不能忍受韩氏混骂、乱骂，“还牵及祖宗嚷骂”。再如高平县民闫三驴欠钱殴伤闫节方身死案，据闫三驴供：他与闫节方打斗中，“闫节方仍复躺倒，牵着小的祖宗越发辱骂，小的又用石块打了他右胯、右脚，踩上两下”。又如崞县民石虎虎因重利盘剥被贺举举等殴伤身死案，据贺涌涌供：在贺举举、贺涌涌与石虎虎争殴中，“那时贺邵、贺泳盛走到查问劝解，因石虎虎牵及贺姓祖先辱骂，贺邵用木拐杖打了他右胳膊上两下。贺泳盛拾起断木棍，也打了他右胯上三四下。石虎虎住口，贺举举又抓起一把石灰擦他两眼，歇手直散”。还有榆次县郝进宝因财产纠纷砍死义父无服族兄智文炳案，据郝进宝供称：“智文炳说小的是异种，牵骂郝姓祖先。小的因他骂得刻薄，一时起意致死。”以上 4 例的供词中都说骂人者牵连对方祖宗、祖先，第 4 例还说对方是异种，可见辱骂祖宗是最伤人的话，祖先崇拜是古代重要的价值观。

辱骂父母的有 3 例。妻子骂公婆的情形，一是潞安府壶关县南河村牛壮因口角将妻牛高氏致死案。牛壮二十二岁，向在直隶长垣县妻父高勇忠铺内作伙。嘉庆十年十月内，牛壮托妻叔高勇孝寄回绞（纹）银十两交给女人转交母亲收存。十一月初五日傍晚，他回家查问银两，女人说没有交给母亲，她自己要做衣服，藏在柜内。牛壮生气把女人村骂，一面开柜找取银两，另行收藏，就到母亲房内喝酒说话。起更时牛壮酒醉回房，女人已经脱衣睡下，牛壮上炕要和女人同睡。女人说他不肯给银做衣，并没夫妻情分，把他推开，不叫同睡。牛壮打她臀上一拳，没有成伤。“女人牵着小的父母哭骂，小的生气摸取炕壁上挂的小刀向她腿上吓扎一下，女人两脚乱蹬，小的又扎她一下，不料黑暗中伤着女人产门、左腿，女人喊叫……到七日早女人因伤死了。”据牛壮说女人哭骂他的父母，他才动刀的。我们看到牛壮在岳父店铺挣到纹银十两，对于一般家庭而言是一笔不错的收入，可能这也是得到了岳父的关照，但是他不善处理婆媳关系、夫妻关系，还动刀伤人，酿成惨案。此案也反映出该家庭关系中，母子关系重于夫妻关系，母亲具有家长的地位。

二是太原府交城县马尚祥砍死妻马曹氏案。马尚祥四十八岁，父母俱故，妻马曹氏过门多年，生有子女，向来和睦。近因马尚祥把家产陆续卖完，缺少衣食，就常吵闹。嘉庆十四年十月初十日，马尚祥因家无用度，往邻村找相好借贷，没遇到。傍晚回家，妻见夫空手回来，又吵闹。马尚祥劝慰，女人不依，说不能常受冻饿，叫马尚祥把她或休、或卖，不愿与他过日。马尚祥生气嚷骂，女人就拿菜刀要拼命。马尚祥夺获菜刀，致把左手中指划伤。女人夺刀，他用刀砍伤她右手背、右臂膊。马尚祥说："女人坐地撒泼，牵着小的父母辱骂。小的一时气忿，要杀死她。"①此案因家庭贫穷，夫妻关系恶化，妻子希望离婚脱离困境，纠纷中丈夫杀死妻子，酿成人间悲剧。悲剧导火索在于丈夫不能容忍妻子骂他的父母。

三是男性之间辱骂父母的事例。如陕西府谷县客民郝增先因被疑侵吞事扎伤雇主身死案，郝增先供：他是山西忻州人，嘉庆九年四月里孙名升邀他在铺内帮做生意，十二月二十一日早，他在柜房里查对账目，孙名升走进斥说他侵吞账粟，将账簿拿去，立逼其出铺。"小的向他分辩，孙名升不依，混骂，并提起柜边布靴扑打，小的将身闪过，顺取桌上小刀抵格，伤着他左太阳穴。孙名升复拿靴扑打，小的用左手把靴格落在地，孙名升弯身拾靴，小的见他拾靴，怕他又打，随用刀扎伤他左后胁跌地。他更加辱骂，伤及父母，小的一时气忿，起意把他扎死。"②辱骂父

① 《辑刊》第1册，第153页。按：祁县人王狗子卖柴营生，与董氏结婚八年，生有一男一女，家贫，夫妻经常争吵。乾隆四十七年三月，丈夫因赚不出钱买米，妻子咒骂丈夫不如早死，她好另嫁人，免得受穷。归化城葛凌云佣工，乾隆五十四年因穷困难过，与妻子商量把她嫁卖，妻子允从。这些事例说明贫穷导致婚姻难以为继，争吵不在话下，嫁卖也有一定的普遍性。转引自王跃生：《十八世纪中国婚姻家庭研究》，第15、104页。

② 《辑刊》第3册，第1381页。按：乾隆十九年山西忻州静乐县孙勤与孙日启是无服弟兄，因佃种土地发生纠纷，争斗中孙日启牵着孙勤父母辱骂，孙勤用石块打了他头一下，后孙日启身死。参见《清代土地占有关系与佃农抗租斗争》上册，第237页。

母在此案中起到火上浇油的作用。

男女都不能容忍辱骂家里的女性被其他男子占有。如夏县民师四娃因当衣未还谋杀小功服兄师佐致死案，据师四娃供：嘉庆十七年三月间，他向师佐借了两件衣服，当银二两五钱使用，没有赎还。“十八年四月初七日，师佐又去催讨，还嚷说小的没钱赎衣，有钱娶媳，该把媳妇给他睡觉的话。小的因他屡次凌逼，复又出言刻薄，心里忿恨，起意把他致死的。”[①]这是不能容忍辱骂媳妇。归化城厅客民贾万瀍索欠砍伤张成章身死案中，据贾万瀍供：“嘉庆十九年三月里，张成章说他有三十亩地还没籽种，叫小的给他麦子，将来成熟均分，小的应允，当给他二斗麦子。六月初十日晌午，知张成章麦子收割，过去分麦，张成章翻悔不给。小的不依，争闹，张成章把小的踢打，小的打他不过逃回。心里气得慌，向女人告诉，女人劝慰。小的出街喝一会酒回家，见女人啼哭，向说被张成章走去叫骂，说叫小的把女人给他睡觉，就分给麦子的话哭的。小的因张成章先不分麦，把小的踢打，还上门糟蹋，实在气极，起意把他杀死泄忿。”丈夫、妻子均不堪受辱，丈夫于是起意杀死骂人者。性关系要求女性贞节，从一而终，对于男性来说具有独占性的权利与保护女性贞节的责任。辱骂家里的女性被其他男子占有，侮辱性极强。

此外，还有一些称谓用语被认为是不礼貌的，容易引起争吵的升级。如自称“老子”，等于骂对方“儿子”。[②] 直接称呼对方

---

① 《辑刊》第1册，第240页。

② 乾隆朝刑科题本中山西归化城布塔齐村蒙古人那速图租地给褚万禹，褚万禹为那速图代赊酒油，二人产生纠纷，褚万禹说“怎么老子替你还了油酒钱”，那速图回复“你靠老子地亩养活哩”。参见《清代地租剥削形态》下册，第728页。

的名字，被认为不尊敬。[①]

供词中，还往往提到村骂、混骂、跳骂等，都是加剧冲突的诱因。《大清律例》的刑律中有骂詈罪，下设骂人、骂制使及本管长官、佐职统属骂长官、奴婢骂家长、骂尊长、骂祖父母父母、妻妾骂夫期亲尊长、妻妾骂故夫父母 8 项。下面讨论一下与上述事例有关的内容。

骂人项规定："凡骂人者，笞一十。互相骂者各笞一十。"骂祖父母父母项规定："凡骂祖父母、父母及妻妾骂夫之祖父母、父母者，并绞。须亲告，乃坐。"妻妾骂夫期亲尊长项规定："凡妻、妾骂夫之期亲以下、缌麻以上（内外）尊长，与夫骂罪同。妾骂夫者，杖八十。妾骂妻者，罪亦如之。若骂妻之父母者，杖六十。并须亲告，乃坐。（律无妻骂夫之条者，以闺门敌体之义恕之也。若犯，拟不应笞罪可也。）"

我们前面论述的案例虽涉及这些刑律，但是法官在处理案件时，并未就有关骂人的问题究责。这可能是案件涉及的骂人都不是"亲告"，而且案件本身属命案，严重程度远远超过了骂人，故未将骂人作为刑事案件处理。不过，辱骂女性致死，则受到刑罚。就当时人来说，从供词可以看出，显然知道骂人特别是骂对方的祖宗、祖父母、父母是极其错误的事情，强调对方的违反人伦以及自己的忍无可忍，以此获得法官的同情。

① 《清代土地占有关系与佃农抗租斗争》上册第 223 页记载，乾隆三年山西代州人赵元卿与人争嚷，高天育从旁解劝，呼唤赵元卿姓名，赵元卿嗔怪，亦直呼高天育之名，彼此角口，"高成凤以伊子高天育系赵元卿无服长亲，且因劝被辱，心怀不平"。

三、移民外省谋生

山西人有经商的传统，外出经商与佣工者很多。刑科题本反映出小商小贩和佣工者的谋生手段与活动地区，反映出山西人的生活特色。

清朝山西省界临蒙古、陕西、甘肃、河南、直隶与京师，山西人主要到邻近的这些地方经商、佣工。到京师的有 4 例，如太原府榆次县人赵大，年三十岁，父母妻女俱在原籍贤惠村居住。他于嘉庆五年十月间来京，在正阳门外三里河大街元贞寺胡同口外，与郭大伙开煤铺生理，赚得钱文寄回养赡父母。再如太原府太谷县人田瑞三十岁，家有双亲，并无弟兄，自幼在京佣工度日。又如平定州寿阳县人杜沅潮五十四岁，来京种菜园生理。还有汾州府平遥县北家庄人侯思可五十五岁，家有老母、妻、子，俱在原籍居住。他于嘉庆三年十月来京，在东直门内四眼井地方开茶铺生理。榆次、太谷、寿阳、平遥集中在山西中部地区，民人多住京师经营煤铺、茶铺，或种菜、佣工。[①]

到直隶的有 6 例。即 1 号汾州府汾阳县人马如洪，三十六岁，佣工度日。叔兄田贵元、马如彪合伙在伊噜格河地方贸易，雇他随同，他们往多伦诺尔卖了牲口置买物件。马如彪还去了张家口，又到库伦就往恰克图。田贵元之子田登科与马如洪到了喀拉河地方，因雪大牛瘏，将茶砖二十块寄放在彼居住之民人

① 有关清代乾隆以后档案揭示的山西人在北京经商的情况，可参阅郭松义：《清代北京的山西商人》，《中国经济史研究》2008 年第 1 期。

曹玉恭家。此项茶砖内有田登科铺子里的砖茶十块，有马如洪的十块。多伦诺尔厅位于直隶北部，是蒙古族居住区，往北可达恰克图通往俄国，山西人在这一带经营茶叶贸易。① 太原府太谷县人张泽宇，三十一岁。父亲已故，原籍有母亲白氏，六十三岁。无弟兄、妻、子，一向在直隶蓟州桑梓庄开酒店生理。再有王五籍隶山西，与同县民人陈九龄子、王士得、陈三并伊弟王七均流寓房山县，在李子树、陈科煤窑佣工。还有大同府天镇县人罗年，三十九岁，父母早故，兄弟三人，大哥罗太在原籍，二哥罗平与他同在直隶多伦诺尔厅佣工度日。又有太谷县人赵生智、赵生全兄弟，同在直隶赤城县松树堡居住，开设豆腐铺生理。更有太原府榆次县人魏逢青，五十二岁，向在承德府平泉州邓英儒、张朝沅、侯万仓、康生汉、魏礼们杂货铺里做伙计。到直隶佣工、经商的山西人也以太原府以及以北地区为多，主要从事贩茶、开酒铺、煤窑佣工、开豆腐铺、杂货铺伙计等工作。

到陕西的有 6 例。如山西虞县（疑为“虞乡县”之误）人吴金玉，三十八岁，家有父亲六十一岁，母亲六十岁，没有弟兄，女人张氏，一个儿子年纪还小。他一人来陕西商州开杂货铺生理。再如蒲州府虞乡县人邢养得、邢养孝兄弟，寄居陕西洛南县种地度日。又如汾州府临县人冯长元，五十二岁，父母俱故，没有弟兄、妻、子，来延安府甘泉县佣工度日。还有 72 号蒲州府荣河县人王高科，三十九岁，父亲七十三岁，母亲已故，弟兄二人，其兄、妻与一子一女，都在原籍。嘉庆二十三年二月里，他来延安府甘

① 有关山西商人在多伦诺尔、张家口、库伦、恰克图经商，从事茶叶贸易的情况，可参考黄鉴晖：《明清山西商人研究》，山西经济出版社 2002 年，第 115—121 页。

泉县牌庙儿沟租种山地度日，雇同乡阮五十子帮做短工。又如忻州人孙名节与从堂兄孙名升在榆林府府谷县石板儿滩各开货铺生理。忻州人郝增先三十四岁，父亲五十八岁，继母三十五岁，兄弟郝小保子三十一岁，娶妻张氏，携家在府谷县十四年了，平日帮伙度活。嘉庆九年四月里孙名升邀他到铺内帮做生意。此外，山西客民秦芳在凤翔府岐山县桃川里开纸铺，雇湖北兴国州人阮元斗到他铺里帮做生意。这些事例除了开设杂货铺、纸铺外，两例种地的引人注意。陕西比山西地广人稀，故山西人来陕种地谋生。居陕的晋人主要来自毗邻的蒲州府、汾州府。

到甘肃的有 3 例。如平阳府曲沃县人贾进玉，四十一岁，父母俱故。女人李氏，生有一子。向在西宁府西宁县田家庄地方寄居，卖布营生。再如绛州人文兆基，三十四岁，父母俱故，弟兄三人，妻刘氏，生有一子。一向在凉州府平番县红城堡开杂货铺生理。又如汾州府汾阳县人蔡成其，六十一岁，于嘉庆十三年从归化城前来三音诺彦部落额尔德尼班第达呼图克图旗下贸易。有山西太原府徐沟县的民人李真亦在该旗地方居住，来甘肃省肃州天仓坝地方驮买米面与蒙古交易。李真雇天仓坝人伊兴、裴应玉拉驼佣工，到蒙古三音诺彦部落地方插帐居住贸易。[①] 到甘肃的山西人事例比较分散，从事的工作有卖布、开杂货铺、贩卖米面、拉驼佣工等。

到河南的有 4 例。如泽州府凤台县人来学仪，在河南鲁山县袁某的杂货铺内做伙计。他的胞兄来学礼在淮宁县周家口做

---

① 《清高宗实录》卷 502，乾隆二十年十二月庚戌记载："晋省归化城、朔平府一带，商贩驼只甚多。"（中华书局 1986 年，总第 15 册，第 338 页）其中应包括拉驼佣者。

生意。还有太原府徐沟县人韵之亮，二十三岁，父亲七十二岁，母亲已故，哥子鼠娃子出继与胞叔韵凤山为子，别无弟兄，也没妻子，来祥符县朱仙镇吴德义铺内帮工。又有汾州府介休县人宋发金，四十六岁，双亲俱已七十多岁，兄弟宋发宁、宋发禄都已成丁，女人李氏没生子女。他借领李彭年本钱来南阳府裕州增福里开设杂货铺面。太谷县人杜金德、杜金和兄弟，赶有骒马四十匹，往河南府售卖。赴豫的晋人以山西南部人为多，主要在杂货铺里帮工，也有开杂货铺的。

除了上述省份，山西人也到较远的地方谋生。闯关东的多达 6 例。如太原府祁县人杨尚春四十岁，出关多年，在辽阳州刘儿堡开铺生理。其父已故，原籍有七十四岁母亲，没有兄弟，已娶妻，但无子女。再如太原人崔宗范，出关多年，在奉天海城县牛庄西关永德碾房吃劳金[①]为生。又如王观原籍山西，其高祖就到奉天新民屯厅大树屯居住种地度日。还有李朝望籍隶山西，嘉庆十年四月来至奉省辽阳界八卦头堡，其胞弟李朝章在彼开设酒铺生理，将伊荐至城外烧锅佣工。更有太原府太原县民米如玉，四十六岁，原籍在城里北街居住，家有祖母八十九岁，父母早故，胞叔米灿、米粹，妻死，并无子女。嘉庆六年出关，来到奉天府兴京厅汪清河屯开酒铺生理。此外，太原府太原县民武成有，年四十岁，原籍在三贤村居住，父母早故，家有女人、儿子。嘉庆五年三月里，他在沈阳德盛门外与同县老乡张秉贵伙开饭铺。十月、十二月先后雇山东东昌府堂邑县民郭琴、承德县戴有德进铺做劳金伙计。以上事例多是太原府人到奉天谋生，有 4

① 百度网解释劳金为："旧时地主给长工或老板给店员的工钱。"并引现代作家周立波《暴风骤雨》第一部四的用语为例。

例为开铺经营酒、饭等，此外是佣工。

有到山东的。平定州人董兆在寿光县染布生理，胞兄董朴与服弟董寿在昌邑县开设染铺。同是平定州人的赵金一向在潍县与同乡胡世元伙开染铺。

还有到江西的。汾州府介休县人宋大发三十六岁，父亲已故，母亲六十八岁，并无兄弟，娶妻任氏，生有一子，年四岁。他的表兄王晋丰向在鄱阳县地方开张钱店，宋大发在该店工作。

到外地谋生者，会寄居他人房屋，与主人或其他寄居者同院杂居。如山西曲沃县贾进玉四十一岁，甘肃西宁县田家庄地方寄居，卖布营生，与蔡希玉同院邻居。山西榆次县人赵大来京开煤铺生理，见曹八与陈大同院住。

总而言之，普通山西商贩与佣工者主要活动在直隶北部、辽沈地区、陕甘地区的华北、东北、西北的三北地区，这些地方相对地广人稀，还在开发。冯尔康先生在嘉庆朝刑科题本中见到的流动人口资料，发现闯关东的一些预兆。我们的探讨进一步证明这一事实的存在，且得知山西人是其中的一部分。冯先生还指出，18 世纪末 19 世纪初山西人流向内蒙古南部是当时人口流动的特点之一。所谓内蒙古南部，确切地说是指现在内蒙古与河北、山西连接部的一些地方。[①] 情况确实如此，关于山西省管辖的北部汉蒙杂居地区，如归化城直隶厅、萨拉齐直隶厅、清水河直隶厅、托克托直隶厅、宁远直隶厅等的山西人活动事例，下面的论述中会多次出现。

---

① 冯尔康：《18 世纪末 19 世纪初中国的流动人口——以嘉庆朝刑科题本档案资料为范围》，《天津师范大学学报》2005 年第 2 期，第 24、25—26 页。

四、店铺生计与日常生活

清中叶山西人经营的店铺反映了日常生活的需要。换言之,如欲了解当时的生活,可以从商业流通与百姓营生获得。这自然应从物质生活的消费考察。

第一是餐饮方面。

山西人开设肉铺、酒铺、饭铺以及饼铺者较多,饮食质量较高。山西生产小麦,面食有名,有人开设饼铺或走街串巷卖饼。如平遥县人曹添理在霍州灵石县旌介村开设饼铺生理,忻州人董复曹在归化城沙尔沁村卖面饼生理。

更多的事例是经营饭铺。隰州张月星、张月宝兄弟在一处开饭铺生理。嘉庆九年张月星因张月宝把饭铺本钱用光,关了铺子。太原府太谷县范村杜从幅子到和顺县椒红寺庙会开铺卖饭,雇范合魁帮工。太原府阳曲县向阳镇有刘璠饭铺,文中将该铺也称作饭店。祁县任昌泰在托克托城厅开饭铺生理。这些饭铺(饭店),应当主要经营面食。潞安府长治县西池村王月则做厨工手艺,有可能受雇于饭铺。

经营酒铺者也较多。太原府兴县裴家全村裴文槐在本村开酒铺生理。太谷县人张泽宇向在直隶蓟州桑梓庄开酒店生理。蓟州马房庄住民杭奇也开酒铺生理,时常到张泽宇的铺里取酒转卖。张泽宇也将自己的酒铺称为酒店,称杭奇的酒铺为小酒店,可见酒铺与酒店通用,张泽宇的酒铺较大,杭奇的酒铺较小,杭奇从张泽宇处取酒转卖,张泽宇类似批发商。山西李朝章在奉天辽阳州八卦头堡开设酒铺生理。太原府太原县米如玉嘉庆六年出关，来到奉天兴京厅汪清河屯开酒铺生理。办喜事离不开烧酒，酒铺因此有市场。

引人注目的是开设肉铺者不少。太原府阳曲县大盂镇白幅祥子先同父亲白万云在镇上开铺卖肉。嘉庆十四年白万云打发白幅祥子到口外开肉铺生理，十九年三月白幅祥子因折本回家，仍在父亲铺里同做买卖。汾州府介休县义安村吕承元在村开设肉铺，祁县人吕根娃嘉庆十七年到大盂镇寻工，因找不到雇主，无服族兄吕承元收留吕根娃在铺内挑担卖肉，吕承元儿子吕玉小、吕黄毛都挑担出外卖肉。与肉铺密切相关的是，饲养与屠宰相应也显著发展。大同府大同县河东窑村人赵诚，嘉庆六年正月雇前母赵氏的侄儿即表弟赵德成牧羊，讲定每月工钱九百文。[①] 朔平府朔州张家堡村人任三贵，嘉庆五年五月十二日上午，从外村宰羊回来，赚得二百文钱。潞安府长治县桑梓镇秦二孩开宰杀铺。从上述资料来看，当时山西养羊、出售羊肉较为普遍，换言之人们能较多地吃到羊肉等肉食。因为上述记载多发生在乡村，说明肉食具有一定的普及性。

食用油方面，猗氏人王崇亮和弟弟王崇奇与荆泳谷到汾阳，于嘉庆元年合伙开油坊。[②]

山西人也喝茶汤。[③]

山西人一般食麦。如太原府榆次县王石氏知出嫁徐沟县晋仪村的女儿患病，欲往探望住歇几日。向儿子王建帮取一斗五

---

① 《辑刊》第1册，第420页。按：乾隆二十四年，贺纪年雇于山西平阳府岳阳县半沟庄徐世荣家放羊。参见《清代土地占有关系与佃农抗租斗争》下册，第617页。

② 转引自冯尔康：《18世纪末19世纪初中国的流动人口——以嘉庆朝刑科题本档案资料为范围》，《天津师范大学学报》2005年第2期，第27页。

③ 乾隆朝刑科题本中山西太原府阳曲县光社村人张天文“向卖茶汤生理”，参见《清代地租剥削形态》上册，第313页。

升麦，带往食用。当然，贫穷者野菜度日也有。代州五台县湾子村安保小子寄居直隶灵寿县，与湾子村相近。嘉庆七年六月初四日，安保小子回家因无吃食，拿了菜刀去地里掘野菜，顺便摘了一斤多黄花菜，同布鞋一双来湾子村变卖，得钱籴了五升莜麦。莜麦是山西北部的重要食物。贫穷者千方百计获取食物，如汾州府汾阳县马添赐，年四十六岁，拿小刀在门前蜂窝收取蜂蜜。

托克托城厅客民马有财因索欠起衅砍伤任昌泰身死案中，祁县任昌泰在托克托城厅开饭铺，临县人马有财开杂货铺，任昌泰央马有财代赊荞面四十斤。[①] 荞面是山西人的杂粮之一。

代州马站村人姚礼，向在山西北部蒙汉居住区乌拉特西公旗达赖贝子巴拉亥托亥地方卖烟酒营生，与喇嘛卜颜大赖素识没仇。卜颜大赖欠姚礼酒钱五百八十文，屡讨没还。嘉庆五年八月十六日，姚礼去讨，卜颜大赖给糜子一斗七升抵欠，姚礼不收。十八日午后，姚礼又去讨要，卜颜大赖没钱给还。彼此争闹，发生人命案。这一资料说明糜子也是山西人的食物。另外，当时吸烟也在流行，所以有专卖烟酒的商贩。在左云县安马银因索欠被客民高顺义砍伤身死案里，安马银用烟袋戳伤高顺义的左胯，可知安马银是吸烟的。[②] 此外，甘肃西宁县客民贾进玉因欠钱纠纷伤蔡希玉身死案里，曲沃县

---

① 《辑刊》第 2 册，第 924 页。按：乾隆朝刑科题本中山西朔平府左云县人武法四十五、四十六年种植莜麦，见《清代地租剥削形态》上册，第 9 页。

② 《辑刊》第 2 册，第 890 页。按：乾隆朝刑科题本中山西岚县蒲虎村人李京十七年五月二十三日“手里拿着一根铁烟袋吸烟”，见《清代地租剥削形态》下册，第 756 页。又，乾隆三年七月二十二日，山西人王云“至高崖坐地吃烟”；乾隆十六年四月二十九日，“天培至氏房吃烟”，见《清代“服制”命案——刑科题本档案选编》，第 29、79 页。

人贾进玉“手拿小刀正在院里修削菸袋”,“菸”是“烟”的异体字,应是旱烟。

第二是衣用方面。

山西位于华北,冬天较冷,穿羊皮袄过冬者较多,皮袄是将皮熟制后毛朝里穿用的。潞安府长治县西池村王均全与王月则同姓不宗,嘉庆八年十一月十四日王月则借当王均全皮袄一件,说明二十日内赎还。到二十日起更时,王均全向王月则催赎皮袄,王月则嗔讨混骂,发生纠纷。霍州灵石县杨九玉与李三牛同村居住,二十一年八月李三牛借了杨九玉一件蓝布衣羊皮袄,当了一千文钱使用,说明冬间赎还。到了那时,向他讨要过几次,总没取赎。这两起当皮袄的事例说明,当时比较普通的人家也有皮袄御寒,其中蓝布衣羊皮袄属于有布面的羊皮,比较讲究。冬天也戴毡帽。[①] 当然也有冬天仍穿破布衣服的人,如临县人冯长元来陕西延安府甘泉县佣工度日,十八年正月初八日因没雇主投宿李敬儿店内,讲定每日房钱十文。初九日李敬儿讨要房钱,冯长元没钱,将身穿破布马褂向李敬儿押钱三十文,除过房钱十文外,李敬儿找钱二十文,冯长元就买饭吃了。有的人身上带有饰物,如太谷县人张泽宇向在直隶蓟州桑梓庄开酒店生理,左手带铜镯。

山西人也以卖布谋生。曲沃县人贾进玉向在甘肃西宁县田家庄地方寄居,卖布营生。这是商人卖布。另一刑科题本披露出民人借助庙会卖布以及家中妇女纺棉花的情形。嘉庆十年十二月二十日,万泉县石堂凹村人李英平到四望村赶庙会买布,第

---

① 乾隆朝刑科题本中山西朔平府左云县人武法四十六年十一月戴毡帽,参见《清代地租剥削形态》上册,第10页。

二天到大伯李清的妾李杨氏家中，见到杨氏坐在炕上纺花。[①]可见棉布是山西等北方地区主要的衣料。[②]

第三是居住方面。

山西的住房有窑房、砖房与瓦房等。一般人住窑房。万泉县石堂凹村寡妇李杨氏家，据李英平说他“爬墙进院，轻轻开了街门，三叔和李刚林进院见窑门未关，小的走进窑内。杨氏坐在炕上纺花”。可知李杨氏住在窑房，窑内有炕，窑房前为院子，临街开门。有的住瓦房，如霍州退沙村张兴太因粜麦还欠致继母张邢氏跳窑身死案，张兴太住院内南首瓦房三间，东一间开门出入，西二间院邻赵何氏居住。又东西各瓦房三间，张兴太夫妇并弟弟张兴顺居住。又北砖窑三孔，系母亲张邢氏居住。张氏房子较多，住数间瓦房，母亲住砖窑。文水县人贺攀杰寄居汾州府平遥县，十七年十二月借用阮兴杰钱三千文质当西房三间，十八年十一月因没钱使用，把一院住房连当给阮兴杰的西房在内都卖给王子富管业，议定价银六十两。也有人以盖房子谋生，汾州府汾阳县张家堡人张其幅，就是盖房子的泥瓦匠。

第四是出行方面。

出行有歇店可以居住。早在乾隆时期，朔州北邵庄人樊大禄的父亲在本村开住车歇店。平遥县人温其有与介休县人王观仔在归化城本城伙开歇店。山西临县人冯长元来陕西延安府甘

---

① 《辑刊》第1册，第115页。按：平阳府赵城县永乐村梁环租种李玉娃水地二亩，同时“弹棉花生理”，梁环欠租，李玉娃就把梁环弹棉花的弓拿去。看来当地用棉花做棉被应是比较普遍的。参见《清代土地占有关系与佃农抗租斗争》下册，第742页。又，乾隆五十二年，榆次人张纪从口外回家，带了两匹梭布，给继母做衣服。参见王跃生：《清代中期婚姻冲突透析》，社会科学文献出版社2003年，第88页。

② 关于山西农户织棉布并出售的情形，可参见郑昌淦：《明清农村商品经济》，中国人民大学出版社1989年，第115—118页。

泉县佣工度日，嘉庆十八年正月初八日因没雇主投宿李敬儿店内，讲定每日房钱十文。独自外出，有可能遇到野兽，比较危险。如代州五台县中庄寺住持僧人外出，返回时“因天时已晚，恐路上有狼，见村外空场边一根木椽，顺手拿上防身”[①]。看来当地狼较多，行人路上要防止狼的袭击。人们也雇驴外出。[②]

此外，山西自古以来煤炭资源丰富，得到长期开发，煤炭、木炭的燃料生产与使用的事例较多。民用煤炭乾隆初年在大同、朔平就很普及，乾隆六年山西巡抚喀尔吉善说“煤炭一项为居民日用所急需”，大同、朔平二府属之丰川卫、宁朔卫、镇宁所、怀远所地方，“居民垦种日盛，生聚日繁，风气早寒，煤炭之用不惟炊爨，兼以御冬”。[③] 当地做饭、御冬都用到购买的煤炭。嘉庆时期煤炭的使用更盛，潞安府长治县东火村李维其经营煤窑一座，窑旁设有坐北向南小房一间，内有土炕一盘，炕炉一座，同村牛魁向在李维其煤窑作伙。右玉县人李海，年三十九岁，向在朔平府左云县瓦陇窑村挖煤度日。从其使用铁橇挖煤以及挖煤者人数较少来看，可能是较小的煤窑。这些是煤的生产，也有卖煤的，五台县人高顺义在朔平府左云县卖煤度日。煤的使用上，托克托城厅客民马有财因索欠起衅砍伤任昌泰身死案中，祁县任昌泰在托克托城厅开饭铺生理，从马有财供词“任昌泰把小的扭跌煤堆按住不放，小的被煤块垫着疼痛，挣扎不起。一时情急摸取打煤铁斧，向他头上砍了几下”，可知任昌泰饭铺使用煤块作

---

① 《辑刊》第3册，第1167页。按：清代山西老虎也较多，如刘怀保赴山砍柴被虎咬死。《清仁宗实录》卷214，嘉庆十四年六月戊申，中华书局1986年，总第30册，第869页。

② 乾隆四十八年，祁县王狗子雇一头驴去接在岳父家的妻子，其妻抱着女儿骑驴回家。参见王跃生：《清代中期婚姻冲突透析》，第72—73页。

③ 转引自中国人民大学清史研究所、档案系：《清代的矿业》下册，中华书局1983年，第445页。

为燃料。

使用木炭。汾州府永宁州黄背塌村吴敏与高旭相好，嘉庆五年十月合伙烧卖木炭，烧炭的窑是高旭修的，吴敏应承贴他修窑工本。此外，使用柴火应是比较普遍的。[1]

清中叶的山西省是比较富庶的省份，随着蒙古南部地区的开发，西部地区与中原有效联系的加强，东北地区封禁的松弛，山西的区位优势彰显，与北方开发地区的交通便利。晋省佣工、经商、外出贸易者增多，贩运、开矿更加活跃，民生机会增加，生活呈现出丰富性。清中叶山西经商者众多，富者也较多。乾隆皇帝就说过："晋省地狭民稠，人多服贾。""晋省殷实之户多于他省。"

① 乾隆二十七年，贺生正在山西平阳府岳阳县半沟庄"每日砍柴过度"。参见《清代土地占有关系与佃农抗租斗争》下册，第617页。

第十二章
清中叶江西的日常生活

日常生活史以人为中心，尤其关注人的生存与再生产，人的生命被置于研究基础的地位。生命维持离不开谋生之计，而生命、生计与生态密切相关，在一定程度上可以说，这三者是把握日常生活史的关键。

我们利用《清嘉庆朝刑科题本社会史料辑刊》以及乾隆朝刑科题本资料继续探讨江西的日常生活。

一、生命：人口、婚姻、家庭与宗族

《辑刊》一书辑录出江西档案 89 件。清嘉庆朝共 25 年，江西档案在嘉庆朝的年份分布大致呈均匀状态。

据《清史稿》地理志，嘉庆时期江西省领府十三，直隶州一，厅一，州一，县七十五个。府州厅包括：南昌府，领州一，县七；饶州府，领县七；广信府，领县七；南康府，领县四；九江府，领县五；建昌府，领县五；抚州府，领县六；临江府，领县四；瑞州府，领县三；袁州府，领县四；吉安府，领县九，厅一；赣州府，领县八；宁都直隶州，领县二；南安府，领县四。

江西的89件档案，如按照府州分布，可知南昌府16件，饶州府11件，广信府3件，南康府5件，九江府1件，建昌府4件，抚州府7件，临江府3件，瑞州府1件，袁州府4件，吉安府9件，赣州府11件，宁都直隶州6件，南安府8件。各府、直隶州均有事例，基本覆盖了江西全省，具普遍性；尤以南昌府、饶州府、赣州府、吉安府、南安府、抚州府、宁都直隶州7个府州资料较为集中。

《辑刊》所载的档案资料，有案件事主的口供，交代了家庭亲属年龄及基本情况，借此可以了解当时人口、婚姻、家庭等状况，是我们认识民众生命史的基本内容。此外，还有6件在江西的外省人的题本，江西人在外省的13件题本，这19件题本，加上前述的89件题本，共计108件刑科题本，构成本章主要依据的档案史料。

阅读案例，我们看到不少人年纪较大，超过三十岁未婚独身，计有19例。[①] 这19人中，三十年龄段有12人，四十年龄段6人，五十年龄段1人。

我们还看到事主的父母长辈有很多高寿者。事主父亲年龄在七十年龄段的4人，六十年龄段的1人，五十年龄段的1人。以存世有年龄记载的这6人来看，5人是六七十岁，寿命较长。事主母亲年龄在八十年龄段的1人，七十年龄段的3人，六十年龄段的6人，五十年龄段的2人。五十岁以上的12人，集中在六七十岁者，计有9人，八十岁以上的女性老者有1人。可见清中叶江西女性活到六七十岁是普遍现象，女性高寿者多于男性，

---

① 王跃生先生搜集到乾隆刑科题本95个江西个案，未婚27个，占到28.42%，高于全国平均水平的18.59%。见王跃生：《十八世纪中国婚姻家庭研究》，法律出版社2000年，第55—56页。

且最长寿者也是女性。

已婚者当中，由于出现了父母的年龄，我们得以获知父母年龄差。这些均为父亲年龄大于母亲的事例，共计 5 例，婚龄差很不均衡，婚龄差较大如 5 岁以上者占了 3 例，有 1 例相差竟有 19 岁。

童养媳的事例则说明婚姻差较大。如吉安府庐陵县人刘萧氏，年二十三岁，自幼抱养与刘忠秀为妻，已经成婚尚未生育。另外，黄斗愚子强奸案中，谌周氏有年仅十三岁的童养媳廖女。

在有父母子女年龄的数据中，我们可以推算出生子的年龄，共计 12 例。这其中二十岁年龄段生育的 6 例；三十岁年龄段生育的 3 例；四十岁年龄段生育的 3 例，育龄偏大。三十岁以下生育与三四十岁生育各占一半，母亲生育年龄从二十多岁到四十多岁，呈现出时间上的均衡分布。

有事主父亲年龄资料的题本，共计 6 例。四十岁以上 1 例，三十岁以上 4 例，二十岁以上 1 例，可见当时三十多岁的父亲得子属于普遍现象。

生育情况。有的婚后无生育，无生育的 16 例中，二十岁年龄段的有 7 例，三十岁年龄段的有 7 例，四十岁年龄段的有 2 例。推测当时婚后未生子女或晚生子女现象比较普遍。

资料未提及子女情况的，推测或无子女，或子女在原籍。

婚后生育子女情况。33 例中，资料记载的方式有所不同，多言有几子，一般似可理解为儿子，不说女儿，或也有理解为子女数，有的情况下讲子女数，但也有谈到有女无儿的情形。生育子女数量上，生有 4 子的计 2 例；生有 3 子的计 3 例；生有 2 子的计 10 例；生有 1 子的计 10 例；生有 1 女的计 5 例。生 1 子与生 2 子数量相等，生 3—4 子以上数量明显少于生 1—2 子者，但生育2子以上者明显超过生育1子者,平均数在2子以上则是无疑的,构成了江西嘉庆时期生子的特色。[①] 统计各个年龄段得子者,共计29例,其中二十岁年龄段有2人,三十岁年龄段有15人,四十岁年龄段有7人,五十岁年龄段有3人,六十岁年龄段有2人。

过继与义子。抱养或改嫁产生义子,主要的原因是为了继承香火。如詹狗崽本姓沈,曾祖沈芳秋被抱养为子,改从詹姓,子孙都没归宗。彭道洁本姓肖,父亲肖腊梨已故,母亲杨氏改嫁彭均仕为妻,他自幼一同过门,经彭均仕养为义子。周逢云,本生父周恭赐,兄弟三人,居幼,以幼出继胞伯周恭沫为子。莫遵浩兄弟二人,弟过继胞伯为嗣。王祥庭兄弟二人,哥子出继胞伯为子。上述5例中,有2例因抱养或改嫁为义子,属于异姓为子。有3例均属将侄子过继给伯父,过继者有幼子也有长子。

关于再婚问题。女性改嫁的事例,艾老的小功堂侄艾简,他父亲艾六已故,母亲聂氏改嫁邹富为妻,随母带养。彭道洁父亲已故,母亲杨氏改嫁彭均仕为妻,他自幼一同过门,经彭均仕养为义子。何泷礼的母亲改嫁过。曾沅六父亲曾晴株久故,母亲汤氏改嫁王才六为妻,因王才六身故,曾沅六将汤氏接回同居。郭汝和父故,母亲李氏改嫁与罗杨清为妻。曾欢保父亲已故,随母改嫁邹姓。漆棕拨的堂兄漆棕青身故,其妻孙氏改嫁,遗有幼子经漆棕拨带养。胡仁贵生父熊宣行已故,生母王氏改嫁。以上多达8例。男性续娶的事例,如曾接友的胞兄曾仲友续娶妻子。

---

① 王跃生指出,乾隆时期全国水平的家庭平均成年男性子女数量为2.11个,江西2.48个,数量位于第二位,仅次于四川的2.51个。见王跃生:《十八世纪中国婚姻家庭研究》,第238页。

江西的嘉庆刑科题本记载当事人兄弟的数量比较普遍，少量记载兄弟是否同居共爨，绝大多数不说明兄弟的居住形态与是否分家。其中可以分成若干种类型：

首先看记载婚姻、居住、分家与否的事例。有 1 例是未婚而分居的，即杨汉生三十一岁，兄弟三人，大哥外出，他居幼，并没娶妻，与二哥同居各过。有 1 例未记载婚姻状况而只说是分居的，即石左棕三十八岁，父存母故，兄弟二人，行二，久已分居。有 2 例记载已婚分居各爨，如曾接友四十六岁，父母已故，兄弟四人，行三，分居各爨，娶妻萧氏，无子女。吴汝坤四十岁，父母已故，弟兄三人分居，行三。也有 2 例记载已婚同居各爨，如吴学富五十七岁，父母已故，兄弟四人，同居各爨。吴正发五十七岁，父母已故，同母兄弟四人，居长，娶妻已故，生有两子，俱出外佣工。次弟、三弟、四弟都没娶妻，久已分爨，同屋居住。由上可知，分居各爨无论未婚、已婚皆有，同居各爨也较多。

分居与同居涉及家庭结构。关于乾隆时期江西的家庭结构问题，王跃生先生列举了一些事例，说明分家的普遍性与家庭结构的多样性。他指出父母将一个已婚儿子分出，而与未婚儿子生活在一起，构成两个核心家庭。如乐平县何士青之妻董氏与三哥何士定素不和睦，父亲将其兄弟分开各爨。有的分居是在兄弟并非均已婚配的情况下进行的，如雩都县张秀魁，四十七岁，父母俱故，兄弟三人，行三，未娶，大哥故后与嫂子曾氏分居各爨。还有父母在世或父母一方在世，兄弟分异的情形。如南康县陈范氏，夫亡多年，生七个儿子，久已分居。[①] 比较乾嘉两朝，乾隆朝的这些情况也存在于嘉庆朝。

---

① 王跃生：《十八世纪中国婚姻家庭研究》，第 289—290、292—293、326—327 页。

有16例记载未婚但未记载是否同居与分家,我们难以判断兄弟是同居还是分家。这些事例二、三、四十年龄段都有,二十岁年龄段4例,三十岁年龄段7例,四十年龄段5例,当事人以三、四十岁为主。

有34例记载已婚但未记载是否同居与分家,我们也难以判断兄弟是同居还是分家。这些事例二、三、四十年龄段都有,二十岁年龄段8例,三十岁年龄段14例,四十年龄段10例,五十岁年龄段1例,六十年龄段1例,当事人也以三、四十岁为主。

未记载婚否的有3例。

以上不同类型记载兄弟数量的事例,共计56例,得知兄弟二人16例,三人17例,四人10例,五人8例,六人2例,七人1例,八人2例。看来兄弟二到五人是相当普遍的,由于这一统计总数56例,比起生子数的总数29例多出近一倍,更为可靠,我们可以说江西家庭生子数较多。

宗族可以视为生命共同体,拥有宗谱,记载宗族事务。如嘉庆八年六月,官府审理临江府峡江县民曾接友误伤其嫂案,"查曾姓宗谱,已死曾汤氏系曾接友已故胞兄曾仲友续娶妻子,服属小功,照绘宗图,即提犯复讯"。族人世系关系是宗族最重要的内容。南昌府义宁州莫正学等呈出老谱所载远祖周氏之坟,系葬庙背塘虎形,另有支山一处莫姓葬有多坟,其碑记均镌庙背塘虎形是山名。祖坟也是宗谱记载的重要内容。

宗族拥有公产,为族人服务。有水塘灌田,如饶州府鄱阳县彭姓宗族有公共土名大沙塘,塘内东边又有小塘一口,中有低埂也是公管。春夏水涨两塘并为一塘,合族都在塘内车水灌田。有祠堂、祠田进行祭祖活动,如饶州府浮梁县吴姓祠田曾租给郑姓耕种,吴姓祠堂祭祖,郑姓原充当吹手,可见吴姓祠堂祭祖是颇为隆重的。有坟地为族人提供下葬，如南安府大庾县刘氏宗族有土名大杉岑公山，各房葬坟，先向族众告知，因刘明昌葬祖，未经通知，并挖有远年无主枯骨，经刘慕桃控告在案。嘉庆十八年七月三十日，刘晴岚路遇刘明昌，斥其不应瞒族葬坟，致相争殴。赣州府赣县黄氏“族内有公共土名李屋前山场一嶂，葬有祖坟一冢，坟旁周围向有水沟。嘉庆二十三年十二月内，族长黄时敏们因修祖祠需用，把沟外山地立契卖与胡觐光胞叔胡万滋为业”。可见黄氏有公共山场、祖祠、族长。

宗族组织节庆活动，祀神祈求丰年。如吉安府泰和县匡氏宗族分新老两居，正月元宵祀神祈求丰年，从前置有田产，后来族众因田产售卖，议明新老两居按年轮值，各于本村派奉祀奉。由此推测，匡氏新老两居，实际上是两个村庄的分派，有着元宵祀神的公共事务。曾置有田产，后来售卖，改为新老两居按年轮值。清廷审理认为：“该族新老两居祀神祈求丰年，应饬各村各自祭祀，毋许较值派费，以杜后衅。”

祭田往往由族内各支轮管办祭。赣州府长宁县人曹燕泷，年四十二岁，家有祖遗祀田，租谷六石，向是各支子孙轮流经管，收租办祭。后因争管产生矛盾。清廷审理认为：“该姓祀田，仍听照旧公共轮管，毋许争收，以杜衅端。”赣州府龙南县钟氏也有合族公共祭田。宗族的祭田或由族人耕种，或佃于外姓。宁都州瑞金县钟氏宗族有公共祭田十一丘，坐落池口隘地方，佃给黄昌振等耕种，每年交纳租谷七十石。宁都州石城县人刘和元，年三十九岁，堂兄刘汉垂同堂弟刘著员等有公共祭田一处，向系他佃种交租。

宗族拥有公田、祖祠甚至钱会，清廷保护宗族祀产。宁都州瑞金县曾氏、赖氏宗族均有祖祠，赖氏还有祖祠钱会。嘉庆五年正月内,曾氏族众修理祖祠之用,经曾云万出名立票,向赖德瑸借用钱二百零八千,言明每月二分五厘起息,那钱原是赖德瑸向他祖祠钱会转借。到十一年二月,计算利息该钱三百六十多千文,赖德瑸屡次索讨。曾云万同族众商议把公田四十二亩,凭中宋殿升立契作价三百三十八千抵还本利,余利情让。后赖德瑸族众因利钱不敷,要赖德瑸赔还。赖德瑸私自给与曾云万田十亩,把曾氏公共祠产黄荆坪石山立契抵给赖德瑸作利。十二年二月,经族人曾元焰查知,不依控告,又经宋殿升劝处,石山归两姓公管,卖契涂销。此案的最终审理结果为:"革生曾云万图得谢礼,将祖遗公山立契私卖,丈计一十九亩零。曾云万合依子孙盗卖祖遗祀产,不及五十亩,照盗卖官田律治罪例,盗卖他人田一亩以下,笞五十,每五亩加一等,十六亩,杖八十,系官者加二等杖一百律,杖一百,折责四十板。……"

二、生计:农、工、商与多种经营

(一)务农劳作是最基本的谋生手段

江西是稻作为主的地区。如抚州府乐安县陈掌仔租佃元瑾六田亩种植稻谷。吉安府泰和县人熊光俊,年五十岁,族内有公共祖遗荒田一片坐落门首。嘉庆四年熊汇川等批与蒋士登垦种,议定每种一斗还租钱一百四十文,立有批字,后来族众把田分管。十九年闰二月他把田收回自种,蒋士登见田稻成熟,于五月二十三日纠同刘六仔等人各带刀担在田内割取稻谷。宁都州瑞金县人钟章遐宗族有公共池口隘祭田佃与黄昌振等耕种,每年交租谷七十石。嘉庆七、八两年黄昌振等欠租未还。九年五月二十九日上午，其堂弟钟章河见黄昌振等佃种田内早稻成熟，邀同族人前往割禾抵欠，黄昌振等拦阻争闹。刑科题本出现的江西的“禾”，一般概指水稻。

江西也种植杂粮与麦子。吉安府泰和县人肖希智，年四十四岁，与吴本淳等有公共角锣坑陆地两块，佃给郭春荣耕种，种植了杂粮。饶州府鄱阳县人汪涌旺则种植麦子。

此外，种植经济作物的也有。如义宁州人陈幅秦，年四十二岁，在建昌县种靛营生。

如下面史料所揭示的，还有种植、贩卖芋头的事例。

江西种烟与吸烟较盛。宁都州瑞金县是盛产烟叶的地区，福建漳州、泉州商人“遂麇至骈集，开设烟厂”[①]。建昌府新城县也是烟叶产地，“雇工则种稻轻其值，种烟重其值，于是佣工者竞趋烟地而弃禾田”[②]。类似者如宁都州乾隆三十九年谢有宜租赁廖绍澄田亩，栽种烟、芋，议定秋收交租四石。交租需用的稻谷应是用卖烟、芋的钱另买。乾隆五十五年的事例更说明烟成为日常用品并给日常生活带来冲击。该年十月二十七日，黎洪义买烟叶回家，自用小刀在房切烟，梅氏瞥见，声称有钱不买柴米，只顾自己吃烟，既不顾养，何不将其休弃另嫁。黎洪义斥责，梅氏回詈，向夺烟叶。黎洪义用手拦抵，致手中小刀戳伤梅氏左腋肢殒命。丈夫用钱购烟吸食，妻子不愿接受，引起家庭纠纷，甚至闹出人命。

嘉庆时期，种、食烟已很普遍。陈掌仔籍隶南昌丰城，寄居

① 乾隆《瑞金县志》卷2《物产》，转引自刘永成：《清代前期农业资本主义萌芽初探》，福建人民出版社1982年，第37页。

② 同治《新城县志》卷1《风俗》，转引自刘永成：《清代前期农业资本主义萌芽初探》，第64页。

抚州府乐安县,承佃元瑾六家社园坑山田十二丘。嘉庆十四年十二月内,陈掌仔私抽田一丘转租与朱的仔栽种烟叶,引起与元瑾六之间的纠纷。案中元瑾六用手作势,指点烟袋上所吃之烟。江西人杨明周进屋吃烟。烟袋在纠纷案中多次出现,说明日常生活中吸烟普遍。如南康府建昌县张盛波开张油榨生理,与陈幅秦产生纠纷,张盛波用烟袋乱戳。建昌府南丰县人曾汉林,年三十五岁,在社庙调解纠纷时,用小刀斗镶烟袋。赣州府长宁县人曹燕泷,年四十二岁,嘉庆二十三年九月初二日下午,他在族兄曹愈幅家闲坐,因烟袋头断落,顺取破篾小刀修整。

山中多有开山种植的棚民居住,其房屋自然称作山棚、棚屋,棚民与山主结成租佃关系,往往因为租税问题产生纠纷。建昌府泸溪县人李华生,年三十六岁。嘉庆十九年闰二月十九日,母亲听说斗转湾山内有一已烂死尸,与哥哥相似,叫他访查,李华生就到斗转湾各处山棚查问。吉安府泰和县人肖希智,年四十四岁,与吴本淳等有公共角锣坑陆地两块,佃给郭春荣耕种,每年租钱三十八千文。嘉庆十四年,郭春荣欠租钱五千四百文,屡讨未还。十五年五月初八日,肖希智携带木柄铁锹赴田工作,顺便同吴本淳等到郭春荣棚内索讨前欠。赣州府兴国县人杨受成,年三十四岁,泰和县胡磬栋家有祖遗公共山场向召杨受成的父亲照管,给住棚屋,并给山下园土一块垦种,议明没有租钱,也不给工资。其父死后即葬山内,杨受成照旧管种。嘉庆二十年十二月间,胡磬栋见园土成熟,要杨受成写票承租,不允。胡磬栋要另召肖日发管种,杨受成闻知即行退业,另租邱彩霞对门房屋居住,将自己添盖棚屋杉皮拆回。这一记载说明,棚屋覆盖着杉树皮。

(二)雇佣与打工是务农之外易行的谋生出路

家族经营或是农业劳动中特别是农忙时需要帮手,雇佣帮工是常事。帮工有长工,也有短雇。饶州府乐平县的事例集中,如长工黎甘子,年三十九岁,没有娶妻,一向佣工度日,与温忠秀邻村素识。嘉庆十年正月内温忠秀雇他帮工,议明长年工银八两,若仅做数月照短雇例,每日给银四分。与他平等称呼,并无主仆名分。黎甘子陆续收过银四两。七月初五日温忠秀说他不善工作,将其辞出,只肯长年摊算给工银七钱八分。黎甘子因议明在先,既做半年辞工,要依短雇每日给银四分算找,温忠秀不允,彼此口角。十六日下午黎甘子赤脚路过杨家坂地方,见温忠秀在田工作,复向索找。再如宁都州石城县人王幸希向在刘和元家帮工,平等称呼,并无主仆名分。

短工则有宁西富向在戴庭兆家帮工,平日共坐共食,平等称呼,并无主仆名分,工资按月支给。嘉庆二十二年七月间,宁西富向戴庭兆借钱四百文未还。二十二年七月间,宁西富又向戴庭兆预支八月份工钱,戴庭兆因无钱,不允。宁西富说要辞工,戴庭兆回说如果辞工就须把借项清还。宁西富斥骂戴庭兆刻薄,两下争闹。宁都州瑞金县人赖方鸡,年四十一岁,父母俱故,兄弟二人,居长,并没妻子,向在族叔赖德琄家短雇佣工。

以上诸多事例都说主雇是平等关系,这也正是嘉庆时期主雇关系的普遍情形。

收割稻谷需要人手。南昌府南昌县人熊克伟,年三十四岁,与熊衮波同姓不宗。熊衮波家有田二丘,佃与杨亨仁耕种。嘉庆十四年九月十五日,杨亨仁雇熊克伟帮同割禾。中午时候,杨亨仁挑禾先回,熊克伟在田捆禾。正要挑走,适熊衮波走来说杨亨仁欠他租谷,这田禾要公同分收,不应私割,阻止熊克伟挑回。

熊克伟原说是受雇帮工,自应挑回杨亨仁家,叫他自向分取。熊衾波不依,就举拳打来。熊克伟闪避,顺用挑禾竹棍回打,致伤熊衾波囟门右,伤重致死。

犁田也请人帮助。吉安府龙泉县人彭道洁,年三十岁,有己田,嘉庆十八年八月十八日,彭均信雇他帮犁田亩,平等称呼,并无主仆名分。那晚,他工毕回家,把犁遗忘田内,被人拾去。彭均信要其赔偿,他恳缓迟日赔还。二十二日,两下争闹,彭道洁用锄伤彭均信颈项致其倒地身亡。

当地的雇工不仅务农,也有各种工作。曾欢保,十七岁,向在邹饶九剃头店内帮工剃头,店内还有店伙陈新保。

冯尔康先生指出清代佃户也雇工经营,佃农雇用工人,或偶尔雇短工。如南丰人汪显凡到福建建阳天壶庵看守香火,承佃寺院耕地,雇用黄连生耕作。冯先生也注意到雇工中有种植经济作物、搞农副业经营者,举出了崇义人黎林养种茶,嘉庆五年七月雇叶秀兴、叶贱狗、李仕才帮摘茶梓,各人月工钱一千五百文,九月二十四日因叶秀兴懒惰辞退,欠工钱一千文,约定卖油后找给,几天后的二十八号就来讨钱,被叶贱狗等害死。冯先生还强调江西人的商业、手工业小店主,有的经营餐饮业的饭店、茶馆。大庾县刘克昌开酒店,嘉庆五年七月初一日晚上,有两个客人吃饭,无钱付账,吃住在酒店的刘行元帮助店家刘克昌要钱,从而打死一位客人。有手艺人,万载人李参牙会织布手艺,串乡走街,为人织布,嘉庆六年三月给卢李氏织布四丈,欠工钱一百文,再找他,就不应承活计了。有雇工店主,万安县喻汉源出本钱二十四千文,于嘉庆六年正月和刘帼顺合伙开设杂货店,雇用郭茂发为掌柜,后来患病,陆续支用本金,八年正月刘帼顺因亏本,遂拆伙,与郭茂发另做,并清账,要喻汉源归还亏欠五千文。南丰人饶子周到浙江江山县开炭厂，雇用同乡李双得砍柴作燃料烧炭，欠工钱被打死。①

到省内其他地做佣工的情况较普遍。饶州府乐平县的吴正发，年五十七岁，妻故，生有两子，俱出外佣工。南昌府奉新县人王三连、王三达向在鄱阳县佣工。佣工的工作多样：有挑脚夫，南康府都昌县人王添习，年二十八岁，父亲已故，母亲陈氏，兄弟三人，他居幼，并无妻子。嘉庆二十二年二月，他到饶州府浮梁县景德镇挑脚佣趁。有纸厂帮工，抚州府金溪县民江匹生于嘉庆十三年十二月往饶州府上饶县张聚锦纸厂帮工。

（三）经商为谋生提供了新的途径

江西民人往往赶墟从事买卖。这样的事例如：嘉庆八年六月十八日午后，四十六岁的临江府峡江县民曾接友赶墟回家。临江府新喻县人曾沅六，年四十四岁，嘉庆二十年七月十八日，因赊欠张姓食谷一石，要把母亲织棉布一匹卖钱偿欠，以便再行赊食。私把布匹拿到墟上卖与不知姓名人，得钱四百五十文。建昌府南城县人陈香，年二十四岁，向做道士营生，嘉庆十八年二月十六日，他携钱二千四百文赴墟，应当是去墟上购物。南安府上犹县人朱雨沧，年四十五岁，嘉庆二十一年闰六月十八日，他从墟上挑担回家，挑担说明他是去墟上买卖。以上事例分布在不同的三个府，买卖的商品是家织的棉布。

另外三个府有乾隆时期的事例。南康府安义县，乾隆五十五年二月，戴贤俊欲赴墟买牛。赣州府会昌县，乾隆四十二年八

① 冯尔康：《乾嘉之际小业主的经济状况和社会生活——兼述嘉庆朝刑科题本档案史料的价值》，《中国社会历史评论》第 7 卷，天津古籍出版社 2006 年，第 17、17、20、21、22、24 页。

月二十日，“值中村墟期”。吉安府龙泉县的雩溪墟可能有些名气，乾隆时期两件题本都提到它。乾隆二十一年闰九月十二日，龙泉县人袁棕昌“在雩溪墟撞遇景章”；乾隆二十七年五月初三日，“萧继赓往雩溪墟买肉”。

有专门的手工作坊，从事多种工作。有经营油榨的。南康府建昌县张盛波开张油榨生理，有陈幅秦向其买定油枯三百四十斤，议价二千六百文交讫，约定嘉庆十七年六月下旬交给。六月二十七日早，陈幅秦前来挑取，尚无油枯，约缓不允，致相争闹。抚州府乐平县吴世一生四子，业已分爨。仅留油榨房屋一所存公，为生养死葬之费。三子吴正起懒务正业，欲将榨屋变卖分银。

日常生活用具特别是农具需要铁匠。宁都州人宁叶氏，年四十三岁，嫁与宁明发为妻，生有两子。丈夫有房屋七间，向来租与陈佩玉开张铁匠铺，每年租钱十五千文。赣州府长宁县冶铁业兴盛，乾隆时商人严永胜和钟常丰各自经营冶铁工场四座，嘉庆十七年商人赖赵兴经营冶铁工场一座。

经商的人也较多。南昌府南昌县人胡仁贵，年二十七岁，削卖甘蔗生理。有的人到外地经商，建昌府泸溪县人李定生时常在外小本生理。吉安府泰和县黄沅初、贺庭爵，嘉庆十九年五月前往四川、湖广贸易。南康府都昌县人王华章嘉庆二十二年八月十六日雇詹弼翰船只装芋来景德镇售卖，二十日早，王华章携芋头一篮往里村售卖。詹弼翰则系船户，从事运输。有的人开店经商。抚州府乐安县人曾均十，年六十一岁。父母俱故，兄弟二人，妻故，生有三子，向开酒腐店生理。有店伙王贱保，客人或闲坐或饮酒。刑科题本所载案件中，有一些案件发生在“店”的附近，如南安府上犹县的黎棕照店、义宁州古赞庭店。

（四）江西养猪较为普遍，为多种经营办法之一

民间欠债常将猪作抵押。如嘉庆十二年八月内，南昌府义宁州紫竹庵道士吴品高向吴普明买谷四石，谷价除付过外，尚欠钱一千文，屡讨没还。十三年闰五月初三日早，吴普明往庵催索。吴品高外出，其兄吴鸣谷仍央宽缓。吴普明不依，见庵内养有猪只，要牵回作抵。吴鸣谷拦阻，致相争闹。吉安府泰和县胡磬探祖遗山场向召杨受成之父照管，给住棚屋并园土垦种。伊父故后，杨受成照旧种管。嘉庆二十年十二月间，胡磬探堂兄胡磬栋见园土成熟，欲令写票承租，杨受成不允，即退业另住，将棚屋内添盖杉皮拆回。胡磬栋投论欲罚杨受成补给租钱，不依。二十七日，胡磬栋邀胡磬探与胡磬林、胡善速复往索租，并欲牵取猪牛作抵，以致争闹。养猪比较普遍，生活中出现猪的场合较多。如嘉庆十五年七月，抚州府乐安县陈掌仔因谋佃土地纠纷致伤朱的仔身死案，元瑾六因陈掌仔两耳聋废，用手作势将在旁猪只及烟袋上所吃之烟向其指点，陈掌仔会意，知系朱的仔将他租给田亩种烟缘由通知挑唆，欲谋佃其田。

围绕猪的职业也较多。有宰猪的，如广信府玉山县人毛德裕，年四十二岁，宰猪生理，曾携带尖刀赴邻村宰猪，同时租地耕种。还有买卖猪的牙行，如南昌府进贤县人周达仁，年五十九岁，族人周幗俊领贴充当猪牙行生理，雇他在行内帮工。嘉庆十五年六月内，李幗明凭周幗俊卖猪四只，欠周幗俊牙钱二百文，屡讨未还，发生争执。周幗俊一次卖猪四只，规模较大。嘉庆十九年三月，建昌府泸溪县民石左棕踢伤李定生案，石左棕畏惧报官，捏称工忙不能到官，许给钱十千文求免开名。因无现钱，议定先行交猪一只，抵钱二千三百文，余钱卖去牛只归还。后官府也将“其牵猪一只，估银二两三钱”。

以上有关猪的6个事例,分布在5个府,说明养猪的广泛性。其中建昌府泸溪县、吉安府泰和县的两个事例,出现牛只作抵的还债情况,养牛也应在江西农家普及。如石城县王幸希向在刘和元家帮工,因刘和元欠族中祀租,刘著员将其牧放耕牛一只牵藏刘汉垂家内,刘和元叫王幸希把刘汉垂栏内的牛只牵回作抵。故事的双方均有耕牛。

(五) 到外省谋生

冯尔康先生探讨嘉庆时期的人口流动问题,注意到江西的情况。跨省范围的人口流动,如江西瑞金人古奕祖、古喜奇堂叔侄和冯起中均到福建长汀当挑夫,江西石城人邹细丰也到长汀谋生。再如江西人到湖南浏阳的泻银店做佣工。还有从事小商贩的,江西临川人吴明珍到贵州威宁开设酒店,因脚伤不能挑水,雇用四川兴文县来的宋老大临时帮工,每月工钱七钱五分。[①]

据统计,共计18件档案的20例江西人到外省谋生。迁出地只知为江西省籍的有3例,其余17例分布在吉安府4例(其中泰和县3例),抚州府4例,南康府2例,赣州府2例,南昌府2例,袁州府、广信府、宁都直隶州各1例。分布在7府1州,占全省府州的一半,分布全省的东南西北,较为广泛。迁入地分布在福建6例(其中建宁府4例),四川4例,安徽2例,广东2例,贵州2例,浙江、湖北、广西、云南各1例。福建最多,这与邻省以及山区开发有关,次多的是四川,相对来说地广人稀。

外出者有8例知道其年龄,三十多岁4例,四十岁以上2

---

① 冯尔康:《18世纪末19世纪初中国的流动人口——以嘉庆朝刑科题本档案资料为范围》,《天津师范大学学报》2005年第2期,第26、27页。

例，五十多岁 2 例，三四十岁为主体。其中有 6 例谈到家庭情况，2 例父母双亡，2 例父故母在，4 例有兄弟，2 例无兄弟，4 例均无妻，可见外出者多是未成家的青壮年。

谋生手段。有 4 例是种山度日，分布在福建、浙江、广西，应是棚民生活，或在山中挖煤烧炭；经营店铺有 6 例，如染坊、估衣铺、钱铺、杂货铺、饭店、豆腐酒店；在寺庙谋生，如曾添贵在重兴寺看管香火、收租完粮，陈景瀍嘉庆十四年来贵州兴义府觅工，梓潼阁庙僧心存雇他在庙里挑水；此外，还有摘茶、木工、卖货等；也有无以为生而盗窃的。

值得注意的是，赣东部临近浙闽的山区，是开发山区的棚民活动频繁的地区。如江西永丰县人郭兴陇，与同乡谢飞英合伙在福建建宁府建阳县地方搭厂烧炭生理。当地还有原籍江西广昌县人邱老三，向在建阳县地方种山度日。江西广丰县人叶老二(叶新发)，在浙江衢州府江山县度日。嘉庆十年间，向王梦九租山四十多亩土名丝顶上开种靛青，议定每年插种杉苗以工作租。叶老二在山脚近水地方陆续垦成田二十多亩，每年还租谷五石。后来，管山的徐添平晓得山田出息，每年可得谷二三十石，向王梦九揽种。二十一年正月二十一日，徐添平邀王梦九看明山田，每年还谷二十石，在傅在民厂内定立佃票。王梦九叫叶老二退佃交徐添平承种，叶老二照旧种山。叶老二怀恨，遂发生命案。

外出谋生要投亲靠友，生计艰难。如江西宜黄县人吴汝霖、吴汝才、吴汝坤同胞弟兄三人，久已分居。吴汝坤向在湖北监利县开杂货铺生理，吴汝才在他铺内帮贸。吴汝霖先在本籍佃种地亩，因地被业主收去，穷苦难过。嘉庆十四年春间，吴汝坤寄信叫吴汝霖出来找寻生意，吴汝坤帮给本钱，另有贸易。吴汝霖总没银钱寄回,妻子吴邹氏无可依靠。十六年三月吴邹氏带了两个幼子,寻到吴汝坤铺里,吴汝霖已因折本歇贸闲住在铺。吴汝坤就留吴邹氏母子也在他店里同住。过了些时,吴汝坤正要替吴汝霖另寻伙贸地方,吴汝霖说他不愿住在外面,要吴汝坤帮给钱五十千文回家佃种度日。吴汝坤应允说俟从缓设措,吴汝霖屡次催逼,一次酒后发生争执,导致命案。

烧瓦与砖瓦业。邵百明与刘文信均籍隶江西都昌县,邵百明与兄邵梦生砖瓦艺业,刘文信偕兄刘文明向在休宁开窑烧瓦。嘉庆八年二月间,刘文信雇邵百明、邵梦生帮工,议定做瓦一百给工钱二分。邵百明做至八月间,约计工钱二百余两,陆续支用外,尚给十余两。迨至八月三十日,邵百明因知父病,急欲旋里,是夜往向刘文信算账。刘文信以夜深明日来算并向斥詈,邵百明回骂。刘文信掌批其颊,邵百明随拾铁凿向戳,以致戳穿伤刘文信心坎左肋殒命。

三、生态:生活山水间

江西省位于长江中游南岸,三面环山,北部为鄱阳湖平原,中部丘陵广布,盆地、河谷相间,省境边缘山地有茂密的森林与毛竹。赣江由南向北纵贯全省,在赣州由章江、贡水汇合而成,北流经万安、泰和、吉安、吉水、峡江、新干、清江、丰城到南昌,注入上饶鄱阳湖。江西的山地与丘陵密布,水利发达,与人们的日常生活密切关联。

我们试以乾隆朝的两份刑科题本呈现这种山水间的日常生活。一件是乾隆三十年二月,抚州府金溪县唐有万将原租傅四能鱼塘一口，转租傅朋九栽种菱角，当付租钱三百文。他又把塘内小鱼一并拌与(意为转让)傅朋九，议钱一百文。到九月初五日，傅朋九收完菱角，雇人到塘网鱼，唐有万在后边塝上空园内剥苎麻看见了。这幅乡间生活图画呈现了水乡鱼塘栽种菱角与网鱼多种经营以及加工苎麻的生活情境。另一件是乾隆五十五年二月，赣州府安远县魏老八向魏定省租田一丘，栽种番薯，因所收番薯价贱不能获利，将田退还。魏老八旋即外趁，五十六年二月回家，十一日携带铁锥在河边捕戳甲鱼，适魏定省挑柴路过。这幅乡间生活图画呈现了新的农作物番薯已经普及，人们从山水获利的情形。所涉及的两种农作物苎麻、番薯，明清时期江西夏布业兴盛，苎麻种植与织造夏布互相为用，普遍发展起来。明末传入的番薯，乾隆时期在江西普遍种植。[①] 这些作物为江西人的衣食带来变化，维系着他们的生活。上述两例都是农副结合多种经营，靠山吃山靠水吃水。

(一) 取柴(煤)于山

俗语说："开门七件事：柴、米、油、盐、酱、醋、茶。"这柴是第一位的，柴作为农业社会的主要燃料与建筑材料，其重要性充分反映在清中叶江西人的日常生活中。嘉庆朝刑科题本中记载了不少江西人拥有山场、柴山或某某名称的山"一嶂"。"嶂"一般解释为高耸险峻如同屏障一般的山峰，但"嶂"在这里是作为山的单位出现的，"一嶂"应是一座的意思。

嘉庆朝江西涉及山场砍柴的刑科题本有16件之多，分布于江西的八府一州，我们按从北向南、由西向东依次分府说明。

---

① 许怀林：《江西史稿》，江西高教出版社1998年，第542、549—550页。

南康府都昌县有2例。都昌县人李添亮，嘉庆七年十二月，出钱五百四十文，拚定无服族弟李余三山柴一段，议至八年十月内砍取。八年八月二十九日，李添亮见山柴稀少，要李余三退还拚价钱文，李余三斥其不应翻悔，致相争闹，李添亮被李余三柴刀戳伤身死。该县王添习的祖父兄弟六人，王华章的祖父世兴居长，王添习的祖父世行居四，五房世谨已故无嗣。嘉庆十九年，五房叔祖母沈氏身故，遗有田四亩，柴山一片，族众公议作为祀产。这两例都发生在宗族内部，前一例是山柴买卖，后一例为家庭柴山充为宗族祀产。

南昌府事例最多，有5例。其中武宁县占2例，有关山场出租、抵押。卓宏耀原籍湖北通山县，寄居南昌府武宁县，乾隆二十三年，其家祖承租王姓土名香炉脑荒山一嶂，每年租钱五百文，有王姓拨约为据。嘉庆年间因山树茂盛，王帼迪要加倍还租，卓宏耀父亲卓尔贤不允。嘉庆二十三年二月初八日，王帼迪主使族人各带柴刀到香炉脑山上砍树抵作加租钱文。卓尔贤闻知往阻，被王祥庭用柴刀殴伤致死。武宁县周氏族内有土名眠羊山一嶂，嘉庆二年三月，族众因乏公用，把山内树木向洪大衍押钱五十千文，二分起息，立有契据。五年把本利付还，尚欠利钱二千文，押契取回，所欠利钱约俟迟日交清。十一月初八日周氏族人周逢云、周逢衍等各带木担柴刀在眠羊山砍树，适洪大衍携带柴斧路过，看见说周氏族内欠他押山利钱没有交清，不应砍树，走来阻止，周逢信不依，两相争闹。此外，义宁州萧秉耀家有契买土名奉文埚山场一处，租给来此种山度日的雩都县人罗用华管种收花，山上茅草原许众人樵采。嘉庆十年七月十九日萧秉耀儿子先告往山砍草，误将罗用华栽蓄桐茶树秧砍坏几株。罗用华看见阻止，争闹，萧秉耀儿子被罗用华夺去柴刀砍伤致死。这也是山场出租的事例。

山场不限于宗族经营,也有异姓合伙经营事例。乾隆四十二年,南昌府靖安县人谢文金与刘善长、刘其中、张邦仁合买舒姓土名下坑山三亩,公共管业。山上树木卖钱四股均分,山粮收在刘善长户内,完纳后,张邦仁又把一股山场并卖与谢文金同刘善长等管业,契据都交刘善长家收存。后来谢文金与刘善长等先后身故。嘉庆七年二月内,谢文金之孙谢其幅与刘善长的儿子刘奇组并刘其中的儿子刘景组,因公山无人专管,凭地邻唐学荣公议,把山分作上下截三股均分,各管。谢其幅分得下截山一股,刘奇组等分得上截山两股,写立合约三纸。因刘奇组查寻原契并历年粮串不见,无从分拨山粮,写入约内,当把合约交唐学荣暂存,议俟寻出契串填明分执。哪知刘奇组等就把上截山木卖与陈致达砍伐。五月二十三日,谢其幅带了竹梢往别山挑柴,路过下坑山,见陈致达同弟陈致信在上截山内砍树。谢其幅因山粮尚未分定,上前向阻,陈致达用砍树铁斧砍来,谢其幅用竹梢戳伤陈致达胸膛致死。

我们看到日常生活中人们的砍柴活动。南昌府奉新县人蔡宁才,年五十七岁,父母俱故,并无兄弟,娶妻曾氏,没生子女。嘉庆二十三年四月十九日,他携带柴刀往山砍柴。事实上,江西人家多有柴刀,如同前述多起案件揭示的,人们持柴刀砍柴,家中用柴刀修治柴薪,争斗中柴刀变成了凶器,柴刀是江西人的日常生活工具。如乾隆三十一年间,黄明也欠租未清,胡中凡遂令退佃,黄明也不允,胡中凡另召佃种。黄明也心怀不甘,往田争闹,又恐不能抵敌,携取柴刀防身。

饶州府的两例增加了日常生活中砍柴的事例。鄱阳县人徐帼伦,年四十二岁,嘉庆十四年十二月十六日,他同徐庭辉、徐彩各携木担赴山挑柴。饶州府德兴县王秋梅家有祖遗土名西坞、斜坞、正坞等处山场，嘉庆二十三年九月初三日，有另支族人王赏同王烈等赴山砍柴，其侄王有发同王秋郎等往阻争闹。砍柴、挑柴应是为了得到柴薪，该府乐平县乾隆年间的事例可以证明。康熙五十年间，张佐巴祖上等"租祝胜们橡树坞山场取柴"，付有押租银一两，每年另交租七百文，到乾隆二十年间，因柴贵，每年加租钱三百文。三十九年冬，"祝胜们族众需柴退佃"，张佐巴等要求"再砍一年柴薪，抵还押租银"。此外，柯祥举有柴山一嶂，乾隆四年十一月初三日，柯龙贵至柯祥举山内砍伐柴薪。

广信府的事例涉及山场买卖。上饶县民童旺棕因索分山价银打死无服族侄案，童世镗将土名狐狸园私山归入族众户内卖与徐广幅。嘉庆七年十二月二十日往徐广幅家收价，有族人童三棕借山归公卖，向童世镗索分山价，经众劝散。其弟童友松闻知气忿，即携禾枪寻殴，路遇童三棕之兄童旺棕拦阻争殴，被童旺棕用柴斧致伤额颅身死。可知上饶县民童旺棕用柴斧砍柴。文中提到的"禾枪"在有关江西的刑科题本中多次出现，顾名思义，应是一种保护庄稼的长杆枪，用于路上防身、山中防兽、家中防盗等，是江西人重要的日常用具。如前述乐平县张佐巴乾隆四十年八月十三日同张和生携带柴刀扁担往山砍柴，因路过都是深山，怕有野兽，他们各带防兽禾枪一杆。

袁州府的事例涉及山区开发培育山林，竹木用于搭建房屋，也可"扒柴"作为燃料。万载县人李师胜族内有祖遗公山一嶂田四亩八分，庄屋三间，于乾隆四十七年与张开生佃种，当得押租钱四千文，每年还租谷十二石，并未立约。山内原有竹木，经张开生培蓄成林，仍是李师胜家管业。嘉庆九年八月内张开生在山私砍竹木搭盖茅厕，经李师胜叔祖李泰迪查知，要起佃自种，就赴县控告，县官令李泰迪缴出工本钱二十千文给张开生具领退庄完案。嘉庆九年十一月十二日张开生的儿子在山上扒柴，李师胜等来家催促退佃，适张开生买有新砍的树木一株放在门首，李师胜看见后疑心是在他家公山上砍的，两相争闹。

抚州府金溪县民江匹生，于嘉庆十三年十二月初十日独窃江泳山家柴薪、菜蔬，查知投族逐出。这一事例说明，柴薪是江泳山家的燃料。

宁都州的事例说明当地山场松树成林，进山砍柴属于日常活动。瑞金县人赖方鸩，年四十一岁，向在族叔赖德瑸家短雇佣工。嘉庆十四年十二月十八日，曾复轩因曾云万私自将他族办公共黄荆坪石山立契抵给借欠赖德瑸钱文利息，被曾元焰查知控告。经宋殿升处令石山归两姓公管，呈息销案。赖德瑸反悔，不肯把契销毁。曾复轩主令曾姓人到赖德瑸家横坑子楼台岭山内，砍毁大小松树三百三十六株搬去。赖德瑸控蒙差拘，曾复轩们躲避。十五年正月初九日，赖方鸩带刀赴山砍柴，路遇曾承学挑担走过，向曾承学说曾姓不该砍毁赖德瑸山树，斥骂强横。曾承学不服，致相争闹。

南安府有民众培育山林的事例。嘉庆二年，上犹县罗杨清把木梓山场一嶂典与罗杨相，二十二年八月，罗杨清备价取赎，罗杨相因山上梓桃未收，不肯放赎。九月初二日，罗杨清同继子郭汝和赴别山修削树枝，路过木梓山。无独有偶，嘉庆二十二年九月十二日，崇义县方万成携带长柄尖刀赴山修树。两例修树都发生在九月，当时树枝生长成熟，修削树枝，可使树木主干更好地生长成材，修削下来的树枝可以作为柴薪燃料。

赣州府的事例再次说明柴为生活日用品。赣县人黄茂堂，年二十九岁，族内有公共土名李屋前山场一嶂，葬有祖坟一冢，坟旁周围向有水沟。嘉庆二十三年十二月内，族长黄时敏们因修祖祠需用，把沟外山地立契卖与胡觐光胞叔胡万滋为业，黄茂堂并不知情。二十四年正月十二日，黄茂堂因父亲病重，前往山上沟外用土预筑窨坟一穴。二十四日胡万滋赴山查见，同胡觐光把窨坟锄毁。黄茂堂挑柴路过，看见喝阻，致相争闹。胡觐光举锄打来，黄茂堂用挑柴木棍格落铁锄，打伤胡觐光致死。

煤炭也是重要燃料，煤炭矿藏多在山区，挖煤是重要谋生手段，官府、宗族为保护坟山而反对挖煤。袁州府宜春县人王宣一，年三十三岁。族内有公共蛇形山一嶂，历葬祖坟。嘉庆十七年五月内，他见山内露出煤炭，起意商同王奇招合伙挖煤，卖钱分用。初十日在小蛇形山内挖井取煤，因出产有限，连挖数洞，止得煤十余石，尚未变卖，就被族房王扳桂们查知，控县差拘。清廷审理此案，判定："该山王姓既历葬祖坟，应令永禁挖煤，以资保护。"

奉新县人王绪通与堂叔王三连、王三达，向在饶州府鄱阳县佣工。嘉庆十四年十二月间，王三连与冯巄均、余琏合伙租赁史二坐落横山会二坞山下田亩开挖煤炭，雇王绪通与王三达、彭吉长帮挖。因那里先经冯巄均一人租挖煤炭，搭有篷厂。十六日，他们正在原洞挖煤，有徐庭辉、徐帼伦、徐彩各拿木担走来，看见向阻。据徐帼伦供：他们三人系鄱阳县人，当日各携木担赴山挑柴，见王三连、王三达、王绪通、彭吉长又在封禁的史二田内挖煤，于是阻拦。王三连不依，致相争闹。清廷审理认为："生员冯巄均租田挖煤，因已费工本，于经官断禁之后复行邀伙开挖，致酿人命，实属不合，应照不应重律，杖八十。监生余琏并不查明，混行合伙，应照为从减一等律，杖七十。冯巄均系生员，余琏系监生，应得杖罪，均照例纳赎。王三达等受雇挖煤，并不知官禁缘由，应与救阻不及之彭吉长等均毋庸议。该处山场田亩附近，均系村居坟墓，所产煤炭严禁开挖，以杜后衅。史二获日另结。”官府保护村居坟墓附近山场田亩不许挖煤，保护了人民的居住环境与生态。

（二）纸与山水

江西山区生产竹木，从事造纸业者较多，纸张依靠发达的水上交通贩卖到各地，是山水之间的生态与生活结合的范例。

抚州府金溪县以出版书籍著名，赣东俗谚“临川才子金溪书”，称赞浒湾出书之盛。金溪从事运载纸张的事例较多，如封万生，年三十岁，驾船度日。嘉庆八年六月二十八日，他与邹学俚船泊破港河下，揽载孙姓客人纸货，每担水脚钱六十文。邹学俚船上装纸二十担，封万生船上装纸二十五担，邹学俚说封万生多装五担，占了他的生意，要封万生分给二担他装，封万生不依致相争闹。经邻船陈大早走来劝散，那孙姓客人纸货即另雇船只剥载去了。可见，陈大早、邹学俚、封万生均为船户，靠运载纸张谋生。金溪人也到外地从事造纸，如嘉庆十三年十二月，江四生往广信府上饶县张聚锦纸厂帮工。

外地人则到金溪贩卖纸张。金溪县西部的许湾木刻印书名闻遐迩，这里水运发达，也是著名的纸张集散地。建昌府泸溪县人石左棕，年三十八岁，嘉庆十八年十一月二十八日，邀李定生合伙贩纸，李定生应允。到十二月初三日，李定生带了钱二千四百文来到他的棚内，他也出钱二千四百文交李定生贩纸，赴金溪县许湾地方售卖，每担赚钱四百文，分用。二十一日他又邀李定生贩纸，李定生说他本钱已经用去，他就一人拿出钱四千八百文交李定生贩纸，议明利钱对分。二十八日傍晚李定生回来说此次许湾纸多，照本发卖，并无利钱。石左棕疑他欺隐，因未折本，也未与争论。李定生反向他索取工钱，他说原本未议及工钱，不允，两下争闹。

船户还有在省内长途运贩纸张的事例。赣州府安远县人赖祥青，年三十一岁，与杨潮英向在宁都州瑞金县地方合伙驾船。嘉庆十四年九月二十二日，有素识的林乔英把纸一百块并书信一封托他们装送吴城后泰行，交他兄弟林乔茂接收，议定船价，俟卸货付给。不料，开到赣州搁浅坏船，只得把纸卖钱另雇船只装送。十一月内，到庐陵县地方。有素识的陈本搭船下省。初十日，到樟树镇。他们因船坏折本，起意盗卖客纸得钱俵分。向杨潮英同陈本商允，把纸二十块卖与周恒接行伙萧升荣，得九折钱五十四千文，按股均分。赖祥青复向杨潮英借钱五千文，凑买衣物，约俟回籍找给。杨潮英因有事起早回家。十五日，到省。赖祥青又起意把剩纸卖钱分用，与陈本商允，随把纸块卖与尹协盛，得洋钱二百七十六元。二十日，赖祥青与陈本把余剩洋钱携到城外，正想换钱使用，不料被差获案。这一事例中，计划从宁都州的瑞金县将纸张经赣江水运到南昌府北边的吴城交与商行，沿途多次盗卖，行至吴城之南的省城南昌事发，充分说明水运纸张的兴盛。

贩纸的事例还有。南昌府奉新县人潘文芳，年三十岁，小卖营生，黄万中贩布生理。嘉庆十五年五月二十五日，潘文芳路遇黄万中，黄万中说建昌地方纸价昂贵，起意贩卖获利，邀其合伙，议明除本分利，并问他有无银两。潘文芳想起亲戚李兴高有银，可以挪借作本，回说可以借凑银四十两。他随即往借，适李兴高外出未遇。二十六日，邀黄万中同去看纸。二人发生争执，潘文芳用磨纸铁锉打伤黄万中致殒命。

(三) 命系于水

在水利资源丰富的江西,仍不时发生争水事件。

争水出现在家庭、宗族内部以及家庭与宗族之间。家庭内部的争水事例：高安县人姚方,年三十九岁,兄弟五人,他行四。兄弟各爨无嫌。他有田与三哥姚唱田亩毗连,他的田势较低,向由三哥田内开缺引放圳水灌溉。嘉庆二十二年六月初二日,他往田灌水,三哥把田缺堵塞,回家央求开放。三哥说圳水无多,不允,致相争闹。姚唱被姚方刀划右腿、左腮颊,并砍伤发际倒地,移时身死。江西宁都州刘潮铭、刘捷贤堂兄弟的耕田上下毗连,同用圳水,嘉庆二十二年八月十四日刘捷贤堵塞刘潮铭水道自用,发生刘潮铭被打身亡的事故。[①]

家庭之间的争水。彭泽县人冯锡如,年三十八岁,家里佃种王允孝田亩,与阳大章佃种洪鹏举田亩毗连。那田上首向有公共荫田水圳一道,又附近阳大章田边有土名红梅塘一口,也是两家公共。嘉庆二十四年六月初九日,阳大章把圳水放入塘内,他路过看见。因圳水无多,他的佃田离塘较远,车荫费力,斥骂阳大章不该混行掘放。阳大章分辩,致相争闹。

宗族内部争水。鄱阳县彭姓宗族有公共土名大沙塘,塘内东边又有小塘一口,中有低埂也是公管。春夏水涨两塘并为一塘,合族都在塘内车水灌田,秋冬水涸,塘中露出低埂,仍分两塘。因秋冬田禾不用车水,小塘鱼利向是彭德丹支内就近网取,从无争竞。嘉庆七年六月内天时干旱,塘埂露出。十九日族人彭子林在东边小塘内车水灌田,堂侄孙彭明显看见混说小塘是

---

① 转引自冯尔康:《十八、十九世纪之际的宗族社会状态——以嘉庆朝刑科题本资料为范围》,《中国史研究》2005 年增刊,第 107 页。

他家己业，向彭子林阻骂，彭子林不依致相争闹，彭子林用锄柄打伤彭明显囟门右倒地，当经劝扶回，不料伤重死了。清廷认为："塘水应听族众随田车灌，塘鱼饬令公取，以杜衅端。"尊重宗族车水灌田的旧例，对于塘鱼之取改为"公取"。

宗族之间水的使用容易引起纠纷。宁都州平阳乡地方有高陂塘水，发源黄坑磜岭头嵊，两山筑陂引水入圳，灌溉中塘、洲塘、江口三村田亩。不知始自何年，郭姓之田坐落中塘村地高在上，崔、张两姓之田坐落洲塘、江口二村地低在下，各在田旁用车引灌，有前明万历年间老志及顺治十五年、乾隆十九年间公修分灌官断批谕为据。嘉庆四年六月内，崔姓见续修新志内载有高陂系张、崔两姓兴筑字样，误为郭姓无分，控经前署宁都州石瓒韶以水系自然之利，谕令照旧公灌。崔怡怀等不遵上控，前抚臣张诚基批行赣南道转，委署会昌县知县刘羹和会同宁都州知州黄永纶勘讯，以郭姓未据有老志呈验，只呈有私存远年官断批谕，并无州卷可稽，不足为凭。崔、张两姓所呈康熙年间及乾隆初年续修新志内既载有高陂塘，止灌洲塘、江口三村田亩，并有张汉宸、崔彬等兴筑字样，较为确凿，并查郭姓田亩另有塘水可灌，随将高陂塘水断归崔、张两姓管业。崔姓随令崔兴扬将该处陂水常年照料，合族拨给田租十五石，以作工资。七年四月十五日崔兴扬邀同族众修筑陂坝，将沙土堆壅郭以简田塍间，有毁损。郭以简向阻不理，因水被独占，又被毁损田塍，心生气忿，乘崔兴扬等散回，用铁锹将坝口挖毁，放水流入溪河，使彼此不得灌溉。适崔兴扬与崔兴全、崔启台约定是夜相帮巡水，崔兴全、崔启台携带防夜夹刀，傍晚先往，遇见郭以简挖坝，两相争闹。清廷认为："查核老志仅载其名，而续修新志内忽添载明初里民张汉宸、崔彬等兴筑灌州塘、江口田六十顷字样。夫新志必本老志。断无老志所无，而新志反有者，崔、张二姓不免无(舞)弊添载，第历年久远无从根究。而郭姓现呈有王、陈各前任批断印谕，向系公修分灌，应仍照陈前任批断分日灌溉，郭姓灌两日，崔、张二姓灌八日，毋许再行争阻。其拦水陂圳如遇兴修，即按分灌日期，计日出资，公同修理，不许将沙土壅塞他人田亩，并将新志照老志改刊更正，以杜衅端。仍饬犯属将毁损郭姓田塍赔修。”

冯尔康先生指出：“族人的田产有一部分是祖先遗留下来的，这种田地的灌溉用水，在祖宗时代由于是自家的，不会有什么争竞。可是留传后代，每家分得的地块越来越小，用水的秩序就要重新安排，否则就会出现乱子。事实上，不仅同一宗族内部，而且不同宗族之间都需要进行水资源的管理，然而纠纷还是不时地发生。……无水不能种田，水和地一样关系着农民的生产和生活，因水利灌溉而产生的争端，就毫不足怪了。不过以上利用水利资源的纠纷多发生在南方的湖南、湖北、江西等水田地区，而北方则比较少见这种现象。”①

综上所述，刑科题本提供了有关清中叶江西民众生命史的资料，可知当时的人口、婚姻、家庭等情况，如生子数量一般在 2 子以上，或者可以说有 2 至 5 人之多。特别是提供了丰富的宗族资料，宗族为族人带来便利，也产生各种矛盾。清中叶江西人仍是以务农劳作为基本的谋生手段，但兼做雇工，养猪较为普遍。到外省谋生较为广泛，迁入福建最多。赣东部临近浙闽的山区，是开发山区的棚民活动频繁的地区，棚民与山主结成租佃

① 冯尔康：《十八、十九世纪之际的宗族社会状态——以嘉庆朝刑科题本资料为范围》，《中国史研究》2005 年增刊，第 106、107 页。

关系，往往因为租税问题产生纠纷。江西山地与丘陵密布，水利发达，生态环境影响着人们的日常生活。山中多种植竹木，柴是主要燃料与建筑材料，日常生活离不开取柴于山。从事造纸者人数较多，纸张依靠发达的水上交通贩卖到各地，抚州府金溪县纸张买卖兴盛。不时发生的争水事件，多出现在家庭、宗族内部以及家庭与宗族之间。

唐人王勃《滕王阁序》有谓："云销雨霁，彩彻区明。落霞与孤鹜齐飞，秋水共长天一色。"道出了南昌赣江自然之美！套用此句式，清中叶江西人日常生活的特色可概括为：子众族聚，谋生有道。互助与争讼相处，水利共山柴一享。

第十三章

宗教政策与民间信仰

宗教与民间鬼神信仰等信仰文化，是指社会群体的意识形态，表现在行为上，形成某种仪式或手段，表现在心理上，形成影响精神生活的某种力量。它既是行为方式，也是心理态势，具有社会性。

一、佛 教 信 仰

清代佛教较有影响的宗派是禅宗和净土宗。从佛教教理来看，因袭者多，创新者少，是中国佛教的衰落时期。但是，佛教的某种精神通过人们举行的诸多活动，已深入到日常生活中，成为社会的信仰，从皇帝到士大夫，到下层群众，莫不如此。

清代皇帝大都不同程度地信仰佛教。顺治帝对禅宗笃信不疑，据昭梿《啸亭杂录·世祖善禅机》说，他招集禅僧通琇、道忞入京，驻万善殿，"机务之暇，时相过访，与二师谈论禅机，皆彻通大乘"。宠妃董鄂氏死，二十二岁的顺治帝竟然削发，坚欲出家，在力劝下，才未得实现。康熙帝六次南巡，沿路参礼佛寺，题辞题字，据说他所题的寺庙匾榜多至千余。康熙帝还五次巡视佛家圣地五台山，参礼佛寺。乾隆帝的佛教修养也不寻常，早在登基之前，雍正帝就让他参悟禅宗。他说自己“崇敬佛法，秉信夙深，参悟实切”，“仰蒙皇考嘉奖，许以当今法会中契超无上者，朕为第一”。[①] 乾隆时期完成了《龙藏》，这是自宋到清历代王朝中最后一部官刻佛教大藏经。他组织人力，把汉文藏经翻译成满文和蒙文。明清的皇子降生，都要剃度幼童替身出家，以求佛佑。

明清之际社会矛盾、民族矛盾激化，更使得不少士大夫醉心于禅宗。《黔南会灯录》记载明季黔僧百余人，其中因避乱披剃者有 21 人，几乎占五分之一，社会动乱使士大夫跨入了佛教的大门。清朝的剃发令，更使士大夫不能忍受，不少人身入空门，而不改异族发式。时人作品《归庄集》记载，“天下奇伟磊落之才，节义感慨之士，往往托于空门；亦有居家而髡缁者，岂真乐从异教哉，不得已也”，认为这是“逃禅，养其志以有为”。显然，这是从儒家正统观点和民族矛盾出发，为逃禅者辩解，但士大夫的逃禅，毕竟是有其信仰基础的。士大夫除了出家者外，大都与僧人相往来，以学佛知儒自居，如黄宗羲与高僧过从甚密。黄氏认为“僧中之诗，人境俱夺”，有“至清”者，所以可交流诗学者，多在僧中。名士王士祯通过与僧人的交谈，获知浮屠之说与儒道仁义之旨并无二致。清初兵部尚书王弘祚甚至说：“与二三禅友讲究性命之学，庶不致鹿鹿（碌碌）虚此一生。”“三教合一”的共同之点，佛教虚无主义人生观和自然清净的生活情趣，对士大夫影响极深。清代信仰佛学、研究佛学的士大夫甚多，清代后期的杨文会、谭嗣同、康有为、梁启超、章炳麟等人都有很深的佛学

① 《清高宗实录》卷 3，雍正十三年九月己未。

修养。

佛教还拥有广大的群众基础，下层平民出家的人很多。清朝对于佛教的管理制度基本上沿袭明朝，设僧录司管理僧人。据康熙六年统计，各省敕建、私建的大小寺庙共 79 622 座，僧、尼、道士 140 193 名。僧道总数中，道士约占 15%，僧尼约占 85%，可见所谓僧道，主要是僧人。乾隆初年，整顿佛教，重新颁发度牒，乾隆四年各省共颁发度牒 34 万余张，而领度牒之僧，又准招生徒一人，合师徒计之，则近 70 万，此外私自剃度者还有不少。到乾隆三十九年，据乾隆皇帝估计说："私自簪剃度者，恐不下数百万众。"

大量的民众成为僧道是有其原因的。明清之际的思想家颜元，在其《存人编》一书中曾对凡人做僧道进行过分析，认为主要有四个原因：一是本人或父母贫寒，不能度日，便度为僧道；二是祸患近身，逃走在外，或兵乱离家，无地自容，度为僧道；三是父母生子不成，信佛道，在寺庙寄名，遂入为徒；四是偶因灾祸，妄信出家为脱离苦海。颜元的说法，实际上大致可分为两类：一因贫寒和祸患，即谋生；二因迷信。前一类原因值得注意，因为这时全国人数激增，导致人民生活日益贫困化。乾隆帝就曾说："今之僧道，不过乡里无依贫民，窜入空门，以为糊口计。"尽管如此，出家者仍以民间的佛教信仰为基础，后一类的出家者，明显表现出迷信对老百姓的影响。

佛教对世俗影响很大。僧尼在公共场所或登堂入室为妇孺讲解经卷，称为宣卷。一般由一位讲，弟子助演，点烛焚香，鸣法器，礼拜念佛，讲唱诵读并用。听者多是下层群众，妇女尤多。乾隆年间河南有三教名目，"立堂设像，至五百九十余处，使万世之师屈居释道之下"。虽经清政府禁止，但道光时山西寿阳等县仍有三教庙,孔子与佛老同庙供奉。

清廷重视佛教问题,担心民间佛教信仰影响到社会秩序,故采取清厘僧道的措施,其中以乾隆帝尤为突出。宫廷政治斗争和父亲的辞世,使继任的乾隆皇帝深深厌恶僧道,他一继位便整顿宫中秩序,打击僧道,此后长期致力于治理僧道。最主要的措施是以度牒甄别僧道,要求应付僧和火居道士还俗,不愿还俗者须领取度牒,并不许招收生徒。乾隆二年开始实行督抚奏报僧道制度。乾隆帝要求地方官“徐徐办理”僧道度牒事,道出了他逐渐削弱僧道的真实意图。乾隆三年议准因直省僧尼道士颁发牒照,豫筹清厘之法五项。乾隆四年又覆准五项规定。当时僧道总数在70万人以上。乾隆帝认为这个数量是不小的,故对僧道采取“渐次减少”的办法。此后,清廷从乾隆五年到十年以及十二年,还有若干颁发度牒、清厘僧道的规定。乾隆十九年乾隆帝颁发谕旨,停止督抚岁终奏闻僧道所减实数。乾隆三十九年又停止了给发度牒。乾隆四十一年奏准,停止各省每年造送僧道四柱清册。至此,乾隆前期清理僧道采取的主要措施全部放弃。

根据《宫中档乾隆朝奏折》等资料,考察乾隆朝各省奏报颁发、缴销度牒所见僧道数量,得知乾隆十七年,合计实存僧道尼200 272人,这是当时全国设省地区除了陕西、河南两省外16省的数字。统计全国各省僧道尼数量排位,发现江南是佛道最集中的地区,两湖及江西次之,山东闽粤又次之,西南、西北比较少,这一情形同各省原颁牒照数量是一致的。我们翻检出原颁度牒数字的八个省,依数量多寡为浙江50 000多人,江西、湖北30 000人左右,山东、安徽在25 000人以上,湖南10 000多人,陕西、云南几千人。但是,资料表明岁终奏闻僧道所减实数不过是有名无实的具文故事。各省僧道尼人数造册报上的数字是逐步减少的，大体上按照底数有一定的减幅，一些省有可能是“徐徐办理”的人为编造数字，或者僧道无度牒而实际仍操旧业。

总的来说，从顺治到乾隆朝僧道受到了清朝的压抑，乾隆帝治理僧道也是被雍正中断的康熙治理僧道政策的继续。乾隆帝非常重视佛教，有很高的佛学造诣。他把高僧与普通信徒区别开来，治理僧道是清理普通徒众。他认为僧道早已世俗化，靠农民养活，过着寄生虫式的生活。比起农、工、商、士来说，对社会无用，应当加以甄别和清理，其中应付僧、火居道士应当还俗。他还认为僧道已经成为清代民众谋生的手段，尽驱还俗将造成失业无依的社会问题，难以尽遣为民。乾隆帝对僧道的态度与康熙帝有一定的连续性。

在中国历史上，一直存在着僧道与国家争夺人口，并影响国家赋役的问题。还存在僧道影响社会秩序的问题，不少朝代都采取限制僧道出家与活动的政策。乾隆帝治理僧道虽然也考虑到僧道与农民争田的情况，但更多的是维护社会秩序，防止僧道成为聚集游民乃至匪人、异端的渊薮。不过，在人口高速增长、流民与游民大量存在的现实面前，他又不得不把僧道作为吸收贫民的职业，把寺庙作为安置贫民的场所。乾隆前期对僧道的治理既承袭了康熙帝对僧道的态度，也受到了僧道社会现实的制约。清代前期的僧道政策也在一定程度上反映了清朝国家的特性。①

① 参见常建华：《乾隆前期治理僧道问题初探》，《清代的国家与社会研究》，人民出版社2006年，第238—264页。

清代佛教信仰已深入民间，成为民俗生活的一部分。首先表现在岁时节日中，每年四月初八的浴佛节是为了纪念佛祖释迦牟尼诞辰，届时寺庙要浴佛，置小佛于盆，以香水洗之。一些寺院还要撒豆结缘，说是可以“预结来世缘”；有的地方，百姓还要进寺烧香；在湖北宜昌府，僧家作浴佛会，士民以红纸条交斜相连，编成俗句贴于墙壁，认为这样可以避虫、却瘟；受佛教造“黑饭”供众的影响，南方的浴佛节，还有采梧桐等树叶蒸乌饭(即青精饭)互相馈送的风俗。这时的浴佛节，已不仅仅是佛教的日子，而且化为民俗。中元节时，寺院为信众追荐祖先，举行盂兰盆会，设斋供僧、拜忏、放焰口。十二月初八是腊八节，上古有腊祭的风俗。佛教传入中国后，传说这天是佛祖释迦牟尼得道成佛的日子，从宋代开始，寺庙就有了行佛事、做腊八粥，并送施主的风俗。清代腊八节已由寺院转入家庭而世俗化、普遍化了。老百姓用几种米、豆、果做成腊八粥，成为节日的主食。受佛教的影响，有的地方还有施粥的风俗。有趣的是，安徽太平府施粥于佛寺，将施粥的授受关系倒过来了。

民间的其他生活中也广泛地渗透着佛教的影响。民间对佛教的信仰，主要是出于祈福禳灾的心理，通过烧香念佛、吃斋行善来实现。《存人编》就说：“愚民何知，妄谓念佛可以致福免祸耳。”祝寿也要为父母祈祷，延僧人建道场以祈福。吃素的名目也很繁多，有辛素、灶素、三官素、观音素、准提素、玉皇素等，妇人女子有一月间仅三五日不吃素者。佛教好生恶杀，民间乐善求福者，便有组织放生会的。平时家中，则往往供有佛像，焚香点烛，求佛保佑。

二、道 教 信 仰

清代的道教，无论是以全真派为代表的丹鼎炼养派，还是综合符箓诸派的正一派，尽管不如前代兴盛，但仍有相当的市场。道教的世俗化和伦理化，虽在正统儒教文化的知识层里削弱了其昔日清高雅洁的吸引力，但在它赖以产生的，以巫觋迷信为基础的文化土壤——下层的群众中仍流行着。

清代的道教比不上明代兴盛。同样，清帝同道士的关系也不如明帝那样热乎，但对道教仍有一定程度的迷恋。康熙帝对道教有些兴趣，曾命第五十四代天师张继宗进香五岳，祈雨治河。康熙二十年授张继宗“正一嗣教真人”；四十二年又授其光禄大夫品级；五十二年修葺龙虎山上清宫。同时，康熙帝还褒封全真派中兴主将龙门派的王常月。他在宫中养了包括道士在内的各种人才，目睹了辟谷、纳气、嘻水、采战、铅汞、炼丹、内丹之类的试验。但他不肯轻信一言，其原则是：让这些人尽其所能，观察以待，日久自会水落石出，并不急于亲试，如当时宫中召谢万诚、王家营为其炼丹即是如此。雍正帝则不同于其父。早在做亲王时，他就作有《炼丹》诗：“铅砂和药物，松柏绕云坛。炉运阴阳火，功兼内外丹。光芒冲斗耀，灵异卫龙蟠。自觉仙胎热，天符降紫鸾。”这是对炼丹情景的如实描绘。他还推崇北宋道教南宗祖师张伯端为“紫阳真人”，为之建道院，并赞赏真人“发明金丹之要”，表明了对道家的强烈兴趣。雍正帝平时常吃丹药以弥补元氣，并赐给宠臣鄂尔泰、田文镜服食，遵嘱丹药的药性和服法。雍正帝不仅与道士多有往来，认为符箓有实用价值，在宫中养道士为其治病，同时还对道教的思想以三教合一的角度给予肯定，并看到了道教劝善戒恶的一面有助于教化。他认为："而释氏之明心见性，道家之炼气凝神，亦于吾儒存心养气之旨不悖。且其教皆主于劝人为善，戒人为恶，亦有补于治化。道家所用经箓符章，能祈晴祷雨、治病驱邪，其济人利物之功验，人所共知。"[①]而乾隆皇帝对道士的兴趣则不大，即位第二天就将其父的道士驱逐出宫，并斥之为市井无赖之徒。乾隆帝还下令娶妻的火居道士还俗，一度将正一真人的头衔降至正五品，并取消其入京朝觐的资格，致使道教在宫中失势。不过，乾隆帝对全真派有所重视。乾隆三十三年敕命拨内帑修葺龙门派祖庭北京白云寺，并巡视瞻礼；五十三年赐御笔、诗、楹联，又一次巡视。

关于清代对道教的崇尚，历史学家邓之诚指出："自康熙中叶以后，忽尚服食长生之术，上起宫禁，下迄四方。"[②]康熙三十年修的江苏《吴县志》卷3《道观》，就说当地"迩来崇尚道教，修创繁兴，尤为一时之盛"。这些大概同康熙帝对道教的态度有关。此时，满洲、汉族的上层也崇尚道教。《啸亭杂录》记载，乾隆时僧人王树勋因会道教的扶乩、卜筮诸异术，结果"京师士大夫多崇信之"。

上层社会中较为正统的士大夫，在时尚的影响下，也多相信三教同源的观点，信仰的是融合老庄、佛禅及传统养生术思想与方法的道教，讲求性命双修，即心理上的清净虚明和生理上通过养气守神健康长寿，以达到精神与肉体——灵与肉合一，内以治身，外以应世。因此，对士大夫来说，与其说是对道教的崇尚，还不如说是对道教中包含的养生之道的追求。也就是说，在士大

① 《龙虎山志》卷6。
② 邓之诚：《清诗纪事初编》卷4，上海古籍出版社1984年，上册，第470页。

夫中，既有“凝神入气穴”的雅士，而更多的却是将导引和服食结合起来以求长寿的俗士。

而对于广大的劳动群众来说，他们信仰的不是道教的哲理，也不是黄白术和升仙术，而是迷恋通过道教仪式、方法呈现的鬼神迷信。道教有一个庞大的神谱结构。在清代，玉皇大帝统治着天国，以及北阴大帝管辖着阴曹地府的天国地府诸神的神话，已通过戏曲、小说、传说深入民间。另外，民间崇奉的道教神祇，还有城隍、真武大帝、关圣帝君、萨真君、王母娘娘、财神赵公明、二郎神、八仙等。道教的神谱本来是利用了民间的神鬼迷信，经道士们整理系统化以后，更加强了这种迷信。

民间迷信的道教仪式、方法是很庞杂的，主要有斋醮、符箓、禁咒、扶乩、求签、善书等。斋醮是设坛祭祷的一种仪式。人们供斋醮神，以祈福禳灾。不少地方每年春秋设坛建醮，延道士焚表；也设坛祭祷，超度亡灵，以使死人灵魂飞升仙界，不再受苦。

符箓被认为是天上的文字，笔画屈曲，似篆字形状，即所谓“云篆”、“符字”、“墨篆”等。道教以之驱使鬼神、祭祷、治病、镇宅。民间过端午节，很多地区都要贴门符。道士请的门符五花八门，有桃符、天师符、箓符、赤灵符、避兵灵符、朱书画篆等；有的地方还画天师像。

禁咒，是用恶毒的诅咒驱鬼驱邪，祓除不祥。如湖南盛行禁咒，清人刘献廷《广阳杂记》卷 2 说凡肢体折伤，以符水禁咒治之，立刻可愈。当然，符水禁咒是不可能治病的。无神论者熊伯龙《无何集》卷 3 揭露说：辰州的一个道士用此法治疗刀伤跌仆，实际是在符上抹了麻药，有镇痛作用，加上念咒时，让病人心静，身体固定，于是病人觉得法术“灵验”。

扶乩，是道士用硃盘盛沙，上置丁字形架，端部悬锥，左右两人扶之，焚符，降神，在沙中写字，作为神的启示。如果以箕代盘，则叫作扶箕。清代扶乩在民间盛行，赵翼《檐曝杂记》卷3说，扶乩请仙，到处都有，不能说没有其事；他还认为除吕祖等降仙外，“大约人死后，必有数十年灵爽，为符咒所召，则降乩而来”，其中灵蠢（犹灵爽）不同，皆所亲验。陆以湉《冷庐杂识》卷4说，迷信扶乩的“朴实之士”、“聪明之士”很多，他们“祸福以乩为筮，学问以乩为师，疾病以乩为医”。乩方的盛行，往往有人“服药而速之死，盖其为害尤烈”。

求签，是一种企图预知前途吉凶祸福的方法，即在筒中放上竹或木签，签上写着各种暗示吉凶的话或诗，求者摇动筒后，抽出验看。求签多在神庙进行，以关帝或城隍庙居多。《道藏·正一部》里收录灵签类书，多出自元代或明初道士之手。据翟灏《通俗编》记载，各种神签中，家喻户晓的莫如关帝签了。对求签这种活动，黄宗羲认为：神仙家喜言人间隐语，皆持两可，无论是福是祸，都可认为是其应验。批评甚是中的。

劝人行善的善书普及民间，道教方面的代表作是《太上感应篇》和《文昌帝阴骘文》等。这些书宣扬“善有善报，恶有恶报”，开列各种善恶表现，引导行善戒恶。明清两代还出现了大量给善恶定功过格的书。道教的这种宗教伦理的善恶标准，往往又是朝廷提倡的儒家伦理道德准则，其中还糅合了佛教的因果报应论，形成三教合一的态势。

三、秘密宗教信仰

清代是民间秘密宗教发达的时代。明代中后期到清代，民间秘密宗教教派主要有以下几大系统：

罗教，创教人罗梦洪(1442—1527)，又名罗清，山东即墨人，隶京师密云卫古北口军籍，明成化时出家临济宗，正德年间创立罗教，并于嘉靖、万历时迅速发展。罗梦洪著有《苦功悟道卷》、《叹世无为卷》等五部经卷(其中一部分为两册，简称“五部六册”)。其教义采取了佛教的空论，认为悟了真空，即可成道成佛。又吸收道教无为思想，以无极净土为宇宙本源，并以世界末日来临，归真家乡、真父母为号召，吸收群众入教。罗教追求的是无为法，即向自家心头参道，教义已跨越了禅宗而成为异端。通过把禅宗这种士大夫迷恋的思想以极其通俗的语言向下传播，罗梦洪在明清民间秘密宗教中威望很高，很多教派奉他的“五部六册”为经典，称他为罗祖。罗教最初活动于密云卫、古北口一带，其信仰者多为戍边军人及运粮军人。密云卫地处运河，传播很快，明末传入江南，在浙、赣、闽、湘、鄂一带发展势力，并称为老官斋教。“入会吃斋之人，乡里皆称老官”，故名。各处建有斋堂，朔望聚会。活动在漕运水手间的另一支罗教，在苏杭一带建有庵堂，主要供运粮水手歇脚和残疾衰老教民存活及死后安葬，具有同业福利的性质。一般教徒的宗教活动是诵经、上供、吃斋、坐功。道光、咸丰两朝，江浙漕运水手发生根本性转折，导致安清道友——青帮的最终形成。[①]

黄天道，又称黄天教。直隶宣化府怀安县兴宁口李宾(？—1558)，道号普明，创黄天教于明嘉靖年间，在宣化、大同一带传教。李宾著有《普明如来无为了义宝卷》，宣传个人修行、长生炼养等道教内容，信奉弥陀、无生老母，宣传普度九十二亿原人归

① 马西沙、陈歉：《从罗教到青帮》，《南开史学》1984年第1期。

真家乡的宗旨。黄天教是一支以佛道相混、外佛内道为特征的教派，以修炼内丹，追求长生为要。明末，该教的一支在浙江传播长生道，清代流行于江浙。李宾晚年到万全县膳房堡传教，死后葬附近碧天寺内，该寺为黄天教的圣地，于乾隆二十八年被当局所毁，光绪初年复兴。

弘阳教，又称洪阳教、混元教等。直隶广平府曲周县韩太湖(1570—1599)，号飘高祖，创弘阳教于明万历年间，主要活动于京畿一带，二十六岁时到北京传教，受到太监护持，后扩展到北方各地。仿罗教，造五部弘阳经，以“红阳劫尽，白阳当兴”为宗旨。受道教影响，奉混元老祖(即太上老君)为最高神。清代有较多的妇女和旗人教徒，教徒都烧香拜佛，念经敛钱，为人治病。该教派有较强的政治色彩，嘉庆元年的五省白莲教起义，即属于弘阳教系统。

闻香教，又称弘封教，东大乘教，从罗祖教分化而来。创教人王森，原名石自新，北直隶蓟州人，后移居滦州石佛口。王森创教于明万历年间，自称得妖狐异香，故倡闻香教。教徒遍布河北、河南、山东、山西、陕西、四川，有大小传头及会主等称号，系统严密。其子王好贤和徒弟徐鸿儒、于弘志等人曾于明天启二年发动过大规模起义。徐鸿儒说，该教法门弟子已超过二百万。王森、王好贤父子死后，滦州石佛口王氏家族继续进行宗教活动，在清代将教名改为清茶门教，取自供清茶三杯的仪式。直到嘉庆年间遭到毁灭性打击，其间活动十分频繁。该教是罗祖教与白莲教的混合教派，宣传三劫说和天盘三副说，即认为过去燃灯佛掌天盘九劫；现在释迦佛掌天盘十八劫；未来弥勒佛掌天盘八十一劫。未来弥勒佛降生青山石佛口王家，反映了王姓创始人有登基之想。王森七代孙王秉衡的再传弟子方荣升，又创立收圆教，因在嘉庆时谋反，被破获。

张保太创无为教。张保太是云南景东府贡生，康熙二十余年间在云南大理鸡足山创无为教，自称四十九代收圆祖师，乾隆六年被捕，死于狱中。其教奉弥勒佛和龙华三会，劝人入教修行，吃斋念佛，烧香礼忏，将来升天成佛，免除阴间疾苦。该教流行各地，西南地区为最，各地教名不一，有大乘教、无极教、铁船教、法船教、瘟船教、龙华会、燃灯教、西来教等。张保太和各地教首取得联系，并一一封有官职，形成一个巨大的联络网。张保太死后，继子张晓和法船教教主刘奇强调教义中弥勒佛下凡管天下的说法，并宣称未来皇帝是李开花的谶言，反清色彩浓厚。

八卦教是清代最有影响的教派，主要活动于华北地区。早在康熙年间，山东单县人刘佐臣创立五荤道，又叫收元教。受闻香教和一炷香教影响，以不食五荤为戒条，以《五圣传道》为经书，修炼内丹，追求长生不死，宣传普度众生收元结果。每卦设卦长，教内按照八卦分支，祈祷仪式是默祈天地，每日早午晚朝太阳磕头三次，默念咒语。刘氏子孙相继传教，乾隆时曾发起暴动。乾隆以后，八卦教继续发展。震卦教首王中一派，又称清水教，因供三天老爷时用清水三杯，故名。乾隆时山东临清清水教徒王伦组织起义，嘉庆时曾爆发了天理教起义，首领李文成原系震卦教徒，林清本是白阳教徒，后又习坎卦教，并创天理教新教名。八卦教信奉天盘三副说，把过去、现在、未来改称先天、中天和后天，这三天的掌世人物也从天上转移到人间。刘佐臣及其孙刘省过被尊为先天和中天老爷，王中曾自称后天老爷，更增添了它和现存政权对立的叛逆性。

明清时期民间秘密宗教的信仰很有特色，主要由民间秘密宗教的经卷——宝卷体现出来，其内容分以下四方面：

第一是三世说。认为宇宙自开创起至最后止，必须经历三个阶段，即过去、现在、未来，或称青阳、红阳、白阳，或称三叶青莲、五叶红莲、九叶金莲，或称龙华初会、二会、三会，或称先天、中天、后天。龙华三会的内容为：初会是燃灯佛铁菩提树开花，二会是释迦佛铁菩提树开花，三会是弥勒佛铁菩提树开花。三会中的三尊佛分别代表过去、现在和未来。“明清民间秘密宗教的三世说，又根据佛教的教义繁衍为天盘三副说。”①

第二是劫灾说。认为人类社会要经历大劫、末劫、三劫、九劫、一十八劫、八十一劫等劫数，其中所谓末劫，主要发生在现世和未来世之间，经过末劫的最后磨炼，才能进入理想世界。宗教领袖用宣传劫灾即将来临的恐怖，加深危机感，从而号召入教避劫，达到扩大徒众的目的。随着劫灾到来的是劫变，即通过社会动乱促成社会变更，达到理想世界的实现。

第三是弥勒佛降世说。明清民间秘密宗教信奉弥勒佛为未来神、救世主。他的降世，意味着改天换地，实现理想世界。

第四是无生老母信仰。无生本是佛教语言，与涅槃的含义相近，即认为一切现象的本质都是无生无灭、绝对静止的，它和母亲相联系，变成了一个最高神佛。明中叶以后，产生于罗教，后被民间秘密宗教奉为教主。她被认为创造了宇宙和人类，同时又是使人们脱离苦海命运的救世主，她要下凡临世，度化迷恋在红尘的九十二亿无生老母的皇胎儿女同上天宫，即真空家乡。民间秘密宗教以“真空家乡，无生父母”为八字真言，“书于白绢，暗室供之”。

民间秘密宗教的信仰，还通过大量入教活动的仪式、方法体

① 喻松青：《明清时期的民间秘密宗教》，《历史研究》1987 年第 2 期。

现出来。这些仪式、方法具有神秘性和现实性，对下层群众很有吸引力。

首先，秘密宗教吸收教徒入教，一般都要有一两位介绍人，并举行授戒、传诀、唱誓愿文、上表挂号、对合同等仪式。授戒，有五戒、七戒、十戒等，与佛教戒条的内容大致相同。如清茶门教授五戒，包括杀、盗、淫、酒、诳语。传诀，各教派内容不一，清代以"真空家乡，无生老(父)母"最为普遍。唱誓愿文，即宣誓，一般是上香发誓，有的还歃血盟誓，表示入教决心。上表挂号、对合同，即书写入教者姓名，烧纸向无生老母或无极圣祖等最高神报告。有号的，才得出世。有的还发给合同纸，即日后升天的许可证。

其次，教徒有自己的一套活动方式，平时念经、烧香、拜忏、上供、坐功、纳钱、考选等。念经，主要是念宝卷，到了清代各个教派的宝卷混同，大家混念。宝卷多以戏曲形式写成，便于传诵。烧香礼拜即叩头，各派各有特点，像震卦教，每日早、午、晚三次朝拜太阳，两手抱胸，合眼趺坐，口念"真空家乡，无生父母"81遍，名为抱功，功成可免灾难。很多教派强调吃斋，有全斋和花斋，花斋就是隔日吃斋。教徒要用家常食物上供，无生老母以上供的厚薄为赐福之轻重的依据。坐功运气有"二十步修行"的说法，是过上天关口的功夫，还需要用表疏、牌号、誓状才可过关。教徒必须纳钱，即交纳会费，所纳之银钱，称根基钱、种福钱、元勋钱等，意思是种下弥勒佛下凡时代的幸福，届时可得偿十倍、数十倍。如天理教有"输钱百文，许地一顷"、"粮食数石，许给官职"的说法。还有开场考试，以此定上天的顺序。

再次，教徒定期集会，大约每月一两次，遇到教内节日，如菩萨的诞日、三元节(正月十五、七月十五、十月十五)、清明、中秋等，另有集会。民间秘密宗教认为男女不二、不分彼此。平日集会，男女混杂，夜聚晓散，既是利用闲暇时间并保守秘密，同时也是一种信仰方式。《普静如来钥匙通天宝卷》说“男取阴神者即成菩萨之果，女采阳气者即成佛男之身”，以男女教徒一同练功作为上天的一种秘方。

民间秘密宗教的信徒多是社会下层群众，由小农、小商贩、小手工业者、矿工、水手、无业游民等构成。女信徒为数不少，尤以寡妇为多。这些妇女社会地位低下，备受压迫和歧视，大多无依无靠，生活没有保障，通过信教寻求精神慰藉和生活出路。民间秘密宗教的首领，一般由乡约、客头、衙役、书办等充当，他们充作医仆、商人到各地传教。因此，这种社会下层群众信仰的秘密宗教应当放在俗文化中加以理解。

秘密宗教以其社会功能满足信众的需求。首先，民俗医疗问题。人类社会生活，求生是本能，天灾、人祸、疾病、死亡等不可避免，其中疾病最常见。下层社会一般依靠民俗疗法，民间宗教也非常关心疾病问题。民间宗教的教首多兼具医疗知识和经验，被认为是民俗医疗的医师，下层社会的穷苦人民因本人或亲人染患疾病，甚至心理上遭遇挫折，常请民间宗教教首消灾除病。因此，这些群众便相信民间宗教具有特殊的神力，从而皈依宗教。

民俗医疗的办法常有以下几种：（1）茶叶治病：茶叶具有清热解毒的性质，民间宗教教首常将茶叶供神祈祝，相信这样可以产生超自然的神力治疗作用，或给病人煎服，或将茶叶嚼烂放在伤口上，或姜茶医疗。所治的病一般是眼病、头疼、心疼、腿疾、热病、瘫症等。（2）针灸按摩。用扎针、推拿的办法治疗心疼、肚疼、腿折等。（3）坐功运气。学习坐功运气静养功夫治疗怯症、生疮、眼疾、吐血、虚弱等病，延年益寿，可收身心治疗的功效。（4）念诵经咒。治病的事例有足疾、手足不仁、经疾不痊、生疮、年老多病等，有的可以起作用，有的则是巫术。

其次，信徒的福利问题。以罗教为例，到处兴建佛庵，以容纳外地粮船水手，各庵由老年水手看管，以佛庵作为养身之处。庵外置有土地，供水手耕种，还有空地为义冢。故信罗教的人，生可以托足，死有葬身之地。此外，民间宗教教首还常常为信徒诵经咒超度亡灵，还会相地看风水。①

清代民间秘密宗教前所未有的兴盛，是十分值得注意的。分析其产生的原因，除了考察历史上的白莲教、明教等秘密宗教传统的影响外，应当特别注意其赖以存在的基础——民间社会的信仰。明清时代民间信仰的特征之一是，儒、佛、道三大体系的思想理论都远较前代普及和深入民间，而且“三教合一”，融合成新的体系。许多地区出现了三教堂，民间把佛、道同祖先一起祭祀的现象广泛存在，神鬼迷信也与其他信仰有机地融合，所以，民间秘密宗教不过是一种杂糅佛道、神鬼以及儒家思想，而又侧重于佛道，具有叛逆性的信仰。表现在宝卷中，大量利用五行、八卦、九宫、干支、时宪书、占卜、堪舆、占相等书籍及思想，还充斥着忠义孝悌、轮回报应、天命观等传统说教。宝卷中宣传的神祇，除弥勒佛、无生老母外，还有其他神祇，既有民间秘密宗教塑造的，也有佛、道、儒和戏曲、小说中的人物，十分庞杂。

对于下层群众来说，民间秘密宗教同他们平常的信仰距离并不遥远。民间信仰与秘密宗教的关系，我们以河南为例说明。

---

①　此段参考王尔敏：《秘密宗教与秘密会社之生态环境及社会功能》，《“中央研究院”近代史研究所集刊》第10期，“中央研究院”近代史研究所1981年7月。

雍正年间河南巡抚田文镜《抚豫宣化录》卷4说，该地迎神赛会假托玉皇、释门等名色，焚香设誓。“此即邪教之所由起也，欲杜邪教，先严神会。”乾隆皇帝则说河南越省进香，先在城隍庙申疏焚香，进行挂号，然后黄冠缁衣，男女杂沓，将来即恐流于邪教。正因为有“邪教”产生的土壤，所以乾隆年间兵部侍郎雅尔图指出：河南众民，每被云游之人、游棍僧道假挟治病符咒诸邪术，以行医为名，或指称烧香礼斗、拜忏念经、求福免灾为词，而依“邪教”。民间秘密宗教与民间其他信仰的差距，主要在于“邪教惑众”，即用民间宗教冲击正统思想，并在此基础上团结和组织群众，进行反抗斗争，这是最令统治者头疼的。清代民间秘密宗教的组织普及天下，反抗斗争此起彼伏，要揭示这些社会现象，应首先对其信仰进行剖析。

四、民间诸神信仰

中国的神鬼迷信有着悠久的历史，原始形态的大自然信仰，早已发展成为自然神的系统。天、地、日、月、星、风、雨、雷、电、云、雾、雹、山、石、水、火、虹、霞等大自然的物象，被人格化，赋与神的形象。在民间信仰的基础上，很多神也被统治者承认，列入国家的祀典，从京师到府州县，按照国家的要求建立了一套神庙。民间的神鬼信仰也被道教所利用，参与创造了道教的神谱，佛教的信仰更是深入民间，此外还有为名宦、乡贤立祠的传统。民间原始的、国家祀典的、佛道宗教的、纪念名人的诸神交叉渗透，混合成庞大的神鬼系统，庙宇林立于各地。姑且以一个地区为例，乾隆《仪封县志》卷3《建署・坛庙》记载：河南仪封县的坛庙有社稷坛、风云雷雨山川坛、先农坛、厉坛、城隍庙、孔子庙、关帝庙、八蜡庙、刘将军庙、马神庙、火神庙、昭应水神庙、大王庙、三皇庙、玉皇庙、赤帝庙、元帝庙、东岳庙、泰山庙、三官庙、二郎庙、八卦阁、白衣阁、香火庵以及楝城寺等 20 个。还有封人见圣祠、文昌祠、名宦祠、乡贤祠、忠义祠等祠宇。载入祀典的祠庙，照例按日举行仪式，地方官或躬诣行礼，或分委僚属致祭。

神鬼的有无，中国历史上一直存在着争论。清代尽管黄宗羲、陈确、方以智、王夫之、颜元、熊伯龙、袁枚、章学诚、洪亮吉、王清任等人不同程度地具有无神论的思想，对于鬼神予以一定的批判，但这毕竟属于少数士大夫的思想，统治者则对鬼神另有自己的看法。雍正帝认为，鬼神随处有神明，“惟信以为有，而时时诚敬，厥后必然受福；若以为无，而事事欺慢，厥后必然受祸。理有一定，毫发不爽也”[①]，在他的思想中存在着鬼神能福祸人的观念。清帝以“敬天法祖”为家法，为国策，祭天是国家的大事。敬天，一定程度上体现着对鬼神的信仰。鬼神迷信对统治者是有好处的，事神是官府的重要礼仪。所以地方官到任之始，即有谒庙行香之例。指导官吏治理地方的指南性书籍指出：“庸人妇稚多不畏官法而畏神诛，且畏土神甚于畏庙祀之神。神不自灵，灵于事神者之心，即畏神之一念。司土者为之扩而充之，俾知迁善改过，讵非神道设教之意乎？”[②]地方官要敬地方土神，统治者利用民间原始神鬼迷信加强自己的统治。清廷在嘉庆六年将文昌神纳入祀典，就是一个很好的例证。

但是，清朝奉行儒家正统思想，因此对鬼神信仰有所限制。

① 《清世宗实录》卷 148，雍正十二年十月己酉。
② 汪辉祖：《学治臆说》卷下《敬土神》。

如康熙皇帝从礼部尚书汤斌所请，要求各省严禁淫祠滥祀。指导当官的书籍也有类似内容，如《福惠全书·禁淫祀》要求："为司牧者，宜晓谕其民，除祖先以及先农、八蜡、五祀之神有关衣食居处者，一概不许滥祀。"所谓淫祠滥祀，即祀典不载，"或称之失其实，或祀之无其地，或求之无其人，不妄则诬，或僭或滥"[①]的神祇。限制淫祠滥祀有助于维护官方的意识形态，维持社会秩序。

民间鬼神信仰表现在与生活密切相关的各个方面。

在一个靠天吃饭的农业国度，直接涉及农业丰歉的神便格外受重视。社稷、风云雷雨山川诸坛是直接祭祀天地等自然神的，祈求风调雨顺。此外，八蜡神为驱昆虫之神，刘猛将军是逐蝗之神，龙王祈雨，这都是普遍信仰的农业神祇。

刘猛将军是清代纳入祀典的神。刘猛将军是谁？有宋人刘宰、刘琦、刘锐等说法。刘琦抗击西夏、金，是在江淮显灵驱蝗的逐蝗之神。清初先是禁止，后来列入官方祀典。雍正二年诏令各地立刘猛将军庙，但将庙主换为元末镇压江淮群盗的刘承忠。

由于蝗灾为害甚大，百姓对其充满恐惧。蝗虫所至之处，有食有不食，民间认为有神主之。所以"世俗遇蝗，而为祈禳拜祷，陈牲牢，设酒醴"，以求改过自新。清儒陆世仪认为这是"反身修德、祛除殄灭之道"，比起民间"设祭演剧"要高明。[②] 有的地方官也持此论，亲身致祭城隍等神外，要求民人修德以改变灾情。

龙神信仰很普遍。龙神最受农民重视，认为他主宰着旱涝，决定农业的丰歉。连皇帝也不敢怠慢龙神，雍正帝就因灾频年

---

① 王植：《事神》，徐栋《牧令书辑要》卷10。

② 陆世仪：《除蝗记》，陆耀《切问斋文钞》卷20。

“虔祀龙神，福庇苍生”。

疾病也是人所畏惧的，尤其是贫穷的下层群众，更容易迷信鬼神，请医少而延巫多。广东《遂溪县志·礼俗》就指出：“遂习信鬼，家有病者延医少而延巫多。城市巫祝之声连宵不歇，不如此，则病所亲之心即有未安，揆之于理，亦无大戾。惟徒为无益之费，为可惜耳。”康熙时人刘沧风说：“粤俗好鬼，遇有疾，即请命鬼师。”[①]可见两广一带以巫驱鬼去病是流行的习俗。康熙湖南《宁远县志》说：“旧俗病则卜祷吉凶，频进医药，无它事也；今则巫祝，富家至多费财物祷赛，谬亦甚矣。”似乎信巫之风日益严重。苏州一带也是如此，乾隆帝曾感叹：“闻吴下风俗，笃信师巫，病不求医，惟勤祷赛，中产以下，每至破家，病者未必获痊，生者已致坐困，愚民习而不悔，尤属可悯。”[②]四川请巫禳病也是习俗：“蜀俗尚鬼，有病辄请巫祈禳……并扮女妆及花面鬼卒，旋舞于庭，亲邻聚观如堵，以钱米赠者留饮，并令女妆者行酒为乐。巫风盛行，禁之不听，习俗然也。”[③]遇有疾病请巫祈禳是流行各地的习俗，似乎南方更盛。

病家自己祈祷于神，叫作“许愿”，病即使不愈，也必还愿。如嘉庆湖南《宁远县志·风土》说当地：“有疾病祈祷于神，谓之许愿。病即不愈，愿必还。有遗忘者其家若有病，则卜者张大其辞以恐之，称为老愿未还，病家仓皇求禳，因以渔利，此最可笑，阖境皆迷不悟。”乾隆时人翟灏《通俗编·神鬼》记载，北直隶的宣化府人，当父母、妻子或己身疾病时，常于五月十三日具香纸牲醴于城隍庙拜祷，自其家门，且行且拜，至庙乃止，谓之拜愿。

① 刘沧风：《鬼师说》，陆耀《切问斋文钞》卷21。
② 《清高宗实录》卷19，乾隆元年五月庚戌。
③ 王培荀：《听雨楼随笔》，巴蜀书社1987年，第461页。

翟灏就此议论说“今各处皆沿其风”,可见是极普遍的。

民间还有瘟神信仰。浙江、福建一带有的五帝即瘟神,“专司瘟疫,偶逢时症传染,奸徒乘机敛钱,设坛建醮,抬像出巡,其费竟以千百计”[①]。施鸿保《闽杂记·出海》说福建还有“出海”之俗,以“驱遣瘟疫”:“福州俗,每年五六月中,各社醵钱扎竹为船,糊以五色绫纸,内设神座及仪从供具等,皆绫纸为之。工巧相尚,有费数十缗者,雇人舁之,鸣锣挝鼓,肩各庙神像前导至海边焚化。漳府属亦有之,然亦皆绫纸所糊耳。惟厦门人别造真船,其中诸物,无一赝者,并不焚化,但浮海中,任其飘没,计一船所费,或逾中人之产,付诸无用,殊可惜也。”

对疾病的畏惧,本质是对死亡的害怕。民间迷信阴间有鬼,清初熊伯龙《无何集·阴间辨》说:人们认为阴间有司重罪者,用锯用鹰,加以碓舂石压,有受刑毕,仍过刀山火海的。世人烧纸钱,说纸钱烧尽就变成了阴间的钱,多烧者,可为死者赎罪;迷信鬼的人,认为人死了要见十大阎王和祖宗于地下。由于人们惧怕死后受罪,便把生前的不顺利,看作神鬼的惩罚,遂力求行善戒恶,以积阴德。

清代民间信仰的诸神中,影响深、有特点的要数城隍、土地与关公了。

明太祖朱元璋登基之初,极力利用民间信仰以巩固自己的统治,规定城隍按其行政建置称某府州县城隍之神,下令仿照各级官府衙门的规模建造城隍庙,供奉木主,并且还要设下审判的座位,目的是“鉴察民之善恶而祸福之”。各级官员到任,都要向城隍神宣誓就职,至清代成为传统官俗。汪辉祖从做师爷到当

① 《清高宗实录》卷781,乾隆三十二年三月。

知县也祈祷与誓于城隍神，他在《学治臆说·敬城隍神》说："朝廷庙祀之神，无一不当敬礼，而城隍神尤为本境之主。余向就幕馆，次日必斋戒诣庙焚香，将不能不治刑名，及恐有冤抑不敢不洁己佐治之故，一一摅诚默祷。所馆之处，类皆宁谧。……窃禄宁远，亦以素心誓之于神。凡四年祈祷必应，审理命案，多叨神庇。"

城隍神成为各地的守护神。城隍本是自然神，但从隋唐开始，逐渐形成正人直臣死后为城隍神的观念。民间各地都有在五月十三日或清明节、中元节等抬城隍出巡的活动，叫作"出会"。城隍是在城镇，乡村则有土地祠。土地神又名社，敬土地神的日期为社日。古代除敬天以外，以敬土地为重。人们认为土地是位老人，所以称他为社公、土地爷、土地佬。社最初也是源于对土地的自然崇拜，后来转为具备多种职能的地区守护神，它是与普通百姓最接近的神祇。朱元璋规定，每里百户立社坛一所，祀五土五谷神，每岁轮为会首。土地神的称呼，也称某地土地神，与乡里的行政机构对应，但民间所祀土地仍有其他叫法。城隍神、土地神在民间具有很大权威，群众虔诚信仰。在江苏，城隍庙、土地祠有后宫夫人之神，竟有妇女舍身投庙，作为后宫使女，祠庙焚牒给照，照册点名，每遇朔望令节，赴庙点卯，供役执事；男子则投身城隍庙内，承充军皂各役，朔望赴庙点卯。民间以此敬神免灾。

关公，即三国时蜀国名将关羽，明清时期备受崇拜。明万历封为"三界伏魔大帝神威远镇天尊关圣帝君"，此后相沿有关帝之称，佛道两家竞相罗列关羽为本门神祇。清朝顺治年间，加封为"忠义神武关圣大帝"。关羽与文圣孔子并列，称为武圣。关公庙越修越多，关公信仰既列为国家祀典，又是民间供奉的对象，影响非常大。赵翼《陔余丛考》说："南极岭表，北极寒垣，凡儿童妇女，无有不震其威灵者。香火之盛，将与天地不朽。"关羽受崇，统治者以其为忠义的典型，作为封建礼法的守护神。忠义是正统的伦理道德，统治者用关帝信仰推行教化，培养顺民。雍正帝与其弟允祥关系甚洽，允祥死后，为他在京津、江浙等地建祠纪念。到乾隆时期，命将各省怡贤亲王祠改为关帝庙，也说明对于关帝庙的重视。但是忠义在民间却被赋予了新的含义，成为人们互济互助的交往原则。秘密结社往往以此作为道德观念，清代的天地会以忠义加强成员的团结。《三国演义》中桃园三结义成为结拜异姓兄弟的楷模，尤其以关羽作为江湖义气的表率。嘉庆时福建卢盛海等结拜时，在《花帖》中写道：自古称忠义兼全，无过于关圣帝君者。清人对关羽的信仰，还不止是忠义，举凡命、禄、灾、病、邪、逆甚至阴间皆归其掌管，职能多样化，受各行各业顶礼膜拜，成为民间最受欢迎的神祇。

民间的神鬼信仰，又依其职业不同而有差异。雍正山西《朔州志》卷3《方舆·风俗》记载当地："士子祀先师、文昌，农祀龙神，市人祀关圣、城隍、财神，各以其类。"这是粗线条的勾勒，大致上讲的是普遍流行的通用神。实际上各行各业都有职业神，如纪昀所说："百工技艺，各祠一神为祖。倡族祀管仲，以女闾三百也。伶人祀唐玄宗，以梨园子弟也。此皆最典。胥吏祀萧何、曹参，木工祀鲁班，此犹有义。至靴工祀孙膑，铁工祀老君之类，则荒诞不可诘矣。长随所祀曰钟三郎，闭门夜奠，讳之甚深，竟不知为何神。"[①]纪昀认为娼妓、演员的职业神有典可稽，胥吏、

① 纪昀：《阅微草堂笔记》卷4《滦阳消夏录四》，天津古籍出版社1994年点校本，第80页。

木工的祖师有义可循，而靴工、铁工所祀荒诞不经，至于长随所祀，根本就来路不明。

纪昀介绍了七种人所祀之神，前已涉及农业神，下面再简述几种流行较广的职业神：渔业祀天妃；蚕业祀马头娘；烟业祀火神；酒业祀杜康、二郎神；茶业祀陆羽、卢仝；纺织及裁缝业祀黄帝、嫘祖、伯余、褚载、黄道婆；建筑工匠业祀鲁班；运输业陆路祀马神，水路祀天妃；铁匠祀尉迟恭；金银匠祀太上老君；银号、钱庄、票号等金融业祀财神；医药业祀神农、扁鹊、孙思邈等；图书文字等与文化有关的行业，如刻字、印字、锦匣、裱画、纸店等祀文昌神，不胜枚举。

民间的诸神信仰，通过岁时节日、迎神赛会、朝山进香等活动方式体现出来。

岁时节日的主要节日中，大多有祀神活动。岁首的元旦节，要易门神，头一件是拜天地，元旦出门必迎喜神方位而行。初五有的地方认为是路头神诞辰，必早起迎之，谓之接路头。初八为祭星神的日子，传说这天诸星下界，要燃灯祀星，叫作顺星。初九为天日，这是玉皇的诞辰，各道观设醮，赐福解厄。上元节多进行占卜，主要是卜问紫姑神农业的丰歉情况。正月的填仓节要祀仓神，尤以粮商粮贩为最。二月初二的龙头节，有祭龙神的风俗，反映了人们对风调雨顺的良好愿望。南方广大地区，普遍流行着祭祀土地神的春祈秋报活动，又称祭社祀谷，一些地区是祀先农。二月三日是文昌帝诞辰，因其掌人间的功名禄位，士人尤其要祭祀，做“文昌会”。花朝节是花王的节日，为士人和女子所重。三月三日是古上巳节，一些地区有祀真武神的风俗。明清时期，主要是北方的一些地区，还有寒食节日的风俗，纪念先秦人介子推。四月初八是浴佛节，纪念佛祖。端午节祀瘟神，祭屈原。六月六日的天贶节，一些地区要祭祀土神、谷神、田祖等。七月初七的七夕，祭祀牵牛、织女二星并乞巧。中秋节，妇女拜月。腊八节，有祭祀佛祖的活动。十二月二十三（四）日的晚上，是祭祀灶神的灶王节，民间认为这天灶王爷要升天汇报人间的善恶事，因此为他送行，请他吃好的，为人们隐恶扬善。祭灶要燃灯，由男子拜祭，口中要说"勿以恶事言上帝"之类的话，到除夕之夜，再把灶神接回家中。灶神往返天界的时间，一些地区还有百神登天、龙神朝天的说法，认为时无禁忌。岁时节日祀神的特点是，随着时令节气等自然界变化，祭祀符合农业社会和生活规律的神。所谓"乡村建庙祀神，各以其时"①，反映的就是这种情形。

春、秋社和其他神诞日的祭神活动，常采取迎神赛会的方式。届时先在庙中祀神，然后抬着神像巡游，甚至舁数十神联会。神像出巡时，队伍中有扮演台阁、杂剧的，甚至有人投身神庙，名为执役，头戴枷锁，名为赦罪。人们还往往要演戏娱神。迎神赛会尤以春祈秋报为最，每当三春无事，人们疑神疑鬼，便要出会，驱邪降福，消难除蝗。秋天，为报答土地神的庇佑，则敬神还愿演戏。清代的神鬼系统庞杂，各地信仰也有所不同。道光时所修福建《龙岩州志》记载该地赛会风俗：正月是城隍庙，二月是东坊显灵庙、西坊唐王庙、南坊观音阁，三月是天后宫，皆于建醮后引神巡境。首事各扮戏文、台阁、锣鼓、弹唱及花盆、古玩、彩旗等物为前导，街市衢巷设供迎接，以邀神贶。在江浙，俗传茅山神最灵，六月报赛酬神者纷集。迎神赛会的规模很大，既费资，也影响社会秩序。统治者认为百姓祀神太多，是"淫祀"，

① 光绪《定兴县志》卷13《风俗》。

告诫不要太迷信鬼神能祸福人。但是由于平时的鬼神宣传太多，加上迎神赛会是千百年来传承的风俗，虽禁而不能止，只得采取容忍且有所限制的政策。

民众惑于鬼神之说，祈求祷祀，还常采取朝山进香的方式，就是前往建有神庙的名山进香祭祀。朝山进香往往跨省进行，路程有千余里，及二三千里之遥，时间则有一月及二三月之久。乾隆帝说直隶、山东、山西、陕西等处风俗大率如此，河南尤盛，自正月至二月，每日千百为群，先至省会城隍庙，申疏焚香，名曰挂号，然后分途四出，成行结队。他的臣子陈宏谋讲，陕西省民众平时开会奉佛，敛钱聚会，会满到湖北武当山进香。[1] 江苏的茅山每年春秋二季，四方的男女香客动以万计，邻近的江西、安徽、浙江等省都有来者。泰山的碧霞元君受人崇拜，进香者甚多。明代向每名进香者征一钱四分的香税，清代乾隆帝革除泰山香税，以便民进香祷神，据说当时每年香税约计“万金”，可见进香者极多。泰山、茅山、武当山是道教名山，但民众朝香，并非是道教的信仰者，不过为求神护佑，如河南人在城隍庙“挂号”，陕西人朝武当山，平时则“开会奉佛”，僧道不分，惟神是求。

民间诸神信仰的心态是祈福禳灾，认为神祇具有赏罚性，但真正虔诚的信徒并不多，不过是见庙烧香，逢神磕头罢了。古人征服自然能力差，普遍存在着自然崇拜，但自然神后来被人格化，人们相信神祇是人死后灵魂所转化的。戴璐《藤阴杂记》卷1说：“从来名贤殁为神，各视生平所建竖。”可以视为古代的造神原则。特别是行业神，人们往往取材于本行业相关的历史人物，或神话传说、小说杂剧中的人物，以其有开创发明之功，立为

---

① 陈宏谋：《培远堂偶存稿》文檄卷24《再禁朝山进香谕》。

祖师、保护神。这种造神法同中国报本返始、慎终追远的宗法意识有关，崇古、敬祖的重传统和报恩心理，创造了一个个行业神。

特别需要提出的是，明清时期商品经济有了显著发展，社会分工细密化，行业团体纷纷建立，为了号召同业，统一精神，保护行业，行业神应运而生。商业和丝织业发达的苏州，在明正统年间于玄妙观东侧配殿分出一部分，建机神庙，供祀机神黄帝、嫘祖、褚载等。苏州祥符寺巷的机神庙，是纤接头同业道光时建祀黄帝、接头方仙的地方。（丝经接头工是丝织业的一个工种，他们祀自己特有的“接头方仙”。）在杭州，因褚遂良九世孙褚载会织锦法，世袭为业，并带动一乡之人织锦，死后邑中立通圣庙祀之，元季庙坍，人们以其覆庇乡人，重修于明永乐年间。随着商品经济的发展，到了清初，通圣庙演变成机神庙。人们从褚载推而上之，思报始为机杼者，复立机神庙祭祀伯余。明清时期，苏杭丝织业机神的历史，使我们清楚地看到，传说中的黄帝、嫘祖、伯余及历史人物褚载最初为丝织业人信仰，到明清又独立成机神，并有专门庙宇，成为行业神。社会分工的发展还产生了“接头方仙”这样丝织业中一个工种的行业神。

清代是古代神最多的时代，民间诸神的信仰，是征服自然能力不强、社会落后、蒙昧无知的结果。大众信仰不能超越于时代，人们既拜倒在诸神脚下，诸神也起到团结群众激励自己的作用，如关公崇拜，培养了顺民，也造就了农民结社，走上反抗阶级压迫之路。

清代的民间诸神信仰，是中华民族古老信仰文化的继续，具有稳定性；它又与祖先崇拜、佛道二教以及民间秘密宗教互相交叉渗透，具有复合性。清代的民间诸神信仰受当时的社会结构、政治形态、经济状况的影响，在传承中具有了新的特征。

第十四章
编纂《四库全书》的功与过

乾隆三十七年，正是清朝鼎盛时期，国家进行了一项巨大的文化工程，即正式开设四库馆，编纂《四库全书》。至乾隆五十二年《四库全书》缮写完毕止，历时15年。以后又检查书籍内容，校对错误缺漏，并补充一批书籍入四库，直至乾隆五十八年编纂工作才完全结束。于是诞生了中国历史上最大的一部丛书：它把中国古代重要的典籍首尾完整地抄录下来，分编于经、史、子、集四部44类之下，共收图书3 457种，79 070卷，成为中国古代图书的总汇。

这样一部图书巨构的出现，显示出乾隆朝代表的清朝文化成就，同时编书过程中的毁、改禁书，也造成了古代图书的巨大损失。编纂《四库全书》，使得清朝控制了当时的学术思想文化，进一步维护了自己的统治。后人对于乾隆帝修《四库全书》褒贬不一，毁誉参半。如欲全面认识编纂《四库全书》的功过，还需要从编纂原因、编纂过程、编纂贡献和失误多方探讨。

一、编纂《四库全书》的复杂原因

《四库全书总目》首载乾隆三十七年正月初四日谕旨，开宗明义，自称“稽古右文，聿资治理”，并说读书“惟搜罗益广，则研讨愈精”。声称采集古今著作，“以彰千古同文之盛”。对于存世书籍，“在坊肆者或量为给价，家藏者或官为装印，其有未经镌刻、只系钞本存留者，不妨缮录副本，仍将原书给还”。最终将征集书籍汇为《四库全书》，使国家藏书更加“美备”。从表面来看，这一谕旨标榜的是盛世文化事业，因此我们有必要对于乾隆帝修书的原因进行由表及里的论述。

首先，编纂《四库全书》是显示清朝盛世的政治需要。康熙以来，清朝不断在西北对准噶尔用兵，到了乾隆二十三年，彻底解决北疆准噶尔部问题，确立对全国的有效统治，乾隆中叶，真正成为了大一统的强大国家。康熙中后期以来，经济持续发展，财政收入不断增长，至乾隆中叶，国库充裕，国力鼎盛。清前期库存银数不断上升，到乾隆时达到最好状况。康熙朝库存银最高额是五十八年的 4 900 余万两，通常存银为三四千万两，雍正朝库存银最高额是 6 000 多万两，最后几年为 3 000 万两，乾隆二十年前，通常存银也是此数，二十年后达到 4 000 万两，以后持续增长，三十年达到 6 000 万两，三十三年超过 7 000 万两。[①] 此后一直在 7 000 万两以上，四十五年存银 7 800 万两，五十五年竟至 8 000 万两。[②] 库存银到 7 000 万两，就等于一年半的收入，是国帑富裕的表现。繁荣的经济、强大的财力为《四库全书》的纂修提供了足够的保障。尽管编纂《四库全书》时间长，持续时间一二十年；尽管全书卷帙浩繁，有近八万卷之巨，缮写七部；尽管参加的人数多，学者和官员累增至二三千人，清朝强大的财

① 法式善：《陶庐杂录》卷 1，中华书局 1959 年，第 23—26 页。
② 《清朝续文献通考》卷 16。

力支持，保证了编书的正常进行，顺利完成。乾隆三十七年正月，乾隆帝颁诏求书，声称此举是“稽古右文”。实际上乾隆中叶国家强盛、经济繁荣、社会安定，清朝想通过文化事业显示太平盛世，隐含满族统治者对于汉族文化的认同，表示文化一统的成功统治。

其次，图书文化事业的发展也需要一部总括历代书籍的丛书。清以前的图书文献，佛、道两家早就有总汇成果的佛藏与道藏，而“三教”之首的儒家独无藏。明末福建人曹学佺提出了编纂儒藏想法，他采撷四部，按类分辑，经营十年，因明亡殉国而未完成。康熙时的徐乾学在为高士奇所撰《编珠》写序时，也有类似的建议，并希望高士奇向康熙帝进言落实。乾隆初，新成进士的全祖望曾以在翰林院供职之便，着手从《永乐大典》中分类钞辑。之后学者周永年写有《儒藏说》，正式提出为编纂《儒藏》而搜求图书的建议。安徽学政朱筠更提出广征遗书、整理官藏和从《永乐大典》中辑佚等建议。这一建议被乾隆帝接受，于是编纂一部囊括古今文献的巨型丛书《四库全书》的工作得以开始。[①]

再次，控制意识形态，维护清朝统治更是乾隆帝的重要考量。乾隆时期，文字狱加剧，这是编纂《四库全书》重要的历史背景。乾隆帝初政时就有因文字获罪者。乾隆六年九月，他一方面声称“朕从不以文字罪人”，同时责成湖广总督孙嘉淦，将谢济世所注经书中明显与程、朱违悖抵牾或标榜他人之处，查明具奏，即行销毁，毋得存留。焚毁谢济世书未及两年，乾隆八年二

① 这一部分参考来新夏《四库全书对传统文献的贡献》，该文出自《光明日报》2004年2月2日。

月，清廷以时务策考选御史，翰林院编修杭世骏因对策失误，议及“内满而外汉”，被乾隆帝以怀私妄奏，依溺职例革职。乾隆十六年首次南巡，民间流传假托大吏孙嘉淦名的奏稿，指斥乾隆帝失德。八月奏稿案发，穷究七八省，牵连各级官吏几至千人，直到十八年三月始告平息。同年十一月，江西金溪生员刘震宇上《治平新策》，乾隆帝以文中多“悖逆”之语，遂滥施淫威，下令将刘氏处死，其书板查明销毁。从此，文字冤狱恶性蔓延，日趋加剧，终于演成乾隆二十年三月的胡中藻诗案。胡中藻，江西新建人，为乾隆元年进士，曾以内阁学士提督陕西、广西学政，后调取回京，罢官还乡。胡中藻喜诗文，著有《坚磨生诗钞》。乾隆十七年前后，《诗钞》为他人密报，送呈内廷。乾隆帝以其中多悖逆讪谤语，遂指派专人秘密调查。历时数年，罪名罗织渐成，二十年三月，清廷下令逮捕胡中藻，押京质讯。同时，将胡氏诗集四本交王大臣逐条严讯奏闻。同年四月，乾隆帝滥施淫威，下令将胡中藻处斩。牵连所及，已故大学士鄂尔泰被撤出贤良祠，不准入祀。其侄鄂昌，则以与胡中藻曾有唱和被赐死。户部侍郎裘曰修，亦因之一度革职。就在胡中藻诗案的罗织过程中，清廷下令查抄胡氏住宅，胡氏藏有明末野史引起乾隆帝警觉。两年之后，清廷查处河南告讦案，不惟生员段昌绪收藏吴三桂檄文事败露，而且原任江苏布政使彭家屏还招供藏有《豫变纪略》等明末野史。结果，段、彭二氏皆因之而被处死。因此，散在民间的明末野史及相关诗文，遂成为清廷所注意的重要隐患。

自乾隆二十四年三月起，迄于三十二年五月，张照诗文案、阎大镛《俣俣集》案、沈德潜《国朝诗别裁》案、蔡显《闲渔闲闲录》案等文字狱接踵发生。之后，齐周华诗文案、李绂诗文案迭起。至乾隆三十四年六月，清廷明令禁毁钱谦益遗著《牧斋初学集》、

《牧斋有学集》，终于揭开了禁毁图书逆流的序幕。在其后的两年限期中，清廷严饬江苏、广东地方当局查禁钱谦益著述，下令撤毁钱谦益为他人经史著述所撰“悖谬”序文，派员审查钦天监藏书，销毁占验书十八种。正是以查禁图书为背景，乾隆三十七年正月，乾隆帝颁发了求书上谕。《四库全书》开馆以后，乾隆帝终于将禁书真意和盘托出，乾隆三十九年八月，他质问内外大臣：“乃各省进到书籍不下万余种，并不见奏及稍有忌讳之书。岂有裒集如许遗书，竟无一违碍字迹之理！”[①]“寓禁于征”的求书本意大白于天下。[②]

二、编纂《四库全书》的过程

根据黄爱平教授《四库全书纂修研究》（中国人民大学出版社 1989 年）以及其他学者的探讨，我们对《四库全书》的编纂过程作一综述。

乾隆三十七年十一月，安徽学政朱筠提出《永乐大典》的辑佚问题，得到乾隆皇帝的认可，接着便诏令将所辑佚书与各省所采及武英殿所有官刻诸书汇编成书。乾隆三十八年二月，《四库全书》正式开始编修，以纪昀、陆锡熊、孙士毅为总纂官，陆费墀为总校官，下设纂修官、分校官及监造官等 400 余人。名人学士，如汉学大师戴震，史学大师邵晋涵及名士姚鼐、朱筠等亦参与进来。同时，征募了抄写人员近 4 000 人。至乾隆四十七年，

① 《清高宗实录》卷 1021，乾隆四十一年十一月甲申。
② 这部分参考陈祖武《谈〈四库全书〉》，该文出自国家清史编委会网站“中华文史网”。

历时十载，编纂初成。

《四库全书》的编纂首先是征集图书，征书始于乾隆三十七年，至乾隆四十三年结束，历时七年。为了鼓励进书，清廷制定了奖书、题咏、记名等办法。奖书，即凡进书500种以上者，赐《古今图书集成》一部；进书100种以上者，赐《佩文韵府》一部。题咏，即凡进书百种以上者，择一精醇之本，由乾隆皇帝题咏简端，以示恩宠。记名，即在提要中注明采进者或藏书家姓名。在地方政府的大力协助和藏书家的积极响应下，征书工作进展顺利，共征集图书12 237种，其中江苏进书4 808种，居各省之首；浙江进书4 600种，排名第二。私人藏书家马裕、鲍士恭、范懋柱、汪启淑等也进书不少。

接着，清廷将从各地征集的图书以及内府藏书、清廷官修书、从《永乐大典》中辑出的佚书具列，请四库馆臣对以上各书提出应抄、应刻、应存的具体意见。应抄之书，是合格的著作，抄入《四库全书》；应刻之书，是最好的著作，不仅抄入《四库全书》，还另行刻印；应存之书，是不合格的著作，只在《四库全书总目》中存名，列入存目，这类著作共有6 793种，93 551卷，比收入《四库全书》的著作多出将近一倍。对于应抄、应刻的著作，要比较同书异本的差异，选择较好的本子作为底本。一种图书一旦定为四库底本，还要进行一系列加工，飞签、眉批就是加工的产物。飞签也叫夹签，是分校官改正错字、书写初审意见的纸条。这种纸条往往贴于卷内，送呈纂修官复审。纂修官认可者，可用朱笔径改原文，否则不作改动。然后送呈总纂官三审，总纂官经过分析之后，可以不同意纂修官的复审意见，而采用分校官的初审意见。三审之后，送呈御览。

再下来是抄写底本。抄写人员初由保举而来，后来发现这种方法有行贿、受贿等弊病，又改为考查的办法，具体做法是：在需要增加抄写人员时，先出告示，应征者报名后，令当场写字数行，品其字迹端正与否，择优录取。考查法虽比保举法优越，但也有不便之处，因此最后又改为从乡试落第生徒中挑选，择其试卷字迹匀净者予以录用。这样，先后选拔了 3 826 人担任抄写工作，保证了抄写《四库全书》的需要。为了保证进度，还规定了抄写定额：每人每天抄写 1 000 字，每年抄写 33 万字，5 年限抄 180 万字。五年期满，抄写 200 万字者，列为一等；抄写 165 万字者，列为二等。按照等级，分别授予州同、州判、县丞、主簿等四项官职。发现字体不工整者，记过一次，罚多写 10 000 字。由于措施得力，赏罚分明，所以《四库全书》的抄写工作进展顺利，每天都有 600 人从事抄写工作，至少可抄 60 余万字。

最后是校订。这是最后一道关键性工序。为了保证校订工作的顺利进行，《四库全书》馆制定了《功过处分条例》，其中规定：所错之字如系原本讹误者，免其记过；如原本无讹，确系誊录致误者，每错一字记过一次；如能查出原本错误，签请改正者，每一处记功一次。各册之后，一律开列校订人员衔名，以明其责。一书经分校、复校两关之后，再经总裁抽阅，最后装潢进呈。分校、复校、总裁等各司其职，对于保证《四库全书》的质量确实起了重要作用。

《四库全书》底本藏于北京翰林院，还效仿著名的藏书楼天一阁的建筑建造了南北七阁。乾隆四十六年十二月，第一部《四库全书》终于抄写完毕并装潢进呈。接着又用了将近三年的时间，抄完第二、三、四部，分贮北京宫中文渊阁、沈阳文溯阁、圆明园文源阁、承德避暑山庄文津阁珍藏，这就是所谓“北四阁”，又称为内廷四阁，仅供皇室阅览。从乾隆四十七年七月到乾隆五十二年又抄了三部，分贮江南镇江文宗阁、扬州文汇阁和杭州文澜阁珍藏，这就是所谓“南三阁”，南三阁允许文人入阁阅览。《四库全书》共计缮写七部，另有底本一部。晚清战乱不断，七部《四库全书》中完整保存下来的仅三部。文汇阁、文宗阁藏本毁于第一次鸦片战争时期；文源阁藏本第二次鸦片战争中被英法联军焚毁；文澜阁所藏亦多散失，后经补抄基本得全，然已非原书。1948 年，国民党政府将文渊阁《四库全书》带到台湾，现藏于台北“故宫博物院”。每部《四库全书》装订为 36 300 册，6 752 函。七阁之书都钤有玺印，如文渊阁藏本册首钤“文渊阁宝”朱文方印，卷尾钤“乾隆御览之宝”朱文方印。乾隆三十八年三月，《四库全书》馆设立不久，总裁们考虑到这部书囊括古今，数量必将繁多，便提出分色装潢经、史、子、集书衣的建议。书成后各依春、夏、秋、冬四季，分四色装潢，即经部绿色，史部红色，子部月白色，集部灰黑色，以便检阅。

《四库全书》按照内容分类，包括 4 部 44 类 66 属。分经、史、子、集四部，故名四库。经部包括易类、书类、诗类、礼类、春秋类、孝经类、五经总义类、四书类、乐类、小学类等 10 个大类，其中礼类又分周礼、仪礼、礼记、三礼总义、通礼、杂礼书 6 属，小学类又分训诂、字书、韵书 3 属；史部包括正史类、编年类、纪事本末类、杂史类、别史类、诏令奏议类、传记类、史钞类、载记类、时令类、地理类、职官类、政书类、目录类、史评类等 15 个大类，其中诏令奏议类又分诏令、奏议 2 属，传记类又分圣贤、名人、总录、杂录、别录 5 属，地理类又分宫殿疏、总志、都会郡县、河渠、边防、山川、古迹、杂记、游记、外记 10 属，职官类又分官制、官箴 2 属，政书类又分通制、典礼、邦计、军政、法令、考工 6 属，目录类又分经籍、金石 2 属；子部包括儒家类、兵家类、法家类、农家类、医家类、天文算法类、术数类、艺术类、谱录类、杂家类、类书类、小说家类、释家类、道家类等14大类，其中天文算法类又分推步、算书2属，术数类又分数学、占候、相宅相墓、占卜、命书相书、阴阳五行、杂技术7属，艺术类又分书画、琴谱、篆刻、杂技4属，谱录类又分器物、食谱、草木鸟兽虫鱼3属，杂家类又分杂学、杂考、杂说、杂品、杂纂、杂编6属，小说家类又分杂事、异闻、琐语3属；集部包括楚辞、别集、总集、诗文评、词曲等5个大类，其中词曲类又分词集、词选、词话、词谱词韵、南北曲5属。

因《四库全书》卷帙繁多，翻阅不易，乾隆帝谕令编一部只记载书名、卷数、年代、作者姓名，便于学者由书目而寻提要，由提要而得全书的目录性图书。乾隆三十九年总纂官纪昀、陆锡熊等人遵照乾隆帝的谕令，将抄入《四库全书》的书籍，依照经、史、子、集四部分类，逐一登载。有需要特别加以说明的问题，则略记数语。此书于乾隆四十六年告竣，共200卷。这就是《四库全书总目提要》。

三、《四库全书》编纂之功

图书文献学家来新夏先生在前引《〈四库全书〉对传统文献的贡献》一文中，高度评价了清代编纂的《四库全书》，认为是“超越前朝的空前伟业”。除了具体指出《四库全书》总汇传统文献之外，还强调整理、完善传统文献体系的贡献。具体来说，乾隆三十八年二月，《四库全书》馆正式成立时，即全面规划建立一套较完整的运行体系。先把编书与写提要的工作统统纳入《四库全书》馆的统一领导下，使二者没有此疆彼界的划分。采取分片包干，一人全面负责到底的工作方法。对于各书的校勘、考证、提要的撰写以及根据该书内容价值而预拟的应刊、应钞、应存目三种意见等工作，都由一人专负其责。这样，既节省人力与财力，亦明确责任，便于发挥人才的作用，创立了传统文献再编纂的良法。在着手再编纂之始，首先广征图书以奠定整理基础，然后在此基础上进行全书收录、存目和撰提要等工作。

在整理传统文献的同时能完成书与录，确是前所未有的创举。在《四库全书》再编纂过程中，又为完善运用体系而做了两件事：一是在征书辑书工作中发现有不少珍本秘籍为社会所需要，于是决定刻印流通，先刻印四种，旋因刻印速度较慢，改用新创造的木活字法，共印行 134 种，即《武英殿聚珍本丛书》；二是开馆之始，征书纷至沓来，卷帙浩繁，不便浏览，加以乾隆帝年岁日高，希望在生前能看到一部分重要而必备的图书，所以在开馆之初，就命馆臣从应钞诸书中，撷其精华，以较快速度，编纂一部《四库全书荟要》，乾隆四十三、四十四年，两份《荟要》就先于全书竣工，分藏于宫内摛藻堂和圆明园味腴书屋，以备随时阅鉴。同时还编了一部《四库全书荟要总目》，作为提纲挈领之作，又一次地书录并举。与《四库全书》的再编纂几乎同步进行的《四库全书总目》，是古典目录学史上具有里程碑性质的目录学专著。但卷有二百，未免检读不便，所以在乾隆三十九年即另撰简编本《四库全书简明目录》二十卷。款目以文渊阁《四库全书》为据，乾隆四十六年前后修成，早于《总目》四年问世。《四库全书简明目录》虽然精简了《总目》的总序和小序，但有些条目仍附有简短的按语，颇便翻检。图书目录同时编制繁、简二本也为前代所未见。

来先生还指出编纂《四库全书》有奠定清学基础、培育专学人才的作用。他说：清初以来的考据学发展到乾嘉时可说是已成显学，出现了以戴震、惠栋为代表的一批学者，提出了以汉代许慎、郑玄为师的口号。他们以考据学作为学派特色，创立清学。有学者认为清学是建基于目录学、考证学、校勘学和版本学等专学之上的，而这些专学的发展应该说与《四库全书》的编纂事业有着重要的关联。《四库全书》的编纂是在乾隆中期以后的 20 年间，像这样大的文献整理工程必然需要经过求书、登录、校勘、编目、叙录、搜求散佚和抄写誊录等工序，这些工序都需要各种不同的专门学问。于是，以清初以来的考据学为基础，逐渐分化发展为目录、考证、校勘、版本、辑佚等不同门类的专学，而这些专学不仅是清学的支柱，也是发展清学的动力。

乾嘉时期之所以能成为清学的鼎盛时期，不能不说与《四库全书》的编纂有着不可分割的关系。《四库全书》的编纂既然需运用众多专业知识，必然需要引进和培育大量专门人才。所以在开馆之初，乾隆帝选用了大量学有所成的知名学者，分别担任总阅、总纂、总校、提调、协勘等职务。在编纂过程中，通过工作实践和学者们相互商榷切磋，这一庞大的学术群体在治学上都各有不同程度的提高。因而，《四库全书》培育人才之功，亦不可没。

晚清、民国时期战乱不断，《四库全书》的存在遂使古籍不会大量散失，保存了民族文化。四库馆臣从《永乐大典》中辑出佚书并收入《四库全书》者共有 385 种，不仅使不少亡佚已久的古籍珍本重见天日，而且为后代的辑佚工作提供了一个良好的范例。清人以《四库全书》为榜样，掀起了编刻丛书的热潮。近年《四库全书存目丛书》和《续修四库全书》的出版，继承和发扬了《四库全书》的优良传统。

四、《四库全书》编纂之过

《四库全书》在编纂全程中，一直伴随着复查、校订、改错、撤出和禁毁。据黄爱平教授统计，在19年的禁书过程中，共禁毁书籍3 100多种，15.1万部，销毁书板8万块以上，数量不可谓不大。乾隆帝趁编纂《四库全书》的机会，对全国书籍作了一次大规模的检查，查禁、销毁和删改了许多所谓"悖逆"和"违碍"书籍。就在开设四库馆征求天下遗书的第二年，即乾隆三十九年，乾隆帝下谕旨说："明季造野史者甚多，其间毁誉任意，传闻异词，必有诋触本朝之语。正当及此一番查办，尽行销毁，杜遏邪言，以正人心，而厚风俗，断不宜置之不办。此等笔墨妄议之事，大率江浙两者居多，其江西闽粤湖广亦或不免，岂可不细加查核？"[①]乾隆四十三年十一月，《四库全书》拟定的"查办违禁书籍条款九则"正式颁布，将查缴禁书的时限由晚明提前到宋元。此后，官府派人各处查访，对各类书籍进行甄别，将查交的禁书送往北京；同时《四库全书》馆从采进本中查寻禁书。这两方面的书籍都送到军机处，然后由翰林院详细审查，将"悖谬"之处写成黄签，贴在书眉上，由乾隆帝过目批准后，将书籍烧毁。孙殿起《清代禁书知见录·自序》说：乾隆时被销毁的书籍"将近三千余种，六七万卷以上，种数几与四库现收书相埒"。1997年北京出版社出版的《四库禁毁书丛刊》，经过整理补救出版的有1 500余种，只及当初禁毁的一半。

---

① 王先谦：《东华续录》乾隆朝卷80，乾隆三十九年八月初二日。

查禁图书影响到人们的生活。如戏曲欣赏方面，清代对剧本进行检查。乾隆四十五年下令删改抽撤剧本，认为剧本中"如明季国初之事，有关涉本朝字句……至南宋与金朝关涉词曲，外间剧本往往有扮演过当，以致失实者；流传久远，无识之徒或至转以剧本为真，殊有关系，亦当一体饬查"①。看来对剧本的检查，主要出于民族关系，即把汉人斥责女真、满族的地方加以修改，以避免民人对清朝的正统地位产生怀疑。修改戏曲剧本在扬州设局进行，由两淮巡盐御史伊龄阿负责，苏州织造进呈词曲剧本。②

事实上，配合修书而查禁图书兴起文字狱的做法，还涉及民间的族谱编修，出现删去家谱僭妄字句的查禁行动。江慰祖在为乾隆四十五年江南金等修《洛阳江氏分修族谱》所作跋谱中说："岁己亥，奉上宪檄谕，凡一切家谱，恐有僭妄字句，悉加删改。"江南金在序中还说："今我皇上厘正文体，而于世族一书，尤加详慎，迩者大方伯檄下，凡搢绅士庶族系，必由长吏考定，其有叙法舛错，字句僭妄者，饬令亟加改正，而一时大家巨族，以及单姓寒门，莫不家喻户晓，奉行恐后。"③可见此次查谱活动主要是改正僭妄字句，最后由地方官加以考定，是"皇上厘正文体"的一部分。这在当时是推行全国的行动，所以彭元瑞《揭溪李氏重修族谱序》说："我皇上握三重之要道，集四库之大成，文教广被，亘古未有。复命封疆大吏，饬民间谱牒不得夸张扬诩。"④可见查

① 《清高宗圣训》卷264，乾隆四十五年十一月乙酉。

② 李斗：《扬州画舫录》，广陵古籍刻印社1984年，第103、106页。

③ 转自杨殿珣：《中国家谱通论》（续），《图书季刊》第7卷第1期，1946年，第94页。

④ 转自陈捷先：《清代"谱禁"探微》，《故宫学术季刊》第1卷第1期，1983年，第15页。

稽活动是随着《四库全书》的纂修而进行的。

乾隆四十四年还有一个与族谱有关的重要案件：生员韦振玉家谱用“世表”字样，属于违禁行为。为什么呢？南开大学图书馆所藏同治修《辋川里姚氏宗谱》卷三《谱例》说：“谱学之废久矣，自明以来，士大夫略不讨论体例，率尔操觚，徒为通人齿冷，此犹法所不禁者耳。若夫世表名目，家谱中往往有之，殊不知太史公三代世表乃史例，非谱例也。”可知世表是属于史例，这是朝廷正史所用，民间不能僭用。也就是说族谱不得仿国史。这种明代以来族谱比拟正史的做法，在乾隆时代受到了禁止。这一禁令对民间族谱的修撰有一定的影响，如前揭同治《辋川里姚氏宗谱》修纂时，“禀欧苏体例，不敢冒越纰缪，以兹罪戾，谨避表字，以世系谱别之”。类似的记载还有一些，族谱多把“世表”改为“世谱”。此外，庶民族谱亦不得用“传赞”。《皖桐璩氏族谱·凡例》：“新例，庶民之家不得滥用传赞，如果节孝实行确实可据，即于本名后略表可也。其旧谱原载者节删之，更名行略。”[①]此举同易表为谱一样，旨在反对族谱使用史例，意在维护皇权的尊严，实为文化专制主义的表现。

在此次朝廷要求检查族谱的影响下，乾隆四十五年九月国泰奏：沂水县刘郯等所修宗谱凡例中有“卓尔源本·衍汉维新”等字样，国泰认为刘谱“殊属狂悖”。乾隆帝对此指出：“刘德麟等修葺宗谱，于凡例内远引汉裔，妄自夸耀，甚属不合。凡汉人积习相沿，每有此等陋见，其实可鄙。如搜查该犯家中，果实有别项不法形迹，自应从重处理，以昭炯戒。若止于支谱内妄相援引，以为宗族荣宠，亦不过照例拟以不应重律，将所有板片及印

① 转自陈捷先：《清代“谱禁”探微》，《故宫学术季刊》第1卷第1期。

存家谱尽行销毁，已足示惩。”①

在乾隆朝大兴文字狱之时，各地因修地方志而引发的政治迫害性事件也为数不少。如乾隆二十六年余腾蛟被控修县志载讥讪诗词案，乾隆四十六年叶廷推纂修海澄县志获罪案，乾隆四十七年高志清沧浪乡志案。另外，纂修《四库全书》时还有许多志书被禁毁，军机处奏准全毁或抽毁的志书多达数十部。由于文网严密，文字狱频繁发生，使得修志人员束手束脚，对当代史实多采取回避态度。如有的志书只修到清朝以前，个别地区方志长期失修。②

五、说不尽的《四库全书》

近些年来，伴随一系列影印四库图书的出版热，以及对于清朝历史地位评价的争论，学术界以及一般文化界，也出现了评价《四库全书》的争论。主张出版《四库全书》的学者多高度评价其学术以及利用价值，我们只要看看那些书的出版序言与介绍就可明白，而反对声也不绝于耳。

学者王学泰在《南方周末》（2005 年 3 月 10 日）著文《不要盲目崇拜〈四库全书〉》指出：伴随着电视上“皇帝戏”的火爆，《四库全书》隆重出场了（两者表现不同，病根则一），不仅文渊阁本的《四库》由鹭江出版社重印，而且文津阁本也由商务印书馆以精装和线装两种形式影印出版。真是不知道这是出版界的盛

① 《清高宗圣训》卷 264《厚风俗》。
② 此段参考傅贵九：《清代修志与文字狱》，《文献》第 19 辑，1984 年。

事，还是学术界的悲哀。《新京报》也曾以“学者解析影印《四库》三大问题”为题，发了专题报道。第一个问题就是：“《四库全书》是否有价值?”1930年代，鲁迅先生说过：“清人纂修《四库全书》而古书亡，因为他们变乱旧式，删改原文。”(《病后杂谈之余》)这本来是极平实的论断，学术界中如果不是对“我大清”抱有特殊感情的，谁都同意。现在却有人说，过去的政治评价多“从现代的政治观、民族观来要求，这是以今律古，今天我们应该从文化价值、历史发展和学术价值等方面来研究和看待《四库全书》”，“为《四库全书》正名”。这真是奇谈怪论，匪夷所思。清统治者的“变乱旧式，删改原文”是破坏了原书的真实性、可靠性，给使用者造成了不便或误导，难道指出这一点就是“以今律古”？是不是从“文化价值、历史发展和学术价值”方面来看这种“变乱旧式，删改原文”就正确了呢?

他还举例说明问题。如大家都熟悉的岳飞《满江红》名句“壮志饥餐胡虏肉，笑谈渴饮匈奴血”。“胡虏”“匈奴”在清代是犯忌的。于是四库馆臣把它改为“壮志饥餐飞食肉，笑谈欲洒盈腔血”。张孝祥名作《六州歌头》(长淮望断)描写北方孔子家乡被金人占领：“洙泗上，弦歌地，亦膻腥。”“膻腥”犯忌，改作“凋零”。陈亮的《水调歌头》(不见南师久)词云：“尧之都，舜之壤，禹之封。于中应有，一个半个耻臣戎。”“耻臣戎”犯忌，改作“挽雕弓”。难怪鲁迅说《四库全书》不仅藏在内廷，而且“还颁之文风较盛之处，使天下士子阅读，永不会觉得我们中国作者里面，也曾有过很有些骨气的人”(《病后杂谈之余》)。难道如此分析就是“以今律古”吗？如果我们按照四库馆臣的改本去了解和认识宋词，不正是会得到鲁迅所说的结果吗？面对着如此乱改的古书，读者是懂得应该如何对待并评价它的价值的。

究竟如何评价《四库全书》及其纂修，我以为已故著名清史学家王锺翰先生的意见值得注意。王先生主编过《四库禁毁书丛刊》，他认为："《四库全书》的编纂和禁毁，都是严格按照清朝最高统治者乾隆的意旨进行的，既不是自由的学术活动，也不是文化历史长河自然演进的结晶。……人们在对禁毁书进行充分探讨、研究之后，是会对《四库全书》及其编纂重新作出更为合理和实事求是的估价的，更会从中总结出应有的合乎情理的历史经验和教训来。"[①]此外，何龄修等先生编辑的《四库禁毁书研究》(北京出版社 1999 年)也可以参考。

总而言之，好大喜功、别有居心的乾隆帝编纂《四库全书》的行为毁誉参半，功过相抵，但是流传至今的《四库全书》则成为留给我们的文化财宝。一般人现在都可以坐拥《四库》，对于读书人和利用者来说，显然是很方便的。

---

① 王锺翰：《四库禁毁书与清代思想文化》，《清史余考》，辽宁大学出版社 2001 年，第 212 页。

第十五章
宫墙内外的演戏与京剧的形成

清朝定鼎北京后，为了保护皇帝与中央的安全，将八旗劲旅的大约一半布置在京师居住。同时作为少数民族统治者的满族，为了保持“国语骑射”，防止被汉族同化，在居住上采取与汉族隔离的政策，形成了特有的清代北京城区的社会空间结构：最中心的是皇宫紫禁城；第二圈是皇城，为政府衙门；第三圈是内城，为八旗王公贵族集中居住的地方；最外面的第四圈，才是汉人和其他民族的集中居住地。

居住内城的满洲八旗以及蒙古、汉军八旗官兵分布在特定地区。镶黄旗居安定门内，正白旗居东直门内，镶白旗居朝阳门内，正蓝旗居崇文门内，该四旗称为“左翼”。正黄旗居德胜门内，正红旗居西直门内，镶红旗居阜成门内，镶蓝旗居宣武门内，该四旗称为“右翼”。当时，分居于北京内城的八旗官兵，形成明显的但不甚规则的圈层结构，其中满洲八旗分居于皇城四周，为最内一圈层，其外为蒙古八旗，再外为汉军八旗。

清代北京流行戏曲演出，作为城市娱乐生活的戏曲欣赏，在北京特有的城市空间展开，涉及族群与政治。今天被人们视为国剧的京剧，就是在北京形成的。我们探讨清代北京的戏曲流行情况，可以深化对于有清一代文化嬗变、城市生活、满汉交融以及历史变迁的认识。

一、内外有别：清代北京的戏曲娱乐

首先讲述京剧的形成问题。

娱乐生活具有社会性，同人民大众紧密地联系在一起，娱乐过程中体现出一定的价值观念，娱乐活动具有一定的社会效果。清人的娱乐活动中，看戏是最重要的形式。晚清形成的京剧，由演员扮演角色当众表演故事情节，按照角色行当有唱、做、念、打的不同特点，综合了音乐、舞蹈、武术、杂技等多种娱乐，最具综合性，也最具观赏性。

戏曲的生命根植于民间，清代戏曲发展首先便表现在地方戏的兴起。清初，明代盛行的昆山腔以及弋阳腔处于正统地位，由于昆曲渐趋规范化、程式化，进而走向僵化，内容上多是通过帝王将相、才子佳人宣传礼教；形式上不外是悲欢离合的套式，失去了旺盛的生命力。由于人们的戏曲爱好要求有所更新，流传到民间的昆、弋诸腔同各地的民歌、说唱以及民间小戏结合，向着地方化的方向发展。加上新产生的地方戏，到了清中叶，各种戏曲绚丽多姿。

地方戏的兴起，与处于正统地位的昆腔发生了争取观众的矛盾，形成了花雅之争。《扬州画舫录》说："雅部即昆山腔；花部为京腔、秦腔、弋阳腔、梆子腔、罗罗腔、二簧调，统谓之'乱弹'。"[①]正统文人和上层认为，昆腔清雅庄严，新兴地方戏淫靡

① 李斗：《扬州画舫录》卷5《新城北录下》，中华书局1960年，第103页。

鄙俗，故有花、雅的划分，并且扬雅抑花。而一般群众喜好花部，观昆曲“辄哄然散去”，花部成为群众喜闻乐见的一种形式。

北京剧坛演出的变化，基本上反映了清代各剧种的消长。清初，在昆曲盛行的同时，弋阳腔与之争衡并发展起来。弋阳腔适合北京人的口味，称为“京腔”。“宫中演历史大戏已从全部演昆曲，逐步改为昆弋相间，互相调剂，以避免给人以单调的感觉。弋阳腔已由被清廷限制、禁止的花部中分化出来，变成皇族御用的腔调之一。”[①]清廷扶持昆弋，排斥秦腔。乾隆十六年太后六十大寿，举行庆祝活动，各地剧种进京，从西华门到西直门外高粱桥，十余里每隔数十步搭一戏台演出。乾隆三十六年太后八十岁生日又如此庆贺一番。官僚士大夫爱好昆曲，在府邸演戏多以昆曲为主。乾隆四十年代，四川的魏长生把秦腔（即梆子腔）带到北京，“繁音促节，呜呜动人”，一时名动京师，“凡王公贵位，以至词垣粉署，无不倾掷缠头数千百”。[②] 但是，清廷屡出告示，强迫秦腔艺人改习他腔，迫害坚持演出的秦腔艺人。乾隆五十一年，魏长生被迫离开北京。乾隆五十五年乾隆帝八十大寿，为祝寿，各地剧种再次大规模进京演出。徽班利用这次难得机遇，登上了京师戏曲演出的历史舞台。其实就在魏长生离京的乾隆五十一年，高朗亭带领三庆班进京，接着各徽班陆续进京，三庆、四喜、春台、和春四大徽班逐渐发展起来，形成昆曲、弋腔、秦腔、皮黄在京师争奇斗妍的局面。

徽班后来占据北京的戏曲演出舞台，并同来自湖北的汉调艺人合作，以徽调的二黄和汉调的西皮为基础，不断向其他戏曲

---

① 丁汝芹：《徽文化・徽商・京剧形成》，《舞台艺术》2006 年第 6 期，以下论述徽班等问题也多参考此文。

② 昭梿：《啸亭杂录》卷 8《魏长生》，中华书局 1980 年，第 238 页。

声腔学习,道光以后形成京剧。实际上,这与徽商的推动不无关系。花部乱弹中,有一种石牌腔,它是乾隆年间安徽怀宁长江水边的古镇石牌流行的地方戏。徽班进京的十年之前,石牌腔在南方长江流域一带已经是有影响的曲种了,当时流行谚语"无徽不成市,无石不成班",徽班演唱的乱弹腔戏即是石牌腔。这种安徽南部流行的石牌镇腔调,通过多种管道拓展到当时的南方戏曲演出中心——扬州一带,也有的就在徽商自养家班里演唱。当时扬州多有富足的盐商,当乾隆帝南巡至此,盐商都要献上戏曲演出,极大地推动了这里的戏曲特别是花部乱弹的流行。

有学者认为,徽商介入乱弹戏曲演出,无疑提高了这种戏曲的社会地位,使其在扬州名正言顺地进入了大雅之堂,甚至有了给皇帝唱戏的资格。这对乱弹腔戏在南方戏曲演出中心的发展起到了意想不到的作用。有徽商的推荐和运作,乱弹戏在江南一带发展迅速。乾隆五十五年,闽浙总督伍拉纳指派徽班进京,为皇帝八旬万寿祝厘,配合京城的衢歌巷舞之乐。明代已有"徽州班"之称,是由徽州商人经营的演唱徽州一带腔调的戏班。那时的徽州班和清中叶的徽班含义不同。随着徽商在江南一带的发展,演唱石牌腔的艺人们也走出家乡,去苏州、扬州谋生。因来源于安徽地区,又是随着徽州籍商人们的经商活动而传播,江南人很自然地把演唱石牌腔(到了江南多称乱弹腔)为主的班社称作徽班,以区别于原来专门演唱昆腔的戏班。后来徽班的概念泛指以演唱乱弹腔戏(或称二簧戏)为主的戏班,而不宜狭义理解为在徽州地区组成的戏班。早期的徽班也不是来自徽州,而是安庆、怀宁、石牌一带。成书于乾隆末年的《扬州画舫录》中就有"安庆有以二簧调来者"一说。因此,徽班有借徽商的名头演出地方戏的含义。

官吏和盐商派送戏班进京唱戏，是为皇帝八旬万寿祝福。承办崇庆皇太后七十岁万寿盛典，据乾隆二十六年大学士傅恒事后报账可知：大班十一班，每班雇价二百两；中班五班，每班雇价一百五十两；小班四班，每班雇价一百两。这对于戏班来说，是不菲的一笔收入。徽班以盈利为目的，自然乐意进京演出。

乾隆八旬万寿期间到京的戏班不计其数，能在京城生根的只有三庆徽班，他们剧目新颖、演技出众，将观众的兴趣从观看昆弋腔戏转移到乱弹腔戏，并带动春台、和春等其他徽班进京。他们不是在京城戏园演出昆弋腔戏时穿插演出乱弹戏，而是以演乱弹腔为主，兼唱昆腔，促使乱弹戏得到观众认可，最终取代了昆弋腔的地位。从乾隆到光绪的百余年，三庆徽班享誉京城，从进京时的三庆班主高朗亭到程长庚、杨月楼、孙菊仙、谭鑫培等乱弹戏最著名的伶人，都曾先后加盟三庆班。

其次，谈谈戏曲演出的场所与观众问题。

作为清代文化中心的北京，清朝实行限制演戏的政策，戏曲欣赏内、外城有别。康熙十年清廷规定："京师内城，不许开设戏馆，永行禁止，城外戏馆，如有恶棍借端生事，该司坊官查拿。"① 由此可见，这时北京内、外城均有戏馆，后内城的戏馆被禁止了，而外城的戏馆存续下来。关于康熙时期戏馆的情况，戴璐《藤荫杂记》说，"惟太平园、四宜园最久，其次则查家楼、月明楼"，地址在前门附近。据《清稗类钞·戏剧类》记载，雍正时京师戏馆以方壶斋、蓬莱轩、升平轩最著名。到乾隆二十七年，"前门外戏园酒馆，倍多于前"。嘉庆四年清朝又禁内城戏园，上谕说："向来

① 王晓传辑：《元明清三代禁毁小说戏曲史料》，作家出版社1958年，第21页。

京城九门以内，从无开设戏园之事，嗣因查禁不力，夤缘开设，以致城内戏馆，日渐增多。”外城的戏馆也在增加，道光四年御史郎葆辰奏：“外城戏园戏庄，不下十余处，嗣后毋许再行开设。”他的请求得到了道光帝的批准。[①] 内城的戏园虽屡遭禁止，却仍存在。

清人震钧《天咫偶闻》回忆咸丰时的情形说，内城的戏园“如隆福寺之景泰园、四牌楼之泰华轩皆是，东安门外金鱼胡同、北城府学胡同皆有戏园”。内城的戏园直到同治九年仍在演戏，以至清廷再下禁令，同治帝谕内阁“御史秀文奏，请严禁内城卖戏一折。京城内城地面向不准设立戏园，近日东四牌楼竟有泰华茶轩，隆福寺胡同竟有景泰茶园，登台演戏。并于斋戒忌辰日期公然演唱，实属有干例禁。着步军统领衙门严行禁止，傥敢故违，即行从严惩办”[②]。除了内城这两座戏园外，据《道咸以来朝野杂记》记载，外城的戏园累计有十四处。外城的戏园以演戏为主，内城的戏园有时违禁演戏，通常演出鱼龙曼衍、吐火吞刀、平话、嘌唱、杂耍、八角鼓、曲词之类的曲艺、杂剧节目。同治十一年，“据御史袁承业奏，近闻太监在京城内外开列多铺，并蓄养胜春奎戏班，公然于园庄各处演戏”[③]。戏园、戏庄应当不少。光绪七年，据御史丁鹤年奏称：“内城丁字街、什刹海等处，竟敢开设茶园，违禁演戏。”[④]请饬严禁，皇帝令步军统领、八旗都统即行查明严禁。总之，清朝还对戏园加以限制，规定北京内城不准设立，外城的戏园控制甚严，也曾下令禁止过演出。

---

① 王晓传辑：《元明清三代禁毁小说戏曲史料》，第42、51、66页。

② 《清穆宗实录》卷286，同治九年七月上甲戌。

③ 《清穆宗实录》卷333，同治十一年五月上丙戌。

④ 《清德宗实录》卷133，光绪七年闰七月丁酉。

内城的王公贵族是社会上层，热衷于戏曲欣赏。清末人说："早年王公府第，多自养高腔戏班或昆腔班，有喜寿事，自在邸中演戏，他府有喜寿事，亦可借用，非各府皆有戏班。"[①]多自养班，说明王公贵族具有私班是较普遍的。如礼亲王邸"旧有关中菊部"，太仓人毕子筠、华珍方客王邸写剧，"每一折成，辄付伶工按谱，数日娴习"。[②] 再如英亲王阿济格的曾孙经照，雍正时袭爵辅国公，家有梨园。

城市富贵人家常采取堂会看戏的方式，多是逢喜庆、祝寿时，请演员演出戏曲、曲艺、杂技等。早年的堂会，演员常被邀至主人的厅堂演出，一般在主人的庭院搭个天棚，正厅前设一木台，后台就是堂屋，故名堂会。除了家庆外，官场的同僚、同年、同乡、游宦等，值年节集会，联谊团拜；或某些团体等也有看堂会戏的，所谓"公私会集，恒有戏，谓之堂会"。堂会不只在家中厅堂举行，也有在戏园办的。嘉庆时，如果在戏园"庆贺雅集"，招待宾客，则名堂会，辰开酉散。其地"度中建台，台前平地曰池。对台为厅，三面皆环以楼。堂会以尊客坐池前近台……右楼为女座，前垂竹帘"[③]。除戏园之外，堂会戏还有在会馆举办的，北京名伶想九霄即在会馆堂会中演过戏。专演堂会戏的场所，也称为"戏庄"。道光时人杨懋建《梦华琐簿》记载："戏庄曰某堂、曰某会馆，为衣冠揖逊上寿娱宾之所，清歌妙舞，丝竹迭奏。"光绪时朱克敬在《雨窗消意录》中指出："京师梨园最盛，公宴庆祝，别有演剧之所，名曰戏庄。"二人均说戏庄是演堂会戏的。

堂会戏涉及妇女看戏问题。演堂会戏时，楼上可设女座，不

---

① 崇彝：《道咸以来朝野杂记》，北京古籍出版社 1982 年，第 93 页。
② 徐珂：《清稗类钞》第 11 册，第 5050 页。
③ 徐珂：《清稗类钞》第 11 册，第 5043 页。

过仍要“前垂竹帘”。另据记载：“道光时，京师戏园演剧，妇女皆可往观，惟须在楼上。……妇女欲听戏者，必探得堂会时，另搭女桌。……自光绪季年以至宣统，妇女之入园观剧，已相习成风矣。”[①]可见，清代中叶北京的妇女才可以看堂会戏，临时在楼上设专座，并在面前垂一竹帘，以示男女有别。妇女入园看戏到了清末才相习成风，而且限于富贵人家。

北京的戏园虽也演出堂会戏，但通常是大众观赏的处所，不同于“戏庄”。《梦华琐簿》记载：“戏园前曰某园、曰某楼、曰某轩，然茶话人海杂沓，诸伶登场，各奏尔能，钲鼓喧阗，叫好之声，往往如万鸦竞噪矣。”可见戏园是普通的剧场，且兼有茶馆的性质，所以这种“开座卖剧”的戏园又称“茶园”。戏园内的情况是：“大抵午后开场，至酉而散。……其为地，度中建台，台前平地曰池。对台为厅，三面皆环以楼……池中以人计算，楼上以席计算。故平时坐池中者，多市井儇侩，楼上人谑之曰下井。若衣冠之士，无不登楼，楼近剧场右边者名上场门，近左者名下场门，皆呼为官座，而下场门尤贵重，大抵为佻达少年所预定。”[②]看来，这种戏园每天下午开演，演到傍晚酉时。池中与楼上分别计费，可预定席位。虽然戏园比戏庄低级，但不似戏庄具有包场的性质，因而戏园的观众具有不同的身份，看戏的位置也不同。士大夫们上楼欣赏，而楼上最好的位置又由风流的青年人占据，楼上的席位称为官座。一般市民则在楼下观看，被楼上的人所嘲笑。

不同群体的审美情趣存在显著差异。《清稗类钞·戏剧类》载京师戏园盛况：“楼上所赏者，率为目挑心招、钻穴逾墙诸剧，

① 徐珂：《清稗类钞》第11册，第5065—5066页。
② 包世臣：《都剧赋序》，《清稗类钞》第11册，第5043页。

女座尤甚。池内（指市井儇侩）所赏，则争夺战斗、攻伐劫杀之事。故日常所排诸剧，必使文武疏密相间，其所演故事，率依《水浒》、《金瓶梅》两书，《西游记》亦间有之，若《金瓶梅》，则同治以来已辍演矣。”可见城市上流社会喜欢看表现情爱的文戏，《金瓶梅》颇受欢迎；城市下层社会则喜欢取材于《水浒》等书的武打戏。总的说来，市民们同农民的欣赏大致相同，是娱乐性把他们连在一起的。

总之，伴随着乾隆以降花部乱弹的兴起，清代的戏曲活动兴盛起来，北京城市固定化的营业性戏曲欣赏空间——戏园应运而生。

二、大内演戏，无干伊事：清代帝后热衷欣赏戏曲

嘉庆四年官员策拔克在所寄军机章京信内，探询圆明园同乐园之戏，引来皇帝斥责：“甚属非是，大内演戏，无干伊事。”[①] 反映出清廷的宫中戏曲欣赏。

我们先看清廷演戏的机构。

中国历史上的各个朝代，都有为国家及皇帝奏乐、娱乐用的宫廷艺人，他们多属于乐籍。清初承明制，户籍中也有专门属于乐户的贱民。康熙、雍正两朝解除中央和地方乐籍，此后宫廷艺人由良民充任。清代宫廷艺人，由于所属部门及工作性质不尽一致，大约分为两种：第一种是隶属于乐部和声署，供国家典礼

① 《清仁宗实录》卷38，嘉庆四年正月下丁丑。

演乐的艺人;第二种是隶属于内务府升平署,供宫内演戏奏乐的艺人。

升平署的演变有一个漫长曲折的过程。如果按照顺治末年教坊司的定制,在康熙朝,由太监在国家典礼时演唱中和韶乐。以后雍正、乾隆虽又选男乐、鼓手充差,也只是一百多名。但离不开声色犬马的皇帝是决不会满足于此的,于是从康熙朝开始,出现了南府,专门收集民间艺人为宫廷演戏。南府位于西华门以南(今南长街南口路西的北京六中和长安街的北京二十八中所在地),目前所见到最早有确切时间记载的,关于南府这一名称的文献是康熙二十五年六月二十日满文档案:"糊南府所用戏台架子及戏子架子六。"①

康熙时南府的情形,选编清宫档案的《掌故丛编》有康熙帝"问南府教习朱四美琵琶内共有几调"等语,可知南府有教习存在。康熙帝还说:"尔等向之所司者,昆弋丝竹各有职掌。"说明宫中有昆、弋两腔的乐工。此外还有"大内因旧教习口传心授",弋阳腔"故未失真"②的说法。清代文献中也披露出康熙帝曾从江南搜括女优。《李煦奏折》记载,康熙三十二年,苏州织造李煦"寻得几个女孩子,要教一班戏送进,以博皇上一笑,切想昆腔颇多,正要寻个弋腔好教习",恰逢康熙帝专派宫廷教习叶国祯到苏州训练。可见,康熙朝宫中使用女优,主要演唱昆腔和弋腔。织造衙门负责为朝廷搜求女优的事例间或有之,杨士凝于康熙六十一年所作《捉伶人》一诗云:"江南营造(当是织造)辖百戏,搜春摘艳供天家。赇通捷径冀宠利,自媒勾致姑苏差。采香中

① 丁汝芹:《清代内廷演戏史话》,紫禁城出版社1999年,第10—11页;满文档案见朱家溍、丁汝芹:《清代内廷演剧始末考》,中国书店出版社2007年,第12页。
② 《掌故丛编》第2辑《圣祖谕旨二》。

使暂停毂，不劳官府亲擒拿。”[①]就是形象的证明。清人吴振棫也说：“优伶向由织造、监督、盐政等采送至京，并有眷属同居者，谓之外南府。”[②]虽然我们对康熙、雍正时期南府的设置不十分清楚，但是我们了解到，从江南搜括来的艺人属于南府。

清朝除了南府之外，还在景山等处安置民籍艺人，其中主要是苏州艺人。景山艺人最早的记载，根据前引丁汝芹等学者的研究，也见于满文档案里康熙三十四年李孝生等为宫廷用项开支银两的奏本，从中可知南府、景山学艺处形成的轨迹。康熙二十年左右，内务府所辖掌仪司已有教授弹琴的教习以及学习舞碟的太监，他们的钱粮由掌仪司支付，大约起先由掌仪司统一管理。康熙二十五年以后，有“南府”一称出现，并有教宫戏处、学艺处开支。康熙三十七年起，领取钱粮的有唱宫戏的人、教学艺太监之教习、教太监学习弹琴之教习、在景山教学艺太监之教习、掌仪司奏乐太监、景山九间房学艺太监、南府学艺太监等。此时机构尚未统一，钱粮发放也比较零乱。康熙四十二年有了制作盔头处（后称盔头作）和为演戏承做切末（道具）、服饰的盔头匠。康熙四十七年以后有了管理南府学艺处的治仪正，该处有食八两钱粮的教习二名、食四两五钱的教习十三名、食四两的教习一名以及学艺人三十二名。景山学艺处领取钱粮的人共有六十八名。康熙五十一年，在南府、景山学艺处之外，还有了六郎庄的学艺处，共有教习四十八名。西郊六郎庄毗邻皇家园林畅春园，可知此处为承应戏差所用。[③]

① 邓之诚：《清诗纪事初编》，上海古籍出版社1984年，第449页。

② 吴振棫：《养吉斋丛录》，北京古籍出版社1983年，第152页。

③ 此段参考朱家溍、丁汝芹：《清代内廷演剧始末考》，中国书店出版社2007年，第16—17页。

雍正时景山艺人的情况，有苏州《梨园公所永名碑记》可以为证。苏州艺人因长洲、元和、吴县三县衙门迎春时传唤艺人扮演，上书请求禁止。据碑文，景山总管和内廷供奉的诸公是苏州籍艺人，协助故乡同行取消梨园迎春扮演和重整老郎庙。事成之后，苏州戏剧界刻有《奉宪永禁差役梨园扮演迎春碑文》和《梨园公所感恩碑》，第二通碑专为苏州织造海保所立。《梨园公所永名碑记》为景山总管以及内廷供奉诸公所立。可见，为前述事情的办成，在京苏籍艺人出了力，大概是向皇帝或有关部门做了请求。据此我们对雍正时期景山的情况有所了解，当时苏州艺人近五十人到内廷演戏供奉，并由景山总管管理，该总管曾由苏籍艺人担任。所谓"庙上会首"，是指景山的艺人有自己的行会组织，设在老郎庙。[①]

康熙、雍正时期宫中女艺人的数量是不少的。乾隆讲到宫中女艺人时曾说，"我朝初亦历代沿，康熙年间其数不盈千"，"雍正其数更减十之七"。[②] 看来康熙约有女乐千人，雍正约有女乐三百人。

乾隆时期是南府的鼎盛时期。南府设在南花园，归内务府管辖，分内三学和外二学，另有十番学、弦索学和中和乐，所选各地优伶入京供奉内廷，叫作民籍学生，取八旗子弟教之乐歌，为旗籍学生，二者统称为外边学生，隶属外学。内学人员则为太监。大约到了嘉庆十八年，南府机构进行了调整，内学变为二学，外学改成三学。嘉庆时取消了弦索学。

---

① 江苏省博物馆：《江苏省明清以来碑刻资料选集》，三联书店 1959 年，第 276—280 页。

② 《高宗纯皇帝御制诗四集》卷 44《古今礼五十三首丁酉四 · 上阳白发人愍怨旷也》。

道光时期，对宫廷演戏机构进行了改革。先是道光元年正月，“将南府、景山外边旗籍、民籍学生、有年老之人，并学艺不成不能当差者”[①]革退三十九名。六月又革退七十名，同时把景山二学归并南府，学生并总管、首领等俱入南府当差，内二学归为内学，外三学合成外学。至道光七年，尽将民籍学生全数退回原籍，旗籍发本旗。于是内廷演戏尽用太监承差，南府也被降格为升平署，视其为膳房之类的小衙署。

乾隆及以后，宫廷有多少艺人呢？据近人王芷章估计，乾隆时南府不下一千四五百人，嘉庆四年南府、景山外学约有八九百人，道光元年南府、景山外学约三百四十人。[②]

乾嘉道时期宫廷艺人同顺康时期一样，多来自苏州等江南地区。道光元年革退学生时曾说：“民籍学生着交苏州织造顺便带回。”嘉道时人顾禄讲到苏州戏曲时曾说：“老郎庙，梨园总局也。凡隶乐籍者，必先署名于老郎庙。庙属织造府所辖，以南府供奉需人，必由织造府选取故也。”[③]可见，南府、景山的宫廷艺人多出自苏州一带。这种情形一直延续到晚清。

咸丰十年三月，清廷重新挑选民籍学生进内廷演戏，其中京师各戏班的名角，使之教授内监，称为“教习”。陆续添至五十二名，此外还有鼓笛、随手及筋斗人十二名。同时，清廷查取外边戏班名角，指名传入内廷演戏。同治二年清廷又将民籍学生革退，但随手、筋斗人仍留下当差。到了光绪九年前例重开，挑选民籍学生概称教习，有时也称为外学。之后人数不断增加，至宣统三年，教习、随手、总教习约有一百三十人。光绪中期，慈禧太

---

① 周明泰：《清升平署存档事例摘抄》卷3。
② 王芷章：《清升平署志略》，商务印书馆1937年，第10页。
③ 顾禄：《清嘉录》，江苏古籍出版社1986年，第122页。

后嗜戏，除了内外学，将近侍太监组织成“本家”，还请外边戏班进宫演戏，二者轮值。晚清宫闱演戏又是一番兴盛景象。

宫廷艺人多选自苏州一带，那么他们的收入怎样呢？据清升平署档案可知，嘉庆时南府、景山各学学生一般每人月食二两钱粮，另外总管等缺，俸银有四两、三两、二两五钱三等，但名额有限。外学每人另给白米十石，按四季发领，作为养家之资。宫廷艺人一般月食二两钱粮，另有大米养家，这是较高的生活待遇。光绪五年六月有九名民籍随手替补当差，另加公费制钱一串。光绪三十年宫廷艺人的收入发生了较大变化，这年十月谭鑫培等十六人每人加添二两钱粮米，金秀山等二十七人每人加添一两五钱粮米，杨永元等十八人每人加添一两钱粮米，此外还有加添五钱的。晚清宫廷艺人收入，较之嘉庆时期有所增加，不过这时宫廷艺人不多。尚需指出，作为艺人，主要是出名的艺人，常有堂会演出，收入比平时高得多。被宫中“传差”演出，得到的赏钱也不少。丁汝芹据光绪二十二年“差事档”统计，四喜、玉成、承庆、同春、宝胜和、义顺和、福寿等班，总共在紫禁城和颐和园演出近 50 场戏。每次赏银多为四百多两，最少也有三百多两。

宫廷艺人中的外学学生还可以带“眷属同居，其子弟亦延师受业”①。如果学生死亡，“按例在崇文门行恩赏银十两，其家口灵柩，着苏州织造便船带回”②。可见宫廷艺人的地位是不低的，非清代以前身隶贱籍的教坊司艺人可比，而且清代后期宫廷艺人的地位较之前期有了很大的提高。

---

① 吴振棫：《养吉斋丛录》，第 152 页；吴长元：《宸垣识略》，北京古籍出版社 1983 年，第 348 页。

② 周明泰：《清升平署存档事例漫钞》卷 3《外边学生病故》。

当然，宫廷演出的艺人难免提心吊胆，搞不好会大祸临头。据经常入宫看戏的礼亲王昭梿记载，有一次雍正帝观看一出《郑儋打子》的戏剧，龙颜大悦之余便向演员赐食，演员偶问现在谁是常州知府（戏中郑儋是常州刺史），雍正帝勃然大怒说："汝优伶贱辈，何可擅问官守？其风实不可长。"于是将演员"立毙杖下"①。正是这位解除乐籍的皇帝，杀人却如此草率。

再来看看内廷的演戏情况。

嘉庆年间礼亲王昭梿《啸亭续录・大戏节戏》记载：

> 乾隆初，纯皇帝以海内升平，命张文敏制诸院本进呈，以备乐部演习，凡各节令皆奏演。其时典故如屈子竞渡、子安题阁诸事，无不谱入，谓之月令承应。其于内庭诸喜庆事，奏演祥征瑞应者，谓之《法宫雅奏》。其于万寿令节前后，奏演群仙神道添筹锡禧，以及黄童白叟含哺鼓腹者，谓之《九九大庆》。又演目犍连尊者救母事，析为十本，谓之《劝善金科》，于岁暮奏之，以其鬼魅杂出，以代古人傩祓之意。演唐玄奘西域取经事，谓之《升平宝筏》，于上元前后日奏之。其曲文皆文敏亲制，词藻奇丽，引用内典经卷，大为超妙。其后又命庄恪亲王谱蜀、汉《三国志》典故，谓之《鼎峙春秋》。又谱宋政和间梁山诸盗及宋、金交兵，徽、钦北狩诸事，谓之《忠义璇图》。其词皆出日华游客之手，惟能敷衍成章，又抄袭元、明《水浒义侠》、《西川图》诸院本曲文，远不逮文敏多矣。嘉庆癸酉，上以教匪事，特命罢演诸连台。上元日惟以月令承应代之，其放除声色至矣。

① 昭梿：《啸亭杂录》卷1《杖杀优伶》，中华书局1980年，第12页。

文中的张文敏，即张照，雍正时官刑部尚书，有名的书法家、文学家，乾隆初改编了不少剧本，以备宫中演出。昭梿将宫中演戏分成月令承应、喜庆演出，并介绍了一些剧目内容。按照戏曲史学者丁汝芹《清代内廷演戏史话》的研究，则清代内廷戏实际分为仪典戏和观赏戏两类。她认为把戏曲演出纳入朝廷的仪典，当属清朝首创。张照等人编写了一批与岁时节令、喜庆活动有关的剧目，为内廷演出树立了严格的规范。从此，各个节令及喜庆活动都要演出相关的剧目。这些戏情节简单，也就是一段恭贺吉祥喜庆的唱词，配上舞蹈而已。仪典戏包括节令戏、喜庆戏、万寿戏三种：节令戏指每个月里的节日、节气活动所演的戏；喜庆戏即所谓的《法宫雅奏》，是指各种喜事，如皇子诞生、结婚、给太后上徽号和册封妃嫔等演出的恭贺剧目；万寿戏就是《九九大庆》所指的帝后寿诞的万寿节的演出。

观赏戏，是帝后日常传演的观赏性较强的剧目。张照等人整理原来民间的曲本，重新编写出《升平宝筏》等宫廷大戏，每剧多为10本，每本24出，全长达240出。嘉庆时这种连台大戏往往每天1本，连演10天，才演完240出戏。民间戏班演出的时兴剧目也能及时传进宫内。内廷连续十几天，天天演戏是常有的事情。清宫也经常演出杂剧、传奇的折子戏，也不介意演出满洲贵族的祖先金人作为战败求和形象的南宋抗金剧目，杨家将故事在清宫戏台上一直占有相当的比重。清宫还演出玩笑戏，这类剧目以小丑、小旦为主角，两三个人以调笑、嬉闹博得笑声。有的剧目格调不高，甚至出言庸俗，清帝也不以为怪。民间流行剧目进入内廷，则以神怪故事的比重为大。内廷演戏，康熙时期只演昆、弋两腔，乾隆时期就难以确定了，嘉庆时出现“侉戏”，是指南方兴起的皮黄腔等乱弹腔，后来梆子腔的秦腔进入宫中，所以昆曲、弋腔、皮黄、秦腔都曾在宫中演出。

清廷为了看戏，有各种规模与形式的看戏场所。有讲究排场、建筑精美、装修豪华的戏楼。这些大戏楼高达三层，如圆明园同乐园的清音阁、紫禁城宁寿宫阅是楼院内的畅音阁、紫禁城寿安宫的戏楼、热河避暑山庄福寿园的清音阁、颐和园德和园戏楼。同乐园的戏台大约建于雍正初年，德和园的戏台建于光绪十七年，其余均建于乾隆年间。乾隆时期赵翼扈从乾隆帝木兰秋狝。他在《檐曝杂记·大戏》中记载了承德避暑山庄清音阁戏楼以及演戏的情形：

> 中秋前二日为万寿圣节，是以月之六日即演大戏，至十五日止。所演戏，率用《西游记》、《封神传》等小说中神仙鬼怪之类，取其荒幻不经，无所触忌，且可凭空点缀，排引多人，离奇变诡作大观也。戏台阔九筵，凡三层。所扮妖魅，有自上而下者，自下突出者，甚至两厢楼亦作化人居，而跨驼舞马，则庭中亦满焉。有时神鬼毕集，面具千百，无一相肖者。神仙将出，先有道童十二三岁者作队出场，继有十五六岁、十七八岁者。每队各数十人，长短一律，无分寸参差。举此则其他可知也。又按六十甲子扮寿星六十人，后增至一百二十人。又有八仙来庆贺，携带道童不计其数。至唐玄奘僧雷音寺取经之日，如来上殿，迦叶、罗汉、辟支、声闻，高下分九层，列坐几千人，而台仍绰有余地。

可见三层戏台之宏伟，戏剧演出场面之壮观。昭梿《啸亭续录·派吃跳神肉及听戏王大臣》记载，乾嘉时期“至上元日及万寿节，皆召诸臣于同乐园听戏，分翼入座，特赐盘餐肴馔。于礼毕日，各赐锦绮、如意及古玩一二器，以示宠眷焉”。据说同乐园清音阁戏楼最大，皇帝召诸臣听戏场面一定十分壮观。清朝苑囿中也有大小适宜的中型戏台，数目较多，紫禁城、颐和园、西苑、承德避暑山庄、圆明园、长春园均有。这类戏楼有的是上下两层，但只在底层唱戏。这种戏台只有一个台面，对面是看戏的殿堂，看戏与舞台较近，比较舒适。档案资料记载演戏最多的是紫禁城内重华宫漱芳斋戏台。漱芳斋就是电视剧《还珠格格》拍戏的主要场所。此外，清宫还有室内演出帽儿排、花唱、清唱和演杂耍、戏法、说唱的小戏台，如慈禧太后居所长春宫院内的"怡情书史"小戏台、建于池水之中的西苑纯一斋"水座"戏台、为活动需要临时搭建的"行台"。

宫廷演剧有华丽的服装与制作精良的道具。清代宫廷史专家朱家溍先生介绍了故宫博物院所藏南府嘉庆二十五年的《穿戴提纲》，这两大册档册记有数百出戏，其中有63出"节令开场"的承应戏目、32出承应大戏戏目、59出弋腔剧目、312出昆腔杂戏剧目。每一出戏都详细记载着全部剧中人物的服装、道具、扮相的名称，是一份内容非常丰富的戏曲服装史料。从这两本档册所载数百出戏的穿戴，可以看出乾嘉时代弋腔、昆腔两个剧种在舞台上所演的每一出戏、每一角色的明确扮相。对照起来，大多数角色的穿戴和近数十年来昆腔、弋腔、皮黄腔、梆子腔人物角色的穿戴基本一样。[①] 清廷的戏衣多由江南三织造承办，也有由内务府造办处制作的，质量上乘，富丽堂皇。清宫称演戏的道具为切末，数量巨大，制作精良。赵翼《檐曝杂记·大戏》说："内府戏班，子弟最多，袍笏甲胄及诸装具，皆世所未有，余尝于热河行宫见之。"可以想见清宫戏剧服饰、道具的精良程度。

---

① 朱家溍：《清代的戏曲服饰史料》，《故宫博物院院刊》1979年第4期。

三、限制与区隔：清廷对戏曲欣赏的措施

尽管清廷以戏曲欣赏为主要娱乐手段，但是它却对人民的戏曲欣赏加以种种限制。前面提到了限制内城演戏，防止满族汉化及官员奢靡。此外，清朝政府出于社会控制，采取了一系列限制娱乐生活的政策。

(一) 戏曲欣赏的限制措施

清朝规定："城市乡村，如有当街搭台悬灯唱演夜戏者，将为首之人，照违制律杖一百，枷号一月。不行查拿之地方保甲，照不应重律，杖八十。不实力奉行之文武各官，交部议处。"[①]即不许在固定演出场所以外的公共空间以及晚上演戏，担心演戏影响社会秩序。此外，清朝限制戏曲欣赏主要体现在以下两个方面。

第一，对戏曲内容的限制。

清代地方戏多表现爱情、家庭生活等文戏与《水浒》等武戏，清朝统治者认为它有两个错误：一是诲淫，一是诲盗。因此，从康熙迄于光绪，都实行了戏禁政策，对新兴的地方戏禁止尤严。嘉庆三年禁演花部诸腔的上谕最具代表性。禁令认为花部诸腔"声音既属淫靡，其所扮演者非狭邪蝶亵，即怪诞悖乱之事，于风俗人心殊有关系"。规定"嗣后除昆弋两腔仍照旧准其演唱，其

① 《大清律例按语》卷65《刑律杂犯》。

外乱弹、梆子、弦索、秦腔等戏，概不准再行唱演”，除京城“严查饬禁”外，“传谕江苏、安徽巡抚，苏州织造，两淮盐政，一体严行查禁”。[①] 可见，扬州、苏州、南京、北京等文化发达地区是重点查禁对象。所谓淫戏有伤风化容易理解，对于“怪诞悖乱”的诲盗，嘉庆皇帝另有详解。他说民间演剧“每喜扮演好勇斗狠各杂剧，无知小民，多误以盗劫为英雄，以悖逆为义气，目染耳濡，为害尤甚”[②]。不过当御史黄中杰奏请“令管班下贱优伶首告点戏职官”，“饬令直省教官稽察戏文稿本，并将京城查禁戏目汇册饬行直省”，嘉庆帝分别以“实无此政体”，“事太烦琐，可笑可鄙”，以为“该御史所奏迂阔不可行”，遂主张：“嗣后各巡城御史惟当遵照前降谕旨，将邪淫斗狠戏文随时查禁，勿令日久生玩，则习尚自可以渐转移矣。”[③]所以嘉庆帝禁止的只是诲淫诲盗戏曲，一般的戏曲演出不加禁止，因此正常的戏曲娱乐照常进行。

除了从剧种等对戏曲内容加以限制外，清朝还对戏曲角色加以限制。清律规定：“凡乐人搬做杂剧戏文，不许装扮历代帝王后妃，及先圣先贤忠臣烈士神像，违者杖一百。官民之家，容令装扮者与同罪。其神仙道扮及义夫节妇孝子顺孙劝人为善者，不在禁限。”理由是帝王等神像“皆官民所当敬奉瞻仰”，如扮演则“不敬甚矣”。而演忠孝节义之人，“事关风化，可以兴起激劝人为善之念者”。[④]

清代对戏曲内容的限制还表现在剧本方面。乾隆四十五年下令删改抽撤剧本，认为剧本中“如明季国初之事，有关涉本朝

---

① 江苏省博物馆：《江苏省明清以来碑刻资料选集》，第295—296页。
② 《清仁宗实录》卷281，嘉庆十八年十二月癸丑条。
③ 《清仁宗实录》卷299，嘉庆十九年十一月庚寅。
④ 《大清律例按语》卷26《刑律杂犯》。

字句……至南宋与金朝关涉词曲，外间剧本往往有扮演过当，以致失实者；流传久远，无识之徒，或至转以剧本为真，殊有关系，亦当一体饬查"[1]。看来对剧本的检查，主要出于民族关系，即把汉人斥责女真、满族的地方加以修改，以免除民人对清朝的正统地位产生怀疑。修改戏曲剧本在扬州设局进行，由两淮巡盐御史伊龄阿负责，苏州织造衙门负责进呈词曲剧本。

第二，强调不许丧中演戏。

雍正初年为康熙帝国丧三年。裕亲王保泰在家演戏，雍正帝认为他大失臣节，将其所管宗人府、礼部、都统、武备院及看守大阿哥等事俱行罢革。随后严禁兵民等出殡时前列诸戏，及前一日聚集亲友设筵演戏。

雍正帝去世后，清廷再次命丧葬循礼："民间遇有丧葬之事，不许仍习陋风，聚饮演戏，以及扮演杂剧等类，违者按律究治。"[2]

乾隆帝去世后，宫中有演戏行为，策拔克所寄军机章京信内探询同乐园之戏，嘉庆帝认为："甚属非是，大内演戏无干伊事，探询何为，亦系探听内事之恶习，此风断不可长，策拔克着严行申饬。"[3]嘉庆五年，给事中萧芝奏"敬陈天道以励臣工一折"，希望"明年释服后，应饬禁百官，毋得私宅演戏宴会"。嘉庆帝认为，"于天时人事、国计民生仍未晓畅言之"，不予采纳。[4]

咸丰二年正月上谕内阁："御史张炜奏，请严禁演戏奢靡积习等语。京师五城，向有戏园戏庄，歌舞升平，岁时宴集，原为例

---

① 《清高宗圣训》卷264，乾隆四十五年十一月乙酉条。
② 《清高宗圣训》卷26，雍正十三年十一月丁酉条。
③ 《清仁宗实录》卷38，嘉庆四年正月下丁丑。
④ 《清仁宗实录》卷77，嘉庆五年十二月壬子。

所不禁。惟相沿日久，竞尚奢华，如该御史所奏，或添夜唱，或列女座，宴会饭馔，日侈一日，殊非崇俭黜奢之道。至所演各剧，原为劝善惩恶，俾知观感。若靡曼之音，斗狠之技，长奸诲盗，流弊滋多，于风俗人心更有关系。现在国服将除，必应及早严禁。着步军统领衙门、五城御史先期刊示晓谕，届时认真查办。如仍蹈前项弊端，即将开设园庄之人严拿惩办，以振靡俗而除积习。”[①]可见咸丰初年国丧将过，清廷申严戏禁，透露出平时京城戏园、戏庄演戏活动的频繁。

类似的情形也出现在同治时期。同治二年十月丁亥谕内阁：“御史刘毓楠奏，请崇尚节俭屏绝浮华等语。现届国服期满，一切寻常典礼照旧举行。即如梨园演戏，歌咏升平，所以宣上德而体下情，本为例所不禁。惟值逆氛肆扰，兆姓流离，国用不充，元气未复，正君臣交儆之时，岂上下恬熙之日？我两宫皇太后痛念山陵未安，民生未奠，孜孜求治，宵旰不遑，所有内廷供奉，业已随时酌减。尔内外大小臣工各有职守，宜体此意，及时振作，共济艰难，于一切应办公事，矢慎矢勤。至如饮食宴会等事，概宜力求节俭，毋蹈奢靡之习，竞尚声华，毋贪耳目之娱，自忘职业，用副朝廷崇实黜浮无敢戏豫之至意。”[②]即时因太平天国运动统治不稳，清内廷演戏的“内廷供奉”，也只是“随时酌减”，慈禧太后等可谓嗜戏如命。

光绪三年三月，同治帝尚未下葬，严禁演戏活动。光绪帝谕内阁：“御史刘锡金奏官员堂会演戏仍请禁止一折。穆宗毅皇帝梓宫尚未永远奉安，前奉两宫皇太后懿旨，将应行典礼分别举行

① 《清文宗实录》卷51，咸丰二年正月上壬戌。
② 《清穆宗实录》卷82，同治二年十月中甲申。

停缓。大小臣工均受先帝厚恩，现在虽经释服，山陵尚未奉安，若遽行照常宴乐，自必有所不忍。所有官员等演戏宴会，仍着概行禁止。”①

禁止丧中演戏，实际上反映出民众日常欣赏戏曲较为普遍，清廷担心丧期演戏、看戏依旧，冲击以孝、忠为核心的儒家价值观以及官方意识形态。

第三，强调斋戒期间不得演戏。

嘉庆十二年四月因干旱缺雨，皇帝斋戒准备设坛祈祷，给事中严烺奏请于斋戒期内，饬令大小臣工，凡遇喜庆等事暂停演戏，并请饬下五城御史：“晓谕居民人等，凡遇斋戒日期并祈雨斋戒及祭日，所有戏园概不准演唱戏剧，以昭肃敬。”②皇帝以向例斋戒期内原俱禁止演剧，不必晓示外城戏园。斋戒期过后，戏园可以照旧演戏。嘉庆十八年五月壬午，谕内阁：“御史黄鸣杰奏称，祭祀斋戒期内官民一体禁止演戏，如遇祈雨未经报祀之先，官员亦均不得演戏，并请严禁职官邀请善会各等语。斋戒期内不准设筵演戏，例有明禁。如有违例演唱者，该御史确有见闻，即当指名参劾，何必隐跃其词。若因雨泽偶稽，将官民一切洗腆称觞之事概行禁止，国家向无此科条，殊可不必。嗣后斋戒期内禁令，仍照旧例行。至职官邀请善会，亵体旷官，有乖职守，着永行饬禁。”③重申禁令。

第四，对观众有所限制。

清廷认为看戏是对人心风俗有害的事情，禁止八旗官兵出入戏园酒馆：“八旗当差人等，渐改旧习，不守本分，嬉游于前门

① 《清德宗实录》卷49，光绪三年三月戊午。
② 《清仁宗实录》卷178，嘉庆十二年四月下丁酉。
③ 《清仁宗实录》卷269，嘉庆十八年五月壬午。

外戏园酒馆。仍照旧例交八旗大臣、步军统领衙门不时稽查，遇有违禁之人，一经拿获，官员参处，兵丁责革。并令都察院、五城、顺天府各衙门出示晓谕，实贴各戏园酒馆，禁止旗人出入。”[①]乾隆四十一年更定律条：“凡旗员赴园看戏者，照违制律杖一百，失察之该管上司交部议处。如系闲散世职，将该管都统等交部议处。”[②]清廷的历代皇帝也多次加以申禁，以保证八旗国语骑射的淳朴之风。

清朝对官员看戏加以限制。嘉庆八年上谕：“嗣后着步军统领衙门、五城巡城御史，于外城开设酒馆戏园等处所，随时查察，如有官员改装潜往，及无故于某堂某班某庄游宴者，据实查考，即王公大臣，亦不得意存徇隐。”[③]清朝认为官员是社会的楷模，不能在公共场所看戏。清代也确实有不少官员因喜好戏曲而丢官的。

妇女看戏也受到了限制。北京五城寺观僧尼借善会开场演剧，乾隆二十七年规定：“……倘有设为善会，煽聚妇女者，一定将该庙为首僧尼查拿治罪。至有职人员……纵容妻妾入庙，一经查出，指名纠参。”[④]同治年间又严禁妇女入庙观戏，同治帝谕内阁“御史锡光奏请严禁五城寺院演剧招摇、妇女入庙，以端风化一折。寺院庵观不准妇女进内烧香，例禁綦严，近来奉行不力，以致京城地面竟有寺院开场演戏，借端敛钱，职官眷属亦多前往，城内隆福寺、护国寺开庙之期，妇女亦复结队游玩，实属有关风化。着步军统领衙门、顺天府、五城出示晓谕，严切稽查。

---

① 《吏部处分则例》卷45《刑杂犯》。

② 光绪《大清会典事例》卷829《刑部刑律杂犯》。

③ 延煦等编《台规》卷25。

④ 《台规》卷25。

遇有前项弊端，即将该庙僧尼人等从重惩办，以挽颓风。”[①]清朝政府认为妇女只能按照三纲五常做“贤内助”，而不能抛头露面，所以便加以限制。

（二）将违反戏禁的满人下放到盛京的措施

清代盛京作为关外的龙兴之地，被清廷视为保留满族传统生活方式的根据地，因此采取将违反戏禁的满人下放到盛京的措施。反讽的是，清代盛京的演戏活动也日趋兴盛。

早在雍正初年，盛京就已经出现酒楼演戏的情形。雍正皇帝说他祭祀祖陵时，“见盛京城内酒肆几及千家，平素但以演戏饮酒为事”[②]，于是要求官员整饬盛京陋习，复还满洲旧日俭朴风俗，勤学骑射武艺，以维护清朝创业之地的传统风俗。

相比之下，盛京毕竟是满族的根据地，尚保持着“国语骑射”以及淳朴风俗。在经过了乾隆朝，关内满族风俗变化明显，由俭入奢，变朴为华，与关外满族风俗的俭朴相差更大。

乾隆时期满人不仅看戏，而且演戏。乾隆三年九月皇帝谕八旗大臣等：“闻得护军披甲旗人内，有不肖之徒入班唱戏者，亦有不入戏班自行演唱者。既系旗人，自当勤习骑射清话武艺，安得入此等卑污之习，罔顾身名。朕昨校猎南苑，见兵丁于行围之道、马上甚属生疏，此皆由平日不勤习武艺，沉于戏玩之所致也。八旗大臣、前锋统领、护军统领等，均有教育旗人之责。乃平日并不将该管人等，留心稽察约束，以致如此放荡。着交各该管大臣等，嗣后将此等之人务必严加管束。倘仍不留心，致使旗人流

① 《清穆宗实录》卷271，同治八年十一月下甲申。

② 《清世宗实录》卷31，雍正三年四月庚辰。

入此等卑习，或经朕访闻，或被参劾，朕惟该管大臣等是问，着步军统领亦严加查拿。”[1]乾隆时，给事中特吞岱因“常与大春班唱旦戏子刘三同舟起坐”等事，被革职处分。[2]

嘉庆十一年十月御史和顺奏称，“风闻旗人中竟有演唱戏文，值戏园演剧之日，戏班中邀同登台装演，请旨饬禁”。皇帝说他前曾迭次降旨，谕令八旗官员等不准私去帽顶，潜赴茶园戏馆。但是，该御史身为风宪之官，为朝廷之耳目，竟不知自爱，潜赴茶园听戏，至为市侩等所熟识。又有笔帖式德馨置买戏箱行头，赁给戏班，按日收钱，曾戴便帽赴园查点箱件。于是将和顺、德馨先行革职。同年十月又针对庆桂等奏审讯旗人图桑阿等五犯登台演剧、已革御史和顺潜赴茶园听戏之事指出：“八旗风俗素淳，即间有一二不肖子弟私赴戏馆中偷闲佚乐，任意花费，已属不安本分。乃图桑阿等均在本旗披甲，辄行登台装演，甘与优伶为伍，实属有玷旗人颜面。”庆桂等奏请将图桑阿、乌云珠、德泰、全魁、李惠等五犯着即照所拟销去本身户籍，发往伊犁充当苦差。皇帝认为：“近来该处风气日渐繁华，恐伊到彼后故态复萌，仍不肯安心务正。”针对和顺面奏旗人本应习学骑射清语，然而他却于清语即全未通晓，其骑射自亦必生疏，决定将其由发往乌鲁木齐改为发吉林，交与将军秀林严加管教，务令将清语骑射留心学习。令该将军随时察看，如果能潜心正业，学习娴熟，俟三年后据实奏闻，或可酌量施恩，以武职录用。

至嘉庆朝，清廷采取将演戏的满族官员送到盛京改造的措施。嘉庆十一年，皇帝指出：“坤都勒身系宗室，不自检束，虽讯

① 《清高宗实录》卷77，乾隆三年九月下乙丑。
② 《清高宗实录》卷247，乾隆十八年九月下。

未登场演戏，但跟随戏班到馆，即属不守正业。甚至乳名亦被外间传知，其游荡失体，已可概见。若照所请监禁一年，永远停止钱粮，转恐其释放后无以养赡，更致流于旷废。坤都勒着革去宗室顶戴，同伊本身眷属，一并发往盛京居住，仍赏钱粮。俾知我国家发祥之地，风气淳朴，令其涵濡效法，或渐能涤除积习。仍交该将军富俊严加管束，令其学习国语骑射，庶化其纨绔不堪恶习，毋任在外滋事。”[①]同年，“旗人内且有入班演戏”。[②] 嘉庆十六年九月御史景德奏请：“欲于万寿节令城内演戏设剧十日，岁以为例。”被革职，并发往盛京，派当苦差。皇帝认为：“盛京风气朴质，俾景德在彼览观服习。”[③]

嘉庆时期京城满人的戏曲娱乐更加兴盛。嘉庆十八年七月处置满族高官色克精额的上谕说：“如在家演剧，原例所不禁，乃于城外戏园排日张筵，敛取分金。据步军统领等饬查，色克精额演戏三日，邀客至七百余人。其中有本属官员已乖体制，且多市井商贾之徒溷迹杂坐。伊系二品大员，罔知自爱，贪利忘耻，有玷朝班，实属卑鄙。色克精额着先行开缺，仍交部严加议处，三日内具奏，不准逾限。”[④]由此看来，满人在家演剧成为合法行为，当是日常普遍性的活动。色克精额之所以受到惩处，在于演戏三日，邀客至七百余人，过于张扬，影响太坏而已。表明此时旗人观赏戏曲的禁令已经废弃。

道光时期盛京满人演戏现象更加凸显。道光帝听闻盛京将军奕颢有演戏宴会之事，特命富俊等前往详查，了解到“沈阳城

① 《清仁宗实录》卷169，嘉庆十一年十月下乙未。
② 《清仁宗实录》卷172，嘉庆十一年十二月下丁丑。
③ 《清仁宗实录》卷269，嘉庆十八年五月壬午。
④ 《清仁宗实录》卷271，嘉庆十八年七月壬午。

本有弋腔戏两班，近又到一徽班，将军府内时常演剧。……并查得该将军服用一切，诸近奢华，务耽丰美。副都统常明亦喜演戏宴会，性近奢靡等语"，认为"盛京为根本重地，风俗素称淳朴，将军副都统表率一方……乃竟时常宴乐，自蹈繁华，岂能胜将军副都统之任"。于是将奕颢、常明着交宗人府、兵部严加议处，强调："陪都地方断不容戏班聚集，日趋侈靡。着富俊即将盛京城内外所有戏班杂剧，概行驱逐。饬令地方官严行查察，嗣后再不准潜行入境。每届年终，着该将军会同五部侍郎奉天府府尹，将境内并无戏班之处联名具奏。如再查有潜留之事，惟该将军等是问。"①

咸丰、同治年间，还有一些演戏资料与盛京有关。如咸丰时奉天海城县知县鲍师钊因生辰两次演戏敛钱十万余。同治初期，已革叶尔羌参赞大臣宗室英蕴于伯克阿克拉依都等摊派回众银两，并违禁演戏，被从重发往盛京效力赎罪。盛京东边一带旷闲山场，流民聚众私垦。"惟人皆流徒，聚集甚众，已有建庙演戏。"②

四、空间、族群、娱乐与政治

清代北京城市戏曲欣赏的娱乐生活，是北京自元代以来作为都城经济发展，戏曲文化繁荣的继续。随着城市社会生活的多样化，追求闲暇娱乐的趋势。娱乐生活具有如下特征：必须

---

① 《清宣宗实录》卷166，道光十年三月甲辰。
② 《清穆宗实录》卷85，同治二年十一月中丙辰。

有充分的闲暇；具有群体性，一般来说人们需要聚集在一起，才能充分表现情感；还有流动性，演出团体要经常流动；正是由于流动性，也产生了娱乐的另一个特征——联系性。

娱乐生活的上述特点，与分散、闭锁、稳定的传统农业社会生活是不融洽的。在崇祖尚古的社会，必然同传统发生矛盾，受到统治者的约束。宋以来伴随文化娱乐的发展趋势，为了维护正统意识形态宋明理学，历朝统治者对娱乐的控制也越来越严，清朝的政策也适应这一趋势。清朝限制戏曲的政策，正是中国传统社会伦理政治的表现。伦理政治要求遵守三纲五常，注重稳定的家庭生活，服从社会等级秩序，充当顺民。满族统治者特别注意防范汉人的反抗斗争，娱乐生活群体性、流动性的特点与稳定社会秩序的要求是格格不入的。

清朝的满族统治者，以保存传统生活方式的“国语骑射”为国策。他们认为汉族的戏曲娱乐属于“奢靡”之风，与满族传统和淳朴之风不一致，而要稳固地统治汉人，满族就必须保持国语骑射和旺盛的斗志。娱乐流动性、联系性的特征最易加强民族间的交流和融合，大众娱乐无疑是满族统治者上述想法的天敌，于是采取限制戏曲娱乐的种种措施。

清廷在北京采取内城与外城区别对待的政策，禁止居住内城的满人以及汉族官员有戏曲娱乐活动，限制居住外城的汉族戏曲娱乐。不仅在北京利用空间区隔防治满人沾染汉族习气，而且还将违禁进行戏曲娱乐活动的满人下放到关外盛京改过，试图用不同的城市社会空间控制人的行为。具有讽刺意义的是，盛京的戏曲娱乐也日趋兴盛，城市生活的娱乐性特点，浸染着满族的民族特性。

统治阶级最是有闲阶级，追求娱乐、沉湎娱乐与有闲阶级息息相关。清代皇帝基本上都是嗜戏的，乾隆尤甚。据赵翼《檐曝杂记·庆典》说，除内廷演戏外，乾隆十六年皇太后六十大寿举行大庆，“自西华门至西直门外之高粱桥，十余里中，各有分地，张设灯彩，结撰楼阁。……每数十步间一戏台，南腔北调，备四方之乐，侲童妙伎，歌扇舞衫，后部未竭，前部已迎，左顾方惊，右盼复眩。游者如入蓬莱仙岛，在琼楼玉宇中，听《霓裳曲》，观《羽衣舞》也”。[①] 这是何等奢侈的场面！上有所好，下必甚焉，清王朝中期“歌舞升平”的景象，使君臣沉湎于娱乐而不能自拔。嘉庆以后，清廷限制京城戏曲娱乐谕令，几形同虚设。咸丰年间，笔帖式庆阳在步军统领衙门办事，“做寿演戏，五营将备齐往庆贺，营汛为之一空”[②]。旗人嗜戏可见一斑。

城市风尚有以宫中为转移的特性。居住在北京内城的旗人拱卫着紫禁城的皇室，连帝后也喜欢戏曲娱乐。限制甚至禁止满族贵族以及旗人的戏曲娱乐活动，由于违背风尚的形成规律，注定失败。恰恰是在清廷限制戏曲娱乐严厉的京城，形成了中国的国剧——京戏。清宫演戏无疑有助于戏曲的发展与京剧的形成，而且不少满族人成为京剧创作与演出的艺术家。

---

① 赵翼：《檐曝杂记》卷1《庆典》，中华书局1982年，第9—10页。

② 《清文宗实录》卷230，咸丰七年六月下乙亥。

第十六章 清前期与西方世界的交往

15世纪末以后，欧洲殖民国家向全世界扩张，其中宗教起了极重要的作用。天主教的许多教派，如方济各会、多明我会主张武装传教，吁请西班牙国王派军队到中国来，也派遣一些传教士到福建、广东沿海进行传教活动，但收效甚微。耶稣会采取了与其他教派很不相同的策略：服从中国的政令法律，遵循中国的礼仪风俗，学习中国的语言文化，并利用正在发展的西方科学技术，吸引中国的官吏和知识分子，日积月累地进行和平渗透，缓慢地影响和劝化中国人。耶稣会采取了这种迂回、温和的策略传教，得到了一些官吏和知识分子的支持，发展较快。

一、西方传教活动与清朝的应对

清朝入关，留在北京的耶稣会士汤若望很快得到清朝统治者的信任。清朝换代改历，顺治二年采用了传教士创制的新历，称为"时宪历"，并派汤若望掌管钦天监。汤若望先后被加封太常寺卿、通议大夫等品衔，顺治十年钦赐"通玄教师"称号，后又授通政使，进秩正一品。汤若望出入宫廷，结交权贵，传教事业有较大的发展。顺治末年，全国各省都有传教士的足迹。耶稣会传教士在华以科学技术为传教的手段，给中国带来了数学、物理、天文、历法以及测绘术、造炮术、地图学等先进的知识，这是中西文化的一次大交流。耶稣会暗中收集情报，插手中国的内政外交，在各地遍设教堂，广收教徒，因此传教士的活动与清政府以及人民存在着严重的矛盾。保守派强烈不满采用以西法修订的"时宪历"。顺治末，钦天监回回科的吴明烜和新安卫官生杨光先先后上书，指责汤若望等造历谬误。不过实测的结果，西洋历法与实际天象符合的程度胜过传统的历法，因此顺治帝并未理睬保守派的讦告。

顺治帝死后，鳌拜专政。杨光先再次上书，更加激烈地攻击汤若望等西方传教士。杨光先说传教士"假以修历为名，阴行邪教"，《时宪历》封面敢书"依西洋新法"五字，明示天下以大清奉西洋正朔，毁灭中国圣教，要求将汤若望等"依律正法"。[①] 执政的鳌拜集团不满意顺治帝推行的比较开放和进步的政策，对顺治帝所重用的传教士抱有敌意，受理了杨光先的控告，将传教士汤若望及其助手南怀仁、利类思、安文思及赞成西洋历法的钦天监官员李祖白等下狱。康熙三年的秋、冬，由吏部、礼部进行审讯和调查，杨光先胜诉。恰逢北京发生强烈地震，京师人心恐慌，以为狱讼不公，天象示警。而汤若望等也得到康熙帝祖母孝庄太皇太后保护，当辅政大臣以汤若望罪案奏请太皇太后懿旨定夺，太皇太后览奏不悦，掷原折于地，责诸辅臣曰："汤若望向为先帝信任，礼待极隆，尔等岂俱忘却，而欲置之死地耶？"[②]于

① 杨光先：《不得已》卷上《请诛邪教状》，黄山书社 2000 年，第 5—6 页。

② 费赖之著，冯承钧译：《入华耶稣会士列传》，商务印书馆 1960 年。

是命立即释放。传教士们幸免于死，但仍处决了李祖白等五名中国官员。汤若望被黜革，杨光先接任钦天监监正。废弃《时宪历》，复用《大统历》，不久因《大统历》差错太多，又改用《回回历》。

杨光先任职钦天监，屡次错测节气时日，错报日月食的时间。无论《大统历》或《回回历》，都是过时的历法，不能与天象符合，须作根本改订，而杨光先、吴明烜都不能承担这一任务。杨光先不得不要求辞职，但未获准许。康熙七年，皇帝和鳌拜之间的矛盾在历法上首先表现出来。康熙帝召集杨光先、吴明烜和南怀仁一起讨论天文历法，“务须实心，将天文历算详定”[①]，命大学士李霨一同到观象台，预推正午日影所止之处。经过十一月二十四、二十五、二十六日三次实地测验，南怀仁推测无误，杨光先、吴明烜都有误差。康熙帝命南怀仁审查杨光先、吴明烜所订历书，结果查出了置闰的错误。历书中的康熙八年闰十二月应是康熙九年正月，又一年内误置两春分、两秋分。为了进一步验证南怀仁的意见，康熙帝又安排了立春、雨水两个节气以及月亮、火星、木星运行的五项测验，令大臣们共同观察，西洋历法以实际测算的准确性取得胜利，杨光先被革职并驱逐，病死在回原籍的途中。

通过“历法之争”，康熙帝认识到传教士所具有的科学技术的重要价值，查明传教士“并无为恶实迹”，“潜谋造反”的指控纯属诬告。因此，他大胆地起用传教士，利用他们所掌握的科学技术为清廷服务。传教士取得历法争议的胜利，南怀仁接任钦天监正。此后南怀仁推荐和引介许多传教士来到北京，如徐日升、

① 《正教奉褒》，第47页。

张诚、白晋、闵明我、冯秉正、雷孝思、戴进贤等，他们凭借科学技术知识或艺术才能任职清廷。他们有的从事天文历法，改造北京的观象台，制作天文仪器；有的出入宫廷，给康熙帝讲授数学、天文、物理知识；有的把文艺复兴以后的欧洲艺术传来，在音乐、绘画、雕刻等方面进行实践；还有的在清宫造办处指导工人制作自鸣钟和其他机械。著名的《皇舆全览图》就是在传教士协作测绘下完成的。耶稣会传教士在传播西方科学技术知识方面起了有益的作用，他们在中国和西方之间架设了一座文化交流的桥梁，给保守、自大的中国知识界吹进了新风。

传教士在中国也从事刺探消息，干涉清朝的内政和外交。例如传教士参加绘制的《皇舆全览图》，是当时的机密地图，绘成不久巴黎就出现了副本。耶稣会传教士定期向其上级写秘密汇报，含有大量政治、经济、军事、外交的内容。清俄谈判时，担任译员的耶稣会传教士把中国的内部机密和谈判策略向俄方泄露，索贿讨好。教士巴多明甚至替俄国收买了清朝大学士马齐，使中国在《布连斯奇条约》的谈判中处于不利地位。就连南怀仁在北京遇见沙皇的使臣尼果赖，也表示“乐意竭尽所能，为沙皇效劳”，还骂康熙帝是“变幻无常的人”，骂中国是“野蛮民族”。[①]康熙后期皇子之间植党争夺储位，耶稣会传教士也插手其间。胤礽失势后，传教士又转向其他皇子。雍正帝因穆经远卷入了皇子之间的斗争，为胤禟传递密信，将其处死。雍正帝的上谕中说“塞思黑（即胤禟）收西洋人穆经远为心腹，夸称其善，希图储位，众所共知”[②]。康熙晚期，全国已建立天主教堂近300座，受

① 巴德利：《俄国、蒙古、中国》第2卷，第337、368、411页。

② 《清世宗实录》卷45，雍正四年六月甲子。

洗教徒近30万人，北京则有三座教堂，一所公学。各省传教士广置田产，开设字号，为非作歹。康熙五十四年，直隶真定县天主堂传教士高尚德，因逼租殴打武举人张逢时致其吐血晕地。北京钦天监内的传教士出面包庇，继续索逼典金租价。

康熙帝对天主教的某些说教有反感，又担心天主教在各省蔓延发展，对清朝统治造成威胁。因此对天主教实行限制政策，明文规定允许传教士过自己的宗教生活，但禁止传教，不许中国人入教。康熙帝起用传教士是看重他们的科学技术，而传教士之所以要为清廷修治历法，则是为了传教。鉴于传教士的作用，康熙帝的态度也不断改变，对天主教产生了一定的兴趣和好感，逐渐形成默认传教、禁令松弛的局面。康熙二十八年南巡，康熙帝在途遍寻教堂，召见传教士，实地考察各省天主教状况，公开表示对天主教的兴趣与好感。康熙三十一年，康熙帝颁布了著名的“宽容敕令”，公开解除了禁教令，允许传教士在中国自由传教。[①]

冯尔康先生认为，康熙帝第二次南巡优遇传教士、浙江禁教与容教令出台三者是连环关系。第二次南巡优遇传教士触发浙江禁教，再导致容教令的制订与颁布，就中康熙帝优遇传教士和允许传教的态度表露无遗。从中国天主教史角度考察，众所周知的南巡在主要目的之外，除了使用西洋人的科学技术和艺术，还有附加的一个目标——借机考察传教士的为人与技能。就康熙帝个人讲，他倾向于在天主教与反教臣民之间实行中庸之道的平衡政策。容教令颁布，宗教纠纷并未完结，地方官的反教斗

① 吴伯娅：《从新出版的清代档案看天主教传华史》，《清史研究》(2005年号)，中国广播电视出版社2005年。

争终康熙之世亦未停止。究其原因,臣民反对外来的天主教是在"华夷之辨大于君臣之伦"观念支配下进行的;又由于君统与道统分离,君统不能支配道统,至少不能完全支配道统,体现君统的皇帝虽有至高无上的权力,若与道统不能协调一致,方针政策就不能真正贯彻到基层政权的州县。[①]

明末已有其他教派向罗马教廷控告,说耶稣会在中国的布道方式违背天主教的教义。1645 年,罗马教廷命令耶稣会改变传教的方式,在华的耶稣会士向教廷提出申辩。由于受海外势力很大的葡萄牙支持和庇护,耶稣会更垄断了在远东的宗教活动,罗马教廷不得不倾听耶稣会士的意见。1656 年,教廷颁发命令,认可了耶稣会士在中国的活动方式。但是,随着荷兰、英国、法国的势力兴起,葡萄牙日益失去了海外传教的控制权,罗马教廷力图控制海外传教活动。耶稣会在欧洲受到非难,耶稣会内部非葡籍的传教士越来越多,力图摆脱葡萄牙的控制,重新挑起耶稣会在华的传教方式是否适当的问题。

17 世纪下半期,教皇派法国外方布道会的神父玛格利特到中国调查。玛格利特强烈反对耶稣会的活动方式,指责它和异教(指中国的儒学和礼仪风俗)合流,要求它改变传教的策略和方式,耶稣会不予理睬,罗马教廷决心进行干预。康熙四十五年(1706),教皇克莱孟十一世派特使多罗来华,发布禁条。教皇的命令中禁止中国入教者祭孔祀祖,不许传教士混淆"上帝"、"天主"与中国人一向崇奉的"天"、"帝"。多罗到达北京后,康熙帝耐心向多罗解释说:祭孔是尊重圣人之意,祭祖是不忘养育之

---

① 冯尔康:《康熙帝第二次南巡优遇传教士·浙江禁教·容教令出台——从中国天主教史角度看康熙帝政治》,《安徽大学学报》2015 年第 1 期。

恩,敬天事君是“天下之通义”[1],要求在华传教士遵守法度,服从者可以领票留在中国,不愿者一律离境回国。康熙帝还要求多罗暂缓公布教皇的命令。然而多罗离开北京到达南京后,公布了教皇关于中国礼仪的禁令,要求中国教会无条件地执行,否则处以“弃绝”的重罚。康熙帝于是逮捕多罗,将其拘禁于澳门。

罗马教廷得知此事,态度更加强硬。教皇不顾康熙帝的反复声明,再次颁布谕令,强行禁止中国礼仪。他要求所有的在华传教士宣誓,表示无条件地服从,不折不扣地执行。为此,教皇第二次派人出使中国。康熙五十九年(1720),教皇的特使嘉乐来北京传达教皇命令。康熙帝明确表示:“尔教王条约与中国道理大相悖戾。尔天主教在中国行不得,务必禁止。教既不行,在中国传教之西洋人亦属无用。除会技艺之人留用,再年老有病不能回去之人仍准存留,其余在中国传教之人,尔俱带回西洋去。尔教王条约只可禁止尔西洋人,中国人非尔教王所可禁止。其准留之西洋人,着依尔教王条约自行修道,不许传教。”[2]

康熙帝的坚定立场使嘉乐不得不考虑变通之法。他听取多方意见,拟订了“八项准许”,准备对中国礼仪做出妥协和让步。嘉乐的相对灵活的态度,使康熙帝一直将他奉为贵宾,并多次接见他,与他进行说理与辩论。康熙五十九年十二月(1721 年 1 月),传教士将教皇的禁令译成中文进呈,康熙帝阅后,愤怒地批示:“览此告示,只可说得西洋人等小人,如何言得中国之大理。”

---

① 《康熙与罗马使节关系文书》,故宫博物院 1932 年。

② 中国第一历史档案馆编:《清中前期西洋天主教在华活动档案史料》第 1 册,中华书局 2003 年,第 36 页。

“以后不必西洋人在中国行教，禁止可也，免得多事。”[①]从此，康熙帝对天主教的政策发生了根本性的转变。礼仪之争和教皇的错误决策，导致康熙帝下令禁教。虽然康熙帝下令禁教，但终康熙朝并没有实行严格的禁教政策。清廷所驱逐的还只是未领票的传教士。凡有一技之长，愿留居中国的传教士，履行手续向清廷领取信票之后，仍可自行修道，并悄悄地发展教徒。又由于康熙帝与传教士曾长期保持亲密关系，有些地方官吏担心传教士会重新得宠，没有认真执行禁教令，传教活动仍在暗中进行。

根据有关研究[②]，从新近出版的雍正朝满文朱批奏折来看，最早提出严行禁教问题的是礼科给事中法敏，时间是雍正元年(1723)二月初十。不过法敏的奏折对于具体的行动措施考虑得不够周密，尤其是对地方各省如何禁教考虑不多，并没有引起雍正帝的足够重视。雍正元年七月二十九日，闽浙总督满保、福建抚巡黄国材就禁教问题联合用满文上奏。这篇奏折汇报了福建的禁教情况，提出了在各省禁教的具体措施，引起了雍正帝的高度重视。雍正帝不仅赞赏、支持福建的禁教行动，而且想把福建的方法推广到全国，因此他要满保“缮本具奏”。满保的奏折要求驱逐各省传教士，将各地教堂改作他用，这与康熙晚期福建巡抚张伯行的主张有相同之处。满保于康熙五十年(1711)任福建巡抚，有可能受到张伯行的影响。

继满保七月二十九日的奏折之后，内阁侍读学士双喜于雍

① 中国第一历史档案馆编：《清中前期西洋天主教在华活动档案史料》第1册，中华书局2003年，第49页。

② 吴伯娅：《关于雍正禁教的几个问题——耶稣会士书简与清代档案的比读》，《清史研究》(2003—2004年号)，中国广播电视出版社2004年。

正元年九月十二日密上奏折，请求禁教。雍正元年十一月初八，镶蓝汉军旗副都统布达什也密上奏折，请求严禁旗民入教。这两篇奏折上都未见有朱批。这说明此时雍正帝的脑海中已有了满保的禁教计划，对这两人的建议不再重视。这两篇奏折表明，此时的北京禁教呼声此伏彼起，十分强烈。正是在这样的氛围之中，雍正帝与满保完成了禁教措施的密商，开始履行大臣奏请、礼部议覆、皇帝下旨的例行手续。

雍正帝下令大规模地驱逐传教士，严行禁教。其后虽有传教士戴进贤等人的恳求、教皇特使的来访、葡萄牙使节的吁请，都丝毫不能改变雍正帝的禁教宗旨。以往人们多认为由于传教士支持胤禟、胤禩，卷入了储位之争，引起了雍正帝的仇恨。无疑，传教士参与储位之争是雍正帝严行禁教的一个重要原因，但事实上雍正帝禁教还有着深刻的思想根源。由于天主教的传播冲击了中国社会的正统思想、价值观念和法规制度，雍正帝意识到要维护国家的主权和传统文化，抵制外来势力对中国内政的干涉。雍正帝还依据他对国际形势的分析，认为天主教在中国的发展，会危及清王朝的统治。雍正帝的禁教是有步骤的，他先以上谕的形式，命令各省督抚将专事传教的西洋人送往广州或澳门，拆毁或改造各地教堂，禁止中国人信教。为了显示皇恩，他还要求地方官在迁移过程中，派人护送传教士，勿使其劳苦。其后，又令大学士以寄密信的方式，要求各省督抚进行清查，严格落实禁教措施。于是除少数传教士留居北京，在内廷和钦天监工作外，各地的传教士被迁往澳门，教堂关闭，传教活动停止，中国天主教受到毁灭性的打击。

雍正帝的禁教措施主要是：将散居各地、专事传教的西洋人驱往澳门或集中于广州，迁移时给以一定的期限，保证他们的人身安全。各地教堂或拆毁,或改作他用。禁止中国人信教,尤其不许满人信教。同时,他明确宣布:“西洋人精于历法,国家用之。”[①]保留清廷任用传教士的方针,将有技艺的传教士集中到京师,为清廷服务,对他们实行保护政策,允许他们自行修道,不许传教。

乾隆帝的禁教政策则时紧时松。他坚持康熙帝的原则,只有愿意长期留居,永不返回西洋的传教士才可进入中国。对符合进京条件的传教士,还制定了一套申请、奏报、批准、护送进京的程序。对于未获批的外国传教士,清政府稽拿甚严。乾隆四十九年到乾隆五十年,发生全国性的搜捕西洋传教士和国内神职人员及信徒事件。鉴于招引活动并非个人行为,引发事件的陕西招引西洋人案是有组织的行动,透露出天主教徒有着联络网。[②]

从康熙末年至乾隆三十三年,清朝政府多次禁教,而以雍正二年、乾隆十一年最为严厉。这两次禁教期间以及在禁教前后西洋传教士潜匿内地从事隐蔽的传教活动,致使老教徒继续宗教生活,出现一批新教徒,产生一些华人神职人员和天主教骨干成员;在禁教中,他们不畏刑罚惩处,坚持信仰。教民信教有着多种原因及民间社会的因素。信仰缘由,一是深入了解教义,力图认识世界和人生奥秘;二是一般性地获知天主教对个人今生来世的影响;三是入教治病去灾;四是穷人为得到些许经济实惠;五是信仰成本低;六是神职人员传教士人品具有吸引力。这六个方面的一个或两个因素就会使人产生对天主的崇拜,步入

① 王之春:《清朝柔远记》,中华书局 1989 年,第 65 页。

② 冯尔康:《乾隆四十九年陕西招引西洋传教士案述略》,《社会科学战线》2015 年第 5 期。

教门，尤以第二种原因为多。中国民间社会恰有为天主教传播利用的条件，如家族意识和父家长制，从众心态，佛道早已传播的地狱观念，都是促成教民信仰天主教的社会因素。信徒由于对教义的了解和人生的寄托，宗教生活的习惯，对教会的依附心理，形成深厚的宗教情结，对官方禁教采取面革心非态度。天主教传教活动和民间信教长期存在于清代社会。①

嘉庆十年，发生德天赐案，清廷遂知京城和各省均有传教活动。针对京城传教士的秘密活动，嘉庆帝决定订立章程，严加管束。禄康等遵旨而行，制定了《西洋堂事务章程》10 条，严定科条的同时，嘉庆帝还加强了教化。要求各省学政撰写禁教文论，发交各州县官刊刻印刷，于城市乡村广为张贴，务使家喻户晓。禀承他的旨意，湖北学政朱士彦写了《辟西洋天主教说》。

道光帝继位后，继续执行父、祖的禁教措施。道光十七年，最后一任传教士钦天监正高守谦回国，次监副毕学源病故，从此钦天监中不再有外国传教士，早期天主教传教士的在华活动到此结束。鸦片战争之后，英国、美国、法国等西方资本主义强国胁迫清廷签订了一系列不平等条约，清廷的天主教政策也随之发生了变化。道光二十四年签订的《中法黄埔条约》中出现了保护天主教堂的条款，这是一个重大的变化。但法使拉萼尼还不以此为满足，又要求两广总督耆英奏请道光帝废除对天主教的禁令。因此，道光帝根据耆英的请求，批准弛禁天主教。被明令禁止了一百多年的天主教，在中国大地复苏，进入了一个新的阶段。

---

① 冯尔康：《雍乾禁教中天主教的传播与信众》，《安徽史学》2013 年第 1 期；冯尔康：《雍乾时期天主教徒的宗教情结》，《安徽史学》2013 年第 4 期。

二、清朝与外国的贸易活动

清初，郑成功等据福建、浙江沿海抗清，清朝厉行海禁，将沿海居民强迫迁往内地，以防止为郑氏势力提供粮食物资，使得本来就规模不太大的中外贸易更加萎缩。不过在郑成功控制下的厦门和台湾，对外贸易有所发展，居住在澳门的外国商人也和广州有通商关系。康熙二年曾准荷兰贸易一次，三年准暹罗贸易一次，五年即永行停止。清政府把它们看作朝贡国，只允许入贡时附带进行贸易，“非系贡期，概不准其贸易”[①]。

清朝统一台湾第三年，即康熙二十四年(1685)下令开放海禁，允许商民出洋贸易，又指定广州、漳州、宁波、云台山四地为通商口岸，而实际上，对外贸易集中于广州一地。康熙二十八年(1689)，英船“防御号”来到广州，开始在广州贸易。康熙五十四年(1715)英国在广州设立商馆，贸易趋于经常化，贸易额也逐步上升。18世纪中叶，英国对华贸易的总值已超过其他欧洲国家对中国贸易值的总和。法国在路易十四时代也发展对中国的贸易，康熙三十七年(1698)法船“安菲得里蒂号”第一次来到中国，雍正六年(1728)在广州设立了商馆，但商业却进展不大，每年只有几艘法国船来到广州。美国独立战争以后开辟对亚洲的贸易，乾隆四十九年(1784)美国商船“中国皇后号”从纽约出发，绕道非洲好望角，驶抵广州，这是到达中国的第一艘美国船。不过此后美国的对华贸易发展很快，美国政府给对华贸易的商人以

① 《清圣祖实录》卷25，康熙七年三月丁卯。

税则上的保护和优惠的津贴。到18世纪末，美国在各国对华贸易中已占第二位。

对外贸易中，清朝有关税制度。清朝以“天朝上国”自居，把对外贸易当作是“羁縻”外国的手段，是对外国的“恩施”，因此法定的税则很低，远远低于世界通常的标准，但税制死板、混乱，法定税收和非法勒索没有明晰的界限，弊端重重。清政府的关税像它的其他税收一样，预先有一个固定的征收数量，称为“正额”。鸦片战争前一直执行康熙时规定的关税“正额”，只有银四万三千余两。随着对外贸易的逐渐兴旺，关税征收大大超过了“正额”，超额部分称为“盈余”，以后“盈余”部分也固定下来。乾隆末，规定每年的“盈余”为八十五万五千两。此后，对外贸易继续发展，税款继续增多，于是“盈余”之外，又有盈余。至鸦片战争前夕，每年征收的关税已达一百五十多万两。清朝关税税制紊乱，税则不明，附加税繁多，弊窦百出。但清朝税则仍然很轻，所收税款也很少。如19世纪30年代初，广州进出口贸易价值每年共计约一千七百万两，粤海关税收为一百五十万两，不到9%，即使加上私下勒索，为数也不大，比其他国家收税要低得多。

关税征收的名目很多。一是船钞，按照商船的大小征收，每艘船只经过丈量，分列为三等，规定征收银四百两至一千四百两不等，而实征时又有减二征收的名目，即只征80%。二是货税，按照规定，“凡商船出洋进口货物，按斤科税者为多，有按丈、疋、个、件者，各因其物，分别贵贱征收”①。法定的税则很低，大多“每两不过二分，为百中取二”，但是附加税很多，往往超过正税

① 光绪《大清会典事例》卷188，第14页。

的数倍。如进口的棉花,每担规定征税二钱,而实际征税一两五钱,足足七倍半;出口的茶叶,每担亦规定征税二钱,实际征税八钱,足足四倍。三是规礼,即官吏差役的非法勒索,勒索数字难以估计。上自督抚,下至官吏家丁,无不明目张胆地贪污分肥,因此官场视广东为美缺。雍正时,整顿海关税,清查出私收的规礼达四万八千两,而当时每年海关总收入只有九万两。可怪的是,查出的"规礼"并不取消,还继续征收,只是在"归公"的名义下算作国库的正式收入,非法的勒索一转手变成了合法的税收。《海关则例》竟把这类"归公"的规礼列为正式的税项。乾隆时广州官僚们向皇帝奏称:"检阅粤海关则例,内开:外洋番船进口,自官礼银起,至书吏、家人、通事、头役止,其规礼——火足、开舱、押船、丈量、贴写、小包等名色,共30条。又放关出口,书吏、家人等验舱、放关、领牌、押船、贴写、小包等名色,共38条。头绪纷如,实属冗杂。"[①]四是"行用",或称"公所费",一般抽收率为百分之三,有时高达百分之六,贸易兴旺时每年可抽几十万两。名义上,这是由行商抽取,供"办公养商"之用,类似贸易佣金而不是国家税收,但实际上,收税和抽取"行用"由行商一手包办,两者混淆不清,而且"行用"也不完全归行商所得,很大部分要"孝敬"政府和各级官吏。

清朝的对外贸易政策,限制性颇强烈。主要内容:

一是限定一口通商。康熙朝开放海禁之初,外国商船虽然大多集中在广州,但也有驶往厦门、宁波进行贸易的。18世纪中叶,英人洪任辉几次带英船到宁波贸易,意图在此处建立长期

① 《史料旬刊》第5期,第159页,新柱等奏《各关口规礼名色请删改载于则例内折》,乾隆二十四年。

的商业据点，引起清政府的疑虑。乾隆帝说："浙民习俗易嚣，洋商错处，必致滋事。若不立法杜绝，恐将来到浙者众，宁波又成一洋船市集之所，内地海疆，关系紧要。"[①]乾隆二十二年(1757)谕令外国商船将来只许在广州收泊交易，关闭了其他三个海关。英人不服，洪任辉由海道去天津，向清廷要求开放宁波，并控告粤海关贪污勒索等弊端。清政府派人调查属实，粤海关监督李永标被革职，但仍不准宁波开港，洪任辉亦因"勾串内地奸民，代为列款，希冀违例别通海口"[②]的罪名，在澳门圈禁三年，期满驱逐回国。以后，通商口岸严格限制在广州一地。

二是对进出口货物的限制。开放海禁之初，只禁止炮械、军器、火药、硝磺的贸易，但以后范围扩大，禁止出口货物的单子越来越长。大米、豆麦、杂粮、铁器、废铁、生丝、绸缎、马匹、书籍都在禁止之列，这就严重地妨碍了对外贸易的发展。规定装载生丝出口，外国船只每艘不得过一万斤，中国船只每艘不得过二千斤。

三是对外国商人的防范。洪任辉至天津控诉事件之后，清朝视国人与外商接触为隐患，于是加强监管。乾隆二十四年(1759)，两广总督李侍尧奏定《防夷五事》：禁止外国商人在广州过冬；外国商人在广州必须住在政府指定的行商的商馆中，由行商负责"管束稽查"；中国人不得向外国商人借款或受雇于外商；中国人不得代外商打听商业行情；外国商船停泊处，派兵"弹压稽查"。所谓"防夷"，着重点是防止外商和中国人发生接触。嘉庆十四年(1809)，两广总督百龄订立《民夷交易章程》六条；道

① 《清高宗实录》卷530，乾隆二十二年正月上庚子。
② 《清高宗实录》卷598，乾隆二十四年十月上庚辰。

光十一年(1831)两广总督李鸿宾规定《八条章程》;道光十五年(1835)两广总督卢坤又奏请续定《八条章程》。规定越来越烦琐,限制越来越严格。如规定:外国商人不得在澳门长期居住,不得乘坐轿舆,不得向官府直接投送文书,居住在广州商馆中的外国人只许每月的初八、十八、二十八日三次到附近的花地和海幢寺游览散步,每次限十人,平时不准擅自出入商馆,以及外国妇女不准前来广州等。

四是行商制度。"十三行"是明代以来办理对外贸易的行会组织,清代沿袭,也称"洋行",其中的商人称为"洋商"。康熙五十九年(1720)洋行的商人订立规条,组织"公行",后来又在行商中指定一人为总商。行商把持对外贸易。充当行商须清政府批准,要由其他行商保举,行商也不能自由辞退。行商是垄断性的商业组织,一切外国进口货物由其承销,内地出口货物由其代购,并负责规定进出口货物的价格。行商受政府的委托,外国商人来华贸易,并不直接向粤海关纳税,一律由行商代收代纳,若有漏税欠税,行商负责赔偿。行商又代政府办理交涉事宜,外商不准和官府直接交往,一切命令、文书都由行商转达。行商实兼商务和外交二重性。

总之,清朝的对外贸易政策,是以保护国家经济、维护社会稳定为基础的,但阻碍了中国的发展。清朝规定:出海商船不得超过五百石,"如有打造双桅五百石以上违式船只出海者,不论官兵民人,俱发边卫充军"[①]。由于种种束缚,导致了中国航海业的衰落。清朝还阻挠华商、华侨的出国贸易。雍正帝就说:"此辈多系不安本分之人,若听其去来任意,伊等益无顾忌,轻去

① 光绪《大清会典事例》卷776,第4页,康熙二十三年议准。

其乡而飘流外国者益众矣。嗣后应定限期，若逾限不回，是其人甘心流移外方，无可悯惜，朕亦不许令其复回。如此则贸易欲归之人，不敢稽迟在外矣。”[①]18 世纪和 19 世纪初，到广州的外国商人日益增多，由于清政府禁令森严，中国的大商人都视远洋贸易为畏途，只有一些小商小贩零星地贩运货物出洋，对外贸易的主动权和高额利润长期由外国商人所垄断。清政府规定：茶叶必须在内地陆路运输到广州，不准由海上就近运输。经过长途迂回，沿途关卡，层层勒索，不但成本增加，而且运输期长，茶叶易于变质。嘉庆年间，有人请求准许福建茶叶在厦门出口，清廷坚持长途运输茶叶的旧政策，这种不合理的规章制度严重地阻碍了生产的发展和人民生活的改善。

清朝和外国之间经常发生的纠纷还有“商欠”问题。“商欠”即中国行商所欠外国商人的债务。18 世纪中叶以后，随着贸易的发展，“商欠”逐渐突出起来。乾隆二十四年(1759)英国通事洪任辉到天津告状，呈控的条款中就有中国行商黎光华欠公班衙(英国东印度公司)银 5 万余两。清政府审理此案，将黎氏家产查抄赔偿。这是早期的商欠，欠款数目较小，容易了结。乾隆四十四年(1779)发生了行商颜时瑛、张天球的大商欠，数目高达 280 余万元。英印政府为此而派军舰到广州，向清政府呈递书信，索取债款，结果颜、张二人发遣伊犁充军，家产变卖抵债，数目还远远不够，清政府责成广州全体行商，在抽收的“行用”中分年摊还，从此，立下了商欠转嫁到全体行商头上分摊的先例。此后，商欠越来越多。行商因此而纷纷倒歇、抄家。英印政府为了催索商欠，有时派出军舰，有时商船延不进口，要挟强逼，几次出

① 《皇朝文献通考》卷 33，第 12 页，雍正五年谕。

现僵持。由于清朝没有近代的金融信贷制度，一些资本薄弱的中国行商缺乏可以周转的现金，在销售了外国的货物以后不能筹款归还，而外国商人却乐于不收账款，以很高的利息率借与行商，过几年后再来结算，时间一久，利上加利，就出现数目庞大的商欠。中国行商在和资本雄厚的英国商人交易时，无力抵制其高利贷剥削。例如乾隆四十四年张天球的商欠案，实际上只欠十余万元，但累年加息滚算，欠款积至四十三万八千元，其他的商欠案也大抵如此。

在早期的对外贸易中，从中国输出的商品主要是农副产品，茶叶、丝绸、土布是大宗，其中茶叶的出口居于首位。随着中英茶叶贸易的增加，英国人以红茶作为佐膳的饮料，茶叶成了生活必需品，消耗量越来越大。18 世纪初，运往英国的茶叶不过 500 担，18 世纪中叶以后，猛增至 50 000 担。英国来华的马戛尔尼使团的成员评论道："在本世纪之初，除去少数私运进口的茶叶而外，东印度公司每年出售的茶叶尚不超过五万磅，现在该公司每年销售两千万磅茶叶。也就是说，在不到一百年的时间内，茶叶的销售量增至四百倍。从总的数量来看，在英国领土，欧洲、美洲的全体英国人，不分男女、老幼、等级，每人每年平均需要一磅以上茶叶。"[①]生丝是另一项中国大宗出口商品，清政府本来限制输出生丝，规定每艘外国商船运出的生丝不得超过八千斤。后来放松禁令，生丝出口量猛增，19 世纪初每年生丝出口不到 120 担，到 19 世纪 30 年代增至 8 000 担以上。此外，中国的土布也在国外市场上很受欢迎。

欧美国家需要大量购买中国的商品，东印度公司和英国政

---

① 斯当东著，叶笃义译：《英使谒见乾隆纪实》，上海书店出版社 1997 年，第 27 页。

府在茶、丝贸易中获利极大。不过他们最伤脑筋的是无力支付购买的茶叶。英国商人运到中国来的全是滞销和赔钱货，其中毛织品由于价格太贵，中国劳动人民并不购买，销路不广，贩运毛织品一直是亏本生意。其次是运来的金属品，其中以铅为最多，铅的重要用途是包装出口茶叶箱的箱皮，用量亦属有限。只有运到中国来的棉花，数量较多。当时广东沿海城镇的中国纺织手工工场发展很快，需要大量棉花。19 世纪初，英商平均每年输入中国的棉花值银 400 多万两，占输入总值的 60%。至于英国的机器制造品，在中国没有什么市场。乾隆五十五年(1790)，英商在广州试销 2 000 匹曼彻斯特出产的机制棉布，由于售价高昂，不受欢迎。迟至道光元年(1821)，“英制印花布 4 509 匹，又剪绒与天鹅绒 416 匹在广州拍卖脱手……亏本 60%以上。很明显的，销售英国棉制品的时代还没有到来”[1]。从英伦和印度运来中国的全部商品总值只抵得上从中国进口茶叶一项的价值，中国长期保持出超。为了平衡贸易收支，欧美商人每年必须运送大量硬通货到中国来，广州一地每年平均有成百万元银元流入。清朝官员描述 18 世纪前期的状况说“夷船必待风信，于五、六月间到粤，所载货物无几，大半均属番银”[2]，反映了当时的实际情形。

对外贸易的状况，表明中国处于自给自足的自然经济，交换不发达，市场规模不大，没有能力去购买外国的商品。同时，在对外贸易的刺激下，中国的丝茶生产发展很快，出口不断增长。英国即使在 18 世纪下半期经历了产业革命以后，其

① 马士：《编年史》卷 4，第 2 页。
② 《文献丛编》第 17 辑，福建巡抚常赍奏，雍正五年七月十九日。

商品仍不能大量进入中国，在对外贸易中处于不利的逆差状况。

三、西方国家使团来华以及中英矛盾

18世纪后期，英国进入了产业革命，推动了资本主义的发展，代表工商业资本家利益的英国政府更加积极对外侵略与扩张，为英国资本主义企业寻求原料产地与商品市场。东方大国中国，成了英国重要的目标。早在乾隆五十二年(1787)英国政府就派遣喀塞卡特为第一次来华的使节，但喀塞卡特病死途中，没有到达中国。乾隆五十七年(1792)又派遣以马戛尔尼(George Lord Macartney，1737—1806)为首的使团前来中国。使团一行700余人，于九月二十五日由英国朴茨茅斯乘海军军舰“狮子号”启航，并有商船“印度斯坦号”和供应船“豺狼号”同行，所带礼物有天文地理仪器、乐器、钟表、图册、毯毡、车辆、武器、船只模型等，共值一万三千余镑。事前，英国东印度公司派专人到广州通知两广总督。清政府不了解英国使团的真实意图，以为这是英国派来的第一次“贡使”，广州官吏的奏报中又说是为补祝乾隆八十寿辰而来，因此对使团十分重视，命令沿海各省，如遇英国使船过境泊岸，派大员迎送犒劳。

马戛尔尼使团于乾隆五十八年六月十八日(1793年7月25日)到达大沽，长芦盐政征瑞前往大沽迎接，直隶总督梁肯堂从保定专程至天津接待。使团在天津稍事休息，即前往北京。到京后，除留一部分人在圆明园和皇宫内安装所带仪器外，主要成员赴热河承德避暑山庄谒见乾隆帝。这时，清朝官员和使团就觐见皇帝的礼节争执不下。清朝要求行磕头礼，英国使团拒绝这个要求。使团到达热河后，争执尚未解决。关于马戛尔尼曾否双膝跪叩一事，长期以来中方的说法是马戛尔尼见到乾隆帝，震慑于天朝与天威而双腿发软，自然下跪。根据英国人的记载，则说马戛尔尼以见英皇之礼觐见乾隆，以单膝下跪，但免去吻皇帝手的礼节。乾隆朝英使马戛尔尼来华的觐礼之争，也成了学界的世纪之谜。

最新的研究者是台湾"清华大学"教授黄一农。他根据庞杂的清宫档案以及散见于欧、美各大图书馆的英国原始材料，深入探析各文本与图像的形塑过程及作者的主观意识，并进行交叉检验，新发现供双方或为各自表述预留空间，遂协议先在入觐时行略加修改的中式礼节，双膝下跪三次，每次三俯首深鞠躬，但不叩头；紧接着在呈递国书时，则用英式礼节，单膝跪地，亲手将国书交给皇帝，但免去吻手礼。① 觐见皇帝的礼节是中外早期关系史上争执的焦点，西方国家早期派了不少使团前来北京，他们几乎都和清政府为礼节问题发生争执，使外交陷于僵局。双方都把礼仪问题视作有关国家威信的大事，应当说马戛尔尼觐见乾隆帝的礼仪是双方妥协的产物，较好解决了外交礼仪问题。乾隆五十八年八月初十（1793 年 9 月 14 日），乾隆帝在避暑山庄万树园接见英国使团，马戛尔尼呈递了国书。乾隆赐宴并向英王和使团正副使节赠送了礼物，又派大臣陪同使团游览了山庄。使团在参加了乾隆八十三岁生日的庆典后，返回北京。

① 黄一农：《印象与真相——清朝中英两国的觐礼之争》，《"中央研究院"历史语言研究所集刊》第 78 本第 1 分（2007 年 3 月）。

进贡和祝寿已毕，清廷认为英国使团的任务已完成，可以回去了。马戛尔尼则提出了自己来华的真实使命——发展贸易。他的具体要求是：请中国允许英国商船在珠(舟)山、宁波、天津等处登岸，经营商业；请中国按照从前俄国商人在中国通商之例，允许英国商人在北京设一洋行，买卖货物；请于珠(舟)山附近划一未经设防之小岛，归英国商人使用，以便英国商船到彼即得收歇，存放一切货物，且可供商人居住；请于广州附近得一同样之权利，且听英国人自由来往，不加禁止；凡英国商货，自澳门运往广州者，请优待免税或减税；英国船货，按照中国所定之税率交税，不额外加征，请将所定税率公布，以便遵行。乾隆帝在给英王敕书中，表示清朝拒绝接受英国使团所提上述六条要求。

马戛尔尼在承德、北京停留一个半月，交涉未获结果。九月初三(10月7日)离开北京，沿运河南下，抵杭州。又从杭州到广州，沿途先后由军机大臣松筠、两广总督长麟陪同，在中国腹地，自北而南，穿行70余天，十二月到达广州。乾隆五十八年十二月初九(1794年1月10日)从广州乘船回国，是年九月五日返抵伦敦。马戛尔尼使团要求与清政府建立外交与商业联系的目的未能达到，但他们通过实地观察、同中国官员谈话等途径，搜集到大量情报，包括中国经济、政治、文化以及自然资源、山川河流、军事要塞、国防设施、军队装备等。马戛尔尼得出的结论是：清政府腐败衰弱，不堪一击。

继马戛尔尼使团之后，英国政府又派遣以阿美士德(William Pitt Lord Amherst，1773—1857)为首的使团前来中国。使团带着当年马戛尔尼提出的那些要求，于1816年2月9日由英国启程，乘坐英国皇家海军“阿尔塞特号”军舰，并有“惠特号”和“莱拉号”同行，使团随行人员600余人。嘉庆二十一年闰六月初六日(1816年7月28日),抵大沽口外,清廷派工部尚书苏楞额、长芦盐政广惠接待英国使团。使团刚到天津,觐见清帝的礼节问题又成了争执的焦点。八月二十一日使团离天津赴北京,清廷又加派理藩院尚书和世泰、礼部尚书穆克登额往通州迎接,劝说阿美士德在觐见时一定要行三跪九叩首之礼。阿美士德在觐见礼节问题上,接到英国政府和东印度公司两种不同的指示,英国政府指示:只要达到出使目的,尽可能顺从清政府的要求,可以"便宜行事";而东印度公司董事会则坚决反对行磕头礼。阿美士德接受东印度公司的意见,在和清朝官吏会谈中,只同意跪单膝,脱帽鞠躬。清政府负责接待的大臣,不敢将英使的态度明确报告皇帝,希图含糊了事,说英使已同意行跪拜礼并进行了练习。嘉庆帝接到报告后,十分满意,准备于嘉庆二十一年七月初七日卯刻(1816年8月29日晨)在圆明园接见英国使团。和世泰等带领英使于28日夜晚自通州赶往北京西郊圆明园,长夜跋涉,希望在英使极为疲劳的情况下,仓促入宫,草率成礼,以敷衍塞责。岂知阿美士德到达圆明园门口,拒绝进宫行礼,这时清朝王公大臣已穿戴齐全,集合等候,皇帝即将登殿受礼,为磕头而引起的争执尚未解决。清朝官员向皇帝谎称阿美士德突然得病,不能进见,嘉庆帝令副使进见,副使也不肯入园,形成僵局,清朝官员再也没法弥缝掩盖。嘉庆帝即日遣送英国使团回国。

18世纪末和19世纪初,英国船只不断在中国沿海活动,屡次骚扰沿海的村庄,残杀中国居民,藐视清朝法律,形势越来越紧张。嘉庆五年(1800)英国船只"天佑号"驶往黄埔,无故向中国民船开枪,一人受伤,一人落水淹死。中国官府向英人索要凶手,英人拒不交出,其事不了了之。道光元年(1821)英船停泊在广东新安县南蛇塘村，英国水兵多人上岸取水，并带羊只放牧，践食田里的番薯。农民黄亦明等要求赔偿，竟遭毒打。第二天，英兵纠集百余人至黄家寻衅，开枪打死黄亦明、池大河二人，打伤四人。事后，英人拒绝交出凶手，清政府停止了英国的贸易，但凶手已逃回英国，清政府也无可奈何，不久恢复贸易。

英国兵船也不断在中国沿海挑衅，屡次迫近虎门炮台，并违反清政府的规定，随意闯进黄埔。道光十二年(1832)英国东印度公司出于进一步侵略中国的需要，派出“阿美士德号”间谍船，在中国沿海进行了长达六个多月的侦察活动，了解中国沿海各主要港口的情况，试探官方的态度，大量搜集了中国政治、经济、军事等情报，并散发许多蛊惑人心的宣传品。

道光十三年(1833)英国国会决定取消东印度公司的对华贸易垄断权，这一法案定于翌年四月二十二日生效。同年年底，英王派遣律劳卑(William Lord Napier)为驻广州商务监督，代替以前的东印度公司派出的“大班”，处理英商在广州的各种事务，在政府对政府的基础上建立中英之间的外交关系。律劳卑于道光十四年(1834)来到广州，直接写信给两广总督卢坤。卢坤因中英贸易从来都由中国行商和东印度公司的大班打交道，政府并不出面，更没有英国官员进驻广州直接与清政府交往的先例，因此不肯接受律劳卑的书信，令行商们劝律劳卑离开广州，退往澳门，按照从前的惯例办事。律劳卑不肯离开广州，坚持要会见总督。卢坤为了避免僵局，通融折中，派广州知府等三名中国官员，前往律劳卑居住的商馆询问其来粤目的及身份。但双方对于会见时的座次排列发生了争执，清政府官员主张自己坐在中间，律劳卑坐在旁席上；律劳卑却将自己的席位置于中间，清朝官员坐在旁侧的宾席上，而且律劳卑态度傲慢。清政府忍无可忍,停止了对英贸易。

律劳卑立即召两艘军舰,闯入虎门。中国驻军鸣炮警告,英舰“施放连环大炮”、“随拒随行”,直抵黄埔。英国侵略者企图以强硬态度和坚船利炮,威吓清政府,迫使就范。清政府也调兵遣将,并用大船装载石块沉入河内,以阻止英舰的通道。律劳卑在清政府恢复对英贸易的条件下,撤退军舰,自己也返回澳门。中英矛盾已十分尖锐。

尾章
走向近代化的清朝及其覆灭

1840年鸦片战争爆发，自视为天朝的清帝国战败，英国侵略者用武力打开中国市场，给清朝带来了资本主义，清朝面临亘古未有之大变局。1851年声势浩大的太平天国运动爆发，则是中国历史上规模最大的民众造反。清朝内忧外患交织，处于风雨飘摇之中。鸦片战争的炮火惊醒了闭关自守的中国人，被迫接受西方制定的种种新规则。此后不得已逐渐融入世界体系，中国人也开始了学习西方的历史。“侵略者不仅使中国陷入半殖民地的地位，而中国自身则走向近代化的道路，一直延续到一百多年后的今日。”[①]

一、学习西方：被迫融入世界体系

19世纪中叶，英国向中国倾销鸦片，获取巨额利润，中国白

① 冯尔康：《鸦片战争与中国近代化》，《顾真斋文丛》，中华书局2003年，第733页。

银大量外流，清政府财政空虚。1838 年鸿胪寺卿黄爵滋上疏说："道光三年以前，每岁漏银数百万两。其初不过纨绔子弟习为浮靡，尚知敛戢。嗣后上自官府缙绅，下至工商优吏，以及妇女僧尼道士，随在吸食，置买烟具，为市日中。……自道光三年至十一年，岁漏银一千七八百万两；自十一年至十四年，岁漏银二千余万两；自十四年至今，渐漏至三千万两之多。"[①]鸦片走私造成深重的社会公害，清政府不得不加以防范，1792—1821 年多次禁烟令，均无实效。于是道光帝采纳黄爵滋等严禁派的主张，决定禁烟，1838 年 12 月 31 日授命林则徐为钦差大臣，到广州查禁鸦片。

林则徐(1785—1850)深切认识到鸦片的危害性，"是使数十年后，中原几无可以御敌之兵，且无可以充饷之银"，希望执重法而断吸食鸦片，对于英国人采取强硬手段。为了知己知彼，克敌制胜，他注重了解西方舆情，成了清朝最早睁眼看世界的人。他派人专门收集澳门出版的外国人办的报纸书刊，组织翻译，并把译成中文的《澳门月报》编辑为《论中国》、《论茶叶》、《论禁烟》、《论用兵》、《论各国夷情》等五辑。他组织翻译了 1836 年伦敦出版的英国人慕瑞所著的《世界地理大全》，命名为《四洲志》，成为近代中国第一部系统介绍世界自然地理、社会历史状况的译著。他还组织选译了《各国律例》等书与大炮瞄准法、战舰图式等资料。林则徐了解到外国的船炮远远高出中国，应当学习西人的技术。他曾购买洋人大炮来武装清军，并试图研制、改进中国大炮，甚至上奏道光皇帝，建议用关银的 1/10 做经费仿造外国船炮。林则徐还赞赏俄国彼得大帝微服出行，学习西方技术的

① 黄爵滋：《严塞漏卮以培国本疏》，《黄爵滋奏疏许乃济奏议合刊》，第 69 页。

行为。

鸦片战争以清朝失败告终，促使更多的中国人，开始了解世界，魏源就是其中之一。魏源(1794—1857)深受林则徐的影响。他于1841年入两江总督裕谦幕府，直接参与过抗英战争，后著书立说。他依据林则徐所辑的《四州志》，参以其他资料，编成《海国图志》50卷，后经修订、增补，到1852年成为百卷本。《海国图志》囊括了世界地理、历史、政治、经济、宗教、历法、文化、物产。魏源明确阐述“善师四夷者，能制四夷；不善师外夷者，外夷制之”的道理。提出“师夷长技以制夷”的观点，主张学习西方制造战舰、火器及养兵练兵之长技，改革中国军队。提倡创办民用工业，允许私人设立厂局，自行制造与销售轮船、火器等。实为近代中国改良思想的前驱。《海国图志》传入日本后，对日本“明治维新”起了巨大影响，在中国历史上也有深远的影响。

1856年发生了英、法、俄、美联合侵华的第二次鸦片战争，清朝又告失败，继第一次鸦片战争签订《南京条约》后，又签订了丧权辱国的《天津条约》、《北京条约》，俄国从中国的东北、西北割去了150多万平方公里的土地。清朝除第一次鸦片战争后开放广州、福州、厦门、宁波、上海南方沿海五口外，增加开放牛庄、登州、台湾、淡水、潮州、汉口、九江、琼州、南京、镇江10处，由沿海延伸到长江中下游和台湾等地。特别是增加开设北方的天津为商埠，“通商”通到北京附近，就在清廷眼皮底下。清朝也被迫接受西方殖民者的处事方式，遵守关税协定、领事裁判权、最惠国待遇等，清朝自己独立处理对外事务已经成为过去。

1851年爆发的旨在推翻清朝的太平天国运动，持续14年，纵横18省，于1864年在清廷与外国势力的绞杀下失败。值得注意的是太平天国运动与西方的联系性。太平天国领导人洪秀全(1814—1864)，广东花县人，道光年间屡应科举不中，产生叛逆意识。洪秀全受到基督教传教小册子《劝世良言》的影响，被其中的单一神权思想和平等观所吸引，将基督教的平等观和中国农民的“天下太平”、“人人平等”的平均思想结合起来，创立了拜上帝会。洪秀全先后撰写了《原道救世歌》、《原道醒世训》和《原道觉世训》，宣传“天下总一家，凡间皆兄弟”。1849 年，拜上帝会信众已达万余人。1850 年前后，拜上帝会与地主团练的冲突日趋尖锐。太平天国农民起义就是在这样的形势下酝酿和发动的。

太平天国制定并颁布了《天朝田亩制度》，提出了“凡天下田，天下人同耕”的原则，试图建立一个“有田同耕，有饭同食，有衣同穿，有钱同使，无处不均匀，无人不饱暖”的理想社会。《天朝田亩制度》是在小农经济基础上维持绝对平均主义的农民乌托邦，但表达了广大农民要求得到土地的强烈愿望。太平天国还主张男女平等，与三纲五常的传统儒家伦理颇为不同。此外，洪仁玕提出《资政新篇》，主张“权归于一”，反对“结党联盟”；广开言路，“上下情通”。还主张效法西方，兴办工矿交通和金融事业；准许私人投资，雇佣劳动；奖励民间制造器皿技艺，准其专利自售；中外自由通商，平等往来；兴办学馆，建立医院，设立社会福利机构。总之，主张兴办“有益于民生实事”。《资政新篇》有以西洋之法救中国之志，具有明显的资本主义倾向。

太平天国运动的直接后果，就是以曾国藩为首的地方势力的崛起。曾国藩(1811—1872)，湖南长沙府湘乡人，出生于豪门地主家庭，幼年受到良好的传统教育，二十八岁便考中了进士。太平天国运动爆发后，因母丧在家。清政府屡次颁发奖励团练的命令，力图利用各地的地主武装来遏制太平军势力的发展。

1853 年曾国藩在家乡湖南一带，依靠师徒、亲戚、好友等广泛的人际关系，建立了一支地方团练，称为“湘军”，镇压太平军。曾国藩具有深厚的中国传统儒家观念，在他 1854 年所作有名的《讨粤匪檄》中，担忧“中国数千年礼仪人伦诗书典则，一旦扫地荡尽”，认为太平天国是“开辟以来名教之奇变”，自视在捍卫中国文化。太平天国运动平息之后，曾国藩等地方势力形成，清朝中央与地方的关系发生了深刻变化。以曾国藩为首的新兴地方势力，虽是清朝统治的卫道者，但也是务实的改革者。

中国真正学习西方先进的科学技术，是从洋务运动开始的。

两次鸦片战争后，为了解决一系列的内忧外患，清朝统治集团中产生了“洋务派”，试图向西方资本主义学习坚船利炮的技术，以维护统治。19 世纪 60 年代至 90 年代，洋务派在全国各地掀起了“师夷长技以制夷”的改良运动，即“洋务运动”，旧称“同光新政”或“自强运动”。洋务运动的实质，如后来张之洞所说，是“中学为体，西学为用”。

清廷推动洋务运动的机构为总理各国事务衙门，衙门内设有英、法、美、俄四股，以后又增设海防股；在总理衙门之下，设有南、北洋通商大臣，分管南、北口岸的通商和交涉事务。为了培养翻译人才，总理衙门还设有京师同文馆，学习外文。这些机构的设立，为洋务运动的开展创造了条件。恭亲王奕訢成为洋务派在中央的代表势力，地方上的积极推动者为曾国藩、李鸿章、左宗棠和张之洞等实力派。

洋务派以“自强”为旗号，采用西方先进生产技术，创办了一批近代军事工业。1861 年，曾国藩创办的安庆军械所，任用中国工匠仿制西式枪炮，是中国最早的近代军事工业。

1865 年由李鸿章在上海创办的江南制造局，是清政府最大的军事工业。该厂技术和机械设备主要依靠外国，除制造枪炮弹药外，也制造机器、修造轮船。同年，李鸿章还在南京建立了金陵制造局。

1866年由左宗棠在福州马尾创办的福州船政局，是清政府经营的设备最齐全的新式造船厂。该局主要由铁场、船场和学堂三部分组成，聘用外国人担任技师，1884年马尾海战中遭到重创。

1867年三口通商大臣崇厚于天津创设军火机器总局，开办经费20余万两，规模仅次于江南制造局。1870年由直隶总督李鸿章接办，易名天津机器制造局。经费常年由天津、烟台两海关拨用“四成洋税”，每年约30余万两。该局分为东、西两局：东局设城东贾家沽，以制造火药、枪炮、子弹和水雷为主；西局设城南海光寺，以制造军用器具、开花子弹及布置水雷用的轮船、挖河船为主。东、西两局所产军火除供应本省淮练各军外，还按时拨给吉林、奉天、察哈尔、热河及分防在江南的水陆淮军。此外，东局还附设有水师、水雷、电报学堂。1895年改称北洋机器制造局，1900年八国联军侵占天津时被破坏。

1889年春，张之洞任湖广总督，筹办炼铁厂于汉阳，系官办，从筹办起至1895年，共用经费580余万两。中日甲午战争后，清政府因无力筹措经费，于1896年改为官督商办。辛亥革命前夕，汉阳铁厂工人约3 000人，每年出钢7万吨。

此外，洋务派还开始筹备海防，1888年北洋舰队正式组成，拥有军舰25艘，官兵4 000多人，由淮军将领丁汝昌任海军提督。与此同时，旅顺口和威海卫两个海军基地竣工，整个北洋海防体系的建设宣告完成。

洋务派也兴办了一些民用企业。1872年李鸿章在上海开办的轮船招商局，简称招商局，是中国第一家近代轮船公司，也是洋务派兴办的第一个民用企业。它成立时买轮船 3 艘，到 1877 年收购了美国旗昌轮船公司，拥有轮船 30 多艘，形成一支实力较强的商船队。总局设上海，分局设烟台、汉口、天津、福州、广州、香港以及横滨、神户、菲律宾、新加坡等地。1885 年改为官督商办，1909 年归邮传部管辖。

此外，1878 年创办了开平煤矿，由唐廷枢主持。同年筹办上海织布局，官督商办。1880 年在天津成立电报总局。1881 年建成唐山胥各庄铁路，1888 年向南延伸到天津，1894 年向北延伸到山海关。1887 年刘铭传奏请在台湾修筑铁路，1893 年台北、新竹间的铁路竣工。1887 年开办了黑龙江漠河金矿。

需要指出的是，洋务运动的开展是伴随洋务派与顽固派的斗争进行的。愚昧的顽固派总从"政治"考虑问题，希图以伦理政治来强化国势。他们反对中国的工业化，对于架设电线，百般阻挠，理由是："电线之设，深入地底，横冲直贯，四通八达，地脉既绝，风侵水灌，势所必至，为子孙者何以安？传曰：'求忠臣于孝子之门。'藉使中国人民肯不顾祖宗邱墓，听其设立铜线，尚安望尊君亲上乎？"[①]修建铁路也是如此，在顽固派的反对下，前后经历了整整 15 个年头，才正式兴办。顽固派把维护伦理政治放在最重要的地位，诚如顽固派大学士倭仁所说："窃闻立国之道，尚礼义不尚权谋；根本之图，在人心不在技艺。"[②]顽固派完全是拒绝现代文明的政治说教，洋务派则勇于学习西方的科学技术，比顽固派要进步得多。

由上可知，洋务运动开启了中国近代化的历程，引进了西方

① 中国史学会：《洋务运动》第 6 册，上海人民出版社 1961 年，第 831 页。
② 中国史学会：《洋务运动》第 2 册，上海人民出版社 1961 年，第 30 页。

先进的科学技术，加速了传统农业生产关系的瓦解，从而刺激了中国民族资本主义的产生。洋务派办民用工业为了解决资金问题，采取“官督商办”和“官商合办”的方式，吸收私人资本，这“商股”部分即是民族资本主义因素。从 19 世纪 70 年代开始，官僚、地主、商人直接投资于近代民用工业，促进了民族资本主义的产生，推动了资产阶级的出现和无产阶级队伍的壮大。

洋务派同顽固派的论争动摇了恪守祖训的传统及纲常名教的权威地位，开启了学习西方的风气。由于洋务派组织翻译了不少外国科技书籍，派遣不同年龄和资历的留学生，因而培养了一批外交和科技人才，而介绍西方社会科学知识，有助于促进民主思想的传播。以此为基础，19 世纪七八十年代，从洋务官僚中分化出一批中国早期资产阶级改良主义者。

洋务民用工业的兴办部分地抵制了外国经济势力的扩张。如 1872 年李鸿章创办轮船招商局，使“内江外海之利，不致为洋人尽占”。三年多时间，外轮损失 1 300 多万两，美国旗昌行因不堪赔累，被招商局归并。湖北官办织布局开织后，江汉关进口洋布每年减少 10 万多匹。中国资本能挫败洋商，这在当时曾被视为创举。

但是甲午战争的失败，宣告了洋务运动强国梦的破灭。

二、变法图强：走向近代化

在中国与西方的接触中，有识之士不仅思考中西科技的不同，也在比较双方的政治制度。学习西方以图自强的洋务运动，孕育而生了早期的维新派。新生的改革力量表现出改革弊政、实现君民共主的迫切愿望。他们之中突出的代表人物有王韬、薛福成、马建忠、郑观应等。

洋务派的指导思想"中体西用"有其局限性。所谓"中学"乃是"四书五经"为代表的"伦常名教",孝治是其核心。"中体西用"是学习西方先进的科学技术,以巩固"中学"之本。早期具有改革思想的冯桂芬说:"中国之伦常名教为原本,辅以诸国富强之术。"[①]王韬则认为,"根本所系,则在乎孝悌忠信礼义廉耻",由此"肃官常,端士习,厚风俗,正人心",是"洋务之纲领"。[②] 在洋务派创办的近代海军中,除了军事技术的训练外,还有《圣谕广训》的教育。[③] 不过早期维新派也领悟到物质文明与精神文明是一个统一体,学习西方现代科学技术的同时,必须学习西方的民主制度。

以广东香山人郑观应(1842—1922)为例,他于1858年到上海学商,先后在英商宝顺洋行、太古轮船公司任买办。历任上海电报局总办,轮船招商局帮办、总办,是一位实业家。同时他也关心时政,留意西学,隐居澳门近6年撰成《盛世危言》一书。在政治上提出建立议会式的立宪政体,并将政治公开于传媒,由朝野各方评论,使施政臻于完善。在经济上主张由民间组建工商业团体,大力发展现代工业。在教育上对基础教育到高等教育都有新见解。在司法上指出中国的法律及其运用无不体现了黑暗与残暴,必须向西方学习。郑观应也是主张从传统社会向现代社会转变的改良主义思想家。

郑观应认为中国社会的根本问题是政治制度。他在《盛世

---

① 冯桂芬:《校邠庐抗议》卷2《采西学用》。
② 王韬:《弢园文录外编》卷2《洋务下》。
③ 陈旭麓:《论"中体西用"》,《历史研究》1982年第5期。

危言·议院下》中说:“窃谓中国之病根在于上下不通,症成关格,所以发为痿痹,一蹶不振。今欲除此病根,非顺民情,达民隐,设议院不可。……若设议院,则公是公非,奸佞不得弄权,庸臣不得误国矣。”所以针对当时的中国国情,他提出建立君主立宪的代议制民主政体。

早期维新思想家为挽救民族危亡,要求改革社会,抵抗西方势力,振兴工商,实现君民共主的思想,对近代思想政治界影响巨大。

在传统的亚洲国际关系秩序中,中国一直是处于中心地位,周边国家向中国朝贡,中国为宗主国。两次鸦片战争清朝败给了西方势力,1895 年中日甲午战争爆发,又败给了邻国日本,签订了丧权辱国的《马关条约》,举国为之震惊。小日本何以打败大清朝?人们意识到日本通过明治维新,走上了富国强兵之路。《马关条约》也刺激了其他西方国家的贪欲,他们掀起了瓜分中国的狂潮。帝国主义的鲸吞蚕食,激发了爱国仁人志士的救亡图存意识。

在此背景下,康有为、梁启超为代表的爱国志士掀起了一场旨在改良政治制度的维新变法运动。

康有为(1858—1927),广东南海人,出生于官僚家庭。自幼学习儒家思想,1879 年开始接触西方文化。1882 年,康有为到北京参加顺天乡试,没有考取。在北京阅读了《西国近事汇编》、《环游地球新录》等著作,并接触到了早期维新思想。南归时途经上海,购买了大量西方书籍,吸取了西方传来的进化论和政治观点,初步形成了维新变法的思想体系。在中法战争之后的 1888 年,民族危机日益严重,康有为认识到只有及时变法,才能挽救危机。他利用在京参加顺天乡试的机会,写了长达五千言的《上清帝第一书》，提出“变成法”、“通下情”、“慎左右”的建议，但是变法主张受阻未上达。1891 年后，他在广州设立万木草堂，收徒讲学，弟子有梁启超、陈千秋等人。他一反旧式书院的传统，不是要求学生潜心经学，而是引导学生关心天下大事，学以致用。他引导学生探索救国救民的真理，后来万木草堂的许多学生成为维新变法的中坚骨干。为了宣传变法的思想，康有为写就了《新学伪经考》、《孔子改制考》和《大同书》。1895 年，他到北京参加会试，得知《马关条约》签订，联合 1 300 多名举人，上万言书，即“公车上书”，又未上达。当年 5 月底，他第三次上书，得到了光绪帝的赞许。7 月，他和梁启超创办《中外纪闻》，不久又在北京组织强学会。1897 年，德国强占胶州湾，康有为再次上书请求变法。次年 1 月，光绪皇帝下令康有为条陈变法意见，他呈上《应诏统筹全局折》，又进呈所著《日本明治变政考》、《俄罗斯大彼得变政记》二书。

梁启超(1873—1929)，广东新会人。他出生于一个半耕半读的家庭，自幼聪明好学，四岁开始学习四书五经，九岁即能写出上千言的八股文章，十二岁中秀才，十六岁中举人。1890 年十七岁的梁启超拜康有为为师，从康学习四年，受康有为的影响，投身变法维新救亡活动。1896 年梁启超发表《变法通议》一文，阐述了自然界的万物都在变化，人类社会的一切也没有不变的道理。在《论中国积弱由于防弊》一文中，梁启超根据西方资产阶级民权学说，提出了“伸民权”的主张，批判中国历史上的君主专制政体，痛斥历代压制民权的专制帝王都是“民贼”。

康有为、梁启超为代表的维新派为争取社会支持，创办了许多宣讲时政的学会，著名的有强学会、南学会、保国会。据统计，1895—1898 年，学会组织达 70 余个。这些学会有力地宣传了变法主张，争取了社会各阶层的支持。维新派还创办了许多报刊，以制造变法舆论，著名的有北京的《中外纪闻》、上海的《时务报》、湖南的《湘学报》、四川的《蜀学报》等。这些报刊或介绍科学、或提倡实业、或宣传变法，虽然内容各异，但都以变法强国为宗旨。

维新派改革旧制度的变法主张触动了清政府内的守旧派，因而两派围绕变法展开了激烈的辩驳。

1897年康有为第五次上书皇帝，提出变法三策：学习彼得大帝和明治天皇，锐意变法为上策；“大集群才而谋变政”为中策；“听任疆臣各自变法”为下策。深受触动的光绪帝欲召见康有为，但顽固官僚以皇帝不能召见四品以下官员为由进行阻挠。光绪帝命令翁同龢、李鸿章、荣禄等五大臣代为召见康有为。两派围绕要不要兴民权，要不要实行君主立宪的问题和要不要改变教育制度，继续展开激烈的争论。维新派以自己坚定的态度无情地批判了专制制度，宣传了救国维新的变法主张，开阔了人们的视野，为戊戌变法做了必要的准备。光绪皇帝被明治天皇和彼得大帝革新图强的事迹所鼓舞。

1898年康有为第六次上书《应诏统筹全局折》给皇帝。在这次上书中，康有为痛陈亡国的五种危机，呼吁变法，提出“大誓群臣以定国是”、“立对策所以征贤才”、“设制度局而定宪法”等变法纲领。

1898年6月11日，光绪皇帝颁布“明定国是”诏书，宣布实行新政。其后又连续颁布了一系列变法维新的诏书和谕令。变法的主要内容如下：

政治上，设立制度局，裁撤京师内外大批冗员，澄清吏治；广开言路，提倡官民上书言事，严禁官员抑阻；准许自由开办报馆、学会，办报一律免税等。

军事上，整顿军队，主要是裁减绿营，淘汰冗兵，精练陆海军；

经济上，提倡实业，设立中国银行、矿务铁路总局、农工商总局；鼓励私人投资铁路、矿务；奖励新著作新发明，编制国家预算决算，公布岁出岁入，按月发表；整顿厘金，让旗人自谋生计等。

文化上，废除八股，改试策论；创办京师大学堂，令各省原有书院祠庙改为学堂；派人出国留学；设立译书局，翻译外国书籍，命梁启超负责译局事务。

这些法令尽管并不包含设议院、颁布宪法、实行君主立宪这些维新派的政治理想，但是基本反映了维新派改良政治的主张。

颁布变法诏令的同时，光绪皇帝起用维新派人物入朝办事，并撤换阻挠变法的守旧官僚。6 月 16 日，光绪帝打破皇帝不召见四品以下官员的惯例，召见了康有为，长谈两个小时。随后，许多维新人物被授以官职，康有为任总理衙门章京上行走，专折奏事；梁启超被赐六品卿衔，专办大学堂和译书局事务；谭嗣同、刘光第、杨锐、林旭授四品卿衔，任军机处章京，专替皇帝起草诏书谕令。虽然所授官职不大，但影响却不小，不少新政建议由此变成变法诏令，由皇帝颁布准行。

不幸的是以慈禧太后为首的后党反对变法。慈禧太后表面上归政于光绪皇帝，实际上仍掌握着军政实权。光绪帝下诏变法的第四天，慈禧太后逼迫光绪帝连续签发三道谕旨：一是免除翁同龢协办大学士、军机大臣、户部尚书职务。翁同龢是光绪帝唯一的心腹重臣，是皇帝与维新派之间的联系纽带，他的罢黜使光绪帝失去重要支柱。二是新授二品以上文武大臣，必须到太后面前谢恩，以掌握用人权。三是派大学士荣禄署理直隶总督，统帅北洋三军，控制京津地区。

9月21日，慈禧太后召见光绪皇帝，斥责后将其囚禁于中南海瀛台。光绪帝被迫发出诏书，恳请太后再度垂帘听政。慈禧太后以“训政”名义重掌政权，百日维新宣告结束。康有为、梁启超出逃中国香港、日本，谭嗣同、杨锐、林旭、刘光第、杨深秀、康广仁被捕牺牲，史称“戊戌六君子”。

与维持旧传统的强大势力相比，清朝主张变法维新的改革派力量太弱小，加上变法领导者被新军首领袁世凯欺骗告密，维新派未能成功变法。

戊戌维新变法对中国社会产生了深远的影响，它促进了中华民族的觉醒，冲击了专制统治，加速了中国人的思想解放。

1900年，戊戌变法失败后的第三年，即农历庚子年，爆发了震惊中外的义和团运动。义和团是以反洋教斗争形式出现的，口号是“扶清灭洋”、“替天行道”，兴起于山东、直隶一带，发展迅速，很快扩张到京津地区，并影响全国。起初慈禧太后为了利用义和团牵制洋人，也站在义和团一边。外国势力面对汹涌澎湃的反洋教运动，组织八国联军入侵中国。同年8月，八国联军攻入北京，慈禧太后仓皇逃往西安。清朝不得已同列强签订了《辛丑条约》，赔偿四亿五千万两的巨额赔款，进一步陷入水深火热的地步。

此后，清政府为了取得列强的信任，改变镇压戊戌变法造成的不良形象，平息民怨，缓和内外矛盾，维持其政权，打出了实行变法、施行新政的旗号。

1901年1月29日，还在逃亡中的慈禧太后和光绪皇帝于西安颁发“预约变法”谕旨。此令一发，王公大臣及督抚等均有条陈上奏。两江总督刘坤一、湖广总督张之洞二人联衔会奏三疏最为完备，成为日后“新政”的张本。同年4月，清政府设立“督办政务处”，综理“新政”，命奕劻、李鸿章、荣禄、昆冈、王文韶、鹿传霖6人为督办政务大臣，刘坤一、张之洞二人遥为参预。1902年，慈禧太后从西安回到北京，开始举办新政。

1901—1905年，清政府连续颁发谕令，提出“新政”举措30余项，主要内容有：

调整机构。1901年改总理各国事务衙门为外务部，班列六部之首。1903年设商部。1905年设巡警部和学部，巡警部后改为民政部。1906年后又将太常寺、光禄寺、鸿胪寺并入礼部。旧兵部、练兵处和太仆寺合并为陆军部。户部和财政部改为度支部。刑部改组成法部。新设邮传部。

改革军制，编练新军。1901年8月，令各省裁汰练兵防勇，精选若干营，分为常备、巡警等军；又令停武科试，各省设武备学堂；培养新军军官。1903年特设练兵处，以奕劻为总理，袁世凯为会办。1904年袁世凯编成北洋常备军6镇，约7万余人，作为直隶地方武装。各省设立督练公所，组建近代化的军队，计划1905年编练陆军36镇。辛亥革命爆发前，练成16镇，每镇12 000余人。1905年又设巡警部，以徐世昌为尚书，综理各省巡警事宜。

振兴商务，奖励实业。1903年设立商部，将铁路矿务总局并入。各省设立路矿农务工艺各项公司；颁布商会简明章程(26条)，奖励商人设立商会；颁发商标注册章程(28条)，以保护工商业者利益。

废除科举制度，设立学堂。1901年6月，诏开经济特科；8月，废八股文程式，改试策论；9月，谕令各省设立学堂。1902年派张百熙为管学大臣，令办理京师大学堂，拟定学堂章程。1903

年清政府颁布《奏定学堂章程》，它所规定的学制，通常称为“癸卯学制”，这是第一个在全国范围内推行的学制。1905年9月2日，清政府下令停止一切科举考试。12月6日下谕设立学部，为全国专管学堂的机构。

清政府的新政，实质上是洋务运动的再现。它出现于义和团运动和八国联军打击之下，开始于载漪、刚毅等为首的顽固集团失败之后，以设立外务部为始，重在练兵筹饷。新政无论是裁撤闲衙冗员，还是编练新军、废科举、设商部，都没有超出戊戌维新的范围。清末新政具有一些值得注意的特点：新政是清廷的国策，具有权威合法性，以诏令和政令的形式自上而下地推行，在全国范围内推行无阻。通过新政实现近代化，已成为中国统治精英与大多数官僚士绅的基本共识。新政持续了11年之久，为后来的辛亥革命所打断。

有学者指出：清末新政是中国早期现代化的终结点，也是中国现代化进程的分水岭。它以并非自愿的自我毁灭为代价，较为全面地开启了现代化的闸门，为辛亥后走上正式起跑线奠定了基础。具体来说，清末新政加剧了正在发展的城市化趋势，新型资本主义工商型城市急遽递增，成为中国现代化的启动源与加速场。清末新政直接导致了延续千年之久的政治结构的嬗变与社会结构的分化，加剧了社会动员与社会流动的程度。在这一过程中，绅权作为与皇权抗衡的重要力量脱颖而出，进一步削弱了本已腐朽的清廷统治，为民初政治现代化发展创造了条件。清末新政的重要领域是教育，而教育改革的一大后果是走出传统角色的新型知识分子群体的出现。清末新政打开了封闭已久的资本主义经济发展的闸门，为辛亥革命后资本主义高潮到来奠定了基础。如奖励实业政策与提倡重商主义；促进商会建立，为民族资产阶级初步形成一支独立的阶级队伍并登上历史舞台创造了条件；清末新政一系列发展资本主义经济的措施，使这一时期中国经济建设达到了前所未有的高潮。总之，作为早期现代化的终结点，清末新政也表明了现代化潮流的不可抗拒性，历史终于走到了这一步。它以自身覆灭为代价，为适应开放的新形势而培植了现代化的动力，为中国人全面拥抱现代化创造了比之以前更好的条件。①

三、辛亥革命：清朝覆亡

新政促进了新兴政治力量的出现。20 世纪初叶，新式学堂陆续兴办，留学蔚然成风，西学传播更加广泛，接受新式教育、具有崭新文化素养的知识分子队伍迅速扩大，作为一支新兴的政治力量崭露头角。这个新兴阶层不同程度地接受了资本主义的教育，他们期望中国也能像欧美一样，进入富强境地。由于资产阶级社会学说的濡染，他们开始有了民族觉醒意识和清晰的民主要求。新兴知识阶层的集团化倾向和组织化程度在不断增加，他们或麇集都市，或遥在国外，在学堂、报馆或自愿结合的团体内从事政治组织活动。1902 年 7 月成城学校入学事件，1903 年拒俄运动以及同年夏天发生的沈荩案、苏报案，使越来越多的学生接受了武装反满的革命观念。1904 年春，华兴会、科学补习所在湘、鄂先后成立，并于当年策划了两湖反清起义。嗣后又有苏浙皖一带志士相继组织起光复会和岳王会。国外的中国留

① 忻平：《清末新政与中国现代化进程》，《社会科学战线》1997 年第 2 期。

学生中，反满运动发展迅速，日本成了中国革命的大本营。由于清政府的搜捕和杀戮，国内各省志士也陆续避往日本，日本汇集了不少民主革命的知名人物，酝酿建立全国性的政党，孙中山最引人注目。

孙中山(1866—1925)，出生于中国广东省香山县翠亨村农民之家。七岁时入私塾接受传统教育。1879 年，十四岁的孙中山受长兄孙眉接济，随母乘轮船赴夏威夷，并在当地英美人开设的教会读书。1883 年孙中山被兄长送回家乡，同年冬天到香港加入基督教。1887 年进入香港西医书院，1892 年毕业后在澳门、广州等地行医。

孙中山曾于 1894 年作《上李鸿章万言书》，建议改革遭拒。同年 11 月孙中山在檀香山创建中国第一个民主革命团体兴中会，以"驱除鞑虏，恢复中国，创立合众政府"为宗旨，次年兴中会总部在香港正式成立。兴中会成立后，积极准备武装起义。3 月 16 日(二月二十日)的首次干部会议决定先攻取广州为根据地，因为事先泄密，这次起义失败。孙中山被清廷通缉，遭香港当局驱逐出境，流亡日本，并于此时剪掉辫子，改穿西服。1905 年 8 月，孙中山的兴中会、黄兴与宋教仁等人的华兴会、蔡元培与吴稚晖等人的爱国学社、张继的青年会等组织在日本东京联合成立中国同盟会，孙中山被推为同盟会总理。中国同盟会强调自由、平等、博爱的精神，主张"国民革命"，确定了"驱除鞑虏，恢复中华，建立民国，平均地权"的革命政纲，规定革命以军法之治、约法之治、宪法之治三程序达成。并将华兴会机关刊物《二十世纪之支那》改组成为《民报》，作为机关报。在《民报》发刊词首次提出民族、民权、民生"三民主义"学说，号召"举政治革命、社会革命毕其功于一役"。

同盟会党内有党，派内有派，几大政治派别都具有明显的地域性特征。以孙中山为代表的政治派别，不仅包括大部分原兴中会会员，而且包括一些出身于广东的同盟会会员，如廖仲恺、朱执信、胡汉民等，这个派别活动的区域主要在广东和海外。以章太炎、刘师培、陶成章等为代表的政治派别，其成员主要为光复会会员，其活动区域主要为江浙地区。以黄兴、宋教仁为代表的政治派别，以华兴会会员为主，但实际上，长江中上游省份的革命党人也大都属于这个政治派别，其主要活动区域是湖南、湖北和四川三个内地省份。

革命党人除了寻找外部援助以外，主要在国内争取会党和新军的支持。革命党人向秘密会党寻求支持的主要原因是会党力量强大。近代中国，人口的压力和时势的动荡，造就了分布于南北的帮会秘密组织，社会势力很大。各地的革命分子普遍面向会党工作，对秘密会党进行教育和改造，力争将其纳入革命的轨道。1908 年以后，不少地方的革命者将工作的主要目标转向新军，所以革命党和会党一度处在各行其是的状态之中。只是到 1910 年革命形势出现新的高涨时，才再次促进会党与革命党的合作。革命党人为了开展新军工作，积极投入其中，或入伍为兵。同盟会成立后不久，即在日本选拔军事骨干李烈钧、程潜、唐继尧、张凤翔、孔庚等 28 人，组成“铁血丈夫团”，回国分赴各省参加新军，在新军中秘密散发革命书刊，进行革命宣传，并在新军中谋建各种秘密组织。武昌起义前湖北新军的大部分人已倾向革命，这为辛亥革命做了准备。

1903 年清政府设立商部，其后全国各地商会相继成立。在晚清一系列政治事件中扮演了重要角色，尤其在直接关涉自己经济利益的收回利权运动和保路运动中，更与政府发生了激烈的冲突。1903 年以后，商办铁路公司和矿务公司纷纷成立，收回路矿运动逐步高涨。控制各地路矿公司的大多是绅商，对清政府仍有不同程度的依附关系，但他们的加入毕竟增加了收回利权运动的物质力量。张謇、马良等人由于有着较高的社会地位和较强的经济实力，在运动中常常取得支配地位，在江浙铁路风潮中尤其如此。他们在运动中总是主张文明抵制，常常把人们的注意力首先引向劝集股款上来，力图把运动限制在合法请愿的范围以内。经济比较落后的内地各省，在自办路矿过程中，除认购路股外，还采取抽股和勒捐的方法，因而涉及了更多的社会阶层，使收回路矿运动拥有更为广泛的群众基础。

四川僻处内地，民族工业极为薄弱，川督锡良主张自办铁路，引起各界共鸣，决定自筹股款，自办川路。1904 年 1 月，官办川汉铁路公司成立，它明确宣布不募外债，不招洋股。1905 年，各州县选派士绅二三人为首，成立租股局，并于当年秋后开始征股，自是，全川 140 余府、厅、州、县，除峨边、懋动、打箭炉、理番等少数极为穷僻之地，都开始征收川路租股，出股者及于农村各个阶层。1907 年，在蒲殿俊、萧湘等 300 余四川留日学生的促进下，官办川汉铁路公司正名为商办，使股东把自身利益同川路的命运紧密地联系起来。

1911 年 5 月，清政府以铁路和矿山抵押外债的举借，宣布川汉铁路和粤汉铁路国有化。6 月 13 日，四国银行团借款合同传至四川，清政府借债卖路真相大白。6 月 17 日，川省咨议局、川汉铁路公司负责人，出面组织“四川保路同志会”，明确提出“破约保路”。川省各州、县也多由各股东分会、租股局倡议，普遍建立了保路同志会。立宪派的核心人物还发起组织川路特别股东会，以推进保路运动。租股股东中的农民群众亦积极投入保路运动，在“保卫财产，防备外患”两个方面，他们与立宪派有着共同的利害关系。

保路同志会最初力图把抗议限制在温和的气氛之中，但朝廷拒绝妥协，斗争逐渐集中在政府的专横方面，抗议开始超出经济范围。经济上的利益抗争裹挟着政治上的权利要求，使广泛的群众抗议运动席卷四川。清政府从湖北调军，由钦差大臣端方指挥，入川镇压。四川危机立即触发了清政府全面的政治危机。

清政府调军入川，造成武汉地区的空虚。保路运动成为辛亥革命的导火线。与同盟会保持联系的两个革命团体文学社和共进会，从1911年9月就策划起义，不幸的是很多革命党人相继被捕。随着清军入川，湖北革命党人认为起义的机会已到，10月10日新军中的革命党人在武昌发难，湖广总督瑞澂逃走，清军失去指挥，革命党占领武昌。11日和12日，革命军相继攻下汉阳、汉口，武汉三镇迅速掌握在革命党人手中。湖北咨议局议员和地方绅商会议，推举新军第二十一混成协协统黎元洪担任湖北军政府都督。

武昌起义，全国响应，从10月10日到11月9日一个月里，即有湖北、湖南、陕西、江西、山西、云南、浙江、江苏、贵州、安徽、广西、福建、广东等13个省和上海市宣布独立，建立军政府或都督府，其他省区也发生了同盟会组织的众多反清斗争，清政府的统治权已经瓦解。

11月开始，南方各省便开始筹划建立中央政权。以黎元洪为代表的武昌集团，以上海都督陈其美、江苏都督程德全为代表的上海集团，都坚持由他们组织新政府。双方争执不休，打破僵局的是1911年12月25日从海外归来的孙中山。孙中山是革命领袖，双方都同意由他来组织中央政府。12 月 29 日在南京举行了临时大总统选举会，孙中山当选。1912 年元旦，孙中山在南京宣誓就任临时大总统，宣布中华民国成立。1 月 2 日，各省代表会议选举黎元洪为副总统，并通过了孙中山提出的国务员名单，组成中华民国临时政府。南京临时政府虽然包括了一部分立宪派和旧官僚，但它的领导权掌握在以孙中山为首的资产阶级革命派手中。同盟会领导人在临时政府中担任了重要职务，黄兴、王宠惠和蔡元培分别任陆军、外交和教育总长，宋教仁任法制局局长，各部次长也均为同盟会的重要骨干。南京临时政府决定采用公历，以 1912 年为民国元年。1 月 28 日，组成临时参议院，颁布了一系列符合人民利益的法令。如：禁止和废除刑讯、跪拜、吸食鸦片、缠足、蓄辫等秕政陋习；制定了保护私人财产和发展资本主义的政策；采取了改进教育制度、革新教育内容的措施；并以新闻言论自由取代钳制言论的政策，这都在不同程度上推动了社会的进步。

南京临时政府成立时，北方的清皇室不肯退出历史舞台。孙中山主持制定了兵分六路、大举北伐的军事计划，还亲自担任总指挥。

在武昌起义爆发不久，清政府即派陆军大臣荫昌统帅部分部队赶赴湖北，以镇压起义之师。但清政府自知荫昌并无指挥北洋军的能力，于是两天之后，在奕劻的大力举荐下，清政府任命当时在家“养疴”赋闲的袁世凯为湖广总督，因为在当时袁世凯是唯一一个可以指挥得动北洋新军的人。但是袁世凯以足疾未愈为借口拒不赴任，希图获得清政府的全部实权。面临灭顶之灾的清廷，于 1911 年 11 月 1 日下诏解散了庆亲王奕劻为首的皇族内阁，任命袁世凯为内阁总理大臣，组织责任内阁，主持政事，挽救危局。

袁世凯(1859—1916)，河南项城人，北洋军阀首领。戊戌变法期间，他因出卖维新派而取得慈禧太后的宠信，势力逐渐扩大。1901年任北洋大臣、直隶总督，成为清政府实权重臣。1908年，光绪皇帝和慈禧太后先后去世，三岁的溥仪做了皇帝，改年号宣统，溥仪的父亲载沣为摄政王。载沣等满族贵族觉得袁世凯(汉人)权力太大，恐怕对自己不利，就以宣统皇帝的名义，让袁世凯"开缺回籍养疴"。袁世凯隐居河南漳德两年半，伺机东山再起。在清政府只是授予他节制调遣湖北的军队及各路援军时，便以足疾未愈为由，借故拖延，并提出他出山的六项条件，包括要把清朝全国的海陆军交给他指挥；给他足够的军费；由他组织内阁等，迫使摄政王退归私邸，不再干预政事。在清政府答应了袁的条件，并任命袁为钦差大臣之后，袁才开始向武昌革命发动真正的进攻。袁世凯紧紧抓住这一时机，掌握了清政府的全部实权。

袁世凯先派亲信段祺瑞、冯国璋向武汉革命军进攻，占领了汉口，1911年11月底，又占领了汉阳。在这对清政府极为有利的时机，袁世凯却突然命令停止进攻武昌，实行停战议和。这中间当然有其他省举行起义或宣告独立所造成的压力，使清政府需要将一部分兵力调离湖北以对付其他地方的反叛的原因。但更重要的原因则是，停战议和是袁世凯在这个历史转折的重要关头所导演的整个戏剧的一部分。就在汉阳被攻克的同时，英国驻华公使朱尔典便与驻北京的各国使团一起，进行斡旋，并提出停战议和的三个条件：双方即日停战，清帝宣布退位，选举袁世凯为大总统。这三项条件不仅符合袁世凯的利益，而且也得到了黎元洪、黄兴和程德全的首肯。当袁世凯听到孙中山就职临时大总统并宣告中华民国临时政府成立的消息后，十分生气，否认和谈时达成的协议，又与段祺瑞、冯国璋等 42 人联名通电，反对共和。

为了祖国的“南北统一”，南京临时政府终于向袁世凯屈服，表示只要袁世凯赞成共和，孙中山就把大总统的位置让给他。袁世凯得到了孙中山让位的许诺，就掉转头来，逼清帝退位。袁世凯炮制了一个对清皇室退位的优待条件，走投无路的清皇室迫于形势终于同意退位。1912 年 2 月 9 日，南京临时政府向袁世凯递交了经临时参议院修正后通过的《关于大清皇帝辞位之后优待之条件》，史称《清室优待条件》。主要内容是：大清皇帝辞位之后，尊号仍存不废，中华民国以待各外国君主之礼相待；岁用 400 万元，由中华民国拨用；暂居宫禁，日后移居颐和园；宗庙陵寝永远奉祀，由中华民国酌设卫兵妥慎保护；德宗崇陵未完工程如制妥修，其奉安典礼仍如旧制，所有实用经费均由中华民国支出；以前宫内所用各项执事人员可照常留用，惟以后不得再招阉人；原有之私产由中华民国特别保护；原有之禁卫军归中华民国陆军部编制，额数俸饷仍如其旧。同时还发表了《关于清皇族待遇之条件》和《关于满蒙回藏各族待遇之条件》，主要规定：王公世爵概仍其旧。袁世凯在获得南京临时政府以他为临时大总统的承诺后，即指使北洋军阀集团段祺瑞联合 46 名北洋将领致电内阁，奏请“立定共和政体”，清皇室为之震动，之后同意袁世凯处置。1912 年 2 月 13 日，清帝溥仪宣布退位，清朝寿终正寝。

3 月 14 日，孙中山被迫辞去临时大总统的职务。南京临时参议院选举袁世凯为临时大总统。南京临时政府提出了三个限制袁世凯权力的条件：一是制定临时约法（宪法），防止袁世凯独揽大权；一是把首都建在南京，使袁世凯离开北京的清朝势力；一是新总统到南京受任之时，大总统及各国务员方行解职。

南京临时政府颁布了具有宪法效力的《中华民国临时约法》，规定：中华民国之主权属于国民全体，中华民国领土为二十二行省、内外蒙古、西藏、青海，中华民国人民一律平等，并享有人身、居住、财产、言论、出版、集会、结社、通信、信仰等自由以及选举、被选举等权利。《临时约法》关于人民权利和自由的一系列规定，反映了资产阶级革命派的民主精神。《临时约法》按照西方资本主义国家三权分立和代议政治的原则来构建中华民国的国家制度；为了防止和限制袁世凯专权，将原先的总统制改为内阁制。《临时约法》集中体现了辛亥革命的积极成果，成为民主共和的象征和旗帜，在中国历史上产生了深远的影响。

袁世凯当上临时共和政府的大总统，并不践行到南京就职的条约。他指使曹锟军在北京暴乱，吓倒南京派来接他去南京就职的专使，以此证明非由他坐镇北京不足以稳定北方局势。又勾结帝国主义外交团，出兵来北京保护侨民，还让段祺瑞、冯国璋等人打电报给南京政府，反对在南京建都，要求把都城定在北京。南京临时政府不得不再一次让步，同意袁世凯在北京就职。3 月 10 日，袁世凯就任临时大总统。4 月 5 日，临时参议院迁往北京，成立不到 100 天的南京临时政府就此夭折，它标志着辛亥革命的失败。

辛亥革命推翻了满人统治下的专制朝廷，建立起中华民国，结束了统治中国长达两千年之久的帝制，改变了中国历史的发展基调，民主、议会、共和、选举、法治等新思想、新观念开始深入人心，传统社会开始向现代国家转型。

附录

清初四大疑案

清朝是少数民族满族统治汉族等民族的国家，长期存在着民族矛盾，尤其以清初与清末最为尖锐。满族的社会习俗与汉族不同，清初汉族不满清朝统治，敌视与鄙弃满族，联系满族某些习俗，在一些问题上附会传说，实际是“华夷之辨”观念的影响所致。清末辛亥革命时期，出于反满、排满斗争宣传与动员群众的需要，丑化清廷，使一些传说更加流传，旨在诋毁清朝异族统治。事实上，清廷内部的政治权力之争复杂且激烈，宫禁森严，宫闱事件经过口耳相传，不仅失实，而且增加了神秘色彩。加上清朝统治者为了掩盖宫廷内务，或为尊者讳，篡改甚至销毁官书与档案，使得许多事件真相被篡改，或被淹没，造成一些传说真假难辨，使一些传说得以流传。

早在六十多年前，我国现代清史学的重要奠基者孟森先生，在其《心史丛刊》序言中就指出：“有清易代之后，史无成书，谈故事者，乐数清代事实。又以清世禁网太密，乾隆间更假四库馆为名，术取威胁、焚毁、改窜，甚于焚书坑儒之祸。弛禁以后，其反动之力，遂成无数不经污蔑之谈。”关于清初的几大疑案，人们表述不一。孟森著有《清初三大疑案考实》(北京大学 1935 年)一书，收录《太后下嫁考实》、《世祖出家事考实》、《世宗入承大统考实》三篇重要论文。太后下嫁、世祖出家、世宗继位成为著名的清初三大疑案。有学者就这几个疑案加以论述，如王俊义先生有《清初“三大疑案”的由来与学术论争》的文章。孟森先生还写过针对清季有关乾隆皇帝出自浙江海宁陈家，汉族暗移清朝国祚的说法，写了有名的论文《海宁陈家》，论证此说不足为凭。上述三案加上乾隆身世这一案，成为四大疑案。

此外，著名清史学家王锺翰先生写过《“清宫四大奇案”是怎么回事》[①]一文，所谈则是太后下嫁、顺治出家、雍正被刺和“狸猫换太子”（乾隆身世）四大奇案，其中第三个疑案由雍正继位改为雍正被刺。“雍正被刺”是说雍正是被明遗民吕留良的孙女吕四娘行刺丧生的。因雍正七年有湖南儒士曾静派其学生张熙到西安，投书川陕总督岳钟琪劝其谋反。经审讯查明曾静与张熙是受吕留良明“华夷之辨”思想影响。于是雍正将已死去多年的吕留良刨棺戳尸，并广为株连。吕留良的孙女吕四娘有幸逃脱，立志学武为祖父报仇，在深山练得高超剑术。后来吕四娘潜入宫内，用飞剑割下雍正脑袋，还传说泰陵中雍正尸体安装了黄金做的头颅。这是无稽之谈。

我们在这里介绍的是太后下嫁、顺治出家、雍正继位、乾隆身世四大疑案。

一、太 后 下 嫁

“太后下嫁”中的太后，是蒙古科尔沁人博尔济吉特氏，生于

① 王锺翰：《“清宫四大奇案”是怎么回事》，《王锺翰清史论集》第 2 辑，中华书局 2004 年。

明万历四十一年，卒于清康熙二十六年。后金天命十年博尔济吉特氏嫁与努尔哈赤第八子皇太极，崇德元年皇太极称帝，封其为永宁宫庄妃。庄妃子福临即帝位后，庄妃被尊为皇太后，其孙玄烨嗣帝位，又尊为太皇太后。因皇太极的谥号为“文皇帝”，博尔济吉特氏死后谥“孝庄文皇后”，人们简称其为“孝庄”。

“太后下嫁”是指孝庄太后下嫁其小叔睿亲王多尔衮。这事情还得从孝庄文皇后说起，她被传说为美艳、聪慧、有胆识的女子。孝庄一生经历了清初太宗、世祖、圣祖三朝，慎重处理皇权更迭问题，多次化险为夷，具有传奇色彩。皇太极执政时，孝庄就已多年赞助内政。皇太极病逝时，32 岁的孝庄面临着诸王兄弟激烈争夺帝位的政治危机，其中最有力的争夺者是睿亲王多尔衮与肃亲王豪格。孝庄与皇太极之孝端皇后多方斡旋，遏制多尔衮谋位之想，最终由其子福临继位，是为世祖，年号顺治。身为摄政王的多尔衮亦有雄才大略，位高权重，心存谋位念想，是福临帝位的潜在威胁者。孝庄对多尔衮采取既笼络又控制的软硬兼施的谋略，抑制了多尔衮的政治野心，从而使福临稳坐皇帝宝位。顺治十八年福临病逝，其子玄烨年方八岁，孝庄又辅佐其继位，是为康熙皇帝。当时有鳌拜等四大辅臣辅政，鳌拜专横跋扈，打击其他辅臣，在皇帝面前居功自傲。孝庄极力保护爱孙康熙帝，教之以治国安邦的策略，康熙初年的许多重大决策都与她有密切关系。康熙二十六年十二月孝庄病逝，享年 75 岁。康熙皇帝后来讲道：“忆自弱龄，早失怙恃，趋承祖母膝下三十余年，鞠养教诲，以至有成。设无祖母太皇太后，断不能致有今日成立。罔极之恩，毕生难报。”[①]祖孙情深，感恩之意溢于言表。

① 《清圣祖实录》卷 132，康熙二十六年十二月乙巳朔。

孝庄长达半个多世纪的政治生涯，为清初政治的稳定做出了重要贡献，是一位杰出女性。不过在汉族伦理观念之下，有关孝庄下嫁问题，也成为人们议论的话题。

孟森的《太后下嫁考实》开头就说："清世虽不敢言朝廷所讳之事，然谓清世祖之太后下嫁摄政王，则无南北，无老幼，无男妇，凡爱述故老传说者，无不能言之。"可见该故事流传之广。进入民国，"太后下嫁"的故事在《清朝野史大观》、《清史演义》、《清宫轶闻》等稗官野史中多有记载，更为人津津乐道。以上海新华书店1925年初版的《清宫十三朝演义》为例，作者是曾投身革命的浙江上虞人许啸天，该书旨在叙述所谓清朝宫廷内部荒淫骄奢之事，第二十四回即为《酬大勋太后下嫁　报宿恨天子重婚》，其记载大婚有如下描写：

> 摄政王多尔衮，端坐在金辇里，后面六百名御林军，各个掮着豹尾枪、仪刀、弓、矢，骑在马上，耀武扬威。最后面竖着一面黄龙大纛，慢慢的走进宫门去。宫里面早有一班亲王福晋、贝勒贝子夫人、内务大臣命妇、内管领命妇，都是按品大装，在内院伺候。到了吉时，皇太后穿着吉服，皇帝率领一班王公大臣，到内宫行三跪九叩首礼，跪请皇太后升辇；十六位女官，领导太后下辇，三十二名内监，负辇出宫。陪送的福晋、夫人、命妇，各各坐着彤舆，跟在后面。摄政王的金辇，在右面护行，到了王爷门口，仪仗站住；到仪门口，大小官员站住；到了正院，金辇停下。女官上去，把太后从金辇中扶出来，进西院暂息。到了合卺吉时，把太后请出来，女官跪献合卺酒，摄政王和皇太后行合卺礼，送进洞房。

这种绘声绘色的逼真描写，会使不少人信以为真。

“太后下嫁”的传说事出有因，并非空穴来风。最关键的文献资料有两条：

一是明末清初人张煌言顺治七年写有《建夷宫词》十首，从题目即可看出作者反满的明遗民立场，其中一首特别引起学者的关注，该诗说：

> 上寿觞为合卺尊，慈宁宫里烂盈门。
> 春宫昨进新仪注，大礼恭逢太后婚。[①]

慈宁宫为孝庄太后的寝宫，诗中描写慈宁宫里张灯结彩，喜气盈盈地举行太后的婚礼，显然是指孝庄太后下嫁于多尔衮之事。

二是蒋良骐《东华录》记载，多尔衮死后，诏告他的罪状中有“自称皇父摄政王，又亲到皇宫内院”[②]字句，可能暗指多尔衮迫使太后与其为婚之事。

关于“皇父”的称谓，也见于《清实录》与清朝档册、文告，甚至《朝鲜李朝实录》中亦有“皇父摄政王多尔衮”的记载。人们猜测这或许是多尔衮“似是已为太上矣”，“太上”与“太后”相对称，证明由“叔父”改称为“父”，显露出母后已经下嫁。

还有一件可疑之事，孝庄临死前对康熙皇帝说：“太宗文皇帝梓宫，安奉已久，不可为我轻动。况我心恋汝皇父及汝，不忍远去，务于孝陵近地择吉安厝，则我心无憾矣！”[③]孝庄遗嘱要求不与远在沈阳昭陵的丈夫皇太极合葬，于是康熙帝遵旨将孝庄灵柩暂置停于遵化清东陵，雍正时将其正式安葬，称为昭西陵，

---

① 张煌言：《建夷宫词》，《张苍水集》第2辑，上海古籍出版社1955年，第70页。
② 蒋良骐：《东华录》卷6，中华书局1980年点校本，第102页。
③ 《清圣祖实录》卷132，康熙二十六年十二月壬申。

位于风水墙之外,疑为远离陵区主体。人们猜测孝庄遗嘱要求不与皇太极合葬,可能有再嫁多尔衮的难堪隐情。

最早深入研究“太后下嫁”之说的是孟森先生,他的《太后下嫁考实》,逐一辩驳“太后下嫁”说的依据。孟森认为,多尔衮举行上“皇父”仪式,“使皇帝由无父而有父,岂不更较大婚及诞生皇子等庆典为郑重乎?”张煌言是故明之臣,对清朝“必有成见”,况且“且诗之为物,尤可以兴致挥洒,不负传信之责”。他还指出:清主中原,用郊祀大礼,以效汉法,始于顺治五年。是年冬至郊天,奉太祖配,追崇四庙加尊号,覃恩大赦,即加“皇叔摄政王”为“皇父摄政王”。凡进呈本章旨意,俱书“皇父摄政王”,盖为覃恩事项之首,由报功而来,非由渎伦而来,实符古人尚父、仲父之意。张苍水(张煌言号苍水)身在敌国,想因此传闻,兼挟仇意,乃作太后大婚之诗。

至于蒋良骐《东华录》所载“亲到皇宫内院”一句,孟森认为最可疑:但只可疑其曾渎乱宫廷,决非如世传之太后大婚,且有大婚典礼之文布告天下等说也。夫渎乱之事,何必即为太后事?

此外,世祖时尊为皇太后者有二后,孝庄不愿与皇太极合葬,乃因昭陵已葬有皇太极的孝端皇后。太宗庄妃以生世祖而尊为后,第二后不合葬,累代有之。昭西陵虽清代无他例可援,亦不能定为下嫁之证。况列帝之后皆有此例。孟先生还认为既然“皇父摄政王”之称是公开事实,而倘若有“太后下嫁”之事,一定会有太后下嫁之诏见于《朝鲜李朝实录》,检之所无,断定必无此事。

孟森的大作写于 1934 年,出版后,颇为轰动。胡适先生阅后于 6 月 26 日致书孟森,认为孟森未能完全解释“皇父”之称的理由,朝鲜的记载仍未能完全证明无下嫁之事,“皇父”之称似不能视为与“尚父”、“仲父”一例，并作结论：摄政王确改称“皇父”，而民间有太后下嫁之传说，但无从证实了。孟森随即于28日作复，强调：“惟因摄政王既未婚于太后，设有暧昧，必不称皇父以自暴其恶。故知公然称皇父，既未下嫁，即亦并无暧昧也。”

由于“皇父”问题成为理解孝庄太后是否下嫁的关键，1936年6月清史学家郑天挺先生特撰《多尔衮称皇父之臆测》一文，予以探讨。郑先生从“叔父”入手，证明“清初之‘叔王’，盖为‘亲王’以上之爵秩。凡亲王建大勋者始封之，不以齿、不以尊，亦不以亲，尤非家人之通称”。皇父摄政王为当时之最高爵秩，“多尔衮之称‘皇父摄政王’复由于左右之希旨阿谀，且其称源于满洲旧俗，故决无其他不可告人之隐晦原因在”。进一步支持孟森反对“太后下嫁”之说的观点。

清史学家王锺翰先生继续探讨多尔衮称“皇父”与“太后下嫁”问题。1990年王先生发表《释汗依阿玛》一文，依据大量国内外官私方文书和档案资料，尤其是满文史料和满族历史传统习惯，肯定了两个问题：一是多尔衮生前确定被加封过“皇父摄政王”；二是孝庄皇太后确实下嫁过多尔衮。

王先生指出：多尔衮之被封“叔王摄政王”或“摄政叔父王”是在顺治元年冬十月；加封“皇叔父摄政王”是在顺治二年五月；而改称为“皇父摄政王”则在顺治五年十一月戊辰。单就所藏刑部题本一项不完全统计，件数以上千计，在顺治五、六、七三年的七份刑部题本中，特别注意到顺治五年十一月初三日和七年九月二十五日的两份题本，因为顺治五年十一月初三日正好在顺治五年十一月冬至（初八日）宣布要加封“皇叔父摄政王”为“皇父摄政王”之前五天，在满文批红中已经有了“皇父摄政王”之称，这一题本并无汉文批红。可以推知，“皇父摄政王”这一改称，很可能满文在汉文之前，也许汉文“皇父摄政王”之称是从满文 Doro be aliha Hani ama Wang 移译而来的。也就在满文“皇父摄政王”的批红五天之后，顺治五年十一月冬至(初八日)正式宣布了内外满、汉文武大小官员，凡进呈本章旨意，俱书“皇父摄政王”的明文规定，并自此才得到彻底贯彻实行。同样，直到多尔衮于顺治七年十二月戊子(初九日)以前，“皇父摄政王”这一称谓，未之或改。至于蒋氏《东华录》所载加封“皇父摄政王”不见今本《实录》，实因“皇父摄政王”的加封诏旨，就没有被收录于纂修《实录》之初(也许郑亲王济尔哈朗对多尔衮进行了报复打击)，并非《实录》既成之后又加删削的。总之，多尔衮生前确实曾经被加封过“皇父摄政王”的称号，这是谁也不能否认的历史事实。

王先生认为“太后下嫁”必有其事。其根据，一是见于当时人的记载，有张苍水(煌言)的《建夷宫词》十首，张苍水词中记的传闻必有所本，不会无中生有，凭空捏造；另外还有朝鲜人的记载，见于《朝鲜李朝实录》；第二，也是最重要的，是看当时有没有关于太后下嫁多尔衮诏书的确凿证据。据刘文兴(江苏宝应刘岳云之孙、刘启瑞之子)于 1946 年所撰《清初皇父摄政多尔衮起居注跋》所载，刘启瑞在检索内阁库藏时，确曾获得顺治时太后下嫁皇叔摄政王诏书一份持归，曾经一度失而复得，家藏逾三十载，后卒以易米，惜迄今不知下落。这第一手档案的遗失是一大遗憾，我则宁信其有而不信其无也。

王先生还说：一则摄政王多尔衮年近不惑而无子嗣，孝庄盛年孀闺独处，又素具权谋，能交欢于多尔衮，无疑可以巩固其嫡子幼帝的大位。从当时政治背景等情况考察，不难推断，多尔衮受封皇父之日，即是太后下嫁摄政王多尔衮之时。二则多尔衮生前被封为皇父摄政王，其必有“皇后”亦当在情理之中，然则皇后其人谁何，舍顺治之生母孝庄文皇后之外，又孰足以当之？由于多尔衮未四十而早殒，诸王多相攻讦，加之入关后，满洲宗室不能不深受汉人封建伦理道德贞操观念的深刻影响，故对太后下嫁之事讳莫如深。三则《皇父摄政王起居注》原本被保存下来，既有其书而非伪造，那么太后下嫁皇父摄政王（多尔衮）诏书，亦必有其诏，或有再被发现之一日。

王先生从满语言的角度分析“皇父”说：汉文“皇父”的满文为Hani ama，汉字译音为“汗依阿玛”。满文的汗（han）就是汉文的“王”或“皇帝”，阿玛（ama）就是汉文的“父”或“爸爸”。阿玛（ama）在满文《清文鉴》里释作“Beye be banjihangga be ama sembi”，汉译则为“生我者之谓父”。多尔衮之尊称为“皇父摄政王”既明见于诏旨中，满、汉文武官员凡进呈本章旨意，又俱书“皇父摄政王”，自不能比之于古代“尚父”、“仲父”的尊称。可以推断顺治在宫内对多尔衮，必以阿玛相称，不但不当面叫多尔衮作阿玛王，也不会当面叫作汗依阿玛的。因为如果是在顺治五年十一月多尔衮尚未封皇父以前，顺治对多尔衮只能当面叫他“额切克”（ecike，叔父）——御史赵开心就曾明说“叔父为皇父之叔父，惟皇上得而称之”；同样，顺治五年十一月多尔衮既封皇父摄政王以后，顺治对多尔衮也只能当面叫他“阿玛”，岂不也可以说是“父为皇上之父，惟皇上得而称之”吗？叔父或父之上加一“皇”字，行之于一切满、汉文武百官的本章旨意中，君臣上下的体制尊严如此。如果顺治的生母孝庄文皇后没有下嫁给他的叔父多尔衮的话，多尔衮是不会由“皇叔父摄政王”改称为“皇父摄政王”的。

从满族婚俗分析“太后下嫁”也是重要方面。王先生指出：满族人于1644年入关以前的社会发展阶段虽已由奴隶制迅速向封建制过渡，但很早以前女真人婚嫁的落后习俗，如弟妻兄嫂、妻姑侄媳、子妻庶母的一些群婚制残余依然存在。这些习俗不但北方兄弟民族像满族、蒙古族有，南方兄弟民族像彝族、藏族等也有，满族这种习俗一直延续到清入关初年，是不足为怪的。满洲婚姻关系到了入关以前正向封建制过渡的皇太极时期，虽然三番五次地颁布“严禁同族嫁娶”的禁令，而迄至入关之初，仍保留有很早以前十分落后的群婚制残余，是不能简单地以“渎伦而来”或“辗转腾谤”所能解释得了的。既然“摄政王（多尔衮）逼肃亲王豪格死于狱而取（娶）其福晋”是事实，那么，豪格为皇太极的长子，顺治的亲兄，即是多尔衮的亲侄，叔妻侄妇，此而可以无礼，多尔衮于兄嫂孝庄文皇后，顺治的生母，弟妻兄嫂，当然可以无礼，又何责乎？所以，顺治之称多尔衮为“皇父摄政王”与孝庄皇太后下嫁摄政王多尔衮，两者之间有着内在联系；多尔衮既可称为“皇父”，太后当然可以嫁多尔衮，都是可以相信确有其事的。[①]

以上孟森、郑天挺、王锺翰三位先生都是著名清史学家，他们分成两派观点，孰是孰非，读者自可判断。不过对我来说，更重要的是欣赏他们的论证过程，从中领略其广博的知识以及严密的思辨，欣赏考证学带来的学术魅力。

二、顺治出家

清世祖爱新觉罗·福临，即顺治皇帝，明清时期皇帝一般只

① 王先生的上述研究成果介绍，出自王锺翰：《清心集》，新世界出版社2002年，第133—136页。

用一个年号，所以多用年号称代皇帝。福临生于崇德三年正月，卒于顺治十八年正月，是皇太极第九子。崇德八年皇太极突然病死，经过激烈的皇位之争后达到妥协，年仅六岁的福临继位，由他的两位叔父济尔哈朗与多尔衮辅政。顺治元年九月福临进入北京，为清入关后统治全国的第一代皇帝。

多尔衮辅政排斥济尔哈朗，居功自傲，把持朝政，不把顺治皇帝放在眼里。顺治七年多尔衮病逝，翌年顺治帝亲政。不久，即以擅权作威、谋逆篡位等罪名，将多尔衮削爵夺封。在母孝庄太后的辅佐下，顺治帝励精图治，试图摆脱满族权贵的干预，重用汉族官员，整顿吏治，奖励垦荒，攻略西南云贵地区，建立起对全国的统治。

顺治皇帝有比较敏感的性格，多愁善感，烦躁不安，迷恋宗教。根据魏特《汤若望传》记载，顺治八年天主教士汤若望因治愈未来皇后的病，皇太后礼敬汤若望，顺治帝也称汤若望"玛法（或马法）"。根据王锺翰先生的解释，满文"马法"一词有两义，一为人伦血亲上的"父亲"，另一为一般老少意义上的"老爷子"、"长辈"。很显然，顺治生母孝庄文皇后叫德国传教士汤若望为"马法"实为"神甫"（Father，即教父之意）。[①] 顺治帝对汤若望敬重有加，顺治十三、十四年间，到担任钦天监监正汤若望的馆舍访问 24 次，汤若望也多次到宫中谒帝。顺治帝曾以治道、政事询问汤若望。

顺治帝笃信佛教，将高僧木陈忞、玉林琇召入宫中，论经说法。顺治帝甚至有了出世为僧的想法，他曾对木陈忞说，"愿老和尚勿以天子视朕"，要求以弟子相待。顺治帝又请玉林琇为他

---

① 王锺翰：《释马法》，《清史新考》，辽宁出版社 1997 年。

起法名，玉林琇书十余字请其选择，顺治帝自择“痴”字。又因玉林琇在法派中为“通”字辈，名通琇，其弟子皆“行”字辈，顺治帝又选择了“行”字排行，于是法名“行痴”。以后顺治帝对玉林琇自称弟子，并以“痴道人”、“尘隐道人”刻了印章。顺治帝还对木陈忞说：“朕于财宝固然不在意中，即妻孥觉亦风云聚散，没甚关情。若非皇太后一人挂念，便可随老和尚出家去。”顺治十七年八月十九日宠妃董鄂氏病逝，顺治帝极为哀痛，以宫女、太监多人殉葬。丧礼也多逾制，如清代定制，皇帝及太后之丧，蓝笔批本以二十七日为限，皇后之丧则无此制。董鄂妃之丧，蓝笔批本竟长达四个多月。二十一日追封董鄂妃为皇后。承受不起这场重大的感情打击，顺治帝万念俱灰，拟逃世为僧，嘱僧人茆溪森为其削发。在茆溪森之师玉林琇劝止下，顺治帝才许诺蓄发还俗。顺治帝也让他最宠任的内监吴良辅去悯忠寺（今北京法源寺）削发，他还前往观看。

顺治帝身体日加虚弱，一蹶不振，顺治十八年正月初二日染上天花。当时天花为不治之症，死期将至，顺治帝召亲信朝臣麻勒吉、王熙草拟遗诏，以罪己诏的形式，历数执政中的罪过。他在汤若望的建议下，选择其出过天花的八岁庶出幼子玄烨继位，并命索尼、苏克萨哈、遏必隆、鳌拜四人为辅政大臣。顺治十八年正月初七日病逝，终年二十四岁。随后，遗体火化，骨灰葬于遵化清东陵。

但是，民间传说顺治皇帝并没有死，他因董妃之死看破红尘，于是出游山西五台山皈依了佛门。

从顺治帝在位的举动可以看出，他的确信仰佛教、宠爱董鄂妃，不过民间传说中的董妃却另有其人。民间将“董鄂”讹传为“董”，附会董鄂妃为明末名士冒辟疆的姬人董小宛。传说清军入关之初，董小宛被掠入宫，赐姓董鄂，册立为贵妃。关于董氏，孟森《董小宛考》一文指出:“时人因董鄂之译音,定用此二字,遂颇用董氏故事影射之。陈迦陵之所谓董承娇女也,吴梅村《清凉山赞佛诗》之所谓千里草也,双成也,皆指董鄂事。”所谓“千里草”即隐喻“董”字。孟森考证,董小宛生于明天启四年,殁于清顺治八年正月初二日,得年二十有八。清崇德三年正月三十日顺治帝始生,而董小宛已经十四岁。“当小宛艳帜高张之日,正世祖呱呱坠地之年。”顺治七年冒辟疆四十岁,次年为追忆侍姬董小宛而作《影梅庵忆语》。影梅庵为董小宛葬处,董小宛去世时,江南军事久平,再无离乱掠夺之事,早死于董鄂妃的董小宛不可能与小其十四岁的顺治帝为婚。

传说的顺治帝出家一事,文字之证见于大诗人吴梅村的《清凉山赞佛诗》。人们又根据康熙皇帝多次巡幸五台山,说他是去看望父亲顺治帝。清人程穆衡于顺治十八年为《清凉山赞佛诗》笺释,将该诗解释为隐喻顺治出家,也导致人们以讹传讹。如吴诗有《诗史有感》八首,其第一首诗曰:

弹罢熏弦便薤歌,
南巡翻似为湘娥。
当时早命云中驾,
谁哭苍梧泪点多?

孟森认为:此诗当咏殉葬的董鄂贞妃。首言顺治帝驾崩似为董妃之死,此即后来附会顺治帝行遁之意。并解释该诗的意思是:一董妃死而帝崩,帝崩而又一董妃殉,而两董妃不知谁殉之急切?

根据史实,顺治帝死于天花并火葬[①],因此以诗文为据猜测

① 可参阅陈垣:《顺治皇帝出家》,《陈垣史学论著选》,上海人民出版社 1981 年。

顺治出家是不足为凭的。

顺治帝出家五台山的传说，为五台山涂上了神秘的色彩。不过，康熙帝巡游五台山与所谓顺治出家五台山没有关系。元明以来，五台山成为藏传佛教的圣地；清代，五台山最重要的庙宇菩萨顶改为喇嘛庙，以其为首形成了黄庙体系。康熙帝五次巡游五台山，进香礼佛，以绥服信仰喇嘛教之蒙古，意在调适满、蒙、藏、汉四者的关系。此外，清帝与五台山的联系点，在于清帝被藏传佛教认定为文殊菩萨的化身，意味着正式承认清帝对中国的统治，而五台山则是文殊菩萨的道场。认识到清帝以及满洲之称与文殊菩萨的特殊关系，就自然理解康熙帝多次巡游五台山礼佛的行为了。只是不了解个中情由者难免生疑，恰有康熙帝之父顺治帝笃信佛教并作出家之想，便生出康熙帝到五台山看望出家的皇父一说。甚至在史学家已经考证出顺治帝病死并火葬之后，仍执迷不悟。康熙帝五台山礼佛，不仅是为民祈福，而且是为太皇太后、皇太后祈寿，为本人祈求福佑。康熙帝巡游五台山，御书寺额、碑文、诗歌以及支持续修山志也是再造圣山。建构满、汉、蒙、藏多元一体的国家形态，是康熙帝巡游五台山的目的。康熙帝之后，乾隆、嘉庆两位皇帝也多次巡游五台山，俨然形成清朝家法。①

三、雍正继位

雍正皇帝是康熙第四子，名胤禛，生于康熙十七年，死于雍

① 常建华：《祈福：康熙帝巡游五台山新探》，《历史研究》2016 年第 2 期。

正十三年，庙号世宗。普通宫女乌雅氏因生胤禛被封为德嫔，胤禵为康熙第十四子，也是乌雅氏所生。胤禛从小接受了良好的教育，六岁入南书房读书，熟练掌握满、汉语，满、汉文化造诣很深。胤禛于康熙三十七年被封为贝勒，康熙四十八年晋封为雍亲王。康熙六十一年继承皇位，时年四十五岁，年富力强，久经历练。作为一位成熟的政治家，胤禛登基后勤于政事，力行改革，以改变康熙晚年的颓势，推行保甲，倡导社仓，清查亏空，惩治贪官，强化奏折制度，设立军机处，并在西南少数民族地区推行改土归流。他的性格具有多样性，既喜欢通过奏折与臣下交流思想，沟通感情，又为人刻薄，坚毅果断，是一位奋发有为的皇帝。在康熙晚年，胤禛卷入你死我活的储位之争。在其执政后，残酷打击政敌，先后幽死皇八子允禩、皇九子允禟，并废掉二人的名字以阿其那、塞思黑[①]外号加以侮辱；又处死亲近死党年羹尧、禁死舅舅隆科多；母亲自寻短见，被怀疑受到其逼迫。尽管雍正帝为政颇有作为，却落得生性暴戾、残酷打击政敌的骂名，以致人们对其继位合法性产生怀疑，甚至猜测他害死了父亲康熙帝，是“矫诏篡立”。

雍正皇帝究竟是矫诏篡立，抑或是正常继位，从清代直到今天，清史学界一直争论，未能取得一致看法。

问题源始于满族与汉族皇位继承制度的不同。汉族皇朝长期采用嫡长子继承制，立太子为储位，而满族有诸王协商择贤而

---

① 按：阿其那是允禩自改名，塞思黑为允禟被改名。长期以来，人们认为阿其那、塞思黑分别是猪、狗之意。近年来沈原、王锺翰提出新解，认为阿其那意为夹冰鱼，因允禩“以鱼为名，自喻为俎上之鱼”，即承认自己在储位之争中失败，成为一条死鱼。塞思黑在《清文总汇》中释为迂俗可厌之人，比较符合雍正帝贬斥允禟的“痴肥臃肿、娇柔妄作、粗率狂谬”的相貌。参见王锺翰：《三释阿其那与塞思黑》，《清史余考》，第238—243页。

立的传统。清太宗皇太极、世祖福临、圣祖玄烨虽非长子，都因择贤而立。康熙皇帝试图采取汉族皇室的办法立太子，却因满族的传统观念仍然很强大，预先埋下了皇位继承的隐忧，加之他处理继位问题并不完全妥当，产生了很大的政治麻烦，这是康熙帝晚年最为心力交瘁的事情。

康熙皇帝生有35子，21女，长大成人者，子24，女8。康熙帝诸子的命名，上一字“胤”，下一字“礻”字旁，雍正帝即位后兄弟们避讳，改“胤”为“允”。序齿的24子是：允禔、允礽、允祉、胤禛、允祺、允祚、允祐、允禩、允禟、允䄉、允祹、允禵、允祥、允禑、允禄、允礼、允祄、允禝、允祎、允禧、允祜、允祁、允祕。

早在康熙十四年，为了防止皇子觊觎皇位，玄烨按照汉族皇室立嫡长为太子的做法，立孝诚皇后所生嫡长子胤礽为皇太子。胤礽自幼聪明好学，成年后能文能武，深得康熙帝宠爱。由于皇太子位高年长，而又长期不能继承皇位，逐渐形成了皇帝与皇太子之间的矛盾。皇太子胤礽周围集结了一群拥护者，他们希冀未来的利禄名位，结党营私，形成太子党。特别是胤礽的舅舅、老臣索额图企图策划让康熙皇帝早些让位，以使皇太子掌政，扬言：“古今天下，岂有四十年太子乎？”康熙帝先是除掉索额图，为了防止意外，又于康熙四十年愤然下诏废掉皇太子，他说：今观胤礽不法祖德，不遵朕训，惟肆恶虐众，暴戾淫乱，专擅威权，鸠聚党羽，窥伺朕躬，起居动作无不探听。“令朕未卜今日被鸩，明日遇害，昼夜戒慎不宁。似此之人，岂可付以祖宗宏业？”[①]于是以不仁不孝废掉胤礽。皇太子被废后，诸皇子认为有机可乘，储位之争更加激烈。康熙皇帝为了平息你死我活的储位争夺，又

① 《清圣祖实录》卷234，康熙四十七年九月丁丑。

于四十八年复立废太子。胤礽习性依旧，继位迫不及待，康熙帝无可奈何，又于五十一年再度废除皇太子。康熙帝说："胤礽狂疾未除，大失人心，祖宗宏业，断不可托付此人。"怒不可遏的康熙帝还将废除的胤礽永远禁锢。此后，皇位之争再掀高潮，皇四子胤禛、皇八子胤禩、皇九子胤禟、皇十四子胤禵等，都是有力的争夺者。面对选立皇太子的失败，焦头烂额的康熙帝直到去世前，也未再公开议论传位问题。

康熙六十一年十一月初，康熙帝因偶冒风寒转而病情恶化，突然病逝于十一月十三日。时任京师步军统领、理藩院尚书的隆科多是胤禛（即雍正帝）的舅舅，宣布康熙帝的遗诏："皇四子胤禛人品贵重，深肖朕躬，必能克承大统，着继朕登基，即皇帝位。"胤禩、胤禟及出兵西北的胤禵，均认为康熙帝的继承人非胤禵莫属，认为遗诏经过胤禛与隆科多篡改，胤禛乃属矫诏篡立，不愿承认现实。不久，不论宫廷还是民间盛传雍正帝非合法继承，还说他有谋父逼母、屠兄杀弟等恶行。雍正帝还在刊布全国的《大义觉迷录》一书中，逐条驳斥强加给他的罪名，致使宫廷斗争家喻户晓。

首先严肃认真研究雍正继位问题的是孟森先生，他的《清世宗入承大统考实》长文提出了康熙帝欲传位允禵，胤禛篡位说。孟森认为："世称康熙诸子夺嫡，为清代一大案，因将世宗之嗣位，与雍正年间之戮诸弟，张皇年羹尧及隆科多罪案，皆意其并为一事。遂坠入五里雾中，莫能了其实状。"[①]孟先生利用故宫发现的密档，欲就该问题拨云雾以见日月。孟森将《东华录》、《实录》、《上谕内阁》、《大义觉迷录》档案互相参稽，发现诸多问

① 孟森：《明清史论著集刊》下，中华书局1959年，第519页。

题，认为雍正系篡位上台，康熙帝没有召见皇子和隆科多宣布继嗣末命的事，这是雍正帝捏造的，企图编造其继位合法的谎言；雍正帝害死康熙帝继位，诸兄弟不服，雍正帝才迫害允禩、允禟等人；康熙帝要传位于允禵，雍正帝用年羹尧牵制他，后来雍正诛杀年、隆是怕他们曝露夺位的秘密。孟森先生的论文被视为权威之作。

此后1949年王锺翰先生又撰写了《清世宗夺嫡考实》，发表在《燕京学报》第36期。王先生鉴于孟森未曾使用记载雍正年间很多大案的萧奭《永宪录》，补充孟森的不足。结论有三：世宗篡立，确凿有据；《大义觉迷录》不足置信；《实录》有意删改上谕之处，历历可考。王锺翰还写有《胤祯西征纪实》（《燕京学报》第38期，1950年6月），以胤祯西征的历史进一步说明康熙属意这个儿子。王文史料翔实，论证严密，深受学界赞赏。

继孟森、王锺翰之后，海内外一些清史学者纷纷著书立说，如旅居澳洲的台湾学者金承艺《从"胤禵"问题看清世宗夺位》（1976年）、《胤祯：一个帝梦成空的皇子》、《胤禛：非清世宗本来名讳的探讨》（《近代史研究所集刊》第5、6、8期），以加强孟、王二文的论断为出发点。认为允禵原名胤祯，雍正初众兄弟改名字上一字，他连下一字也改了，名允禵，是雍正篡位的"最大根据"。许曾重《清世宗胤禛继承皇位新探》（《清史论丛》第4辑，中华书局1982年），也是从胤禵身上立论，认为他是康熙帝预定的皇储。最新的研究成果是杨珍女士《清朝皇位继承制度》（学苑出版社2001年）一书，依据中国第一历史档案馆所藏满文档案，认为允禵是康熙帝生前所属意者。金承艺、许曾重、杨珍等人的观点，综合起来就是：康熙任命胤禵为西征抚远大将军，实是对他作为皇储的安排和锻炼；康熙之死并非自然，很可能是被毒死，应是隆科多或雍正帝毒害所致；皇位授受不明，将康熙遗诏改"十"为"于"之说并非不可能。

与上述观点不同，后来有学者提出康熙帝传位、胤禛继位说。美国华人学者吴秀良先生《通向权力之路：康熙和他的法定继承人》（1979年，中译《康熙朝储位斗争纪实》，中国社会科学出版社1988年）认为，康熙重视孝道，胤禛以诚孝被其选中。冯尔康先生发表《康熙朝的储位之争和胤禛的胜利》（《故宫博物院院刊》1981年第3期）以及综合性研究名著《雍正传》，认为康熙帝废太子后，欲在皇四子、皇十四子二人中选一人为皇储，最终则确立了皇四子胤禛。康熙帝虽然任命皇十四子为征西抚远大将军，表明了对他的重视，却不等于他就是皇太子，或有意培养他为皇储，因为一则，他当时的实爵还只是贝子，距皇太子之位甚远；二则，倘若如此，就会在他立有大功，树立了威信和地位后将他召回，但康熙帝直到病危时仍未将其召回，对其仍无立储之意。另从康熙帝对皇四子的任用，如派他祭天，参与政事，处理皇室事务及平时对他较高的评价看，他在康熙帝的心目中地位比诸皇子都高。冯先生指出康熙帝身边警戒森严，害死他是不可能的。至于篡改遗诏，改"十"为"于"，从文书制度上分析是行不通的。冯先生将雍正嗣位放在康熙后期与雍正前期的政治斗争中考察，从康熙帝对雍正帝的一贯态度，以及与其他皇子的态度比较中，认为取中了他，并以这个观点为依据，说明年羹尧、隆科多、阿其那、塞思黑诸狱产生的原因与性质是为了稳固皇权，与继位问题并无直接关系。曾静狱和《大义觉迷录》是雍正帝在组织上成功之后争取舆论上的胜利的举动。

旅日香港学者杨启樵在《雍正帝及其密折制度研究》（香港三联书店1981年）中，赞扬雍正帝的优点和政治能力，相信康熙帝传位于他的史料，把年羹尧、隆科多被戕归咎于他们破坏雍正奏折制度,而非杀人灭口。杨启樵先生又在著作《揭开雍正皇帝隐秘的面纱》(香港商务印书馆 2000 年)中认为康雍之际皇位递嬗暧昧不清,综合起来是合法与篡夺二说,主合法者盛赞雍正,贬低允禵,反之抬高允禵而诋訾雍正。故提出雍正继统、允禵辅弼的新说,破除昆仲不两立的成见,解决康熙晚年既褒扬雍正又重用允禵的矛盾之处。此外,史松在《雍正并非篡位》(《河北大学学报》1983 年第 2 期)、《康熙朝皇位继承斗争和雍正继位》(《清史研究集》第 4 辑,四川人民出版社 1986 年)中,认为皇十四子允禵与康熙深恶痛绝的皇八子胤禩关系密切,若传位于十四子,大权必然落皇八子之手。康熙命皇十四子允禵西征,意在分割皇八子胤禩同党,并给他们造成错觉,不让胤禵在京捣乱,而把帝位顺利传给胤禛。更有学者认为康熙帝晚年十分喜欢弘历,故传位于胤禛;雍正帝以弘历为皇位继承人,体现了康熙帝的意旨。[①] 有意思的是,庄吉发《清世宗拘禁十四阿哥胤禵始末》一文(《大陆杂志》第 49 卷第 2 期)。冯尔康先生归纳庄先生的观点,指出胤禵争储失败,远在西北,胤禛捷足先登,即所谓胤禛自立说。[②]

雍正帝继位问题特别表现在遗诏真伪与玉牒易名的争论上。关于遗诏真伪,冯尔康先生《雍正传》根据《遗诏》原件中有错字和涂抹数处,指出:"这个诏书是胤禛搞的,不是康熙的亲笔,也不是他在世时完成的,不能作为他指定胤禛嗣位的可靠证据。"而王锺翰先生《清圣祖遗诏考辨》(《社会科学辑刊》1987 年第 1 期)指出,过目康熙帝遗诏,以清代官书来对比、校勘后发现,"圣祖遗诏是伪造的,亦是为世宗篡位增添了一个历史文献

---

① 张羽新:《康熙因宠爱乾隆而传位于雍正考》,《故宫博物院院刊》1992 年第 1 期。

② 参见冯尔康:《雍正继位新探》,天津人民出版社 2008 年,第 11 页。

物证”。具体来说就是遗诏窃盗康熙五十六年的面谕而成，诏中命何人继位也不可信。（《清世宗夺嫡考实》认为当时宣读了满文遗诏。）杨启樵先生《康熙遗诏与雍正践祚》（《揭开雍正皇帝隐秘的面纱》，香港商务印书馆 2000 年）则提出，清代遗诏“都是驾崩后由顾命大臣草拟而成。（皇太后或已成年的嗣主，当然可以提意见。）主要叙述皇帝生前所为，兼及今后施政方针。诏文用大行皇帝口气，实则与死者无关。嗣君之名自当列入，但产生方式不一；或出于皇帝病榻末命，或御笔亲书嗣君之名等”。“康熙遗诏虽成于雍正之手，但这是惯例，并无可疑之处，而且与篡位无关。”最近台湾学者陈熙远发表长文，论述清代的遗诏制作问题，并指出：“遗诏已是权力分配或斗争底定之后的产物，因此从现存的康熙遗诏来廓清雍正继位之谜，无异缘木求鱼。若要澄清雍正是否矫诏的传言，当然最直接的方法便是检核原始的遗诏文件。但是如果康熙临终前根本没有文字形式的遗诏交代皇位继承的问题，自然没有后人在遗诏原件上进行文字窜改的问题，最多只有口授谕旨在转述的过程中是否如实传真的问题。至于后来颁布天下的遗诏，不过是后来加工的产品。归根结底，现存所有康熙遗诏的原件永远都无法解答雍正究竟是‘奉天’还是‘承运’。康熙无疑是有清一代对其遗诏内容构思最久、经营最力的皇帝。康熙五十六年的长篇面谕，其目的即是事先预告过去一般皇帝所讳言的遗诏。暂时撇开皇位继承的问题，该面谕所试图擘画的遗诏内容，主要意在进行自我的历史定位，可说是一种自传式体裁的‘墓志铭’。”①

---

① 陈熙远：《皇帝的最后一道命令——清代遗诏制作、皇权继承与历史书写》，《台大历史学报》第 33 期，2004 年 6 月。

关于玉牒易名，王锺翰《胤祯西征纪实》指出，十四阿哥原名胤祯，后改为允禵，根据是允禩子弘旺雍正八年所作《皇清通志纲要》。王说以改“胤祯”为“胤禛”，比改“传位十四皇子”为“传位于皇四子”的说服力强。金承艺认为：“圣祖崩逝之夜，世宗首先把自己的名字改成胤禛，更改遗诏后，硬说自己就是胤禛。”后又说：雍正之世，世宗曾强行占用乃弟胤祯之名，至乾隆时始为高宗窜改为“胤禛”。冯尔康《康熙十四子胤禵改名考实》(《历史档案》1981年第4期)提出，阅读康熙三十六年的玉牒，发现十四子的名字是胤禵，而四十五年那份有的写作胤禵，有的写作胤祯，认为十四子原名胤禵，至迟在康熙四十五年康熙已让他改为胤祯，雍正继位后又让他复名。冯尔康指出，全部改抄玉牒工程浩大不可能，故玉牒是康熙朝的。冯尔康《清世宗本叫胤禛，并未盗名》(《南开学报》1982年第1期)就易名问题，批评金说。因“祯”和“禛”字形、读音相近，“禛”音 zhēn，读真，真韵。“祯”则有两种读音：一种和“禛”完全相同，另一种为旧读，音 zhēng，读征，更韵。改名是避免混淆。庄吉发《清世宗入承大统与皇十四子更名考释》(《大陆杂志》第67卷第6期，1983.12)，认同冯先生的观点。杨启樵首先认为金文多属想象，远离真相。只有大胆想象，没有小心求证。其次也不同意冯尔康《康熙十四子胤禵改名考实》的看法，认为皇子命名原本认真，可是一时失察，取了两个类似的名字，这和篡位没有关系。他还指出：说来凑巧，雍正继位后，让胤祯易名允禵，可是这个“禵”字，和大阿哥允禔名字的读音有相通的地方：“禔”有几个音，其中一个念 tí，和“禵”同音。当时的发音可能就是这个，因为胤禵满文名字的对音就写作 in ti。雍正命十四弟改名为“禵”是避免混乱，可是这一改又和大阿哥的名字相混，可见皇室取名也有疏忽的时候。杨启樵认为玉牒不是康熙朝原本，是雍正年间改修的，并提出疑问：(1) 康熙为什么要为皇十四子改名？(2) 为什么选择了与四皇子十分相近的名字？(3) 如果十四子原名胤禵，在玉牒中应该有反映。(4) 如果十四子原名胤禵，弘旺《皇清通志纲要》为何没有反映？(5) 大阿哥改名是一个特例。他还认为，三十六、四十五、五十四三份玉牒，每份六册，共十八册，部头虽大，字数却不多，修改起来不困难，和《朱批谕旨》的修改不可同日而语。他还补充说，四十五年的玉牒有关康熙皇子的几页颜色不同，是否抽换了呢？

冯尔康关于皇十四子原名胤禵，后改为胤祯，再改为允禵的看法，最近由吴秀良重新证实。吴先生认为，雍正帝继位后，康熙十四子"胤祯"更名"允禵"的问题，曾作为持雍正继位"篡立说"的学者的一个有力证据。其实他们的"求证"只不过是利用"次等史料"证明了十四子的名字曾是"胤祯"的史实，而未能证明十四子出生后的"原名"就是胤祯。他们找不到允禵更名与雍正继位问题的任何关系。他考订了解决皇子更名问题最具权威性的史料——皇室玉牒，结合康熙朝满汉融合中政治文化变迁的背景，深入与十四子更名有关史料的语境与情境，阐明了持雍正继位"合法说"的学者们根据皇室玉牒对十四子胤祯改讳允禵问题的研究成果，进而化解了他们在此问题上关于史料解读的分歧，最后试图对他们共同遗留的"未决"问题提供答案。①

雍正即位后打击了康熙帝信任的几位太监，如赵昌、梁九功、魏珠诸人。冯先生指出，雍正帝继位篡夺说研究者指责雍正帝对康熙帝不忠，迫害其家奴，以此反证雍正帝的篡位。太监魏

---

① 吴秀良：《允禵更名与雍正继位问题再探讨》，《清史研究》2013 年第 3 期。

珠受到康熙帝信任,奉命转传谕旨。雍正元年,雍正将魏珠禁锢于景陵,差点凌迟处死。雍正帝这样处分康熙帝亲信太监,篡位论者认为太监了解康熙帝传位意向,不利于篡位的雍正帝。其实"允禩集团与太监交好,以至贿赂收买,允禟令其子管太监魏珠叫伯父,可见关系密切,允禟的无耻行为,也是图位心切的表现;雍正继位要起用自己的太监,收拾几个与允禩集团有重大关系的太监也就不足为怪了。康熙晚年不立太子,意向绝对保密,当时的官僚谁也没有猜出来。可是后世研究者总以为玉牒中有暗示,或者太监能探知,这是想象之词,太监又何能知晓,因此雍正惩治太监,又何必非因篡位之故"①。我服膺此说,就雍正帝打击魏珠的原因以及魏珠的生平事迹考索,可知雍正帝不喜欢魏珠,寻找借口打击他,将他派往康熙帝景陵看管。雍正帝从轻发落魏珠,乾隆帝再次宽宥,魏珠曾在寿皇殿、寿安宫当差,乾隆二十六年尚在世。雍正帝打击魏珠,表面上看是因魏珠在皇家陵寝重地建房破坏风水而获罪,实际上是因魏珠在康熙晚年与储位争夺对手允禩、允禟关系较好而仇视他。雍正帝打击魏珠未必是因为魏珠目击康熙帝临终情景,得知雍正帝得位不正或者说是篡位的秘密。② 杨珍教授也认为:"康熙六十一年康熙帝患病时,魏珠身为近侍太监,理应在旁服侍。不过,根据其后魏珠的遭际看,不能认为他在康熙帝传位问题上起过不利于雍正帝的作用。"③

据张建研究,太监梁九功与康雍之际的储位斗争关系甚密。

---

① 冯尔康:《雍正继位新探》,天津人民出版社 2008 年,第 122—123 页。

② 常建华:《雍正帝打击太监魏珠原因新探——魏珠其人其事考》,《清史研究》2013 年第 3 期。

③ 杨珍:《历程 制度 人——清朝皇权略探》,学苑出版社 2013 年,第 235 页。

依据《内务府满文奏销档》等档案察其生平，聚焦于康熙五十一年前后的“废太子案”，披露梁九功暗助太子胤礽结纳绿林豪客，为主上所不容，囚禁畅春园。雍正上台后查抄其家，迫其自尽，并搜检旧档，毁灭史料的证据。梁九功与宋荦、曹寅等外臣来往，并聚敛起巨额家赀。梁九功不仅是有名的权宦，也是宫廷政治中的活跃人物。雍正帝上台后整肃宫禁，为消除允礽的潜在威胁，查抄梁九功家产，迫其自尽。这就是《永宪录》所云“犯法”、“畏罪自尽”的真相。雍正帝所作所为，很难令人得出他是合法继位的结论。想要彻底厘清这一问题，尚有待对清初宫廷档案，尤其是满文档案的全面解读。①

由于雍正帝继位不久就查抄赵昌家产，令人生疑，很容易联想到此事与继位是否合法有关。有学者指出：“合理的解释是赵昌知道的事太多，而且不肯附和雍正，雍正必须立即把他解决掉。”②陈青松根据汉文资料，初步揭示出赵昌的生平③，可知赵昌一生长期陪侍康熙皇帝左右，任职于养心殿，身为御前侍卫与耶稣会士打交道。赵昌在康熙朝与西洋传教士交往密切，广泛参与与西洋人交往的事务，努力促成康熙三十一年“容教令”的施行，还接待并交涉有关教廷两次来华使团事宜。此外，赵昌在康熙朝还从事过多种活动，如日常宣谕及管理养心殿的人事，管

---

① 张建：《内监梁九功与康雍之际的储位斗争》，《中国文化研究所学报》第 66 卷，香港中文大学，2018 年 3 月。

② 戴逸主编：《简明清史》第二册，人民出版社 1984 年，第 75 页。

③ 陈青松：《赵昌家世及其与传教士的往来——兼述其在康雍时期的际遇》，《亚洲研究》，韩国庆北大学亚细亚研究所 2009 年，第 6 期。又，可参阅金国平、吴志良：《西方史料所记载的赵昌》，刘凤云、董建中、刘文鹏编：《清代政治与国家认同》，社会科学出版社 2012 年，下册；陈国栋：《康熙小臣养心殿总监造赵昌生平小考》，冯明珠主编《盛清社会与扬州研究》，远流出版事业股份有限公司 2011 年。

理火器等事务，参与修书工作。关于雍正帝逮捕赵昌的原因，陈青松否定了赵昌因信仰西方宗教致祸的说法，推测赵昌借用内库银，拖欠了一笔库银未还；还利用职务之便，安插人手。不过陈文也说："凭赵昌的家财，补还一千五百多两的欠款也不是难事。何以会因此落得个锒铛入狱的下场？这个原因也有它的不足之处。"总之，尚未得出赵昌被捕入狱的使人信服的原因。

认为雍正帝篡位的学者往往认为隆科多是篡位的帮凶。杨启樵先生《为隆科多湔雪帮凶污名——试破解二百八十八年悬案》指出，扈从警跸由侍卫、前锋营与护军营担任，步军统领与护驾无关，"隆科多始终未带一兵一卒闯入畅春园，诸皇子从未受到隆武力威胁"[①]，推进了雍正继位问题的研究。

近年来对于雍正继位问题研究最勤的是杨珍教授，她极力主张康熙帝传位于十四子胤禵，挑战雍正合法继位说。还有康熙帝第十四子胤禵第七代孙金恒源先生写作《正本清源说雍正》一书，论述雍正篡位说。一时似乎认为康熙帝传位十四子胤禵占了上风，不过合法继位说的新作不断涌现，形成反弹，一轮新的讨论正在进行。

朝鲜史料中关于雍正继位问题的不少记载不利于雍正帝。伍跃主要利用朝鲜王朝的《承政院日记》和《同文汇考》等史料，介绍康熙末年雍正初年通过外交使节收集清朝皇位继承问题的情报以及对情报的研判，指出这种情报有很高的参考价值。[②]罗冬阳认为，李氏朝鲜遣清使臣，作为清朝历史见证者，留下了《燕行录》、《别单》、《闻见录》、《手本》等丰富的汉文文献。《别

① 杨启樵：《雍正篡位说驳难》，上海书店出版社 2012 年，第 14—15 页。

② 伍跃：《海外记录中的雍正嗣位——以朝鲜、日本的反应为中心》，《故宫学刊》第 5 辑，紫禁城出版社 2009 年。

单》的记载尤为珍贵可信，所记史事多有清朝文献所不详者。特别是涉及康熙后期争储和雍正帝继位的情况，清朝文献作了许多改窜、掩盖，而证之以朝鲜使臣的见闻记述，可以获得探明真相的重要线索。我们不能因为《承政院日记》、《朝鲜李朝实录》里面所记载的朝鲜君臣评论有误解、误断而否定《别单》等朝鲜使臣闻见记录的可信性及史料价值。[①]

张双志依据 18 世纪朝鲜国学者朴趾源《热河日记》的记载，说康熙帝临终前大学士王掞“同承顾命，误认禛为祯字，第四为十四。掞被罪，而允祯为逆魁，改祯为禵”。另外，《朝鲜李朝实录》记载：“召阁老马齐言曰：‘第四子雍亲王胤禛最贤，我死后立为嗣皇。’”这些史料言及马齐、王掞同受遗诏，与雍正帝继位后所说允祉、允祐、允禩、允禟、允䄉、允祹、允祥、隆科多等同受遗诏不同。结合《皇清通志纲要》、《永宪录》，推测康熙帝逝世时面授当朝的内大臣和大学士，至少包括马尔赛、马齐、王掞、隆科多四人。胤禛继位后，立即褒奖马尔赛、马齐、隆科多三人，而对王掞则不同，王掞卒，不按例恤祭营葬，对其子刻薄有加。作者说，过去人们急辨雍正继位问题时，恰恰忽视了“主持人”康熙帝逝世前夕的所思所行，这才是造成胤禛继位之谜最关键的地方。作者就此作了五点推论：一是康熙帝不宣布嗣君，是在他心中胤禵、胤禛难分伯仲，以致难于取舍，不能速下决断。二是康熙帝临终面谕上述四位当朝大臣，具有公信力和权威性。三是康熙帝口述遗旨可以先以满语述之，再以汉语复述一遍。满文遗

① 罗冬阳：《朝鲜使臣见闻记述之康雍史事考评——以争储及雍正继位为核心》，《东北师大学报》2013 年第 2 期。亦可参见罗冬阳《雍正帝矫诏召回抚远大将军允禵考——附论康雍之际西北军权的转移》，《明清论丛》第 12 辑，故宫出版社 2012 年。

诏可能由马齐写就，大概是“传位于第四子胤禛”之类，王掞在听汉文遗诏时，在心耳慌乱之际，大有可能误听、误写“胤禛为允祯，第四为十四”。故十六日鸿胪寺官正式公读遗诏时，只有满文，而无汉文，这才引起御史杨保等人的参奏指责，而胤禛却不能道出真实情况来证明自己。迟至十六日，胤禛才公布了汉文的遗命诏。民间流传胤禛篡改“皇位传十四子胤祯”为“皇位传于四子胤禛”的传说，就是康熙帝所说应是“传第四子胤禛”，由于“第”与“十”音近，“禛”与“祯”音近，故老迈的王掞在惶急的状态下，误听、误写为“传十四子胤祯”，草就了汉文遗诏，遂酿成了千古恨事。这也是为什么胤禛继位后马上命胤祯之“祯”改为“禵”的最直接，也是最根本的原因。四是在王掞误写汉文遗诏的情况下，胤禛继位应是马尔赛、马齐、隆科多三人之力的结果。当时是以满文遗诏还是以汉文遗诏为准，为胤禛、胤祯胜负的最大关键。马尔赛、马齐、隆科多三人对王掞一人，自然胤禛获胜。于是此三人迅速获得雍正帝的信任，而王掞父子则受到惩罚。五是康熙帝最终选择胤禛，是从胤祯不在京师的现实出发，为避免二十多天的虚位以待危及社稷。总之，王掞“误听”一事，是造成所有继位之谜的最大隐情。[①] 张文可谓另辟蹊径，为雍正继位进行了新的解释。限于资料，他的推测多于实证，相信不相信，就看读者自己了。

此外，尚有两篇新作值得注意。董建中细密地分析史料，得出新的看法：“康熙帝只有末命，没有书面遗诏，指定的接班人就是胤禛。雍正帝在《大义觉迷录》中的大统授受描述是可信的。隆科多的立场、选择与实际所起作用，成为‘篡位说’不可逾越的

---

① 张双志：《雍正继位新解》，《清史研究》2007 年第 4 期。

解释障碍：（1）他在大统授受现场；（2）他无力掌控场面；（3）他与胤禛无密切关系；（4）他位居顾命大臣，没有篡改康熙帝所指定接班人选的必要；（5）他既是康熙帝的'忠臣'，也是胤禛的'功臣'。以上条件决定了隆科多只能是如实转述康熙帝的末命，这成为了解决雍正继位之谜的关键。"[①]即如雍正帝所说："仓猝之间，一言而定大计。"吴志良、金国平两位先生，则对罗马耶稣会档案馆中涉及康熙帝传位的手稿进行了梳理，[②]手稿主要是耶稣会高尚德的报告、德国传教士戴进贤的两封信、《马国贤日记》。这些资料均认为康熙帝传位给皇四子雍亲王胤禛，虽然不是在宫中目睹事实的最为原始的记载，但属于最接近宫中的差不多是第一时间获得的消息，有一定的可靠性。结合当时康熙帝驾崩与雍正帝即位局面平稳的情形来看，似乎较为合乎情理，不宜轻易否定传教士记载雍正帝继位问题资料的真实性。不排除康熙帝属意于皇十四子允禵，但是传教士文献透露出的信息，是康熙帝临终之际选择了皇四子继位。[③]

四、乾 隆 身 世

爱新觉罗・弘历在雍正朝为宝亲王，是雍正帝的第四子，继承了皇位，乃是大名鼎鼎的乾隆皇帝。他精通汉文化，喜欢巡

① 董建中：《从大统授受看雍正继位之谜》，杨念群编：《澹澹清川：戴逸先生九秩华诞纪念文集》，中国人民大学出版社 2016 年。

② 吴志良、金国平：《西方文献对雍正继位的记载》，《澳门研究》第 41 期，2007 年 8 月。

③ 常建华：《从西方文献看雍正帝继位的合法性》，《天津师范大学学报》2017 年第 2 期。

游，到处题字，落得乾隆遗风的名声。清朝盛传乾隆皇帝是海宁陈家的儿子，其身世成为疑案。

1925年，上海出版的许啸天《清宫十三朝演义》第三十回后半部讲的是"换娇儿气死陈阁老"的故事，说康熙朝陈世倌为大学士，和当时皇四子雍亲王胤禛关系密切。雍亲王年纪不小了，却没有一个儿子。而王妃钮祜禄氏也想生一个儿子，恰巧陈阁老的太太和她同时受孕。两人见面，常常说着笑话：咱俩倘然各生一个男孩儿，便不必说；倘然养下一男一女，便给他配成夫妻。不久陈太太生下了一个儿子，隔不上三天，王妃生了一个女儿，但对外只说生了男孩。满月后，王妃和陈太太商量，要把这小孩子抱进王府去，给王爷和姬妾们见见。陈太太心中虽有不愿意，但碍着王妃的面子，也只得答应下来。乳母带孩子进王府一日，晚上才带小孩到得家里。陈太太见小孩睡熟了，忙抱去轻轻地放在床上。打开那小箱子来一看，陈太太不觉吃了一惊！里面有圆眼大似的珍珠十二粒，金刚石六粒，琥珀猫儿眼白玉戒指珠钏和宝石环，都是大内极贵重的宝物。最奇怪的有一枝玻璃翠的簪子和羊脂白玉簪子，珠子翡翠宝石的耳环，也有二三十副。这份见面礼物，少说也值上百万银子。陈太太接着抱过孩子，竟大惊失色，急忙请世倌进去！陈阁老一脚踏进房门，只见他夫人满面淌着泪，拍着手嚷道："我好好的一个哥儿，到王府里去了一趟，怎么变成姐儿了？"陈世倌听了，心中便已明白，忙摇着手说："莫声张。"陈世倌即对他夫人说道："这明明是王妃养了一个公主，只因她一向瞒着王爷说养了一个小王爷，如今把俺孩子带进宫去，趁此便换了一个。俺们如今非但不能向王妃去要回来，并且也不能声张，俺们若声张出来，非但俺孩子的性命不保，便是俺一家人的性命都要不保了。好太太，千万莫再提起了，俺们命中有子终是有子的。你既养过一个哥儿，也许养第二个哥儿呢！”陈夫人经他丈夫再三劝诫，便也明白了。从此以后，他们合家上下绝口不谈此事。到了第二个满月，王妃才把孩子抱出来给雍王爷见面。雍亲王看孩子长得白净肥胖，又是妃子钮祜禄氏所生的，便十分宠爱，府中人都称他四王子。这时陈世倌生怕换孩子的事体败露出来，拖累自己，便一再上书，求皇帝放他归还田里。该书第四十一回还以“念父母乾隆下江南”为题，讲了乾隆帝南巡到海宁的故事。

看过金庸武侠小说《书剑恩仇录》的人就会知道，该书围绕乾隆帝身世的线索展开。金庸是海宁人，讲述了他所听到的故事，杜撰了陈世倌的三公子，即乾隆帝的亲弟弟陈家洛。家洛在于万亭去世后继任红花会总舵主，致力于恢复汉家天下；热恋陈家洛的香香公主，为了帮助家洛而牺牲爱情、身侍乾隆，不幸失败自刎，葬身“香冢”。金庸在小说的后记中声明，陈家洛这个人物是他的杜撰，历史学家孟森做过考据，认为乾隆是海宁陈家之子的传说靠不住。

有清一代，海宁陈家科名最盛，名相迭出，宠荣无比。人们猜测与皇室或有某种关系。孟森先生的《海宁陈家》一文，释疑解惑，遂使乾隆皇帝与海宁陈家的关系大白于天下。海宁陈氏的先世为北方渤海高氏，后南迁到江南地区。陈家的真正发达在万历年间，陈元成一支与传闻中的“海宁陈家”关系最大。陈元成之孙陈诜官至刑部尚书。陈诜之子陈世倌在雍正当朝时已历任巡抚，乾隆中期陈世倌的侄子陈用敷官至巡抚。就是说海宁陈家仕宦始盛于明朝末年，全盛于康熙和雍正朝，乾隆帝即位之前陈氏为相者多已谢世，陈世倌尚存，却并未得到乾隆皇帝的格外关照。乾隆六年升任内阁大学士的陈世倌，不久因起草谕旨出错被革职。陈氏科举之盛，不足作为乾隆出自海宁陈家并眷顾陈家的根据。

孟森指出，世传乾隆帝出自海宁陈家，根据是乾隆帝六次南巡中四次到海宁，都住在陈家的“安澜园”；陈家有清帝御赐的两块名曰“爱日堂”和“春晖堂”的堂匾，“爱日”、“春晖”用的都是人子事父母的语意。这些似乎都事出有因，说明陈家与乾隆帝关系特殊。晚清上自缙绅，下迄妇孺，莫不知海宁陈家有子为帝。汉人乐道此暗移满清国祚之事。

乾隆帝六次南巡，从第三次南巡开始，连续四次都到了海宁，主要目的是视察耗费巨大的钱塘江海塘工程。清代钱塘江口有江流海潮出入，海宁一带地当北大门口门。海宁一带的大堤一旦被冲毁，临近的苏州、杭州、嘉兴、湖州，这些全国最富庶的地区将会被海水淹没。从乾隆二十五年开始，海潮北趋，海宁一带潮信告急。乾隆帝认为“海塘为越中第一保障”，在乾隆二十七年第三次南巡之时，亲临海宁勘察。在乾隆帝的督责下，海宁一带修建起了耗资巨大的鱼鳞石塘，抵挡海潮的侵袭。乾隆帝前往海宁非探望亲生父母，而是要阅视和筹划海宁的海塘工程。陈氏是康、雍、乾三朝宰辅，其隅园占地有百亩之广，风景宜人，还可以听到海潮的声音。乾隆帝喜欢陈氏隅园，四度驻跸。他初幸隅园，便赐名为“安澜园”，表达使海水永安其澜的愿望。

孟森还指出：民间又传说，海宁陈家换来的女儿长大后嫁给了江苏常熟大姓、大学士蒋廷锡的儿子蒋溥，所住的那栋楼被世人称为“公主楼”。然而他询问常熟人，当地人并不知道。孟先生还亲问蒋家后人，也说不知道，因此认定这件事情不足为凭。

孟文提到，当时海宁人冯柳堂先生考订其乡邦轶事，务欲证明乾隆为陈氏子，撰有《乾隆与海宁陈阁老》一册。孟先生说其证据与他所举，详略不同，并断其为诬，而冯氏则信以为实。孟先生分五点与冯氏讨论，结论是：益知帝出乎陈之为无稽野语，可以告知当世，释一疑团矣。

我想补充的是，清代康熙时期海宁陈家就已经受到清帝的重视，康熙帝南巡去过浙江。康熙四十六年第六次南巡，据《清圣祖实录》记载，农历三月二十九日从江苏出发的御舟泊浙江嘉兴府岳庙地方，四月初一抵达仁和县武林头地方，初二至杭州府，十二日离开杭州，抵达仁和县塘栖镇，十三日至石门县，十四日抵嘉兴府王江泾地方，十五日回到苏州。另据康熙四十六年五月二十一日贵州巡抚陈诜谢恩奏折说：

> 臣乡屡沐皇上蠲租、免赋、宥罪、广额，恩纶叠沛，臣民瞻依圣驾。臣男翰林院编修陈世倌蒙恩随驾，奉旨特命前行归到家中，得见臣妻查氏。母子相隔十有一年，初见几不相识。臣妻患疖卧病，感激圣恩，继之以泣。四月初八日于湖上行宫传臣男世倌至南书房内侍，传谕臣男以臣妻查氏好善，特赐乳金御书心经宝塔一座，命臣男赍捧归。①

可知康熙帝南巡时翰林院编修陈世倌随驾，到达杭州后，康熙帝准陈世倌回海宁老家探望母亲，还传“世倌至南书房内侍”，并让陈世倌给其母亲带去皇帝的礼物——乳金御书心经宝塔一座，由于是在佛诞日的浴佛节由皇帝斋素亲写金书，所以格外珍贵。陈世倌立即差人至黔告诉担任贵州巡抚的父亲陈诜，于是陈诜向皇帝上折谢恩。这就说明海宁陈家在康熙时代已经受到

---

① 《康熙朝汉文朱批奏折》第 1 册，第 232 号《贵州巡抚陈诜奏谢赏赐乳金御书心经宝塔折》，第 635—636 页。

皇家礼遇，此后陈世倌在雍正朝官至山东巡抚，乾隆初年担任大学士。乾隆帝南巡到海宁视察海塘工程，同时眷顾三朝陈家似乎也在情理之中。

不过，事实上乾隆帝的生母究竟是谁久未弄清，有满人说、汉人说两种，该问题关系到清代的满汉关系、民族融合。杜家骥在前人研究的基础上，根据一些新资料，对这一问题作进一步考察。他指出，前人研究及某些官方文献记载，乾隆生母是满洲旗人钮祜禄氏。清末民初，世间传有乾隆出自浙江海宁陈氏之说，孟森曾撰专文辩驳其非，郑天挺也有否定之论。此外还有山庄丑女李氏说，谓雍亲王胤禛热河秋狝时，与一丑女李氏发生关系，此女后来诞下弘历，因而弘历生母为汉人李氏。郭成康有文否定这一说法。长期以来，学界循从官方典籍的说法，认为乾隆的生母是满人钮祜禄氏。

2003年，郭成康发现新刊布的档案《雍正朝汉文谕旨汇编》之雍正元年二月册封妃嫔的谕旨，得出新的看法。[①] 这道谕旨中谓："雍正元年二月十四日，奉上谕：遵太后圣母谕旨，侧福晋年氏封为贵妃，侧福晋李氏封为齐妃，格格钱氏封为熹妃……"熹妃生弘历，故郭成康认为乾隆帝生母为汉人"钱氏"。杜家骥否定这一新说，提出乾隆帝生母乃京畿宝坻县汉人彭氏所生之女，此女生父是满人钮祜禄氏凌柱。由于凌柱及其上辈有汉人血分，因而此女的汉人血分也较多，她与雍亲王胤禛所生之弘历，也有汉人血分，而且其汉人血分稍多于满人血分，并有少量蒙古血分，是满汉蒙混血。杜家骥认为留存于现今的雍正帝册

---

① 郭成康：《乾隆生母与诞生地考——从最近公布的一则清宫档案说起》，《清史研究》2003年第4期。

封弘历生母为汉人“钱氏”的谕旨资料疑问颇多，之所以谕旨中出现“钱氏”字样，实际情况当是面承雍正帝册封嫔妃口谕的贝子允祹，因速记、简写受封者钮祜禄氏为“钮氏”，字迹潦草，交官吏撰拟谕旨草稿，形近而讹，误写为“钱氏”，草拟册文，也沿用“钱氏”二字。在将册封文镌刻于“金册”以赐予受封者时，才发现误写，主管此事的允祹难辞其咎，在册封嫔妃之事上因“误写妃姓”而被惩罚。乾隆生母为汉人彭氏所生一事，也是清廷虽禁止满汉通婚而实际存在满汉结姻的较重要史实。[①]

① 杜家骥：《乾隆之生母及乾隆帝的汉人血统问题》，《清史研究》2016 年第 2 期。

参考文献

1. 孟森：《明清史论著集刊》、《明清史论著续刊》，中华书局 1959 年、1986 年。
2. 郑天挺：《清史探微》，北京大学出版社 1999 年。
3. 商鸿逵：《明清史论著合集》，北京大学出版社 1988 年。
4. 王锺翰：《王锺翰清史论集》，中华书局 2004 年。
5. 萧一山：《清代通史》，中华书局 1986 年。
6. 王戎笙等：《清代全史》，辽宁人民出版社 1991 年。
7. 戴逸：《简明清史》，人民出版社 1980、1984 年。
8. 郑天挺：《清史》(上)，天津人民出版社 1989 年。
9. 中国人民大学清史研究所：《清史编年》，中国人民大学出版社 2000 年。
10. 孟昭信：《康熙大帝全传》，吉林文史出版社 1987 年。
11. 冯尔康：《雍正传》，人民出版社 1985 年。
12. 白新良：《乾隆传》，辽宁教育出版社 1990 年。
13. 冯尔康、常建华：《清人社会生活》，天津人民出版社 1990 年。
14. 冯尔康：《顾真斋文丛》，中华书局 2003 年。
15. 冯尔康：《清史史料学》，故宫出版社 2013 年。
16. 常建华：《清代的国家与社会研究》，人民出版社 2006 年。

17. 常建华:《宋以后宗族的形成及地域比较》,人民出版社 2013 年。
18. 陈生玺:《明清易代史独见》(增订本),上海古籍出版社 2006 年。
19. 韦庆远:《档房论史文编》,福建人民出版社 1984 年。
20. 王德昭:《清代科举制度研究》,中华书局 1984 年。
21. 萧公权著,张皓、张升译:《中国乡村——论十九世纪的帝国控制》,联经出版事业股份公司 2014 年。

后　记

“大历史”，一个响亮的名字，令人联想到黄仁宇先生的名著《中国大历史》。黄先生主张利用归纳法将现有史料高度压缩，先构成一个简明而前后连贯的纲领，然后在与欧美史比较的基础上加以研究。《中国大历史》从技术的角度分析中国历史的进程，着眼于现代型的经济体制如何为传统社会所不容，以及是何契机使其在中国土地上落脚。本书注重归纳与实证，立意国家认同，是在明清比较、中外对话基础上思考满汉民族对立如何“一体化”建构出多民族大一统国家，关注国家管理与民生。如此说来，本书以“大历史”为名，似乎也是可以“攀附”的。况且此前我曾写作《清史十二讲》，风格就以黄先生的“大历史系列”为榜样。有意思的是黄仁宇先生 1936 年入天津南开大学电机工程系就读，我们也算是校友呢。故而，将拙稿命名为《清朝大历史》，不仅是模仿前贤，也是表达以校友为荣的心情。

2015 年底，蒙中华书局贾雪飞编辑美意，诚挚约稿，促成本书出版机缘。总编辑顾青看到书稿后，给予了相当的认可，并提出了一些建设性的意见。书稿的编辑过程中，吴艳红责编细致的工作，使得本书更加完善。在此向诸位编辑表示衷心感谢！

最后，希望这部与时下流行的清史不太一样的书，会给读者带来新知、新见与学术信息。

常建华

2019年10月30日